DIREITO ADMINISTRATIVO DISCIPLINAR CONTEMPORÂNEO

DIREITO
ADMINISTRATIVO
DISCIPLINAR
CONTEMPORÂNEO

Joni Barbosa Amora
Paulo Enrique Mainier
Claudio Roberto Paz Lima

DIREITO ADMINISTRATIVO DISCIPLINAR CONTEMPORÂNEO

Freitas Bastos Editora

Copyright © 2025 by Joni Barbosa Amora, Claudio Roberto Paz Lima e Paulo Enrique Mainier.

Todos os direitos reservados e protegidos pela Lei 9.610, de 19.2.1998. É proibida a reprodução total ou parcial, por quaisquer meios, bem como a produção de apostilas, sem autorização prévia, por escrito, da Editora. Direitos exclusivos da edição e distribuição em língua portuguesa:
Maria Augusta Delgado Livraria, Distribuidora e Editora

Direção Editorial: Isaac D. Abulafia
Gerência Editorial: Marisol Soto
Diagramação e Capa: Sofia de Souza Moraes
Copidesque: Tatiana Paiva
Revisão: Doralice Daiana da Silva

Dados Internacionais de Catalogação na Publicação (CIP) de acordo com ISBD

A524d	Amora, Joni Barbosa
	Direito administrativo disciplinar contemporâneo / Joni Barbosa Amora, Paulo Enrique Mainier, Claudio Roberto Paz Lima. - Rio de Janeiro, RJ : Freitas Bastos, 2025.
	500 p. : 23cm x 15,5cm.
	Inclui índice.
	ISBN: 978-65-5675-461-1
	1. Direito. 2. Direito administrativo. I. Mainier, Paulo Enrique. II. Lima, Claudio Roberto Paz. III. Título.
	CDD 341.3
2024-4330	CDU 342.9

Elaborado por Odilio Hilario Moreira Junior - CRB-8/9949

Índice para catálogo sistemático:
1. Direito administrativo 341.3
2. Direito administrativo 342.9

Freitas Bastos Editora
atendimento@freitasbastos.com
www.freitasbastos.com

AUTORES

JONI BARBOSA AMORA é mestre em Direito Público pela UERJ, especialista em Direito Penal e Processual Penal pela Universidade Estácio de Sá, MBA em Gestão da Segurança Pública pela FGV e ocupa o cargo de delegado da Polícia Civil do Estado do Rio de Janeiro. Exerceu as funções de assessor jurídico e membro de comissão permanente da Corregedoria-Geral Unificada da Secretaria de Estado de Segurança/RJ e da Corregedoria-Geral da Secretaria de Estado de Polícia Civil/RJ. É autor das obras *Corregedoria Geral Unificada e Sistema Disciplinar da Segurança Pública do Estado do Rio de Janeiro* (Editora Lumen Juris, 2018) e *Uma Polícia para a Democracia – a Constitucionalização da Segurança Pública no Brasil* (Editora Processo, 2024). Coautor da obra *Mentalidade Inquisitória e Processo Penal no Brasil – Escritos em Homenagem ao Prof. Dr. Julio B. J. Maier* (Observatório da Mentalidade Inquistória, 2023).

PAULO ENRIQUE MAINIER é mestre em Ciências Jurídico-Políticas pela Faculdade de Direito da Universidade de Lisboa, especialista em Advocacia Pública pela UERJ e professor da FGV e ESAP da PGE/RJ. Atualmente, é procurador do Estado do Rio de Janeiro e advogado. Exerceu a função de corregedor-chefe da Corregedoria Tributária da Secretaria de Estado de Fazenda do Rio de Janeiro (2017/2020). Coorganizador do livro *Controle de Legalidade da Administração Pública: Diálogos Institucionais* (Editora Foco, 2022).

CLAUDIO ROBERTO PAZ LIMA é advogado, comissário de Polícia aposentado da Polícia Civil do Estado do Rio de Janeiro (2002 a 2023), tendo atuado diretamente como chefe de gabinete e membro de comissões de sindicância, inclusive patrimonial, e de processo administrativo disciplinar na Corregedoria-Geral Unificada de Polícia Civil, Militar e Corpo de Bombeiros Militar/RJ (2015 a 2018), na Corregedoria-Geral da Polícia Civil (2020 a 2023) e integrou a Controladoria-Geral do Estado (2023/2024). É autor da obra *Manual de Sindicância Patrimonial* (Editora Freitas Bastos, 2021 e 2022). Coautor da obra *Comentários à Lei Orgânica da Polícia Civil e Legislação Correlata* (Editora Freitas Bastos, 2023).

APRESENTAÇÃO

O Direito Administrativo Disciplinar é analisado, na presente obra, levando em consideração a constitucionalização do Direito Administrativo, o respeito ao Estado Democrático de Direito e a contemporaneidade hermenêutica do Direito Sancionador, tendo por foco não só a disciplina federal, mas também as especificidades que podem existir em cada ente federativo.

Vivemos uma era de transformações aceleradas em diversas áreas do conhecimento. Na denominada modernidade líquida, as pessoas desejam refundar as estruturas e os modelos vigentes. A nova geração, notadamente, não aceita esperar por mudanças e deseja suplantar agora o que entende por anacrônico. A própria democracia e o Direito Público, naturalmente, têm sentido as consequências dessa onda disruptiva.

O Direito Administrativo Disciplinar aqui no Brasil igualmente experimenta um momento de mudança – necessária. Novos instrumentos, como a apuração preliminar e a sindicância patrimonial, tornaram-se realidades nos entes federativos. A tecnologia digital vem sendo cada vez mais incorporada aos procedimentos. Por razões de eficiência e economia, ou não, as audiências e os interrogatórios passaram a ocorrer por videoconferência, em certas hipóteses. A tendência é que a comunicação processual seja completamente eletrônica, em breve.

Ao mesmo tempo, o processo administrativo disciplinar, a partir da Constituição da República de 1988, precisou romper o ranço autoritário e absorver plenamente o Estado Democrático de Direito. O art. 5º, LV do Texto Magno estabeleceu a processualidade ampla, tal qual o modelo judicial. Hodiernamente, há praticamente consenso na doutrina e jurisprudência contemporâneas da aplicação de direitos e garantias individuais constitucionais, normalmente vinculadas ao Direito Penal, também no âmbito do Direito Administrativo Sancionador. Em síntese, o Direito Administrativo, como um todo, vem sofrendo influxos pragmáticos e democráticos.

A proposta deste livro é debater o Direito Administrativo Disciplinar atual e como essas mudanças foram e podem ser incorporadas a ele. Optamos por utilizar um texto conciso e direto, abordando aspectos práticos, sem perder o conteúdo, o máximo quanto possível. Sobretudo, buscamos uma abordagem maior da doutrina e jurisprudência contemporâneas, apontando algumas controvérsias relevantes. O mais importante é consolidar diversos ângulos, da Advocacia Pública, da Advocacia Privada e do Órgão de Corregedoria, sobre o fenômeno jurídico.

Trilhamos, nessa toada, os temas essenciais da disciplina. A responsabilidade administrativa disciplinar, os elementos constitutivos do ilícito funcional, a independência relativa entre as instâncias, os diversos tipos de processo administrativo disciplinar, as arenosas questões de nulidades e da prescrição, os meios impugnativos, inclusive judiciais, e um tópico especial sobre consensualidade e tecnologia digital aplicada ao processo administrativo disciplinar contemporâneo. Por fim, apresentamos alguns modelos de peças processuais mais importantes que podem ser utilizadas, com acesso por QR *code*.

Os autores

SUMÁRIO

1 INTRODUÇÃO AO DIREITO ADMINISTRATIVO DISCIPLINAR CONTEMPORÂNEO   15

1.1 EVOLUÇÃO NORMATIVA DO DIREITO ADMINISTRATIVO DISCIPLINAR   16

1.1.1 Processo administrativo disciplinar   17

1.1.2 Estatuto funcional e regime disciplinar   19

1.2 CONSTITUCIONALIZAÇÃO DO DIREITO ADMINISTRATIVO DISCIPLINAR   20

1.3 MEIOS DE INTERPRETAÇÃO E INTEGRAÇÃO DO DIREITO ADMINISTRATIVO DISCIPLINAR   27

1.4 PROCESSUALIDADE AMPLA   30

2 PRINCÍPIOS INFORMADORES DO DIREITO ADMINISTRATIVO DISCIPLINAR CONTEMPORÂNEO   35

2.1 PRINCÍPIO DA JURIDICIDADE   35

2.2 PRINCÍPIO DA DIGNIDADE DA PESSOA HUMANA   40

2.3 PRINCÍPIO DA PRESUNÇÃO DE INOCÊNCIA   46

2.4 PRINCÍPIOS DA PROPORCIONALIDADE E DA RAZOABILIDADE   48

2.5 PRINCÍPIO DA INDIVIDUALIZAÇÃO DA PENA   52

2.6 PRINCÍPIO DO *NE BIS IN IDEM*   55

2.7 PRINCÍPIO DO DEVIDO PROCESSO LEGAL   56

2.8 PRINCÍPIOS DO CONTRADITÓRIO E DA AMPLA DEFESA   59

2.9 PRINCÍPIO DO JUIZ NATURAL   66

2.10 PRINCÍPIO DA DURAÇÃO RAZOÁVEL DO PROCESSO   72

2.11 PRINCÍPIOS DA SEGURANÇA JURÍDICA E DA PROTEÇÃO DA CONFIANÇA   76

2.12 PRINCÍPIOS DA BOA-FÉ E LEALDADE PROCESSUAL   78

2.13 PRINCÍPIO DA VERDADE REAL OU MATERIAL   81

2.14 PRINCÍPIO DA OFICIALIDADE   84

2.15 PRINCÍPIO HIERÁRQUICO E PODER DISCIPLINAR   86

2.16 PRINCÍPIO DA EFICIÊNCIA   88

3 RESPONSABILIZAÇÃO DO AGENTE PÚBLICO · 91

3.1 RESPONSABILIDADE ADMINISTRATIVO-DISCIPLINAR · 94

3.1.1 Autoria (quem responde?) · 95

3.1.2 Competência para apurar (a quem se responde?) · 103

3.1.3 Integridade (qual é o bem jurídico a se proteger?) · 105

3.1.4 Indícios da existência da infração disciplinar (quais são os requisitos para responder?) · 105

3.1.4.1 Fato típico · 107

3.1.4.2 Antijuridicidade · 114

3.1.4.3 Culpabilidade · 119

3.1.4.4 Punibilidade · 123

3.1.5 Sanções disciplinares (consequências jurídicas da responsabilização) · 124

3.1.5.1 Advertência e repreensão · 125

3.1.5.2 Suspensão e multa · 125

3.1.5.3 Demissão, cassação de aposentadoria e de disponibilidade, e destituição de cargo em comissão e função de confiança · 128

3.1.5.4. Sanções aplicáveis aos empregados públicos · 131

3.1.5.5 Sanções em face dos magistrados · 132

3.1.6 Processo (qual procedimento para apuração e imposição de responsabilidade?) · 133

3.1.7 Prescrição (por quanto tempo se responde?) · 133

3.2 RESPONSABILIDADE CIVIL (PATRIMONIAL) · 133

3.3 RESPONSABILIDADE POR ATOS DE IMPROBIDADE ADMINISTRATIVA · 140

3.4 RESPONSABILIDADE PENAL (CRIMINAL) · 141

3.5 RESPONSABILIDADE ADMINISTRATIVA NÃO DISCIPLINAR · 143

3.6 RESPONSABILIDADE POLÍTICA · 144

4 INDEPENDÊNCIA RELATIVA DE INSTÂNCIAS · 145

4.1 RESPONSABILIDADE DISCIPLINAR E RESPONSABILIDADE CIVIL (PATRIMONIAL) · 147

4.2 RESPONSABILIDADE DISCIPLINAR E RESPONSABILIDADE PENAL · 151

4.3 RESPONSABILIDADE DISCIPLINAR E IMPROBIDADE ADMINISTRATIVA · 155

4.4 RESPONSABILIDADE DISCIPLINAR E OUTRAS POSSIBILIDADES DE RESPONSABILIZAÇÃO ADMINISTRATIVA · 160

4.5 RESPONSABILIDADE DISCIPLINAR E RESPONSABILIDADE POLÍTICA · 161

5 DEVER ESTATAL DE APURAÇÃO DE IRREGULARIDADES E ILÍCITOS — 163

5.1 RECEBIMENTO DE NOTÍCIAS E REPRESENTAÇÕES DE ILÍCITOS — 164

5.2 TRATAMENTO DE INFORMAÇÕES ORIUNDAS DE NOTÍCIA ANÔNIMA E "DISQUE-DENÚNCIA" — 166

5.3 INFORMAÇÕES DE RELATÓRIOS DE INTELIGÊNCIA DE ÓRGÃOS DE SEGURANÇA PÚBLICA E DO COAF (RELINT E RIF) — 169

6 TIPOS DE PROCESSOS ADMINISTRATIVOS DISCIPLINARES — 177

6.1 PROCESSOS E PROCEDIMENTOS ADMINISTRATIVOS DISCIPLINARES — 178

6.2 INVESTIGAÇÃO PRELIMINAR — 181

6.3 SINDICÂNCIAS INVESTIGATIVAS E SUMÁRIAS — 184

6.4 SINDICÂNCIAS PUNITIVAS (ACUSATÓRIAS) — 188

6.5 SINDICÂNCIA PATRIMONIAL — 190

   6.5.1 Instauração, instrução e finalidade da sindicância patrimonial — 194

   6.5.2 Enriquecimento ilícito presumido (art. 9°, VII da Lei n° 8.429/92) — 208

6.6 PROCESSO ADMINISTRATIVO DISCIPLINAR (PAD) DE RITO ORDINÁRIO — 219

6.7 PROCESSO ADMINISTRATIVO DISCIPLINAR DE RITO SUMÁRIO — 220

   6.7.1 Procedimento na hipótese de acumulação ilícita de cargos públicos — 221

   6.7.2 Procedimento na hipótese de abandono de cargo e inassiduidade habitual — 225

7 PROCESSO ADMINISTRATIVO DISCIPLINAR ORDINÁRIO — 229

7.1 INSTAURAÇÃO — 233

7.2 CONSTITUIÇÃO DA COMISSÃO PROCESSANTE — 238

7.3 COMUNICAÇÃO DOS ATOS PROCESSUAIS (CITAÇÃO E INTIMAÇÃO) — 245

7.4 CARTA PRECATÓRIA — 253

7.5 DECRETAÇÃO DE REVELIA — 253

7.6 INSTRUÇÃO PROBATÓRIA — 255

   7.6.1 Ônus probatório — 257

   7.6.2 Deferimento e denegação de pedidos de prova — 258

   7.6.3 Provas documentais — 263

7.6.4	Provas testemunhais	265
7.6.4.1	Formalidades da audiência de testemunhas	272
7.6.5	Provas periciais	277
7.6.6	Diligências	280
7.6.7	Prova emprestada	281

7.7 RESTRIÇÕES PROBATÓRIAS — 282

7.7.1 Produção de prova e perícias relativas a interceptações telefônicas oriundas de processo criminal — 287

7.7.2 Afastamento dos sigilos de dados cadastrais e telefônicos ("estáticos") — 290

7.7.3 Uso de gravação clandestina e de gravação ambiental — 294

7.8 INTERROGATÓRIO — 299

7.9 INCIDENTES PROCESSUAIS — 306

7.9.1 Incidente de insanidade mental — 306

7.9.2 Sobrestamento — 310

7.10 INDICIAÇÃO — 315

7.10.1 Termo de ultimação, indiciamento e citação — 318

7.10.2 Enquadramento equivocado das infrações disciplinares na portaria — 320

7.10.3 Extensão de poderes à comissão processante e aditamento à portaria (fatos novos) — 322

7.10.4 Desmembramento — 323

7.11 DEFESA — 325

7.11.1 Citação e amplo acesso aos autos — 325

7.11.2 Defesa escrita final (processual e mérito) — 327

7.11.3 Complementação de defesa — 330

7.12 RELATÓRIO — 332

7.12.1 Elementos essenciais — 336

7.12.2 Alteração do enquadramento legal — 339

7.12.3 Possibilidade de apresentação de petição defensiva após o relatório — 340

7.13 JULGAMENTO — 342

7.13.1 Competência — 346

7.13.2 Acolhimento e rejeição do relatório — 347

7.13.3 Agravamento e isenção de responsabilidade do acusado — 352

7.14 REEXAME DO PROCESSO ADMINISTRATIVO DISCIPLINAR — 356

8 NULIDADES E MEIOS IMPUGNATIVOS — 361

8.1 CAUSAS DE NULIDADE — 370

8.1.1 Vício relacionado à competência — 370

8.1.2 Vício relacionado à forma — 371

8.1.3 Vício relacionado à finalidade — 373

8.1.4 Vício relacionado ao objeto — 374

8.1.5 Vício relacionado ao motivo — 374

8.1.6 Vício relacionado à motivação — 375

8.1.7 Vício relacionado à publicidade — 378

8.1.8 Vício relacionado aos princípios da proporcionalidade e da razoabilidade — 378

8.1.9 Vício relacionado aos princípios do devido processo legal, do contraditório e da ampla defesa — 379

8.2 PRINCÍPIO DO PREJUÍZO — 380

8.3 PRINCÍPIO DO APROVEITAMENTO DOS ATOS PROCESSUAIS — 382

8.4 VÍCIOS NAS FASES PROCESSUAIS — 384

8.5 MEIOS IMPUGNATIVOS ADMINISTRATIVOS INTERNOS — 396

8.5.1 Direito de petição — 397

8.5.2 Pedido de reconsideração e recurso hierárquico — 397

8.5.3 Pedido de revisão administrativa — 400

8.6 MEIOS IMPUGNATIVOS JUDICIAIS — 403

8.6.1 Mandado de segurança — 403

8.6.2 Ação ordinária — 408

8.6.3 Ação rescisória — 409

8.6.4 Possíveis efeitos de decisão proferida em meio impugnativo judicial — 409

8.7 MEIOS IMPUGNATIVOS ANÔMALOS — 410

8.7.1 Representação por abuso de autoridade — 410

8.7.2 Avocatória pela controladoria-geral — 410

9 PRESCRIÇÃO — 411

9.1 PRAZOS — 413

9.2 PRESCRIÇÃO DA TRANSGRESSÃO ADMINISTRATIVA DISCIPLINAR PREVISTA EM LEI COMO CRIME — 415

9.2.1 Prescrição da transgressão disciplinar correlata a de improbidade administrativa — 426

9.3 DO INÍCIO DO CURSO DO PRAZO PRESCRICIONAL À INSTAURAÇÃO DO PROCESSO DISCIPLINAR — 429

9.4	INTERRUPÇÃO DO PRAZO PRESCRICIONAL E A RETOMADA DA CONTAGEM	437
9.5	SUSPENSÃO DO PRAZO PRESCRICIONAL	443
9.6	PRESCRIÇÃO DA PRETENSÃO EXECUTÓRIA DA SANÇÃO DISCIPLINAR	444

10 TÓPICOS ESPECIAIS DO DIREITO ADMINISTRATIVO DISCIPLINAR CONTEMPORÂNEO — 447

10.1	CONSENSUALIDADE E PROCESSO DISCIPLINAR	447
10.1.1	Termo de ajustamento de conduta (TAC)	453
10.1.2	Termo circunstanciado administrativo (TCA)	458
10.2	TECNOLOGIA DA INFORMAÇÃO, ACESSO À JUSTIÇA E APLICAÇÃO NO PROCESSO ADMINISTRATIVO DISCIPLINAR	461
10.2.1	Utilização de videoconferência na instrução processual	467
10.3	RESPONSABILIDADE ADMINISTRATIVA DISCIPLINAR E O USO DE REDES SOCIAIS	474

11 PEÇAS PROCESSUAIS — 481

REFERÊNCIAS — 483

1 INTRODUÇÃO AO DIREITO ADMINISTRATIVO DISCIPLINAR CONTEMPORÂNEO

Para o exercício eficiente e regular das suas funções administrativas, o Estado-administrador precisa de meios para organizar, controlar e corrigir suas ações. Logo, são essenciais os instrumentos jurídicos e fáticos que permitam imprimir o adequado funcionamento do serviço público, a disciplina dos agentes públicos e a adesão às leis e regras dele decorrentes.

Daí a importância do *Direito Administrativo Disciplinar*, ramo do Direito Público, precisamente um sub-ramo do Direito Administrativo Sancionatório, responsável por regular a *responsabilização disciplinar dos agentes públicos* mediante aplicação de sanções em razão de transgressão dos deveres e proibições estabelecidos em um *regime disciplinar* (Direito Administrativo Disciplinar Material) por meio de um *processo disciplinar* conduzido na esfera administrativa.

É possível dividir o estudo do Direito Administrativo Disciplinar em Material e Formal (Processual). O objeto do *Direito Administrativo Disciplinar Material* é o conjunto de normas legais ou infralegais estabelecidas pelo Estado visando regular a conduta funcional dos agentes públicos (regras estatutárias), o qual define os deveres, as proibições e tipifica, em tese, aprioristicamente, comportamentos reprovados (tipos administrativos disciplinares) e respectivas sanções, bem como os ditames sobre o regime de prescrição, circunstâncias atenuantes e agravantes, causas de justificação ou extinção da punibilidade disciplinar, entre outros temas de índole substantiva.

Por outro lado, o *Direito Administrativo Disciplinar Processual* trata dos procedimentos formais (sindicâncias investigativa e punitiva e processo administrativo disciplinar), atribuições, competências, ritos, impedimentos etc., que devem ser observados pela Administração Pública para apurar as irregularidades cometidas por agentes públicos, no exercício de suas funções ou fora dela com repercussão funcional, objetivando resgatar a legalidade e impor as penalidades disciplinares previstas em lei.

1.1 EVOLUÇÃO NORMATIVA DO DIREITO ADMINISTRATIVO DISCIPLINAR

O estudo da evolução do Direito Administrativo Disciplinar é extremamente dificultado pela ausência de qualquer sistemática legal sobre os agentes públicos. No período imperial, começaram a surgir leis estabelecendo uma série de direitos e deveres relativos à função pública, por meio de diversos diplomas legais. Entre esses, podem ser citados os referentes à vitaliciedade, acumulação, aposentadoria, juramento de posse, responsabilidade e penalidades.

A ausência de regulamentação sistemática da função pública acabou sendo herdada pela República, de modo que, em seus primeiros anos, pouco se avançou sobre o tema.

O primeiro Estatuto da Função Pública surgiu, em nível federal, com a edição do Decreto-Lei n° 1.713, de 28 de outubro de 1939. O Estatuto Disciplinar constou dos seus artigos 224 a 265.

Com o Decreto-Lei n° 3.070, de 20 de fevereiro de 1941, passou-se a dispor sobre *"o pessoal a serviço dos Estados, Municípios, Distrito Federal e Territórios Federais"*. Assim, em 28 de outubro de 1941, foram promulgados, simultaneamente, os Estatutos do funcionalismo dos então 20 estados brasileiros. Praticamente cópias do Estatuto da União. Com efeito, o Decreto-Lei n° 3.770, de 28 de outubro de 1941, passou a dispor sobre o Estatuto dos Agentes públicos Civis da Prefeitura do Distrito Federal. O Estatuto Disciplinar constou dos seus artigos 207 a 250. Pelo Decreto-Lei n° 12.273, de 28 de outubro de 1941, publicado pelo interventor do Estado de São Paulo, fez publicar o Estatuto dos agentes públicos civis do Estado de São Paulo. O Estatuto Disciplinar constou dos seus artigos 222 a 265.

Em 28 de outubro de 1952, foi promulgado, em nível federal, o novo Estatuto dos Agentes públicos Civis da União (Lei nº 1.711/1952).

A Lei nº 1.163, de 12 de dezembro de 1966, passou a dispor sobre o Estatuto de Pessoal Civil do Poder Executivo do Estado da Guanabara.

O Decreto-Lei nº 220, de 18 de julho de 1975, passou a dispor sobre o Estatuto dos Agentes públicos Civis do Estado do Rio de Janeiro. O Estatuto Disciplinar constou dos seus artigos 38 a 82.

Por fim, o Estatuto Disciplinar passou a ser disciplinado, em âmbito federal, pela Lei nº 8.112, de 11 de dezembro de 1990, em seus Títulos IV (Do Regime Disciplinar, arts. 116 a 142) e V (Do Processo Administrativo Disciplinar, arts. 143 a 182).

1.1.1 Processo administrativo disciplinar

A regulamentação geral do processo administrativo, como instrumento necessário para a edição, alteração e extinção de atos administrativos pela própria administração pública, sob provocação ou não de terceiros, surgiu com atraso no Brasil. Precisamente no final da década de 1990, começaram a surgir leis gerais de processo administrativo. Em âmbito federal, a Lei nº 9.784/99. No Estado de São Paulo, a Lei paulista nº 10.177/98.

Porém, se as leis gerais de processo administrativo surgiram com atraso, não se pode falar o mesmo das leis setoriais de processo administrativo, caso das leis que regulam a aplicação de sanções disciplinares a agentes públicos ou das leis que regulam a autuação e cobrança administrativa de tributos e multas de contribuintes.

Em relação a esses tipos de processos administrativos sancionadores, que se diferenciam dos processos competitivos (caso do processo de licitação pública, regido pela Lei nº 14.133/2021) e dos processos normativos (caso do processo de edição de normas pelas agências reguladoras federais, regido pela Lei nº 13.848/2019), se baseiam no art. 5º, LV, da CRFB/88, que atribuiu "aos litigantes e... aos acusados em geral" em processos administrativos os direitos "ao contraditório e à ampla defesa".

O processo administrativo disciplinar, espécie de processo administrativo sancionador, tem por objetivo viabilizar o controle jurídico do ato decisório do administrador público, protegendo os agentes públicos contra arbítrios, dando-lhes a possibilidade de apresentarem as suas defesas.

Ao utilizar a expressão "processo administrativo", buscou-se utilizar a expressão firmada na linha estadunidense, equivalente à expressão "procedimento administrativo" utilizada pelos espanhóis e pelos demais países de língua castelhana. Por isso, seria até possível considerar as expressões processo e procedimento como sinônimos.

É importante destacar que a ideia de processo administrativo adotada no Brasil não abrange o processo contencioso (judicial) administrativo. No Brasil, adotou-se a jurisdição una, cabendo ao Judiciário comum decidir as ações judiciais sobre questões que envolvam a administração pública. E, diferentemente do que ocorreu em outros lugares, em que foram sendo criados códigos como normas de processos judiciais específicas para as ações do contencioso administrativo, no Brasil foram sendo criados tipos de processos judiciais específicos (mandado de segurança, ação popular, execução fiscal etc.), mas sem a separação das regras legais do processo civil.

Embora o Constituinte não tenha atribuído à União Federal a competência legislativa para editar uma lei geral de processo (ou procedimento) administrativo, que permitisse uma unificação mínima do processo administrativo brasileiro, é imperioso notar uma tendência contemporânea para a nacionalização de alguns entendimentos, principalmente em razão da edição da Lei nº 13.655/2018 – que incluiu novos dispositivos na Lei de Introdução às Normas do Direito Brasileiro – e da Lei nº 13.869/2019, que dispõe sobre os crimes de abuso de autoridade, além da crescente jurisprudência do Supremo Tribunal Federal e do Superior Tribunal de Justiça sobre direito e processo administrativo.

Não tem sido diferente com o processo administrativo disciplinar, cada vez mais impactado por princípios processuais aplicáveis ao controle da atividade administrativa decisória.

INTRODUÇÃO AO DIREITO ADMINISTRATIVO DISCIPLINAR CONTEMPORÂNEO 19

Por tal razão, entende-se que, independente da previsão legislativa de cada ente federativo, existe o que se pode chamar de processo administrativo disciplinar contemporâneo, baseado em princípios e regras constitucionais, em que, no mínimo, o agente público investigado, acusado ou indiciado, de qualquer dos Poderes, órgãos ou entidades públicas, de qualquer ente federativo, deve ter o direito de: 1) ter ciência completa da acusação, para que seja possível saber do que deve defender-se; 2) apresentar sua defesa escrita, com sua versão dos fatos e interpretação para o Direito; 3) apresentar e produzir todos os meios de prova lícitos; 4) ter acesso integral aos elementos dos autos; 5) manifestar-se sobre todos os dados e informações da instrução; 6) que todas as suas alegações e teses sejam devidamente examinadas pelo órgão julgador em decisão motivada; 7) ser notificado de todos os atos decisórios praticados; 8) apresentar recurso ou pedido de reconsideração, caso não haja autoridade hierarquicamente superior; 9) ter o seu recurso devidamente apreciado; e 10) ter segurança e confiança em todo o trâmite processual, sem surpresas.

1.1.2 Estatuto funcional e regime disciplinar

O estatuto funcional (lei) de cada carreira no âmbito da função pública dispõe sobre o regime disciplinar do agente público composto pelos direitos, deveres, garantias e normas de conduta que os agentes públicos devem seguir no desempenho de suas funções, descrevendo as obrigações no tocante ao comportamento esperado do agente público, como assiduidade, moralidade, e observância da hierarquia, bem como as sanções aplicáveis nos casos de infrações disciplinares (ações ou omissões que violam as normas e princípios da administração pública, podendo ser de natureza leve, média ou grave).

Estes instrumentos são fundamentais para (1) manter a ordem, (2) assegurar uma prestação de serviços correta e de qualidade que atenda às expectativas e necessidades da sociedade, (3) manter a integridade e eficiência no setor público; (4) evitar o abuso de poder e outros comportamentos inadequados que possam prejudicar o serviço público; (5) proporcionar mecanismos para tratar de forma justa e equitativa qualquer violação normativa, preservando os direitos dos agentes públicos ao mesmo tempo em que protegem o interesse coletivo.

1.2 CONSTITUCIONALIZAÇÃO DO DIREITO ADMINISTRATIVO DISCIPLINAR

Sob a inspiração das revoluções burguesas contra o Estado absolutista, inicia-se o constitucionalismo (liberal) como *"movimento político que propugna o estabelecimento de uma Constituição que limite e organize o exercício do poder político"*[1], impedindo o arbítrio dos governantes. Os monumentos jurídicos históricos dessa jornada serão a Constituição Americana de 1787 e a Declaração de Direitos do Homem e do Cidadão, documento este produzido no contexto da Revolução Francesa, de 1789, que, em seu art. 16, assim reza: *"Qualquer sociedade em que não esteja assegurada a garantia dos direitos nem estabelecida a separação dos poderes não tem Constituição".*

Assim, no Estado de Direito contemporâneo reduz-se a centralidade da lei e a supremacia do parlamento. A Constituição passa a valer como norma jurídica e espraia-se por todas as searas do Direito. Por outro lado, finca-se a supremacia judicial, entendida como *"a primazia de um tribunal constitucional ou suprema corte na interpretação final e vinculante das normas constitucionais"*[2].

Nesse contexto, fala-se, concomitantemente, da substituição do *Estado Formal de Direito* (ou em sentido formal) – o qual se configura apenas pela *"divisão (separação) de poderes, a legalidade da Administração Pública, a garantia de acesso à justiça e independência judicial no plano do controle dos atos administrativos"*[3], pela noção de

---

[1] SARMENTO, Daniel; SOUZA NETO, Cláudio Pereira de. Direito Constitucional: Teoria, História e Métodos de Trabalho. Belo Horizonte: Fórum, 2017, p. 184.

[2] BARROSO, Luís Roberto. *A judicialização da vida e o papel do Supremo Tribunal Federal.* 1ª reimpressão. Belo Horizonte: ed. Fórum, 2018, p. 43.

[3] SARLET, Ingo Wolfgang; MARINONI, Luiz Guilherme; MITIDIERO, Daniel. *Curso de Direito Constitucional.* 9. Ed., São Paulo: Saraiva Educação, 2020, p. 289.

Estado Material de Direito (ou em sentido material). Este exige *"que a legalidade estrita esteja orientada (e vinculada) por parâmetros materiais superiores e que informam a ordem jurídica e a ação estatal"*, que estão encarnados nos *"princípios jurídicos gerais e estruturantes e pela vinculação do Poder Público (dos agentes e dos seus atos) a um conjunto de direitos e garantias fundamentais*[4]".

O pós-positivismo, em síntese, é marcado pela ascensão dos valores, o reconhecimento da normatividade dos princípios e a essencialidade dos direitos fundamentais. Há um resgate da discussão ética no âmbito do direito. Uma nova hermenêutica e a ponderação de interesses são componentes essenciais dessa travessia.[5]

No Brasil, um novo Direito Constitucional desenvolve-se com a redemocratização e a Carta Política de 1988. O reconhecimento da força normativa da Constituição e o subsequente fenômeno da constitucionalização do Direito ensejam alterações significativas na atuação de todos os setores estatais. Por exemplo, o Poder Judiciário passa a examinar o mérito do ato administrativo – além do uso da teoria dos motivos determinantes – ancorado na ideia de legitimidade, economicidade, proporcionalidade, razoabilidade e eficiência[6]. O princípio da juridicidade, mais amplo que a legalidade, passa a ter protagonismo no Direito público.

Nessa toada, diversos outros dogmas do Direito Administrativo são abalados, tais como: a) a ideia de supremacia do interesse público sobre o privado, devido à ascensão do princípio da ponderação de direitos fundamentais[7]; b) superação da concep-

---

4   SARLET; MARINONI; MITIDIERO, 2020, p. 289.

5   BARROSO, Luís Roberto *et al. A Nova Interpretação Constitucional: ponderação, direitos fundamentais e relações privadas.* Rio de Janeiro: Renovar, 2003, p. 46-48.

6   PEREIRA JÚNIOR, Jessé Torres. *Controle judicial da administração pública: da legalidade estrita à lógica do razoável.* Belo Horizonte: Fórum, 2005, p. 44-50.

7   DI PIETRO, Maria Sylvia Zanella. *Supremacia do interesse público e outros temas relevantes do direito administrativo.* Coordenadores: Maria Sylvia Zanella Di Pietro e Carlos Vinícius Alves Ribeiro. São Paulo: Atlas, 2010.

ção do princípio da legalidade como vinculação do administrador à lei e a consagração da vinculação direta à Constituição; c) a releitura da legitimidade democrática da Administração, com a previsão de instrumentos de participação dos cidadãos na tomada de decisões administrativas (consensualidade).

Na pós-modernidade, pode-se dizer que o Estado Democrático de Direito no mundo ocidental passou a centralizar nos *direitos fundamentais e na democracia os elementos estruturantes do modelo estatal administrativo contemporâneo*. É o que Gustavo Binenbojm denominou de *"giro democrático-constitucional"*[8]:

> *Modo geral, esse giro democrático-constitucional propulsiona mudanças direcionadas a: i) incrementar o grau de responsividade dos administradores públicos às aspirações e demandas da sociedade, mediante adoção de procedimentos mais transparentes e participativos; ii) respeitar, proteger e promover os direitos fundamentais dos administrados, por meio de mecanismos que assegurem o devido processo legal e de políticas públicas a eles vinculadas; iii) submeter a atuação dos administradores públicos a controles efetivos, fundados tanto em parâmetros jurídicos como em termos de resultados práticos*[9].

Paralelamente, segundo o citado autor carioca, outro conjunto de modificações observado no Direito Público da atualidade encontra-se fundado na *razão pragmática*. Esse giro tem como alicerces o antifundacionalismo, o contextualismo e o consequencialismo no Direito Administrativo[10].

---

8 BINENBOJM, Gustavo. *Poder de polícia, ordenação, regulação: transformações político-jurídicas, econômicas e institucionais do direito administrativo ordenador*. Belo Horizonte: Fórum, 2016, p. 38.

9 BINENBOJM, 2016, p. 38.

10 *"O antifundacionalismo rejeita que o pensamento tenha algum ponto de partida ou fundação estática, perpétua, imutável, abstrata e atemporal. (...) O contextualismo consiste na postura de se valorizar a experiência prática-social, política, histórica, econômica e cultural – na investigação filosófica, como*

Assim, no direito contemporâneo, a Constituição torna-se o *"centro do sistema jurídico"*, passando a ser reconhecida como *"uma ordem objetiva de valores e como um sistema aberto de princípios e regras*[11]*"*. Vale dizer, a Carta Política torna-se o *"filtro através do qual se deve ler*[12]*"* todo o ordenamento jurídico infraconstitucional – característica marcante do fenômeno da *constitucionalização do Direito*.

Esse fenômeno provocou transformações relevantes no Direito Administrativo Disciplinar, de modo direto e imediato. De início, por exemplo, o vetusto instituto da *verdade sabida* ou o termo de declaração do investigado (como único meio de defesa ou de reconhecimento de culpa), foram considerados incompatíveis com a nova ordem jurídica, por violar frontalmente os princípios da ampla defesa, do contraditório, do devido processo legal e da presunção de inocência, portanto não recepcionados pela nossa Carta Magna (art. 5º, LIV e LV, da CRFB).

A *verdade sabida*, cujo fundamento histórico são as Ordenações do Reino (Livro 3, Títulos 63 e 66), vigorou até a nova Carta Política, com previsão inclusive no antigo Estatuto dos Agentes públicos Federais (Lei nº 1.711/1952). Era o poder que detinha a autoridade administrativa competente de impor sanções de cunho moral ou de natureza leve (exemplos: advertência e repreensão) a agentes públicos investigados, sem o devido processo legal, presumindo-se infrações disciplinares, notadamente aquelas ocorridas na presença da chefia do órgão ou de "conhecimento público e notório". Durante a ditadura militar iniciada na década de 1960, editaram-se diversas demissões sumárias no serviço público (a estabilidade e a vitaliciedade chegaram a ser suspensas por seis meses), com fundamento

---

método que nos liberta de abstrações atemporais... (...) O consequencialismo importa conduzir sempre qualquer investigação com os olhos voltados para o futuro, por meio de alguma antecipação prognóstica. Como dizia a máxima positivista, 'saber é prever, a fim de prover'" (*Ibid.* p. 52-55).

11   BARROSO, Luís Roberto. *Curso de Direito Constitucional Contemporâneo: Os Conceitos Fundamentais e a Construção do Novo Modelo.* 7ª. ed., 2ª Tiragem, São Paulo: Saraiva, 2018, p. 112-113.

12   *Ibid.* p. 113.

no Ato Institucional de 9 de abril de 1964, algumas, posteriormente, invalidadas pelo Poder Judiciário.[13]

Com a Constituição de 1988, formou-se um consenso doutrinário e jurisprudencial acerca da inconstitucionalidade da verdade sabida e institutos congêneres[14]. O agente público investigado, portanto, deixa de ser uma "marionete" do poder disciplinar estatal e passa a ser um sujeito de direitos e garantias constitucionais, que não podem mais ser ultrajados pela Administração Pública, em razão da incidência direta e imediata do princípio da dignidade da pessoa humana, do direito à ampla defesa e da ideia de proporcionalidade dos atos do poder público, tudo sob o manto do Estado Democrático de Direito (art. 1º, *caput* e III, e art. 5º, LIV e LV, da CRFB/88).

O próprio legislador federal (art. 153 da Lei nº 8.112/90), em seguida, promove essa mudança de paradigma ao prever que "o inquérito administrativo obedecerá ao princípio do contraditório, assegurada ao acusado ampla defesa, com a utilização dos meios e recursos admitidos em direito". Apesar do uso impróprio do termo "inquérito administrativo", é evidente que a incidência desses princípios albergam toda espécie de procedimento administrativo disciplinar (*v.g.*, sindicância punitiva) de que possa resultar sanção punitiva em face do agente público.

Nesse contexto de filtragem constitucional, é possível afirmar que um conjunto de garantias processuais e de direito material foi forjado, progressivamente, no seio do Direito Administrativo Disciplinar da atualidade, por meio de construções da doutrina mais contemporânea e da jurisprudência[15], cabendo ressaltar:

13　MATTOS, Mauro Roberto Gomes de. *Tratado de Direito Administrativo Disciplinar*. 2 ed., Rio de Janeiro: Editora Forense, 2010, p. 8.-14.

14　DI PIETRO, Maria Sylvia Zanella. *Direito Administrativo*. 23 ed, Atlas: São Paulo, 2010, p. 407; STJ – Rel. Min. Hélio Mosiman, MS nº825/SP, 2ª Turma, Dj de 28 de junº 1993, p. 12870; STJ – Rel. Min. Anselmo Santiago, ROMS nº7449/MA, 6ª Turma, Dj, p. 141, 30 mar. 1998.

15　Nessa linha, vide: CARVALHO, Antonio Carlos Alencar. *Manual de Processo Administrativo Disciplinar e Sindicância: à luz da jurisprudência dos Tribunais e da casuística da Administração Pública*. 3. ed. Belo Horizonte:

a) que, nos procedimentos administrativos disciplinares punitivos (presença de litigiosidade), não pode haver apuração unilateral por parte da Administração Pública, sem que o agente público investigado tenha a oportunidade de participar e influir em todas as fases do processo (princípio do contraditório e da ampla defesa – art. 5º, LV, da CRFB/88);

b) que as infrações administrativas disciplinares devem ter previsão legal explícita, com a tipificação mais estrita possível (legalidade – art. 37, *caput*, da CRFB/88);

c) que há necessidade de demonstração da culpabilidade do agente público investigado, posto que no Estado Democrático de Direito não se admite imputação de responsabilidade objetiva (art. 1º da CRFB/88);

d) instauração do processo administrativo disciplinar com a exposição fática das transgressões em tese cometidas, ainda que de forma sucinta, a fim de possibilitar o regular exercício do contraditório e da ampla defesa durante a instrução;

e) a competência para o processamento do feito disciplinar deferida a agentes públicos estáveis, independentes, desimpedidos e insuspeitos, capazes de atuar com isenção[16], preferencialmente um Colegiado trino (art. 37, *caput*, da CRFB/88);

f) formação de um juízo provisório sobre a responsabilização administrativa do funcionário (indiciação) no curso do procedimento administrativo disciplinar de natureza punitiva (art. 5º, LIV, da CRFB/88);

Fórum, 2012, p. 117-118; MATTOS, Mauro Roberto Gomes de. *Tratado de Direito Administrativo Disciplinar*. 2 ed., Rio de Janeiro: Editora Forense, 2010, p. 16-18; DEZAN, Sandro Lúcio. *Nulidades no Processo Administrativo Disciplinar*. 2. ed. Curitiba: Juruá, 2021, p. 49-60; BACELLAR FILHO, Romeu Felipe. *Processo Administrativo Disciplinar*. 3. ed. São Paulo: Saraiva, 2011, p. 94-95; STF, MS 22.693 (DJe 13/12/2010) - Relator Ministro Gilmar Mendes – Tribunal Pleno.

16　Nesse sentido, a própria Lei nº 8.112/90: "*Art. 150. A comissão exercerá suas atividades com independência e imparcialidade, assegurado o sigilo necessário à elucidação do fato ou exigido pelo interesse da administração*".

g) abertura formal de prazo para a apresentação de defesa escrita, por advogado constituído ou por defensor dativo – agente público designado pela Administração, com nível superior, bacharel em direito (art. 5º, LV, da CRFB/88);

h) relatório conclusivo da autoridade sindicante ou do colegiado processante devidamente motivado, com o cotejo objetivo e articulado das razões e argumentos da peça de defesa;

i) julgamento com relativa discricionariedade, na medida em que não poderá dissentir do conjunto probatório produzido e, durante a dosimetria da pena, atentar para os princípios da adequação punitiva e da proporcionalidade/razoabilidade.

Essa nova dinâmica jurídica entronizada nos procedimentos administrativos disciplinares punitivos – alguns desses preceitos já estão cristalizados na Lei nº 8.112/90 –, são, de certo modo, reflexos da mentalidade que vem se consolidando no mundo a partir do neoconstitucionalismo[17]. Com isso, além da legalidade, juridicidade e processualidade ampla nos feitos disciplinares conduzidos pela Administração Pública são exigências contemporâneas, decorrentes da aplicação do princípio da juridicidade e dos direitos fundamentais, as quais, a partir da Constituição de 1988, não podem mais ser cingidas aos processos jurisdicionais.

Nessa toada, deve ser grifado que a eficácia irradiante dos direitos fundamentais[18] alcança o objeto do Direito Administrativo Disciplinar *Processual* e também *Material,* na medida em que o Estado-Administração deve ainda integral respeito e observância, por exemplo, aos princípios da individualização da pena, da presunção de inocência, da culpabilidade, da proporcionalidade e razoabilidade, na aplicação das sanções, entre outros.

---

17 SARMENTO, Daniel. *O neoconstitucionalismo no Brasil: riscos e possibilidades.* Disponível em: http://www.editoraforum.com.br/sist/conteudo/lista_conteudo.asp?FIDT_CONTEUDO=56993. Acesso em: 05 mar. 2025.

18 ALEXY, Robert. *Teoria dos Direitos Fundamentais.* 2. ed., 5ª tiragem, São Paulo: Malheiros Editores, 2017, p. 524 e §§.

1.3 MEIOS DE INTERPRETAÇÃO E INTEGRAÇÃO DO DIREITO ADMINISTRATIVO DISCIPLINAR

O Direito Administrativo Disciplinar tem como base legal a Constituição Federal e, em cada ente federativo, o(s) estatuto(s) funcional(is) existentes. Em âmbito federal, o principal regulamento é a Lei n° 8.112, de 11 de dezembro de 1990, em seus Títulos IV (Do Regime Disciplinar, arts. 116 a 142) e V (Do Processo Administrativo Disciplinar, arts. 143 a 182).[19]

No âmbito do Direito Administrativo Disciplinar, a interpretação das normas é essencial para garantir a justa aplicação das leis e regulamentos que regem a conduta dos agentes públicos. Esses meios interpretativos ajudam a assegurar que a Administração Pública atue de maneira consistente, equitativa e legal em seus procedimentos disciplinares.

Pela interpretação literal (ou gramatical), deve-se analisar o texto do enunciado normativo, buscando extrair a norma utilizando os significados comuns das palavras. O texto, portanto, é o ponto de partida na interpretação de qualquer norma, exigindo que o aplicador da lei inicialmente considere o sentido literal e usual das palavras.

Pela interpretação sistemática, deve-se analisar a norma dentro do contexto do sistema jurídico como um todo com o objetivo de harmonizar a interpretação de uma norma com outras normas do ordenamento jurídico.

Pela interpretação teleológica, o foco é nos objetivos ou finalidades que a norma busca atingir. Deve levar em consideração o espírito da norma, analisando o propósito que ela pretende alcançar e garantindo que sua aplicação atenda às finalidades públicas pretendidas.

---

19 No estado do Rio de Janeiro, a principal legislação é o Decreto-lei n° 220/75 (Estatuto dos Agentes públicos Civis do Poder Executivo do Estado do Rio de Janeiro), regulamentado pelo Decreto Estadual n° 2.479/79.

Já pela interpretação histórica deve-se considerar o contexto histórico e o processo legislativo durante a criação da norma. Deve--se examinar os antecedentes e as motivações históricas para entender melhor a intenção do legislador na elaboração da norma.

Esses meios interpretativos do Direito Administrativo Disciplinar são ferramentas essenciais que ajudam a garantir que as normas sejam aplicadas de maneira clara e justa. Ao usar essas abordagens, os administradores e juristas podem assegurar que as ações disciplinares sejam conduzidas de acordo com o devido processo legal, respeitando os direitos dos agentes públicos e promovendo a justiça dentro da administração pública. É através do uso adequado dessas interpretações que se procura equilibrar a disciplina necessária à gestão pública com as garantias individuais dos agentes públicos.

As lacunas do regime jurídico dos agentes públicos civis da União, das autarquias e das fundações públicas federais (Lei nº 8.112/90), atinentes à seara disciplinar, devem ser supridas por meio de integração, em especial, com as seguintes legislações federais[20]:

a) Lei nº 9.784, de 29 de janeiro de 1999 (Lei de Processo Administrativo): regula o processo administrativo no âmbito da Administração Pública Federal. O art. 69 dessa lei já prevê a aplicação de suas regras aos processos administrativos disciplinares de forma subsidiária. Trata-se de lei geral, que incidirá no caso de omissão e sempre que não houver disposição específica na Lei nº 8.112/90;

b) Lei nº 8.429, de 2 de junho de 1992 (Lei de Improbidade Administrativa), com as alterações introduzidas pela Lei nº 14.230, de 25 de outubro de 2021: além de trazer disposições para responsabilizar, na via judicial, agentes públicos por atos de improbidade, com a consequente cominação das sanções possíveis, agrega aspectos específicos para o processo administrativo disciplinar, conceituando os atos de improbidade administrativa;

---

20   Do mesmo modo, no âmbito do estado do Rio de Janeiro, subsidiariamente, aplicam-se a Lei Estadual nº 5.427/2009 (processo administrativo) e o Código de Processo Civil (Lei nº 13.105/2015). Em caso de lacuna legal, por analogia, incidem as Leis Federais nº 8.112/1990, nº 9.784/1999 e 8.429/1992 (Lei de Improbidade Administrativa).

c) Lei n° 13.105, de 16 de março de 2015 (Código de Processo Civil): institui normas com a aplicação supletiva e subsidiária aos processos administrativos por força do art. 15 desse diploma;

d) Decreto-Lei n° 4.657, de 4 de setembro de 1942 (Lei de Introdução às Normas do Direito Brasileiro): estabelece normas em matéria de invalidação, interpretação e sanção para o direito administrativo nos arts. 20 a 30, que foram incluídos pela Lei n° 13.655, de 25 de abril de 2018.

Cumpre destacar, ademais, a preocupação com a segurança jurídica na Lei de Introdução ao Direito Brasileiro (LINDB), inserido pela Lei Federal n° 13.655/2018 (arts. 23, 24 e 30), parâmetro de interpretação de todo ordenamento jurídico, especialmente para o âmbito do direito público.

Quanto à aplicação analógica da legislação federal para os Estados, cumpre destacar que o STJ já entendeu que isso só seria possível quando presentes, de forma cumulativa, dois requisitos: i) tratar-se de um direito autoaplicável de cunho constitucional; e ii) não resultar em aumento de despesas.[21]

Assim, a Lei Federal n° 8.112/90, que, entre outras disposições, regula o processo administrativo disciplinar em âmbito federal, contém regras que podem ser aplicadas subsidiariamente pelos entes fe-

---

21   (...)
      4. A analogia das legislações estaduais e municipais com a Lei n° 8.112/90 somente é possível se houver omissão no tocante a direito de cunho constitucional, que seja autoaplicável, bem como que a situação não dê azo ao aumento de gastos; em suma, ela precisa ser avaliada caso a caso e com parcimônia.
      (...)
      6. Não há falar em direito líquido e certo, uma vez que não se vê direito local aplicável, tampouco a possibilidade de analogia com a Lei n° 8.112/90, uma vez que não existe o direito constitucional autoaplicável que seria necessário para suprir a omissão da legislação estadual." (STJ – RMS n° 46.438-MG, Relator: Ministro HUMBERTO MARTINS, Cfr. também... REsp 1826962/AP – Relator: Ministro HERMAN BENJAMIN – Data: 06/02/2020 e RMS 52922 / MG – Relator: Ministro FRANCISCO FALCÃO – Data: 05/02/2019).

derativos, como sedimentado pelo Superior Tribunal de Justiça na edição 140, Jurisprudência em Teses.[22]

1.4 PROCESSUALIDADE AMPLA

Epistemologicamente, o Direito Penal e o Direito Administrativo são ramos autônomos da ciência jurídica. Hodiernamente, nada obstante, há certo consenso na doutrina em apontar que o direito punitivo estatal seria único.[23] Assim, vem ganhando corpo a assertiva contemporânea de que o exercício do poder da Administração Pública de aplicar sanções administrativas disciplinares deve seguir as mesmas balizas utilizadas pelo Poder Judiciário na esfera penal.

Justen Filho[24] leciona que *"as sanções administrativas apresentam configuração similar às de natureza penal, sujeitando-se à regime jurídico senão idêntico, ao menos semelhante"*. Osório[25], por sua vez, acentua que tanto no regime penal quanto no administrativo existem *"núcleos estruturantes dos direitos fundamentais dos acusados em geral, na perspectiva de submissão às cláusulas do devido processo legal e do Estado de Direito"*. Vale dizer, ambas as disciplinas do Direito têm núcleos mínimos de garantias insculpidos na Constituição.

Dessa forma, e partindo-se, ainda, da cláusula do Estado Democrático de Direito, com sua eficácia irradiante, vem se cristalizando o entendimento de que o regime jurídico aplicável ao poder punitivo da Administração Pública deve encontrar fundamento e limite na

---

22   Cf. Tese 1 - A Lei n° 8.112/1990 pode ser aplicada de modo supletivo aos procedimentos administrativos disciplinares estaduais, nas hipóteses em que existam lacunas nas leis locais que regem os agentes públicos.

23   GARCIA DE ENTERRÍA, Eduardo; FERNANDEZ, Tomás-Ramón° *Curso de Derecho Administrativo*. 5. Ed., v. II, Madrid: Civitas, 1998, p. 163.

24   JUSTEN FILHO, Marçal. *Curso de Direito Administrativo*. 8 ed., Belo Horizonte: Ed. Fórum, 2012, p. 571.

25   OSÓRIO, Fábio Medina. *Direito Administrativo Sancionador*. 3 ed. São Paulo: Ed. RT, 2009, p. 131.

sistemática constitucional de forma semelhante à que regula o Direito Penal. Nessa toada, o Superior Tribunal de Justiça já decidiu:

> [...] à atividade sancionatória ou disciplinar da Administração Pública se aplicam os princípios, garantias e normas que regem o Processo Penal comum, em respeito aos valores de proteção e defesa das liberdades individuais e da dignidade da pessoa humana, que se plasmaram no campo daquela disciplina[26].

Sabe-se que no processo penal o *jus persequendi* está a cargo do Poder Executivo, enquanto o *jus puniendi* é da competência exclusiva do Poder Judiciário. No Direito Administrativo Sancionador Punitivo ambos estão na esfera de atribuição do Estado-Administração. Inobstante, este, para apurar e punir os agentes públicos infratores da lei, igualmente necessita de instrumentos jurídicos apropriados para esse fim e legalmente descrito em regimes disciplinares estatutários.

Em outras palavras, somente por meio de um *processo*, com formação de um *litígio* entre o Estado e o agente público, no âmbito de uma relação jurídica processual (aqui linear e não triangular), em um ambiente propício à acusação e ao exercício do contraditório e da ampla defesa – assim como existente no processo penal – é que se pode impor ao agente público uma sanção administrativa disciplinar. Por conseguinte, a *processualidade jurídica* (ampla) é ínsita a todo processo administrativo disciplinar.

O processo, etimologicamente, compreende a concepção de um caminho, de um iter, a ser necessariamente percorrido em todas as suas etapas, para se chegar de um ponto físico ou abstrato inicial a um ponto físico ou abstrato final. E, no Direito Administrativo Disciplinar, tal como nos processos jurisdicionais, o processo também implica a criação de uma relação jurídica em contraditório, com o cenário litigioso entre o Estado e o autor (aqui, um agente público), acusado da prática de uma transgressão administrativa disciplinar. *Interna corporis*, as partes – igualmente como ocorre nos processos

---

26 Cf. STJ, RMS 24559/PR, rel. Min. Napoleão Nunes Maia Filho, 5ª T., j. 03/12/2009, Dje 01/02/2010.

judiciais – vinculam-se por meio de direitos, deveres, poderes, faculdades, sujeições e ônus[27].

Importante destacar, portanto, que o conceito de processo, sob o aspecto subjetivo ou material, da pessoa e da instituição com competência para o seu desenvolvimento e conclusão, não é uma concepção exclusiva dos procedimentos litigiosos que tramitam no Poder Judiciário, sob a presidência de um magistrado. A concepção contemporânea de processo abarca os ritos realizados pela Administração Pública, tanto de Direito Público quanto de Direito Privado, assim como aqueles realizados por instituições e pessoas jurídicas de direito privado, como, por exemplo, os existentes em condomínios, clubes e empresas particulares. Essa mudança de paradigma, alocando-se o conceito de processo na seara publicista e nos demais Poderes da República (*processualidade ampla*), só ocorreu a partir do século XX, com a aceitação dos administrativistas e dos processualistas, desenvolvendo-se nas décadas de 1980 e 1990[28].

Como leciona Medauar[29], o ato administrativo deixou de ser o foco do Direito Administrativo, o qual passou a se concentrar não no ato em si, mas no modo de sua formação, voltando a atenção especialmente para o processo administrativo que antecede o ato, isto é, o processo que forma o ato administrativo. A concepção clássica do ato administrativo, inclusive com prestígio dos seus atributos (presunção de legalidade, legitimidade e veracidade, autoexecutoriedade e imperatividade), predominou do início do século XX até meados dos anos 1970. A partir daí, houve uma guinada a favor de atuações processualizadas na Administração Pública, que observassem o contraditório e a ampla defesa dos particulares. Ocorreu, então, a promulgação de diversos códigos de processo administrativo na Europa

---

27 GRINOVER, Ada Pellegrini *et al. Teoria Geral do Processo*. 12. edição: São Paulo, Editora Malheiros, 1996, p. 284-287.

28 DEZAN, Sandro Lúcio. *Nulidades no Processo Administrativo Disciplinar*. 2. ed. Curitiba: Juruá, 2021, p. 48.

29 MEDAUAR. Odete. *A processualidade no direito administrativo*. 2. ed. São Paulo: Revista dos Tribunais, 2003, p. 18 e §§.

INTRODUÇÃO AO DIREITO ADMINISTRATIVO DISCIPLINAR CONTEMPORÂNEO

e na América Latina, nos anos 1970, 1980 e 1990, inclusive, no Brasil, com a Lei n° 9.784/99.

Nessa linha, a citada publicista explica que a processualidade (ampla) é uma realidade em todos os Poderes Estatais, não apenas no Judiciário. O processo administrativo passa a ser entendido como "a sucessão de atos, permeada de posições jurídicas da Administração e de particulares, com vistas a assegurar o direito ao contraditório e à ampla defesa, de regra antes da tomada de decisão"[30].

O Supremo Tribunal Federal, por sua vez, abraça essa concepção no julgamento de um *leading case* (RE 158.543-9/R), em 1994, em que pela primeira vez reconheceu a integral incidência dos princípios do contraditório e da ampla defesa em todos os processos administrativos. De acordo com o Pretório Excelso, a norma do art. 5°, LV, da Constituição Federal é clara e alcança qualquer situação que possa acarretar a redução de direitos, com compreensão ampla do vocábulo "litigante" previsto no dispositivo.

Nesse novo contexto, a processualidade, no Brasil, afirma-se como a nova tônica do Direito Administrativo contemporâneo. Sabe-se que no Estado Democrático de Direito o instituto do processo administrativo apresenta diversas finalidades. Entre as principais, temos a função de garantia para o administrado (proteção de seus direitos), a missão de legitimação do poder estatal (inibidor do arbítrio estatal e fomentador da imparcialidade), a de sistematizar e otimizar as atuações administrativas, a de facilitar o controle da Administração, bem como a de promover sua maior abertura ao meio social (aproximação e participação do cidadão)[31].

Destarte, a processualidade ampla tornou-se essencial, por promover tais funções e em razão de sua feição democrática, redun-

---

30   MEDAUAR, Odete. Administração Pública: do ato ao processo. *In*: ARA-GÃO, Alexandre Santos de; MARQUES NETO, Floriano de Azevedo (org.). *Direito administrativo e seus novos paradigmas*. 1ª reimpressão. Belo Horizonte: Editora Fórum, 2012, p. 412.

31   MEDAUAR. Odete. *Direito Administrativo Moderno*. 21. ed. - Belo Horizonte: Fórum, 2018, p. 161-162.

dando em evidentes vantagens para a sociedade e para o Estado. Ela, primeiro, proporciona um melhor conteúdo das decisões da Administração, pois, com o devido processo legal e ampla abertura aos particulares, para oitiva e juntada de provas e informações, tende-se a decidir com mais clareza e precisão. Por outro lado, o ato final decisório torna-se mais eficaz, na medida em que, com mais participação do administrado, ele, normalmente, passa a ser melhor aceito. Por fim, entre outros benefícios, a processualidade ampla entroniza no âmbito administrativo, a finalidade de justiça, que não é algo privativo de atos do Poder Judiciário.

Para os processos administrativos disciplinares, *ab initio*, pode-se dizer que a processualidade ampla, com o consequente princípio da juridicidade, implica o dever da Administração Pública de fundamentar o exercício de seus juízos de valor em, ao menos, quatro momentos principais: *no ato de instauração, no ato de indiciamento, no relatório final e no julgamento.*

Com efeito, essa é a primeira tarefa dos agentes públicos que labutam nessa seara. Alicerçados no princípio do livre convencimento motivado, seja na qualidade de autoridade instauradora ou instrutora, ou, ainda, como aquela competente para punir, tais agentes públicos devem sempre guiar sua atuação conforme a lei e o Direito, desincumbindo-se de seu múnus, a fim de construir o devido processo legal constitucional.

2 PRINCÍPIOS INFORMADORES DO DIREITO ADMINISTRATIVO DISCIPLINAR CONTEMPORÂNEO

É inegável, até mesmo pela constitucionalização do Direito Administrativo Disciplinar, a aplicabilidade direta, imediata e mais plena possível dos princípios constitucionais à responsabilização disciplinar, cabendo à Administração Pública zelar pela sua ampla incidência, sobretudo, porque vivemos, felizmente, sob o Estado Democrático de Direito (art. 1º, *caput*, CRFB/88).

Além da obediência à Constituição, a Administração deve atentar para princípios diretamente ligados ao Direito Administrativo previstos nas leis dos respectivos entes federativos. Nesse sentido, por exemplo, o artigo 2º da Lei Federal nº 9.787/99 impõe que *"a Administração Pública obedecerá, dentre outros, aos princípios da legalidade, finalidade, motivação, razoabilidade, proporcionalidade, moralidade, ampla defesa, contraditório, segurança jurídica, interesse público e eficiência".*

2.1 PRINCÍPIO DA JURIDICIDADE

Os novos ventos trazidos pelo Estado Democrático de Direito e pelo constitucionalismo repaginaram o Direito Administrativo Disciplinar. Como consequência, o tradicional princípio da legalidade, que reinava soberano na disciplina dos processos estatutários, passa a conviver com o princípio da juridicidade administrativa, que exige do Estado-Administração atuação conforme a lei e o Direito.[32]

---

[32] O princípio da juridicidade altera a concepção clássica da legalidade administrativa e faz desnecessária *"regra legal específica (leia-se: lei formal) para habilitar toda e qualquer ação administrativa"* (MOTTA, Fabrício. *Função normativa da Administração Pública*. Belo Horizonte: Fórum, 2007, p. 129).

Essa mutação não significa abandono ao vetor normativo (lei formal) para orientar a ação administrativa.[33] A função administrativa será exercida segundo o ordenamento jurídico, mas nem sempre segundo uma lei em sentido estrito. Pode-se dizer que está sepultado o entendimento segundo o qual a Administração Pública *só* pode fazer aquilo que a lei formal determina. Em alguns casos excepcionais o ente público poderá agir até mesmo contra a lei, desde que com apoio na Constituição ou em tratados internacionais (simples ou de direitos humanos).[34]

Ingressando no Direito Disciplinar, a observância apenas mecânica da lei, por vezes, ignora a *verdadeira função do processo*, que, entre suas vertentes, radica a de funcionar como *instrumento para concreção de princípios e valores constitucionais dos acusados*, e não somente um legitimador do ato final do procedimento administrativo disciplinar, a qualquer custo, para o Estado. Vale dizer, toda a atividade administrativa, precipuamente, deve observância aos princípios e regras constitucionais, pois, como alerta Binenbojm[35], a Constituição representa o cerne da vinculação administrativa à juridicidade.

---

33 No século XIX, com o arcabouço teórico de Rousseau e outros iluministas, consagra-se o princípio da legalidade administrativa para proteger o cidadão de investidas arbitrárias do poder público. Ao se exigir que restrições à liberdade e à propriedade fossem autorizadas sempre pelo Poder Legislativo em caráter antecedente à atuação administrativa, estava-se garantindo a preservação dos direitos fundamentais do cidadão na medida em que as restrições só seriam legítimas quando aprovadas pelos representantes eleitos do povo (CYRINO, André. Legalidade administrativa de carne e osso: uma reflexão diante do processo político brasileiro. *Revista de Direito Administrativo*, Rio de Janeiro – RDA, v. 274, jan./abr. 2017, p. 175-208).

34 A juridicidade provocou uma releitura no princípio da legalidade administrativa e obriga a todo órgão da Administração a editar normas e atuar em conformidade com os tratados de direitos humanos. Fala-se em "bloco de legalidade" ou de "convencionalidade" (MAC-GREGOR, Eduardo Ferrer. "El control difuso de convencionalidad en el Estado Constitucional". In: FIX-ZAMUDIO, H; VALADÉS, D (Org.). *Formación y perspectiva del Estado mexicano*. Ciudad de México: El Colegio Nacional-UNAM, 2010, p. 151-188).

35 BINENBOJM, Gustavo. *Uma teoria do direito administrativo: direitos fundamentais, democracia e constitucionalização*. 3. Ed., revista e atualizada. Rio de Janeiro: Renovar, 2014, p. 131-181.

Nada obstante, a legalidade administrativa permanece como o fio condutor principal do processo administrativo disciplinar. Submissão do Estado à lei é regra básica do Estado de Direito. No Brasil, em sede constitucional, há expressa previsão deste princípio nos arts. 5º, II, XXXIX (por analogia) e no art. 37, *caput,* todos da CRFB/88. No âmbito legal, no art. 2º, *caput,* da Lei nº 9.784/1999.

O princípio da legalidade divide-se em dois outros distintos: a) *primazia da lei;* e b) *reserva de lei.* Para o Direito Administrativo Disciplinar, o enfoque do primeiro apresenta relevante importância, porque, com base nele, se afirma que as sanções punitivas aos agentes públicos só podem ser aplicadas se estiverem prescritas em preceitos legais (tipos de ilícitos administrativos disciplinares). Do princípio da legalidade, como princípio da reserva legal, cuja origem é o direito penal, dois conteúdos normativos podem ser extraídos. Um *formal* que engloba a proibição de tipificação ilícita: i) por lei posterior ao fato; ii) por uso de analogia a outro tipo incriminador; iii) por uso dos costumes; e iv) por uso de tipos incriminadores abertos. E um conteúdo *material* (próprio apenas do Direito Penal), que proíbe a incriminação de condutas que podem ser coibidas pelos outros ramos do direito distintos da seara criminal (*ultima ratio*)[36].

Nem todas as garantias que são extraídas do princípio da legalidade aplicam-se ao Direito Administrativo Disciplinar. No Direito Penal, por exemplo, condutas criminosas não podem ser instituídas sequer por leis delegadas ou medidas provisórias (arts. 62 e 68 da CRFB/88), em decorrência do art. 5º XXXIX e art. 1º do Código Penal brasileiro. Contudo essas proibições não incidem para eventuais alterações do regime estatutário dos agentes públicos, os quais podem ser modificados por meio destas espécies normativas.

Dezan[37] pontua que a doutrina, majoritariamente, defende que, no Direito Administrativo Disciplinar, a legalidade implica a

---

36   DEZAN, 2021, p. 69.

37   DEZAN, 2021, p. 71-73. O referido autor enfatiza, contudo, que abalizada doutrina (José Cretella Júnior, Aldo M. Sandulli, Marcello Caetano, entre outros) entende que o princípio da legalidade estrita do direito penal, para as tipificações restritivas, em nada se aplica ao direito disciplinar, *"devendo este*

necessidade de tipificação de ilícito e descrição da sanção por lei ou ato normativo com força de lei (medidas provisórias, leis delegadas e decretos autônomos). Simples regulamentos, instruções normativas, ordens de serviço ou portarias, ou atos administrativos similares não são formas de firmar a previsão do que seja ilícito em sede de serviço público.

O aludido autor sintetiza que do princípio da legalidade nasce o *princípio da taxatividade material do ilícito administrativo disciplinar* e o *princípio da taxatividade formal do processo administrativo disciplinar*. De acordo com o primeiro – incidente em sede de Direito Disciplinar Material –, afirma-se que os tipos definidores de ilícito devem ser analíticos, taxativos em seus limites e contornos, com escopo de primar pela inteligibilidade dos preceitos proibitivos e pela segurança jurídica para aplicação do Direito. Com fundamento no segundo, sustenta-se que todo o curso do procedimento disciplinar apuratório deve ser o descrito em lei, não cabendo inovações ou o processamento anômalo do que o formato legal prevê, compreendendo o princípio da taxatividade formal uma das facetas do princípio constitucional do devido processo legal[38].

Como já se disse alhures, o rito do processo administrativo disciplinar é uma *garantia constitucional* dos agentes públicos. *Forma é garantia*[39]. Canotilho[40], nessa toada, aponta as seguintes garantias para a formação e desenvolvimento de um procedimento administrativo justo:

> [...] *Direito de participação do particular nos procedimentos em que for interessado; princípio da imparcialidade da Administração; princípio da audição jurídica; informação; fundamentação dos atos administrativos lesivos de posições*

---

apresentar margens de tipificações ampliativas e genéricas, para possibilitar a atuação da Administração para a persecução de seus fins." (p. 71-72).

38   *Ibid.* p. 73.

39   BINDER, Alberto B. *El incumplimento de las formas processuais.* Buenos Aires, Ad-hoc, 2009, p. 56-57.

40   CANOTILHO, 2003, p. 274-275.

jurídicas positivas; princípio da conformação do procedimento segundo os direitos fundamentais; princípio da boa-fé e o princípio do arquivo aberto.

Inobstante, cumpre destacar que no âmbito do processo civil moderno há uma tendência em se admitir alguma *flexibilização procedimental*, permitindo-se certos *momentos processuais atípicos*, a fim de se buscar maior efetividade e justiça na prestação jurisdicional.[41] Apesar do princípio do formalismo moderado, os processos administrativos disciplinares, em essência, são instrumentos de proteção à garantia constitucional da estabilidade do agente público contra arbitrariedades do Estado, e, por conseguinte, devem seguir, em regra, um sistema mais rígido ou típico.

Como apontamos inicialmente neste subitem, o Estado Democrático de Direito, além da tradicional garantia da legalidade, trouxe a reboque o princípio da juridicidade, impondo ao Estado-Administração uma atuação ampla conforme a lei e o Direito, inclusive nos procedimentos administrativos disciplinares. Trata-se de preceito inclusive cristalizado na Lei nº 9.784/1999 (art. 2º, parágrafo único, I), que regula o processo administrativo geral no âmbito da Administração Pública Federal, e que é aplicável, subsidiariamente, aos procedimentos disciplinares, no âmbito da União, dos Estados e Municípios, desde que não conflitem com as legislações locais.

A juridicidade no âmbito administrativo disciplinar acarreta, assim, basicamente, a deferência a dois mandamentos: i) *atuação conforme a lei*: necessidade de observância da estrita legalidade pela Administração Pública para fundamentar as ações disciplinares em face dos agentes públicos, seja no campo do Direito Material ou do Direito Processual; ii) *atuação conforme o direito*: o Estado na produção e no desenvolvimento do processo administrativo disciplinar deve atuar permeado pelas noções de normatividade primária dos princípios constitucionais, centralidade dos direitos

---

41 GAJARDONI, Fernando da Fonseca. *Flexibilização procedimental: um novo enfoque para o estudo do procedimento em matéria processual, de acordo com as recentes reformas do CPC.* São Paulo: Atlas, 2008, p. 77-106.

fundamentais, ponderação de valores ou interesses, razoabilidade e proporcionalidade, e, ainda, atentar a todo o ordenamento jurídico, inclusive supranacional – o denominado "bloco de legalidade" ou "convencionalidade". Isso implica observância aos critérios e decisões emanadas dos órgãos que aplicam as normas constitucionais do Pacto de São José da Costa Rica na esfera internacional: a Comissão Interamericana de Direitos Humanos e a Corte Interamericana de Direitos Humanos[42].

Assim, o princípio da legalidade é pressuposto da aplicação das penalidades disciplinares. Somente se impõe sanções cujo tipo penal primário e secundário, bem como o respectivo rito, sejam criados por lei.

2.2 PRINCÍPIO DA DIGNIDADE DA PESSOA HUMANA

A Constituição Federal de 1988, de forma inovadora, alçou o princípio da dignidade da pessoa humana como um dos mais importantes fundamentos do Estado Democrático de Direito brasileiro (art. 1º, III). Sarlet[43] leciona que o reconhecimento da centralidade desse princípio ocorreu a primeira vez, de modo significativo, na Lei Fundamental da Alemanha (1949), ocasião em que *"reconheceu-se categoricamente que é o Estado que existe em função da pessoa humana, e não o contrário, já que o ser humano constitui a finalidade precípua e não o meio da atividade estatal"*.

Häberle[44] alude que a dignidade da pessoa humana apresenta-se como o *"valor jurídico mais elevado"* dentro de um ordenamento

---

42 COLANTUONO, Pablo Á. Gutiérrez. *Administración Pública, Juridicidad y Derechos Humanos*. Buenos Aires: Abeledo Perrot, 2009, p. 4.

43 SARLET; MARINONI; MITIDIERO, 2020, p. 272-273.

44 HÄBERLE, Peter. A Dignidade Humana como fundamento da comunidade estatal. *In*: SARLET, Ingo Wolfgang (org.). *Dimensões da Dignidade*. Porto Alegre: Livraria do Advogado Editora, 2005, p. 99.

constitucional, *"figurando como valor jurídico supremo"*. Piovesan[45] destaca que, no Brasil, a centralidade desse princípio é tão marcante na Constituição Federal de 1988, que ele passou a ser o principal parâmetro axiológico de todo o sistema jurídico:

> *O valor da dignidade humana – ineditamente elevado a princípio fundamental da carta, nos termos do art. 1º, III – impõe-se como núcleo básico e informador do ordenamento jurídico brasileiro, como critério e parâmetro de valoração a orientar a interpretação e compreensão do sistema constitucional instaurado em 1988. A dignidade humana e os direitos fundamentais vêm a constituir os princípios constitucionais que incorporam as exigências de justiça e dos valores éticos, conferindo suporte axiológico a todo o sistema jurídico brasileiro. Na ordem de 1988, esses valores passam a ser dotados de uma especial força expansiva, projetando-se por todo o universo constitucional e servindo como critério interpretativo de todas as normas do ordenamento jurídico nacional.*

Diversos preceitos constitucionais inalienáveis radicam no princípio da dignidade da pessoa humana, na medida em que nossa Carta Magna de 1988 enuncia: a) como fundamentos – a cidadania, os valores sociais do trabalho e da livre iniciativa; b) como objetivos – construir uma sociedade livre, justa e solidária e promover o bem de todos, sem preconceitos de origem, raça, sexo, cor idade e quaisquer outras formas de discriminação; c) como direitos fundamentais: a inviolabilidade do direito à vida, à liberdade, à igualdade, à segurança e à propriedade (art. 5º, *caput*); a livre manifestação do pensamento (art. 5º, IV); a liberdade de consciência e de crença (art. 5º, VI); a livre expressão da atividade intelectual, artística, científica e de comunicação, independentemente de censura ou licença (art. 5º, IX); a inviolabilidade da intimidade, da vida privada, da honra e da imagem das pessoas, assegurado o direito a indenização pelo dano material ou moral decorrente de sua violação (art. 5º, X); a li-

---

45   PIOVESAN, Flávia. *Temas de direitos humanos.* 4. ed. São Paulo: Saraiva, 2010, p 48.

vre locomoção no território nacional em tempo de paz (art. 5º, XV); a tipificação do racismo como crime inafiançável e imprescritível, sujeito à pena de reclusão (art. 5º, XLII); a repressão especial ao crime de tortura (art. 5º, XLIII); a proibição da pena de morte e de trabalhos forçados ou cruéis (art. 5º, XLVII); o respeito à integridade física e moral do preso (art. 5º XLIX); entre outros.

Ainda que não descritos expressamente na Constituição, direitos fundamentais podem ser reconhecidos em virtude do princípio da dignidade da pessoa humana. Nessas situações, este "funciona como uma fonte adicional de direitos ou como uma espécie de 'direito-mãe', do qual se extraem direitos mais específicos não enumerados no texto constitucional"[46].

Em verdade, há diversas consequências dessa centralidade do princípio da dignidade da pessoa humana. Daniel Sarmento[47] leciona que o aludido princípio apresenta múltiplas funções no ordenamento jurídico brasileiro, destacando as seguintes: i) fator de legitimação do Estado e do Direito; ii) norte para a hermenêutica jurídica; iii) diretriz para ponderação entre interesses colidentes; iv) fator de limitação de direitos fundamentais; v) parâmetro para o controle de validade de atos estatais e particulares; vi) critério para identificação de direitos fundamentais e fonte de direitos não enumerados. Na visão do aludido publicista, o conteúdo desse princípio na ordem jurídica brasileira engloba quatro componentes: *valor intrínseco da pessoa, autonomia, mínimo existencial e reconhecimento intersubjetivo* .

A *primeira* característica *(valor intrínseco)* implica, em síntese, impedir a instrumentalização da pessoa em proveito de interesses de terceiros ou de metas coletivas. Sua base teórico-filosófica é a conhecida máxima Kantiana: cada pessoa é e deve ser tratada como um

---

46   SARMENTO, Daniel. *Dignidade da Pessoa Humana: conteúdo, trajetórias e metodologia*. 2. edição, Belo Horizonte: Fórum, 2016, p. 86.

47   *Ibid.* p. 77.

fim em si mesmo, e não *"como uma parte de uma entidade maior, estatal ou não, cujos fins subordinem os seus direitos e sua autonomia"*[48].

O *segundo* elemento essencial da dignidade da pessoa humana é a *autonomia*. Ela está ligada à autodeterminação individual, tanto na sua dimensão privada (autogoverno), quanto na pública, correspondente à participação nas deliberações democráticas. O Estado pode proibir pessoas adultas de, voluntariamente, se prostituírem? E quanto ao uso de drogas, eutanásia e o suicídio assistido? Há sólido consenso em reconhecer que *"tratar as pessoas como dignas importa em reconhecer o seu direito de realizar escolhas pessoais e de segui-las, quando isto não fira direitos alheios"*. Fala-se, então, em *"dignidade como autonomia e como heteronomia"*[49].

O *terceiro* elemento da dignidade da pessoa humana, o *mínimo existencial*, é autoexplicativo. Ele envolve a garantia de condições materiais indispensáveis para uma vida digna.

Por fim, o último componente do princípio da dignidade da pessoa humana é o *reconhecimento intersubjetivo*. Este *"se conecta com o respeito à identidade individual e coletiva das pessoas nas instituições"*, bem como *"práticas sociais e relações interpessoais"*. Como salienta Sarmento[50], o ser humano para se realizar e desenvolver livremente a sua personalidade (com inegável reflexo na autoestima), necessita do *"adequado reconhecimento pelo outro"*. Quando o mundo nos trata como inferiores, *"internalizamos uma imagem negativa de nós mesmos e passamos a moldar as nossas escolhas e ações a partir dela"*[51].

Há alguma divergência na doutrina sobre esses elementos constitutivos, mas que não desnatura a sua essência, especialmente para fins de aplicação no Direito Administrativo Disciplinar.

---

48   SARMENTO, 2016, p. 125.

49   SARMENTO, 2016, p. 136.

50   *Ibid.* p. 241.

51   *Ibid.* p. 241.

Indubitável que o preceito nuclear em tela, descrito no art. 1°, III, da Constituição de 1988, funcionando como farol superior em nosso sistema jurídico (*v.g.*, fator de legitimação do Estado, norte para hermenêutica jurídica, diretriz para ponderação de interesses; parâmetro para o controle de validade dos atos estatais etc.), deve ser absorvido na prática de todos os procedimentos administrativos disciplinares, na maior medida possível.

Carvalho[52], nessa linha, em primeiro lugar, destaca que o Estado não pode exercer seu poder disciplinar de forma *arbitrária, desproporcional ou desmotivada*, sob pena de direta ofensa ao princípio constitucional da dignidade da pessoa humana.

O referido autor[53], em prosseguimento, lista os diversos reflexos do princípio da dignidade da pessoa humana para os procedimentos administrativos disciplinares, exigindo-se uma nova formatação de poder entre o Estado e o agente público investigado: i) dever de preservar o sigilo dos processos perante terceiros durante a instrução processual e até o julgamento, visando resguardar a imagem do agente público que pode ser inocentado ao final, bem como adotar a cautela pertinente no recebimento e apuração de denúncias, especialmente as apócrifas, a fim de resguardar o patrimônio moral, a vida privada e a intimidade do agente público (arts. 144 e 150 da Lei Federal n° 8.112/90); ii) dever das autoridades, comissões e sindicantes tratarem o agente público acusado com respeito e dignidade, facilitando o exercício dos seus direitos e o cumprimento de suas obrigações (art. 3°, I, Lei Federal n° 9.784/99), sem humilhação, desmoralização ou tratamento degradante; iii) proibição do uso de provas ilícitas, como forma de obtenção de evidências, para punir o agente público a qualquer custo, utilizando-se de tortura, ainda que apenas mental e emocional, para obter confissão, constrangimento de testemunhas ou ameaça a familiares (art. 5°, III, da CRFB/88); iv) dever do Estado de atuar, na via administrativa, com boa-fé, decoro,

---

52   CARVALHO, Antonio Carlos Alencar. *Manual de Processo Administrativo Disciplinar e Sindicância: à luz da jurisprudência dos Tribunais e da casuística da Administração Pública.* 3. ed. Belo Horizonte: Fórum, 2012, p. 282.

53   *Ibid.*, p. 282-288.

de forma lídima e confiável, sem praticar atos contrários às legítimas expectativas do acusado, tendo em vista o comportamento anterior da Administração Pública (art. 2°, IV, da Lei Federal n° 9.784/99); v) observância estrita do dever de motivação e do princípio da proporcionalidade na aplicação das sanções disciplinares, sobretudo quando da imposição das penas máximas (demissão e cassação de aposentadoria), mais drásticas e de efeitos significativos sobre a vida moral e financeira do acusado e de sua família; vi) respeito ao contraditório pleno e à ampla defesa do agente público processado, permitindo-se de forma integral que o mesmo possa apresentar suas razões para o fato (sua versão), produzir suas provas, contraprovas, estar presente às audiências e refutar a procedência das teses acusatórias, sem constrangimentos, para o final, ter seus argumentos devidamente apreciados pela autoridade julgadora; vii) ter reconhecida, de ofício (art. 112 da Lei n° 8.112/90), a prescrição do direito de punir pela Administração Pública, pois ninguém deve ficar eternamente preso a uma acusação (por mais de dez, vinte anos), na medida que isso implica um rebaixamento do *status dignitatis* do cidadão.

Mattos[54], na mesma toada, alude que fere o princípio da dignidade da pessoa humana *"denúncias genéricas que não descrevem os fatos na sua devida conformação, não se coadunando com os postulados básicos do Estado de Direito"*. Para ele, incumbe à Administração Pública conferir "máxima efetividade concreta" a esse preceito constitucional fundante, o que implica o poder-dever estatal de tratar o agente público processado dignamente, respeitando-se seus direitos e garantias, impedindo que a apuração seja uma incógnita e buscando-se a verdade real contida no conjunto probatório, tudo durante um prazo razoável, conforme art. 5°, LXVII, da CRFB/88[55].

Com efeito, contemporaneamente, a dignidade da pessoa humana, para muitos, é o fundamento central do Estado Democrático de Direito. Nada obstante, dada a sua elevada indeterminação, a invocação de tal princípio para alicerçar quase todas as questões jurí-

---

54 MATTOS, 2010, p. 87-88.

55 *Ibid.* p. 87-88.

dicas têm gerado importantes críticas, pois, como disse Sarmento[56], citando Oliveira Ascensão, se ela *"serve para tudo, então não serve para nada"*, transformando-se em uma *"fórmula vazia"*.

2.3 PRINCÍPIO DA PRESUNÇÃO DE INOCÊNCIA

No Brasil, a Constituição Cidadã de 1988, no art. 5°, LVII, dispôs que: *"ninguém será considerado culpado até o trânsito em julgado de sentença penal condenatória"*.

Apesar da menção ao processo penal, é pacífico na doutrina e jurisprudência que o princípio em comento aplica-se aos procedimentos administrativos disciplinares punitivos, tendo em vista o nosso arcabouço constitucional estrutural. Bacellar Filho[57], nessa linha, leciona que a presunção de inocência tem como fundamento último a proteção da liberdade e da dignidade do cidadão, base antropológica da nossa Carta Magna de 1988. Ademais, conecta-se intimamente com diversos princípios constitucionais, entre eles o devido processo legal (art. 5°, LVII) e a ampla defesa e o contraditório (art. 5°, LV). Por isso, só poderá haver punição disciplinar, na esfera administrativa, se comprovada a culpabilidade do agente público, mediante um processo estabelecido em lei, em que tenha sido possibilitado a ele condições para exercício amplo de sua defesa, com todos os recursos e meios a ela inerentes.

Para o referido publicista[58], três significações primordiais para o Direito Administrativo Disciplinar podem ser extraídas do princípio da presunção de inocência: i) é um *"princípio fundante de um modelo de processo sancionatório (criminal ou disciplinar), do qual emana um feixe de garantias do acusado, destinadas a proteção de sua liberdade por intermédio de um processo justo e legalmente configurado"*; por conseguinte, impõe a todos os Poderes o dever de ob-

---

56 SARMENTO, 2016, p. 17.

57 BACELLAR FILHO, Romeu Felipe. *Processo Administrativo Disciplinar*. 3. ed. São Paulo: Saraiva, 2011, p. 367-368.

58 *Ibid.* p. 369-370.

servar e respeitar as garantias fundamentais processuais do acusado e, ainda, adotar medidas para maximizar a efetividade delas (função de defesa e função prestacional); ii) o acusado deve ser tratado como inocente tanto no curso do processo quanto fora dele, *"tornando-se imperioso o sigilo quanto à sua condição"* e sua *"distinção em relação aos condenados"*; e iii) impõe a *"regra probatória ou de juízo, segundo a qual incumbe à acusação comprovar a culpabilidade do processado e não a ele demonstrar sua inocência, de tal sorte que se não tiverem reunidos elementos probatórios substanciais, restando dúvidas ao julgador, o imputado deverá ser incondicionalmente absolvido".*

Com fundamento no princípio da presunção de inocência, portanto, diversos conteúdos normativos desdobram-se e pautam a Administração Pública durante as fases (instauração, instrução e julgamento) do processo administrativo disciplinar e da sindicância de natureza punitiva. Trata-se da não recepção pela Constituição de 1988 de institutos arcaicos do Direito Administrativo Disciplinar ("verdade sabida" ou "termo de declaração" como única peça de defesa e manifestação do acusado nos autos), os quais permitiam presumir a culpa do agente público, sem o devido processo legal, porque o fato seria "público e notório", ou porque praticado na presença do chefe imediato.

A doutrina administrativista contemporânea, assim, é unânime em não admitir a condenação do acusado com base em meras suspeitas ou presunções. Incumbe ao Poder Público demonstrar, extreme de dúvidas, por meio de sólidos elementos probatórios, tanto a autoria quanto a existência da infração administrativa disciplinar. A dúvida razoável, em qualquer desses aspectos, favorece o imputado. Nesse sentido, fala-se em aplicação do princípio *in dubio pro* agente público. Na lição de Costa[59]: *"A acentuada dúvida quanto à existência do ilícito e sua autoria favorecerá, incontestavelmente, o acusado".*

---

59   COSTA, 1981, p. 341.

Carvalho[60] igualmente assevera:

> *Se, exauridas as medidas instrutórias materialmente possíveis, ainda persiste dúvida sobre a autoria ou materialidade da falta disciplinar, não existindo a segurança para se afirmar, taxativamente, a responsabilidade administrativa do acusado, é de rigor a absolvição.*

2.4 PRINCÍPIOS DA PROPORCIONALIDADE E DA RAZOABILIDADE

No Brasil, há relevante debate na doutrina sobre a distinção entre os princípios da razoabilidade e proporcionalidade. Para um grupo de juristas, esses princípios seriam equivalentes, apesar da origem histórica distinta (o primeiro, surgido no direito alemão e o segundo, no anglo-saxão). Uma segunda corrente afirma que na razoabilidade há conteúdos distintos daqueles subprincípios que compõem a ideia de proporcionalidade (adequação, necessidade ou exigibilidade e proporcionalidade em sentido estrito).[61]

Sarmento e Souza Neto[62], analisando o tema com acuidade, observam que é possível detectar dimensões autônomas do princípio da

---

60 CARVALHO, Antônio Carlos Alencar. *Manual de processo administrativo disciplinar e sindicância: à luz da jurisprudência dos Tribunais e da casuística da Administração Pública.* 3ª. Ed., Belo Horizonte: Fórum, 2012, p. 907.

61 SARMENTO; NETO, 2017, p. 483.

62 *"a) A razoabilidade como exigência de razões públicas para a conduta do Estado, que demanda que os atos estatais possam ser justificados por meio de argumentos que, pelo menos em tese, sejam aceitáveis por todos, no contexto de diversidade e pluralismo que caracteriza as sociedades contemporâneas. (...) Razoável é o que pode ser justificado de maneira independente em relação a interesses particulares de grupos, e a doutrinas religiosas ou metafísicas polêmicas. b) A razoabilidade como coerência veda que o Estado atue de maneira contraditória. (...) Não pode punir de forma mais rigorosa o ilícito que atinge levemente um bem jurídico do que aquele que o viola mais intensamente (...) c) A razoabilidade como congruência veda a edição de medidas que não tenham*

razoabilidade, as quais não seriam "intercambiáveis" em relação à proporcionalidade. Assim, para eles, a razoabilidade pode ser traduzida como: *i) exigência de razões públicas; ii) coerência; iii) congruência; ou iv) equidade.*

Seja como for, a jurisprudência do STF vem tratando essas expressões como sinônimas, e, por vezes, a equiparam-nas ao devido processo legal substantivo.[63]

Quanto à incidência desses princípios no direito público, Sarmento[64] assim leciona:

> *A noção de que os atos do Poder Público devem ser adequados e proporcionais em relação às situações a que visam atender é até intuitiva. Há muitas décadas, o grande publicista Walter Jellinek já captara bem esta ideia, ao proclamar, em expressiva metáfora, que não se deve usar canhões para matar pardais.*
>
> *Na verdade, o princípio da proporcionalidade visa, em última análise, a contenção do arbítrio e a moderação do exercício do poder, em favor da proteção dos direitos do cidadão. Neste sentido, ele tem sido utilizado no Direito Comparado, e, mais recentemente, também no Brasil, como poderosa ferramenta para aferição da conformidade das leis e dos atos administrativos com os ditames da razão e da justiça.*

Embora a Constituição de 1988 não tenha adotado de forma expressa os princípios da razoabilidade e da proporcionalidade, estes são considerados, segundo boa parte da doutrina, corolários do Estado Democrático de Direito e da cláusula do devido processo legal substantivo (uma garantia implícita). Ademais, nossa Lei Maior

---

amparo na realidade. (...) d) A razoabilidade como equidade permite que, em hipóteses excepcionais, as normas gerais sejam adaptadas, em sua aplicação, às circunstâncias particulares do caso concreto, ou ainda que se negue a aplicação da norma, quando esta provocar grave e flagrante injustiça" (Ibid. p. 491).

63   STF – MC-ADI nº 1753, Rel. Min. Sepúlveda Pertence. Dl, 12 junº 1998; HC nº 76.060-4, Rel. Min. Sepúlveda Pertence. Dl, 15 maio 1998.

64   SARMENTO, Daniel. *A Ponderação de Interesses na Constituição Federal.* Rio de Janeiro: Lumen Juris, 2003, p. 77.

dispõe, no parágrafo 2° do artigo 5°, que *"os direitos e garantias expressos nesta Constituição não excluem outros decorrentes do regime e dos princípios por ela adotados, ou dos tratados internacionais em que a República Federativa do Brasil faça parte".*

Hodiernamente, no que tange ao Direito Administrativo, os princípios da razoabilidade/proporcionalidade estão previstos no art. 2°, parágrafo único, VI, da Lei Federal n° 9.784/99 (de aplicação nacional). Seu âmbito de incidência mais relevante nos processos administrativos disciplinares e nas sindicâncias punitivas certamente é no momento de elaboração da decisão final punitiva pela Administração Pública. A autoridade competente, durante essa operação, deve ater-se estritamente à lei e, ao mesmo tempo, observar as diretrizes extraídas desses princípios, vedando-se os excessos punitivos, apesar da natureza relativamente discricionária desses atos administrativos[65].

A Administração Pública, durante a dosimetria das penalidades disciplinares, além de observar os critérios normativos previstos na lei (na União, são aqueles descritos no art. 128 da Lei n° 8.112/90), está compelida aos ditames da proporcionalidade. Ou seja, as punições não podem ser desproporcionais ou excessivas, devendo ser considerado, além da natureza e gravidade legal da infração, o grau de responsabilidade do agente público, os danos causados à Administração e a terceiros, as circunstâncias atenuantes e agravantes e os antecedentes do acusado.

Quanto mais elevada for a pena disciplinar, maior a necessidade de atrelar a sanção punitiva aos supramencionados conteúdos constitutivos da razoabilidade: coerência, congruência e equidade como justiça. É preciso pontuar, contudo, decisões recentes do Superior Tribunal de Justiça no sentido de que, tipificada a conduta do agente público acusado em determinada falta funcional de natureza

---

65   COSTA, José Armando da. *Direito Administrativo Disciplinar*. 2. Ed. - São Paulo, Ed. Método, 2009, p. 109-110.

grave, seria automática (ato vinculado) a aplicação da pena de demissão ou cassação de aposentadoria[66].

A aplicação dos princípios em exame deve permear todas as decisões de mérito dos procedimentos administrativos disciplinares, ainda que não sejam definitivas. Isso inclui a instauração dos feitos, as deliberações do colegiado com conteúdo decisório, o ato de indiciamento, o indeferimento de requerimentos da defesa, entre outros. Todos esses atos administrativos não devem passar ao largo do conteúdo essencial obtível do princípio da razoabilidade, porque, em última instância, como vimos, esta configura uma garantia constitucional implícita, extraída do devido processo legal substantivo e da cláusula do Estado Democrático de Direito[67].

---

66   Registrado na tese 31 da publicação Jurisprudência em Teses do STJ (edição nº 154, de 21/08/2020 - Compilado: Processo Administrativo disciplinar), *in verbis*: *"31) A Administração Pública, quando se depara com situação em que a conduta do investigado se amolda às hipóteses de demissão ou de cassação de aposentadoria, não dispõe de discricionariedade para aplicar pena menos gravosa por se tratar de ato vinculado.* (Julgados: MS 17054/DF, Rel. Ministra REGINA HELENA COSTA, PRIMEIRA SEÇÃO, julgado em 11/12/2019, DJe 13/12/2019; MS 21937/DF, Rel. Ministro NAPOLEÃO NUNES MAIA FILHO, Rel. p/ Acórdão Ministra ASSUSETE MAGALHÃES, PRIMEIRA SEÇÃO, julgado em 28/08/2019, DJe 23/10/2019; MS 19517/DF, Rel. Ministro NAPOLEÃO NUNES MAIA FILHO, Rel. p/ Acórdão Ministro HERMAN BENJAMIN, PRIMEIRA SEÇÃO, julgado em 24/04/2019, DJe 16/10/2019; AgInt no REsp 1517516/PR, Rel. Ministro BENEDITO GONÇALVES, PRIMEIRA TURMA, julgado em 17/06/2019, DJe 25/06/2019; AgInt no RMS 54617/SP, Rel. Ministro MAURO CAMPBELL MARQUES, SEGUNDA TURMA, julgado em 06/03/2018, DJe 12/03/2018; MS 20428/DF, Rel. Ministro NAPOLEÃO NUNES MAIA FILHO, Rel. p/ Acórdão Ministro SÉRGIO KUKINA, PRIMEIRA SEÇÃO, julgado em 09/08/2017, DJe 24/08/2017. (Vide Informativo de Jurisprudência Nº 526) (Vide Jurisprudência em Teses Nº 141 – TEMA 4)".*

67   CASTRO, Carlos Roberto Siqueira. *O devido processo legal e a razoabilidade das leis na nova Constituição do Brasil.* 2. ed. - Rio de Janeiro: Forense, 1989, p. 380-381; ZANCANER, Weida. Razoabilidade e moralidade: princípios concretizadores do perfil constitucional do Estado Social e Democrático de Direito. *In:* MELLO, Celso Antônio Bandeira de (Org.). *Estudos em homenagem a Geraldo Ataliba: Direito Administrativo e Constitucional.* São Paulo: Malheiros, 1997. v. 2.

Por fim, cumpre registrar que, do outro lado da moeda, em observância ao princípio republicano e ao dever de moralidade e probidade administrativas (art. 37, *caput*, da CRFB/88), os princípios da razoabilidade e da proporcionalidade podem ser invocados para anular punições claramente insignificantes ou ínfimas, quando, *v.g.*, a elevada gravidade do fato indica a necessidade de se aplicar uma pena mais gravosa. Nesse caso, trata-se de dever da autoridade, de ofício, caso não tenha decorrido a prescrição da pretensão punitiva, revogar o ato iníquo, para manter a ordem, a dignidade e evitar a desmoralização do serviço público.

2.5 PRINCÍPIO DA INDIVIDUALIZAÇÃO DA PENA

O princípio da individualização da pena está previsto no art. 5º, LXVI da Constituição da República de 1988, nos seguintes termos: *"XLVI - a lei regulará a individualização da pena e adotará, entre outras, as seguintes: a) privação ou restrição da liberdade; b) perda de bens; c) multa; d) prestação social alternativa; e) suspensão ou interdição de direitos"*.

Embora a literalidade do texto indique tratar-se de uma garantia afeta ao processo penal, como veremos, doutrina e jurisprudência sustentam que o aludido princípio aplica-se ao processo administrativo disciplinar, em virtude de sua interconexão com as cláusulas constitucionais do devido processo legal, da ampla defesa e do contraditório, bem como porque ele, nessa seara, representa o principal elemento para aferir se o Estado respeitou o postulado da culpabilidade, pressuposto de qualquer pena disciplinar, no Estado Democrático de Direito.

De Moraes[68] explica que o princípio da individualização da pena consiste na exigência entre uma estreita correspondência entre a responsabilização da conduta do agente e a sanção a ser aplica-

---

68 MORAES, Alexandre de. *Direitos humanos fundamentais: teoria geral - comentários aos arts. 1º ao 5º da Constituição da República Federativa do Brasil.* 4a ed. São Paulo: Atlas, 2002, p. 235.

da, de maneira que a pena atinja as suas finalidades de repressão e prevenção. Destarte, a imposição de sanção depende do juízo individualizado da culpabilidade do agente, ou seja, da análise quanto ao grau de censurabilidade de sua conduta, considerando todas as circunstâncias objetivas e subjetivas.

A teoria da culpabilidade é amplamente desenvolvida no direito penal. Gomes[69] alude que a culpabilidade (alguns chamam apenas de culpa) não tem concepção unívoca e seu conceito está em evolução. O saudoso penalista esclarece que, em síntese, três são as funções (e significados) da palavra culpabilidade no nosso sistema jurídico-penal: i) ela é fundamento da pena (finalidade retributiva); ii) é fator de graduação da pena (art. 59, CP: "*o juiz levará em conta, para a fixação da pena, a culpabilidade, antecedentes*" etc.); iii) é seu limite máximo (art. 29, CP: cada um deve ser punido nos limites da sua culpabilidade).

Para fins de estudo na seara administrativa disciplinar, a culpabilidade pode ser entendida como o juízo de reprovação da conduta do agente. Quanto maior ele for (e consoante os parâmetros estabelecidos em lei), mais intensa deve ser a pena, e vice-versa. Essa prospecção varia de acordo com os valores sociais de cada região, cultura e época histórica.

A culpabilidade sempre teve a função de impor freios aos eventuais excessos do Estado. Só devem ser punidos aqueles que infringirem as normas legais e mereçam reprovação pelo direito. Como consequência, a pena nunca pode passar da pessoa do apenado. E o autor de um ilícito só deve ser punido por condutas típicas imputadas pela autoridade e devidamente delimitadas no processo. Situações alheias à acusação formal ou não comprovadas nos autos não podem servir de fundamento para a decisão punitiva.

---

69 GOMES, Luiz Flávio. *Erro de Tipo e erro de proibição*. 5. Ed. – São Paulo: Editora Revista dos Tribunais, 2001, p. 36 e §§. O insigne penalista esclarece que "*o primitivo conceito psicológico de culpabilidade evoluiu para psicológico-normativo e, depois, para normativo-puro; hoje, na fase em que nos encontramos, talvez se possa falar novamente em um conceito complexo normativo-psicológico*" (p. 37).

Para o Superior Tribunal de Justiça, o princípio da individualização da pena, materialmente, significa que a sanção deve corresponder às características do fato, do agente, e da vítima. Ou seja, deve haver a adequada sintonia entre a sanção aplicada e todas as circunstâncias do delito[70]. A materialização legal mais explícita dessa norma para os procedimentos administrativos disciplinares (da União) encontra-se no art. 128 da Lei Federal n° 8.112/90:

> *Art. 128 - Na aplicação das penalidades serão consideradas a natureza e a gravidade da infração cometida, os danos que dela provierem para o serviço público, as circunstâncias agravantes ou atenuantes e os antecedentes funcionais.*

Cumpre registrar que a concretização da individualização da pena é associada ainda aos princípios da razoabilidade e da proporcionalidade e ao dever de motivação dos atos administrativos[71], quando da imposição da sanção administrativa disciplinar. Em outras palavras, a autoridade competente, na dosimetria da pena, deve sopesar todas as circunstâncias fáticas e jurídicas do caso, esta-

---

70   Cf. STJ – Resp. n° 151.837/98. Rel. Min. Luiz Vicente Cernicchiaro. Votação não unânime. DJ de 28.05.98.

71   (...)
1. A aplicação de penalidades, ainda que na esfera administrativa, deve observar os princípios da proporcionalidade e da individualização da pena, isto é, a fixação da punição deve ater-se às circunstâncias objetivas do fato (natureza da infração e o dano que dela provir à Administração), e subjetivas do infrator (atenuantes e antecedentes funcionais). A sanção não pode, em hipótese alguma, ultrapassar em espécie ou quantidade o limite da culpabilidade do autor do fato.
2. A motivação da punição é indispensável para a sua validade, pois é ela que permite a averiguação da conformidade da sanção com a falta imputada ao agente público. Sendo assim, a afronta ao princípio da proporcionalidade da pena no procedimento administrativo, isto é, quando a sanção imposta não guarda observância com as conclusões da comissão processante, torna ilegal a reprimenda aplicada, sujeitando-se, portanto, à revisão pelo Poder Judiciário, o qual possui competência para realizar o controle de legalidade e legitimidade dos atos administrativos." (STJ – Recurso em Mandado de Segurança n° 20.665, Rel. Ministra Laurita Vaz, 5ª Turma, julgamento em novembro de 2009).

belecendo a correlação entre os dados objetivos previstos na norma e a conduta ilícita comprovada nos autos, a fim de exercer o poder disciplinar de forma legal, proporcional e justa.

Nada obstante, cabe sublinhar que, segundo orientação do Superior Tribunal de Justiça, não ofende o princípio da isonomia a imposição de penas distintas a dois ou mais agentes públicos que respondem ao mesmo processo administrativo disciplinar[72]. Vale dizer, cada agente responde na medida de sua culpabilidade.

Nessa senda, inexiste óbice à aplicação de pena máxima (demissão ou cassação de aposentadoria) ao acusado que praticou falta funcional de elevada gravidade, ainda que se trate de agente público primário (não reincidente), com elogios em sua folha de assentamentos funcionais e ostentando décadas de serviço público prestado ao Estado. Esses elementos, entre outros previstos em lei, devem sempre ser levados em conta na aplicação da sanção, mas nem sempre serão o principal parâmetro para a decisão final da autoridade competente, a qual não pode olvidar o dever de preservar os valores da moralidade, da probidade e da eficiência na Administração Pública.

2.6 PRINCÍPIO DO *NE BIS IN IDEM*

É assente que o princípio do *ne bis in idem*, que vem do Direito Romano, integra a tradição democrática do direito penal como sendo o resultado do ideal de justiça, pelo qual jamais alguém pode ser punido duas vezes pelo mesmo fato.

Embora não esteja previsto expressamente na Constituição Federal, o princípio do *ne bis in idem* tem sua utilização garantida no sistema jurídico-penal, por conta do Estado Democrático de Direito.

---

72   Cf. STJ – RMS n° 19694/MS, Rel. Min. Gilson Dipp, 5ª Turma, Dj, p. 373, 29 ago. 2005; MS n° 9660/DF, Rel. Min. Laurita Vaz, 3ª Seção, julgamento de 27/04/2005, DJ, p. 143, 23 maio 2005.

De maneira análoga, esse princípio vigora no âmbito do Direito Administrativo Sancionador, em que também não se admite que o agente público seja punido mais de uma vez pela mesma infração administrativa[73].

Cretella Jr. aborda o tema com precisão:

> *A regra jurídica '**não duas vezes pelo mesmo fato**', em virtude da qual ninguém pode ser processado e punido duas vezes pela mesma infração, encontra plena aplicação em matéria penal e em **matérias disciplinar**, considerando-se ambos os campos como absolutamente distintos, isto é, o funcionário público que cometeu determinada falta ou crime não pode sofrer duas penas disciplinares ou duas criminais, o que não significa que não possa sofrer, acumuladamente, uma pena disciplinar e outra pena criminal, respondendo também a dois processos distintos.*
>
> *Com efeito, difere a repressão disciplinar da repressão penal e, por conseguinte, o processo administrativo não impede o processo penal e vice-versa; do mesmo modo, a aplicação de pena disciplinar não impede que o funcionário seja também punido na esfera judiciária.*

Como bem destacado pelo referido autor, nada impede que o agente público sofra sanções pelo mesmo fato em instâncias diferentes, como por exemplo uma condenação na esfera penal e outra na esfera administrativa, correlatamente, com suporte em outro princípio, o da *independência relativa entre as instâncias*.

2.7 PRINCÍPIO DO DEVIDO PROCESSO LEGAL

A garantia constitucional do devido processo legal encontra-se no art. 5º, LIV da Constituição de 1988. A doutrina aponta-a como um princípio nuclear do próprio Estado Democrático de Direito.

---

73 CRETELLA, José Jr. *Prática do processo administrativo.* 7 ed. revista e atualizada. São Paulo: Revista dos Tribunais, 2009, p. 96.

Trata-se de um *"direito a um processo justo e adequado, ou seja, a um processo em que sejam asseguradas a todos as condições mínimas necessárias para que possam obter uma decisão favorável a si, respeitando-se as demais garantias constitucionais do processo"*[74]. A essa garantia tem sido designada a expressão *devido processo constitucional*, pois, no Estado Democrático de Direito, cabe ao Poder Público, em todas as instâncias, observar todas as regras, gerais ou específicas, criadas para o desenvolvimento da relação jurídica processual e, ainda, assegurar às partes ampla participação na demanda[75].

Ávila[76] entende que não é consistente separar a dimensão substancial da procedimental do direito ao devido processo legal, e assim conclui:

> *Como princípio, exerce as funções interpretativa, integrativa e bloqueadora relativamente aos atos e normas que o pretendem concretizar. No entanto, considerando que a nossa Constituição prevê, expressamente, vários elementos que poderiam ser dele deduzidos, além daquelas funções, o princípio do devido processo legal, nesse passo na qualidade de sobreprincípio, exerce uma função rearticuladora relativamente a esses elementos já previstos.*

Em síntese, com base nessa garantia constitucional do Estado Democrático de Direito, a Administração Pública, no âmbito do processo administrativo disciplinar, não pode: i) deixar de assegurar aos acusados o direito de ampla defesa e de contraditar os fatos que pesam em seu desfavor; ii) violar as regras de competência (processual e material) ou seu dever de imparcialidade na instalação, condução e conclusão dos procedimentos, inclusive nos preparatórios; iii) descumprir os ritos legalmente previstos, visando maior agilida-

---

74   RODRIGUES, Marco Antonio dos Santos. *A modificação do pedido e da causa de pedir no processo civil*. Rio de Janeiro: GZ, 2014, pp. 145-147.

75   RODRIGUES, 2014, p. 145-147.

76   ÁVILA, Humberto. O que é devido processo legal? *Revista de processo*, v. 33, nº 163, p. 50-59, set. 2008. p. 7.

de ou economia para o Estado, ainda que com anuência do agente público investigado, por se tratar de direito indisponível; iv) aplicar pena, por menor que seja (*v.g.*, advertência ou repreensão), sem processo, com fundamento em "verdade sabida" ou utilizando o termo de declaração do agente público como defesa formal; v) utilizar o rito sumário no lugar do rito ordinário; vi) aplicar sanções disciplinares sem a devida fundamentação ou desproporcionais aos fatos ilícitos praticados pelos agentes públicos.

Medauar[77] acentua que essas garantias constitucionais, especialmente o devido processo legal, a partir da Lei Maior de 1988, forjaram a processualidade ampla no processo administrativo disciplinar:

> *A exigência de atuação administrativa processualizada, prevista no inc. LV, para as hipóteses indicadas vincula--se profundamente ao inc. LIV do art. 5º, que estabelece a cláusula do devido processo legal, nos seguintes termos: "Ninguém será privado da liberdade ou de seus bens sem o devido processo legal". (...) Relacionando os incs. LIV e LV, pode-se dizer que o segundo especifica, para a esfera administrativa, o devido processo legal, ao impor a realização do processo administrativo, com as garantias do contraditório e ampla defesa, nos casos de controvérsia e ante a existência de acusados. No âmbito administrativo, desse modo, o devido processo legal não se restringe às situações de possibilidade de privação de liberdade e de bens. O devido processo legal desdobra-se, sobretudo, nas garantias do contraditório e ampla defesa, aplicados ao processo administrativo.*

A jurisprudência do Supremo Tribunal Federal[78], nessa senda, é assertiva em exigir da Administração Pública integral respeito às garantias constitucionais nos processos administrativos, não se resu-

---

77 MEDAUAR. Odete. *Direito Administrativo Moderno*. 21. Ed. Belo Horizonte: Fórum, 2018, p. 164.

78 STF – Agravo Regimental no Recurso Extraordinário nº 527.814, Relator Ministro Eros Grau, Segunda Turma, DJE nº 162, divulgação em 28/08/2009, publicação em 29/08/2008.

mindo a simples direito, da parte, de manifestação e informação no processo, mas, especialmente, à necessidade de que seus argumentos sejam analisados e levados a sério e em consideração pelo órgão julgador, bem assim o de ser ouvido em matéria jurídica.

2.8 PRINCÍPIOS DO CONTRADITÓRIO E DA AMPLA DEFESA

Corolários do sobreprincípio do devido processo legal, a ampla defesa e o contraditório estão disciplinados no art. 5º, inciso LV da Constituição Federal e art. 2º, *caput*, e parágrafo único, X, da Lei nº 9.784/99.

Na doutrina pátria contemporânea, é praticamente pacífico que, em razão do disposto no art. 5º, LIV e LV, da Constituição de 1988, as garantias clássicas dos acusados no processo penal são igualmente aplicáveis ao processo administrativo disciplinar.[79] Mendes e Gonet Branco[80] assim aludem:

> [...] *o direito à defesa e ao contraditório tem plena aplicação não apenas em relação aos processos judiciais, mas também em relação aos procedimentos administrativos de forma geral, incluídos os processos administrativos disciplinares.*

Tais princípios implicam permitir a qualquer agente público investigado, indiciado ou acusado o direito de se utilizar de todos os meios de defesa admissíveis previstos em lei. São indispensáveis em

---

79 Entre outros, cabe citar: DA COSTA, José Armando. *Processo Administrativo Disciplinar, Teoria e Prática.* 6. Ed., Rio de Janeiro: Forense, 2010, p. 57; BACELLAR FILHO, Romeu Felipe. *Processo administrativo disciplinar.* 4. Ed. São Paulo: Saraiva, 2013, p. 232; CARVALHO FILHO, José dos Santos. *Manual de Direito Administrativo.* Rio de Janeiro: Editora *Lumen Juris,* 2000; OSÓRIO, Fábio Medina. *Direito Administrativo Sancionador.* 3. Ed. São Paulo: Ed. RT, 2009, p. 131; MATTOS, Mauro Roberto Gomes de. *Tratado de Direito Administrativo Disciplinar,* Rio de Janeiro, Editora Forense, 2. edição, 2010, p. 67-108.

80 BRANCO, Paulo Gustavo Gonet; MENDES, Gilmar Ferreira. *Curso de Direito Constitucional.* 9 ed. 2ª tiragem, Editora Saraiva, 2014, p. 466.

qualquer espécie de procedimento administrativo disciplinar (sindicância punitiva/acusatória ou processo administrativo disciplinar) que possa resultar em prejuízo ou em uma penalidade contra o agente público[81].

Tais garantias encontram-se expressas e esmiuçadas, por exemplo, na Lei nº 8.112/90, nos arts. 143 e 156. O princípio do contraditório contém o enunciado de que todos os atos e termos processuais (ou de natureza procedimental) devem primar pela ciência bilateral das partes e pela possibilidade de tais atos serem contrariados com alegações e provas.

Greco Filho[82] condensa o princípio do contraditório de maneira bem prática:

> *O contraditório se efetiva assegurando-se os seguintes elementos: a) o conhecimento da demanda por meio de ato formal de citação; b) a oportunidade, em prazo razoável, de se contrariar o pedido inicial; c) a oportunidade de produzir prova e se manifestar sobre a prova produzida pelo adversário; d) a oportunidade de estar presente a todos os atos processuais orais, fazendo consignar as observações que desejar; e) a oportunidade de recorrer da decisão desfavorável.*

Portanova[83] leciona que o contraditório tem duplo fundamento, afigurando-se tanto em seu sentido lógico, quanto político (*lato sensu*). O fundamento lógico é justamente a natureza bilateral da pretensão que gera a bilateralidade do processo. No campo político, tem-se, simplesmente, o sentido comum de que ninguém poderá ser julgado sem ser ouvido. Destarte, não seria errado apresentar esse princípio em sua sinonímia de "amplo debate".

---

81   DI PIETRO, Maria Sylvia Zanella. *Direito Administrativo*. Editora Atlas, 8. edição. São Paulo, 1997. p. 402.

82   GRECO FILHO, Vicente. *Direito Processual Civil Brasileiro, 2º Volume*, 11. Edição. São Paulo: Saraiva, 1996. p. 90.

83   PORTANOVA, Rui. *Princípios do Processo Civil*. 4. edição. Editora Livraria do Advogado. Porto Alegre, 2001, p. 125.

O contraditório é tido mesmo como o princípio norteador do próprio conceito da função jurisdicional. No entanto, o texto constitucional foi claro ao expressar o alcance do princípio para fora do âmbito processual civil. Assim é que a bilateralidade passa a ser necessária não apenas para os procedimentos judiciais, mas também para os administrativos.

Nessa linha, o princípio da ampla defesa traduz a liberdade inerente ao indivíduo (no âmbito do Estado Democrático) de, em defesa de seus interesses, alegar fatos e propor provas. Mostra-se, assim, evidente a correlação entre a ampla defesa e o amplo debate (princípio do contraditório), não sendo concebível falar-se em um sem pressupor a existência do outro. Daí a inteligência do inciso LV, do artigo 5º constitucional, em agrupá-los em um dispositivo.

Greco[84] esclarece que, a partir da 2ª metade do século XX, instaura-se o que poderíamos chamar de *contraditório participativo*. Vale dizer, é o contraditório que:

> *[...] não só alarga todas as faculdades de as partes atuarem no processo em favor dos seus interesses, mas que impõe ao juiz o dever de abandonar a postura burocrática e meramente receptícia, para ativamente envolver as partes em um diálogo*

---

84 GRECO, Leonardo. "O princípio do contraditório", in *Estudos de Direito Processual*, ed. Faculdade de Direito de Campos, 2005, p. 541-556. O autor, em complemento, aduz: "*Como expressão do princípio político da participação democrática, o contraditório não é mais exclusivo do processo judicial, mas se estende a todas as atividades dos poderes públicos de que podem resultar decisões que atinjam a liberdade, o patrimônio ou a esfera de interesses de cidadãos determinados. Quando os possíveis atingidos não são determináveis, audiências públicas e outros procedimentos podem tornar viável a sua participação no processo de tomada de decisões dos poderes públicos. Essa mudança de paradigma, resultante do novo Estado Democrático contemporâneo, se fez sentir mais intensamente na Europa continental, graças à jurisprudência das Cortes Constitucionais instituídas em diversos países, especialmente na Alemanha, na Itália e na Espanha, e da jurisprudência da Corte Europeia de Direitos Humanos, que contribuíram para revelar todo o alcance do contraditório participativo, assim como para homogeneizar o nível de proteção da dignidade humana perante a Justiça em países cujo processo judicial seguia tradições históricas extremamente assimétricas*".

humano construtivo, em que o julgador não se limite a ouvir e as partes não se limitem a falar sem saber se estão sendo ouvidas, mas em que uns e outros, em comunicação de dupla via, construam juntos a solução da causa.

O aludido professor[85] salienta que, em virtude de construções doutrinárias modernas e da jurisprudência das Cortes Constitucionais europeias, o conteúdo atual do princípio do contraditório no processo civil tornou-se bastante abrangente. Ele destaca quatro projeções fundamentais: i) *audiência bilateral; ii) ampla defesa; iii) flexibilidade dos prazos; iv) igualdade concreta.* Essa última vertente não pode ser desenvolvida tal como no processo civil, porque nos feitos disciplinares não se forma uma relação triangular (juiz-autor-réu), e sim linear (agente público acusado-Administração Pública). Contudo os demais desdobramentos, por força do art. 5º, LV da Carta da República e do próprio princípio do Estado Democrático de Direito (art. 1º, *caput*, da CRFB/88) e sua eficácia irradiante, são aplicáveis ao processo administrativo disciplinar. Embora nenhum direito fundamental seja absoluto, tais direitos fundamentais não podem ser restringidos para atender simples conveniências para o Estado[86].

Nessa toada, por exemplo, a comissão processante não pode recusar a produção probatória sob o argumento de que já está convencida da existência do fato, ou porque a testemunha já fora ouvida anteriormente

---

85 GRECO, 2005, p. 5-7.

86 1. "A defesa não pode ser cerceada quanto às testemunhas que deseje arrolar, obedecidas as restrições da lei processual sobre quem pode, ou não, depor. [...] A imprestabilidade pode ser do depoimento de uma testemunha, não dela própria. A defesa não pode ser compelida a informar sobre quais temas alguém, arrolado, irá depor. (STF, HC 76.062/SP, Rel. Min. Maurício Corrêa, Rel. p/ Acórdão Min. Nelson Jobim, julgado em 09/12/1997, 2ª Turma). Doutrina. 2. No presente caso, estão em jogo a amplitude do direito de defesa de um lado e, de outro, uma fugidia possibilidade de que o arrolamento de testemunhas pela defesa tenha o intuito de procrastinar o andamento da ação penal. Deve-se prestigiar o direito de defesa, tanto mais não encontre a restrição a esse direito, no caso concreto, qualquer justificativa de porte constitucional plausível. Resolvendo essa colisão de interesses, já manifestou-se a Corte Constitucional no sentido do prestígio ao direito de defesa. (STF, HC 80.031/ RS, Relator o Min. Maurício Corrêa, DJ de 14/12/2001, p. 25).

na fase preliminar (sem o contraditório) e nada teria a acrescentar, ou, ainda, em razão do custo financeiro ou temporal elevado da medida. Eficiência, economicidade e economia processual não podem ser invocados genericamente, de modo a comprimir garantias processuais constitucionais. Os indeferimentos de provas devem ser devidamente fundamentados, sob pena de cerceamento do direito à ampla defesa e violação ao princípio do contraditório (art. 5º, LV, da Lei Maior)[87].

O Plenário do Supremo Tribunal Federal, em didático julgamento, assim sintetizou o exato conteúdo dessas garantias fundamentais no âmbito do Direito Administrativo Disciplinar:

> *A Constituição de 1988 (art. 5º, LV) ampliou o direito de defesa, assegurando aos litigantes, em processo judicial ou administrativo, e aos acusados em geral o contraditório e a ampla defesa, com os meios e recursos a ela inerentes. [...]*
>
> *Assinale-se, por outro lado, que há muito a doutrina constitucional vem enfatizando que o direito de defesa não se resume a um simples direito de manifestação no processo. Efetivamente, o que o constituinte pretende assegurar – como bem anota Pontes de Miranda – é uma pretensão à tutela jurídica. [...]*
>
> *Daí afirmar-se, correntemente, que a pretensão à tutela jurídica, que corresponde exatamente à garantia consagrada no art. 5º, LV, da Constituição, contém os seguintes direitos: a) direito de informação (Recht auf Information), que obriga o órgão julgador a informar a parte contrária dos atos praticados no processo e sobre os elementos dele constantes; b) direito de manifestação (Recht auf Äusserung), que assegura ao defendente a possibilidade de manifestar-se, oralmente ou por escrito, sobre os elementos fáticos e jurídicos constantes do processo; c) direito de ver seus argumentos considerados (Recht auf Berücksichtigung), que exige do julgador capacidade de apreensão e isenção de ânimo (Aufnahmefähigkeit*

---

87 A Lei nº 8.112/90 prevê que: *"Art. 156, § 1º - O presidente da comissão poderá denegar pedidos considerados impertinentes, meramente protelatórios, ou de nenhum interesse para o esclarecimento dos fatos"* Contudo, essa decisão deve ser devidamente fundamentada e justa, para não ferir as garantias fundamentais de todo o acusado.

> *und Aufnahmebereitschaft) para contemplar as razões apresentadas" (destaque nosso). (STF – MS n° 22.693/SP, Relator Ministro Gilmar Mendes, Tribunal Pleno, DJe n° 241, publicado em 13/12/2010).*

Embora a falta de defesa técnica por advogado no processo administrativo disciplinar não ofenda a Constituição, a comissão processante não pode, invocando a Súmula vinculante n° 5 do STF[88], dar andamento ou prosseguimento ao feito disciplinar sem a observância das garantias constitucionais citadas, que amparam a todo litigante em processo judicial ou administrativo. Segundo clássica lição processual, o conteúdo da ampla defesa compreende o direito de autodefesa (presença e audiência) e a defesa técnica, que deve abranger toda a instrução processual[89].

Todavia, não é mais sustentável a jurisprudência anterior do Superior Tribunal de Justiça de que, no caso de ausência do acusado e de seu advogado a ato processual – tendo sido previamente intimados – é necessária a designação de defensor *ad hoc*.[90] Conforme destaca Carvalho[91]:

> *Presentemente, a designação de defensor dativo não é mais obrigatória ao agente público que responde e acompanha pessoalmente o processo administrativo disciplinar e nele exerce sua autodefesa sem assistência de advogado.*
>
> *(...) Somente é obrigatória a nomeação de defensor dativo para o acusado revel ou para aquele que, devido à limitação*

---

88   Súmula Vinculante n° 5, STF: "A FALTA DE DEFESA TÉCNICA POR ADVOGADO NO PROCESSO ADMINISTRATIVO DISCIPLINAR NÃO OFENDE A CONSTITUIÇÃO."

89   GRINOVER. Ada Pellegrini *et al. As Nulidades no Processo Penal*. 6. ed., São Paulo: Editora Revista dos Tribunais, 1999.

90   STJ – ROMS n° 15168/BA, DJ, p. 303, 28 out. 2003, Rel. Min. Gilson Dipp, 5ª Turma.

91   CARVALHO, Antonio Carlos Alencar. *Manual de Processo Administrativo Disciplinar e Sindicância: à luz da jurisprudência dos Tribunais e da casuística da Administração Pública*. 3. Ed. Belo Horizonte: Fórum, 2012, p. 592.

intelectual ou ante a grande complexidade dos fatos e provas do feito, não tem condições de exercitar pessoalmente sua defesa, na esteira do juízo sedimentado pela Súmula Vinculante n° 5, do Supremo Tribunal Federal.

Além de a Constituição de 1988 consagrar o princípio da ampla defesa no art. 5°, LV como uma garantia fundamental em processos judiciais e administrativos, ela enfatiza, no art. 41, § 1°, II e III, que esse direito deve ser assegurado a todo agente público estável, em processos da Administração Pública. Tal princípio encontra-se, ainda, enunciado na Lei Geral de Processo Administrativo da União, a qual, com o fito de concretizá-lo, prevê o dever de observância das formalidades essenciais à garantia dos direitos dos administrados, além do respeito de o agente público acusado formular alegações e apresentar documentos antes da decisão final (art. 2°, *caput*, e art. 3°, III, parágrafo único, VIII, ambos da Lei Federal n° 9.784/99).

A Lei n° 8.112/90, que disciplina o processo administrativo disciplinar da União, na mesma toada, preconiza que "*o inquérito administrativo obedecerá ao princípio do contraditório, assegurada ao acusado ampla defesa, com a utilização dos meios e recursos admitidos em direito*" (art. 153).

No Estado Democrático de Direito, não se admite a imposição de sanção disciplinar sem um procedimento em que se permita ao acusado participar efetivamente (dialética), influir no convencimento do Colegiado, e apresentar sua própria versão e defesa contra as acusações que lhes são dirigidas. A ampla defesa, nesse sentido, é uma garantia essencial que se entrelaça à ideia do próprio devido processo legal (art. 5°, LIV, CRFB/88).

Importante enfatizar que a ampla defesa não se esgota na possibilidade de apresentação de defesa escrita e de requerimento de oitiva de testemunhas pelo agente público processado e seu advogado. Ela apresenta múltiplos desdobramentos, que perpassam por todas as fases do processo administrativo disciplinar.

Bacellar Filho[92] sustenta que dessa garantia constitucional podem ser extraídos cinco vetores principais, com a seguinte incidência nos feitos disciplinares: i) o caráter prévio da defesa e contraditório (relacionado ao dever de ouvir o interessado antes de se decidir); ii) o dever de individualização das condutas no ato de instauração do processo administrativo disciplinar; iii) o direito à autodefesa e defesa técnica; iv) o direito à prova, por todos os meios em direito admitidos; e v) o direito de petição e de recurso, vedada a *reformatio in pejus.*

Em síntese, em obediência aos princípios constitucionais da ampla defesa e do contraditório no processo administrativo disciplinar, devem ser asseguradas ao agente público acusado e ao seu advogado: 1) o pressuposto do conhecimento do teor das acusações como requisito da garantia da ampla defesa (sem ciência do ilícito que lhe é atribuído, o agente público processado não pode se defender eficazmente e buscar provar sua inocência); 2) o direito do acusado de acompanhamento e participação na instrução do processo; 3) o direito a requerer a produção de provas; 4) a abertura de prazo para a defesa se pronunciar sobre elementos instrutórios juntados aos autos desfavoráveis ao acusado; 5) o direito de presença e de audiência; 6) o direito de prévia ciência das ações processuais da comissão processante e correspondente reação pelo acusado; 7) o direito de ciência pelo acusado do local de realização dos atos processuais; 8) o privilégio contra a autoincriminação, vale dizer, não ser obrigado a produzir prova contra si próprio (*nemo tenetur se detegere*), com fundamento no art. 5º, LXIII da CRFB/88.

2.9   PRINCÍPIO DO JUIZ NATURAL

No Estado Democrático de Direito, as garantias constitucionais do processo penal, devido à similitude da matéria, em regra, são aplicáveis integralmente aos processos administrativos disciplinares. Entre elas, temos o *princípio do juiz natural,* previsto no art. 5º, inci-

---

92   BACELLAR FILHO, 2011, p. 297-347.

sos XXXVII e LIII, da Constituição/1988, os quais estabelecem que *"não haverá juízo ou tribunal de exceção"* e que *"ninguém será processado ou sentenciado senão pela autoridade competente".* Ele tem diversos reflexos no Direito Administrativo Disciplinar, podendo-se falar em *princípio do administrador competente.*[93]

Nessa toada, podemos, resumidamente, apontar as duas implicações diretas principais nos feitos disciplinares da aludida garantia fundamental[94]: i) relativa à anterioridade de criação e competência legal da autoridade; ii) concernente à impessoalidade, a independência e isenção de todos os atores estatais que funcionam na sindicância ou no processo administrativo disciplinar.

Quanto ao primeiro item, a Administração Pública não pode, após a ocorrência de fato, criar uma autoridade ou um juízo acidental próprio, especial, para processar o agente público acusado[95]. A lei vigente à época do fato é que determina a autoridade competente para deflagração e aplicação das sanções administrativas disciplinares.

Nada obstante, caso não exista comissão processante *permanente* prevista no regime disciplinar do agente público investigado, a Administração Pública pode designar agentes públicos para conduzir uma sindicância ou um processo administrativo disciplinar, formando uma comissão *temporária*. A doutrina contemporânea questiona a constitucionalidade dessa medida, sobretudo, pela redução da blindagem da independência e isenção do colegiado, nomeado *ad hoc* pela autoridade competente[96]. Contudo é vencedor o entendimento oposto, amparado na jurisprudência, que pondera tratar-se de ação regular, visando o adequado e eficiente funcio-

---

93   CARVALHO, 2012, p. 317.

94   BACELLAR FILHO, 2011, p. 407-441.

95   Sebastião José Lessa aduz que *"o cidadão tem o direito de se ver processar pela autoridade competente e de acordo com a lei de regência".* (LESSA, Sebastião José. *Temas práticos de direito administrativo disciplinar.* Brasília: Brasília Jurídica, 2005, p. 162).

96   BACELLAR FILHO, *Ibid.,* p. 407-441.

namento da atividade estatal[97]. Ademais, a própria lei federal (n° 8.112/90) prevê essa hipótese[98].

Em relação ao segundo item (ii) supramencionado, a comissão processante nomeada deve agir sempre de forma impessoal, isenta e imparcial. Essa é uma exigência que pode ser extraída, ainda, do art. 37, *caput*, da Constituição e, por exemplo, da própria Lei n° 8.112/90.[99]

Importante sublinhar que a competência legal e a imparcialidade na sindicância ou no processo administrativo disciplinar englobam todos os agentes públicos deles participantes. Aquele que instala, conduz, instrui, realiza perícia ou profere decisão de mérito no feito deve ter atribuição legal para atuar, devidamente publicada em diário oficial, e atuar com independência. Nessa senda, o art. 149 da Lei n° 8.112/90 exige, por exemplo, que o processo disciplinar seja conduzido por *"comissão composta de três agentes públicos estáveis designados pela autoridade competente, observado o disposto no § 3° do art. 143, que indicará, dentre eles, o seu presidente, que deverá ser ocupante de cargo efetivo superior ou de mesmo nível, ou ter nível de escolaridade igual ou superior ao do indiciado"*.

A ofensa a esses princípios ou ao dispositivo legal citado ensejam a nulidade absoluta do procedimento administrativo disciplinar, conforme têm proclamado, reiteradamente, o Superior Tribunal de Justiça e os Tribunais de Justiça Regionais e Estaduais. Entre os principais vícios processuais, podem ser citados: i) instauração por autoridade incompetente, o que abarca a hipótese de ausência de

---

97 Carmem Lúcia Antunes Rocha esclarece que, apesar da aplicação do juiz natural, isso não impede a nomeação e a competência da comissão processante ser estabelecida posteriormente ao fato ou à situação que exige o processo, desde que mantida a sua "condição de independência", "insuspeição" e de "imparcialidade" em relação ao agente público processado (Princípios constitucionais do Processo Administrativo no Direito Brasileiro. *Revista de Informação Legislativa*, n° 136, out./dez. 1997, p. 26). Na mesma linha: STF – RMS n.. 25.205/DF. Rel. Min. Joaquim Barbosa, 2ª Turma. j. 23/05/2006. DJ 20/10/2006.

98 Lei n° 8.112/90: Art. 149.

99 Lei n° 8.112/90:Art. 150.

delegação legal para o agente público instaurador[100]; ii) instalação de comissão disciplinar com apenas 2 (dois) agentes públicos[101] ou com excesso de agentes públicos – 10 (dez), por exemplo[102]; iii) instalação de comissão disciplinar temporária, quando a lei prevê uma comissão disciplinar permanente[103]; iv) incompetência para designar o colegiado disciplinar ou da autoridade aplicadora da pena[104]; v) desrespeito à hierarquia no serviço público na nomeação da comissão processante, com a designação de presidente de nível de escolaridade ou classe funcional inferior àquela ocupada pelo agente público

---

100 STJ – ROMS nº 9584/RO; DJ, p. 211, 19 jun 2000, Rel. Min. Fernando Gonçalves, 6ª Turma. O STF, contudo, consolidou o entendimento de que a autoridade instauradora tem competência para designar os integrantes da comissão, podendo incluir agente público de outro órgão, *"ainda que um deles integre o quadro de um outro órgão da administração federal, desde que esta indicação tenha tido a anuência do órgão de origem* do agente público" (STF. RMS nº 25.205/DF. Rel. Min. Joaquim Barbosa, 2ª Turma. j. 23/05/2006. DJ 20/10/2006).

101 TRF-1ª Região, AMS nº 199901001074198, 1ª Turma Suplementar, decisão de 04/04/2003, Dj., p. 103, 30 abr. 2003, Des. Federal convocado Manoel José Ferreira Nunes.

102 TJ-DF – Conselho Especial – MS 20090020122274 MSG, Rel. Des. Otávio Augusto, acórdão nº 406.983, unânime, decisão de 09/02/2010.

103 *"A designação de comissão temporária para promover processo administrativo disciplinar contra* agente público *policial federal viola os princípios do juiz natural e da legalidade, a teor do art. 53, § 1º, da Lei nº 4.878/65, lei especial que exige a condução do procedimento por Comissão Permanente de Disciplina"* (STJ – MS nº 13.520/DF, 3ª Seção, Rel. Min. Félix Fischer. j. 05/12/2008. DJe 02/02/2019). No estado do Rio de Janeiro há igualmente comissões permanentes de inquérito administrativo para os agentes públicos em geral (Decreto-lei nº 220/75) e para algumas carreiras específicas, como a Polícia Civil (Lei Complementar nº 204/2022).

104 TRF-1ª Região, AMS nº 199801000576829, 1ª Turma Suplementar, decisão de 04/02/2003, Dj., p. 207, 13 mar. 2003, Des. Federal convocado Manoel José Ferreira Nunes.

acusado[105], quando há previsão legal; vi) nomeação de membro sem estabilidade no serviço público[106], quando há previsão legal.

Cumpre destacar, ainda, que a impessoalidade e a imparcialidade são essenciais em todas as fases dos procedimentos disciplinares. Eles encerram a ideia de que os agentes investidos na função administrativa devem estar voltados a satisfazer exclusivamente o interesse público. É vedado agir conforme conveniências e vontades pessoais ou inobservando as regras procedimentais, utilizando-se dois pesos e duas medidas. Em virtude da impessoalidade e da imparcialidade é que surge o dever do sindicante/processante ou da autoridade administrativa declararem o seu impedimento ou a sua suspeição[107], uma vez que os administrados devem depositar confiança na postura equidistante dos agentes competentes para praticar atos em nome da administração. Ademais, o agente responsável pela instrução de um processo deve estar afastado de qualquer condição que possa reduzir ou constranger a sua liberdade ou sua independência técnico-funcional.

Nesse sentido, não deve, igualmente, atuar na comissão processante agente público que já tenha participado de investigação, penal ou administrativa, ainda que preliminar, sobre o mesmo fato ou que

---

105 *"É nulo processo administrativo disciplinar cuja comissão seja constituída por* agentes públicos *que, apesar de estáveis, não sejam de grau hierárquico superior ou igual ao indiciado. Preserva-se, com isso, o princípio da hierarquia que rege a Administração Pública, bem como a independência e a imparcialidade do conselho processante, resguardando-se, ainda, a boa técnica processual"* (STJ. RESP nº 152224/PB. 5ª Turma. Rel. Min. Jorge Scartezzini. DJ 07/08/2000).

106 STJ – ROMS nº 10392/PE; Dj, p. 248, 18 out. 1999, Rel. Min. Felix Fischer, 5ª Turma.

107 Por exemplo, a Lei nº 8.112/90, no art. 149, § 2º, estabelece que *"não poderá participar de sindicância ou inquérito, o cônjuge, o companheiro ou parente do acusado, consanguíneo ou afim, em linha reta ou colateral, até o terceiro grau".* Já a lei do processo administrativo federal (Lei nº 9.784/99), aplicável no direito disciplinar, nesse ponto, dispõe que *"é impedido de atuar em processo administrativo* o agente público *ou autoridade que tenha interesse direto ou indireto na matéria"* (art. 18, inciso I).

tenha subscrito relatório conclusivo pela culpabilidade do acusado. Ou, ainda, que tenha funcionado como testemunha anteriormente[108].

A independência e a imparcialidade exigem que os sindicantes ou integrantes da comissão processante atuem de forma objetiva, técnica, observando-se a jurisprudência administrativa naquilo que for cabível, não podendo externar amores, ódio, preconceito, inimizades ou antipatias pessoais.

Em conclusão, a doutrina contemporânea[109] e a jurisprudência dos Tribunais Superiores – STF[110] e STJ[111] –, seja como

---

108 TRF/2ª Região. REO. Processo nº 9602006226/RJ. 2ª Turma. Rel. Des. Federal Castro Aguiar, 27/08/1996. DJ 12/11/1996. *"A imparcialidade é fundamental à atuação da comissão encarregada do processo disciplinar e esta não existe quando um dos membros funcionou como testemunha do fato que está sendo apurado, tendo anteriormente declarado que o* agente público *praticou atos de desacato à autoridade constituída. Não poderá funcionar com imparcialidade o membro de comissão de sindicância que tenha servido anteriormente como testemunha do fato objeto da apuração."*

109 Entre outros, vide: FIGUEIREDO, Lúcia Valle. *Curso de Direito Administrativo*. 2. Ed. São Paulo: Malheiros, 1995, p. 289; BACELLAR FILHO, *Processo Administrativo Disciplinar*, ob. cit., p. 407-446.

110 *"A observância do princípio da naturalidade do juízo representa, no plano da atividade disciplinar do Estado, condição inafastável para a legítima imposição, a qualquer agente público, notadamente dos magistrados, de sanções de caráter administrativo. [...] a incidência do postulado do juiz natural, portanto, mesmo tratando-se de procedimento administrativo-disciplinar, guarda íntima vinculação com a exigência de atuação impessoal, imparcial e independente do órgão julgador, que não pode, por isso mesmo, ser instituído ad hoc ou ad personam, eis que designações casuísticas dos membros que o integram conflitam, de modo ostensivo, com essa expressiva garantia de ordem constitucional"* (STF. Medida Cautelar no Mandado de Segurança nº 28712. Rel. Min. Celso de Mello. Decisão monocrática em 10/05/2010. DJ-e 11/05/2010).

111 *"A aplicação do princípio do juiz natural mostra-se viável em sede de processo administrativo, como corolário dos princípios da segurança jurídica, do devido processo legal e da ampla defesa.[...] A garantia do juiz natural está normalmente ligada aos processos judiciais. Todavia, no caso específico dos magistrados, a Constituição previu um juízo natural para a aplicação das penas disciplinares, se é que assim pode ser chamado, tendo em vista que*

decorrência da cláusula do devido processo legal ou com amparo em outros princípios constitucionais e legais, aduzem que o princípio do juiz natural incide direta ou indiretamente sobre os procedimentos administrativos disciplinares.

2.10 PRINCÍPIO DA DURAÇÃO RAZOÁVEL DO PROCESSO

O dinamismo e a transformação constante da vida contemporânea são fatos. No mundo líquido[112], as pessoas, cada vez mais, exigem mudanças urgentes. Isso criou, indubitavelmente, um desafio maior para o Estado contemporâneo, na medida em que a sociedade passou a cobrar respostas mais rápidas para suas demandas. Contudo os mecanismos processuais e pré-processuais para a resolução de litígios atuais não evoluíram o suficiente, encontrando-se em descompasso com as necessidades prementes do cidadão de obter soluções céleres[113].

---

a atuação dos Tribunais, neste caso, é administrativa, o qual, se não for observado, gera nulidade absoluta." (STJ. RMS nº 24.5885/SP, 6ª Turma. Rel. Min. Jane Silva, j. 02/12/2008, DJe 19/12/2008; STJ – MS nº 10.585/DF, Rel. Min. Paulo Gallotti, Terceira Seção, DJ 26/02/2007; MS nº 13.148/DF, Rel. Min. Sebastião Reis Júnior, Terceira Seção, DJe 01/06/2012).

112 Trata-se do que o sociólogo e professor ZYGMUNT BAUMAN chama de "modernidade líquida". Modernizar significa não aceitar as coisas como elas são, e sim transformá-las em algo que consideramos melhor (BAUMAN, Zygmunt. *Modernidade Líquida*. Tradução Plínio Dentzien – Rio de Janeiro: Jorge Zahar Ed., 2001).

113 Como observa ANTONIO DO PASSO CABRAL, no final do século XX, esse profundo debate sobre o papel do Estado na resolução de conflitos pode ser observado no âmbito dos processos civil, penal e administrativo: *"E esta constatação fez necessária uma maior reflexão sobre o trâmite mais adequado dos procedimentos estatais, que deveria amoldar-se à premência de tempo que a sociedade exige, sob pena de transformar-se todos estes procedimentos em instrumentos inócuos, cuja manutenção, até mesmo financeira, pudesse ser contestada. Nas últimas décadas, a preocupação por celeridade foi fomentada ainda pelo movimento em busca da efetividade do processo, na certeza de que uma prestação jurisdicional tardia seria uma outra forma de injustiça."* (CABRAL, Antonio do Passo. "A duração razoável do processo e a gestão do tempo no projeto de novo Código de Processo Civil." *In:* Alexandre Freire;

Essa dilação indevida, para os acusados, seguramente afeta a presunção de inocência e o próprio direito à ampla defesa e contraditório[114]. A demora e o prolongamento excessivo do processo, paulatinamente, podem sepultar a credibilidade em torno da versão do acusado. O tempo irrazoável transformaria *"o processo em pena prévia à sentença, através da estigmatização, da angústia prolongada, da restrição de bens e, em muitos casos, através de verdadeiras penas privativas de liberdade antecipadamente (prisões cautelares)"*[115].

O direito de defesa e o próprio contraditório também não seriam respeitados, eis que *"a prolongação excessiva do processo gera graves dificuldades para o exercício eficaz da resistência processual, bem como implica um sobrecusto financeiro para o acusado"*[116], com os gastos com honorários de advogados e com o empobrecimento gerado pela estigmatização social.

No Brasil, com a edição da Emenda Constitucional nº 45, de 8 de dezembro de 2004, instituiu-se, como cláusula pétrea, em nosso ordenamento interno, a garantia da *razoável duração do processo* (incluindo-se o processo administrativo disciplinar)[117].

Há quem sustente[118] que, caso excedido o prazo para tramitação do processo, sem motivo justo, haveria um ato inconstitucional

---

Bruno Dantas; Dierle Nunes; Fredie Didier Jr.; José Miguel Garcia Medina; Luiz Fux; Luiz Henrique Volpe Camargo; Pedro Miranda de Oliveira. (Org.). *Novas tendências do Processo Civil: estudos sobre o projeto de novo CPC*. 1. Ed., Salvador: Juspodivm, 2013, v. 1, p. 73-99).

114 LOPES JR., Aury. Direito Processual Penal. 13. edição, São Paulo: Saraiva, 2016, p. 77-78. O autor leciona que o processo penal encerra em si uma pena (la pena de banquillo), ou um conjunto delas, que "mesmo possuindo natureza diversa da prisão cautelar, inegavelmente cobram seu preço e *sofrem um sobrecusto inflacionário proporcional à duração do processo"*. A expressão "pena de banquillo", consagrada no sistema espanhol, designa a pena processual que encerra o "sentar-se no banco dos réus".

115 *Ibid.* p. 77-78.

116 *Ibid.* p. 78.

117 Inciso LXXVIII, do artigo 5º da Constituição.

118 MATTOS, 2010, p. 201.

praticado pelo Poder Público, por infringência ao art. 5°, LXXVIII da CRFB/88. E, pela mesma razão, haveria vício de inconstitucionalidade no § 1° do art. 169 da Lei n° 8.112/90, o qual dispõe que *"o julgamento fora do prazo legal não implica nulidade do processo".* Tratando-se de um direito fundamental, o descumprimento da razoável duração operaria a preclusão, com a consequente perda da faculdade processual administrativa disciplinar do Poder Público em continuar com o manejo da tramitação do respectivo processo[119]. Porém essa tese tem o problema de exigir que haja um motivo justo para a Administração Pública extrapolar o prazo legal de conclusão do processo disciplinar.

Para bem interpretar a referida norma constitucional sobre a duração razoável do processo (art. 5°, LXXVIII), é preciso compreender que o Estado Brasileiro apenas internalizou uma regra de direito fundamental que já estava expressa nos arts. 7.5 e 8.1 da Convenção Americana de Direitos Humanos (CADH), de observância cogente em nosso sistema jurídico, nos termos do art. 5°, § 2° da Carta Magna. A Convenção Europeia de Direitos Humanos dispõe de norma semelhante (art. 6°, item 1).

Como se vê, as Convenções Internacionais não fixam prazos máximos para a duração do processo penal ou da investigação policial. Tampouco existe delegação para que a lei ordinária regulamente o tema internamente nos países membros. A Constituição da República do Brasil de 1988, no art. 5°, LXXVIII, na mesma trilha, adotou o que é denominado de *"doutrina do não prazo"*[120]. O mesmo ocorreu nos Estados Unidos[121]. E a jurisprudência tanto da Corte

---

119 MATTOS, 2010, p. 202-210.

120 Vale dizer, conquanto o Código de Processo Penal faça referência a diversos limites de duração dos atos (v.g., arts. 10, 400, 412, 531 etc.), *a inobservância dos prazos é destituída de sanção*, fato que, em tese, conduz à ineficácia do direito fundamental. LOPES JR, 2016, p. 80.

121 DANIEL R. PASTOR alude que nos EUA, o *direito* do imputado contar com um julgamento rápido foi mencionado pela primeira vez pela Suprema Corte Americana, em 1967, ao julgar o caso *"Klopfer v. North Carolina"*, com o fim de considerá-lo incluído entre as regras do devido processo legal, aplicável aos estados federados, consagradas na Emenda XIV. Logo em

Europeia de Direitos Humanos (TEDH) quanto da Corte Americana de Direitos Humanos (CIDH) igualmente não definiu um prazo certo (com a respectiva sanção, em caso de descumprimento) para o encerramento do processo penal. Porém deu-se origem a alguns critérios para avaliar o indevido prolongamento dos feitos: *1. complexidade do caso; 2. atividade processual do interessado (imputado), que obviamente não poderá se beneficiar de sua própria demora; 3. a conduta das autoridades judiciárias como um todo (polícia, Ministério Público, juízes,* agentes públicos *etc.); 4. princípio da razoabilidade*[122].

No Direito Administrativo Disciplinar, é plausível a adoção desses mesmos parâmetros, a fim de se verificar possível ofensa à

---

seguida, o Congresso editou a primeira Lei de Acordo Interestadual sobre Detenções (*detainers*), em 1970, a qual estabeleceu um limite máximo de 180 (cento e oitenta) dias para levar a processo um detido. Caso ultrapassado esse prazo, em princípio, as acusações contra este deveriam ser descartadas e a detenção invalidada. Era possível ampliar tal prazo em virtude de uma causa justificada. A regulação definitiva da matéria ocorreu pouco depois, em 1974, quando aprovada pelo Legislativo Federal a "Lei de Julgamento Rápido" (*Speedy Trial Act*). Cumpre destacar que, para a Suprema Corte estadunidense, não é possível uma definição concreta para determinar quando a garantia do julgamento rápido é violada. Em consequência, não existiria um momento no processo penal no qual o Estado possa oferecer à defesa a possibilidade de exercer esse direito. Vale dizer, devido ao conceito vago e impreciso da garantia em comento, deve o juiz lançar mão da ponderação (*balancing test*), para decidir, atento às seguintes diretrizes: *i) o alcance temporal, isto é, a determinação do período concreto de tempo que levou o caso; ii) as razões expostas pelo Estado para justificar o atraso; iii) a conduta do imputado, com o objetivo de verificar se ele deu causa ao retardo do feito; iv) examinar o prejuízo concreto sofrido pelo imputado devido ao atraso do processo.* O citado autor, nesse sentido, destaca a uniformidade entre esses critérios e aqueles elaborados pelo Tribunal Europeu de Direitos Humanos (TEDH), os quais, posteriormente, foram seguidos no âmbito interamericano. Com efeito, segundo o autor, na maioria dos países que trataram do tema, duas regras passaram a ser observadas: *a) a "doutrina do não prazo", isto é, o transcurso do tempo dado, por si só, não é suficiente para considerar o direito violado; b) cabe ao juiz, no caso concreto, determinar, segundo a razoabilidade, observando os critérios supramencionados, se houve violação ao julgamento rápido.* (PASTOR, Daniel R. *El plazo razonable en el proceso del Estado del Derecho*, Buenos Aires: Ad-Hoc, 2002, p. 222-241).

122 LOPES JR., 2016, p. 82.

garantia constitucional da *"razoável duração do processo"*. Excedidos os prazos previstos em lei, sem que o acusado tenha dado causa ao prolongamento, ou, caso inexista complexidade no procedimento (como, *v.g.*, quantidade elevada de acusados e testemunhas, necessidade de perícias ou incidentes de sanidade demorados), ou, ainda, sem a ocorrência de fatos imprevistos de força maior (greves prolongadas, pandemia etc.), em tese, seria possível alegar violação do direito fundamental do acusado.

Em outras palavras, se a Administração Pública deixou de concluir um procedimento disciplinar por simples inércia ou porque permitiu indevidas paralisações, por meses ou anos (por exemplo, trocando reiteradamente membros da Comissão), sem justo motivo, a consequência pode ser a *extinção do feito*, por ofensa direta ao texto da Lei Maior (art. 5º, LXXVIII, CRFB/88). Sem prejuízo, os agentes públicos responsáveis pela dilação indevida podem até ser responsabilizados administrativamente.

Cumpre reiterar que a garantia constitucional em questão não é norma programática, e sim um preceito dotado de definitividade e eficácia plena e imediata (art. 5º, § 1º, CRFB/1988), o que impõe a todos os Poderes e órgãos estatais a tarefa de maximizar sua eficácia.

De toda forma, a jurisprudência do Superior Tribunal de Justiça ainda é bem restritiva nesta matéria e editou a Súmula nº 592: *"O excesso de prazo para a conclusão do processo administrativo disciplinar só causa nulidade se houver demonstração de prejuízo à defesa"* (Primeira Seção, aprovada em 13/09/2017, DJe 18/09/2017).

2.11 PRINCÍPIOS DA SEGURANÇA JURÍDICA E DA PROTEÇÃO DA CONFIANÇA

É cediço que a *segurança jurídica* é um princípio geral do direito e também previsto expressamente na legislação[123] que visa prote-

---

123 Em âmbito federal, o *caput* do artigo 2º da Lei Federal nº 9.784/99 anuncia, expressamente, a segurança jurídica como princípio norteador da atividade

ger os cidadãos de serem surpreendidos por alterações repentinas na ordem jurídica instituída, assegurando que as modificações supervenientes de normas ou mesmo de interpretações de determinadas normas legais, com a consequente mudança de orientação, em caráter normativo, não retroajam para atingir situações anteriores, já reconhecidas e consolidadas na vigência de orientação anterior, sob pena de tornar instável o sistema de regras imposto pelo Poder Público[124].

No âmbito do Direito Administrativo Disciplinar, o princípio da segurança jurídica exige que qualquer punição disciplinar tenha prévia definição em lei com o correspondente comportamento infracional, o que também funciona como instrumento de respeito da liberdade do agente público, o qual pode evitar incorrer em ilícitos por saber o que deve ou não deve fazer para não incidir em transgressão funcional, ao mesmo tempo em que detém o conhecimento das penas correspondentes a cada ação[125].

Nesse sentido, a Administração deve estabelecer regras claras de conduta, por meio do regime disciplinar próprio, bem como as penalidades administrativas cabíveis. O agente público não está sujeito, portanto, a ser surpreendido com a criação de infrações disciplinares por norma regulamentar inovadora, tampouco a receber tratamento descompassado com o princípio da igualdade.

Portanto o *princípio da segurança jurídica* é uma *proteção* para os cidadãos ou administrados, alicerçado na boa-fé, de onde decorre, como sucedâneo imediato, o *princípio da proteção da confiança legítima,* cuja finalidade é a obtenção da estabilidade, previsibilidade

---

administrativa. No parágrafo único, inciso XIII do mesmo diploma legal, encontra-se a previsão de que a mudança de interpretação em relação a dispositivos legais não pode atingir situações já consolidadas. Nessa mesma linha, a Lei de Introdução às Normas do Direito Brasileiro (LINDB) prescreve no artigo 30 que *"as autoridades públicas devem atuar para aumentar a segurança jurídica na aplicação das normas, inclusive por meio de regulamentos, súmulas administrativas e respostas e consultas".*

124 DI PIETRO, Maria Sylvia Zanella. *Direito administrativo.* 35 ed. Rio de Janeiro: Forense, 2022. p. 100.

125 CARVALHO, 2014.

e calculabilidade dos atos administrativos, procedimentos e comportamentos estatais. Espera-se que os atos praticados pelo Poder Público sejam lícitos e, nessa qualidade, sejam mantidos e respeitados pela própria Administração e por terceiros[126].

Esse princípio está baseado, por exemplo, nos arts. 21 a 24 da LIN (acrescidos pela Lei nº 13.655/2018), que busca tutelar a expectativa do interessado em um procedimento disciplinar no comportamento estatal prévio consubstanciado em decisões individualizadas, atos normativos ou orientações gerais. O objetivo é não surpreender o interessado nas relações com a Administração.

2.12 PRINCÍPIOS DA BOA-FÉ E LEALDADE PROCESSUAL

O princípio da boa-fé processual encontra-se positivado no artigo 5º do Código de Processo Civil Brasileiro, que prescreve: "*aquele que de qualquer forma participa do processo, deve comportar-se de acordo com a boa-fé*". Portanto a referida norma inclui não somente as partes, mas também o órgão jurisdicional e todos os sujeitos processuais que de qualquer forma participam do processo, independentemente da existência de boas ou más intenções[127].

Expandindo-se para outros ramos do Direito, o princípio da boa-fé processual aplica-se ao Direito Administrativo Disciplinar, tendo como destinatário de um lado a Administração Pública, representada pelas autoridades processantes, e do outro o administrado ou agente público processado, que também terá o dever de *lealdade processual*, de onde surge a denominação mais adequada de *boa-fé e lealdade processual*[128].

---

126   DI PIETRO, 2022, p. 100.

127   NEVES, Daniel Amorim Assumpção. *Manual de direito processual civil, volume único*. 10. ed. Salvador, Ed. JusPodium, 2018, p. 208.

128   Cf. art. 4º, II, da Lei nº 9.784/99.

Enquanto no processo civil os sujeitos da relação jurídica são *autor e réu*, no processo administrativo temos de um lado a *Administração* e do outro o *administrado ou agente público* acusado, processado, sindicado, investigado ou indiciado[129].

O princípio da *boa-fé e lealdade processual* relaciona-se às invalidades do processo administrativo disciplinar, obrigando aos sujeitos o dever de cooperação no curso do processo. Por analogia, cabe analisar a incidência do disposto no artigo 565 do CPP, que preconiza: *"Nenhuma das partes poderá arguir nulidade a que haja dado causa, ou para que tenha concorrido, ou referente a formalidade cuja observância só à parte contrária interesse".*

De maneira congênere, dispõe o artigo 276 do Código de Processo Civil: *"Quando a lei prescrever determinada forma sob pena de nulidade, a decretação desta não pode ser requerida pela parte que lhe deu causa".*

Os referidos dispositivos relacionam-se com a máxima *venire contra factum proprium,* a qual impede que determinada pessoa exerça direito do qual é titular, contrariando um comportamento anterior[130], ou seja, a parte que dá causa à situação de desvantagem não a pode arguir em seu benefício.

À guisa de exemplo prático da demonstração de deslealdade processual no âmbito do processo administrativo disciplinar, hipoteticamente podemos mencionar o caso do advogado defensor do agente público processado que se ausenta ou deixa de comparecer ao ato de interrogatório, demonstrando-se o intuito protelatório, visando posteriormente alegar a nulidade do ato ou até mesmo do processo caso a comissão processante realize o ato somente com a presença do agente público, ainda que assistido por defensor dativo.

Cabe exemplificar como caso de deslealdade por parte do Estado, a hipótese em que a Administração, por meio da autoridade pro-

---

129   CRETELLA, 2009. p. 46.

130   NEVES, 2018. p. 209.

cessante, detecta, no curso da instrução, a ocorrência da *prescrição* da pretensão punitiva, no entanto queda-se inerte, deixando o processo seguir o seu curso até culminar na aplicação de pena disciplinar.

A prescrição é matéria de ordem pública e deve ser reconhecida de ofício pela Administração. Desse modo, verificado o transcurso do prazo prescricional durante o curso da instrução probatória, restando fulminada a aplicação da sanção disciplinar, caberá à autoridade processante relatar a sua ocorrência, devendo a autoridade instauradora decidir pelo arquivamento do processo.

O princípio da boa-fé processual, extraído tanto do processo civil quanto do processo penal[131], impõe às partes o dever de cooperação na marcha do processo, reprimindo o exercício anormal de quaisquer posições jurídicas processuais. Esse princípio impede o abuso do direito de defesa, o abuso relativo ao exercício do direito à produção de provas[132] ou do direito de recorrer e, principalmente, em observância à proibição de *venire contra factum proprium*, impede o interessado que provoca uma situação de desvantagem não a pode arguir em benefício próprio em seguida. Por exemplo, não pode o acusado arguir nulidade a que tenha dado causa. É um princípio que tem bastante aplicação nos casos de vícios pré-fabricados, como a criação pelo acusado de situações de impedimento ou suspeição em desfavor dos componentes da comissão de inquérito ou da autoridade julgadora. A estratégia visa em geral o tumulto da marcha processual.

---

131   Art. 565 do CPP.
      Art. 276 do CPC.

132   Por tal razão, assiste ao presidente da comissão de inquérito o poder de indeferir os *"pedidos considerados impertinentes, meramente protelatórios, ou de nenhum interesse para o esclarecimento dos fatos"*, conforme a dicção do art. 156, § 1º, da Lei nº 8.112/90.

2.13 PRINCÍPIO DA VERDADE REAL OU MATERIAL

O *princípio da verdade real,* igualmente denominado *princípio da verdade material,* indica que a Administração, por meio da comissão processante no caso do processo administrativo disciplinar ou da autoridade sindicante, deve perseguir a realidade fática, não se contentando com as versões ou alegações apresentadas pelas partes envolvidas.

Para tanto, a Administração pode atuar de ofício ou por provocação, com a liberdade para a realização de diligências e produção de provas, podendo, inclusive, valer-se de provas emprestadas autorizadas judicialmente, sem olvidar as balizas legais e os princípios caros ao Direito Administrativo Sancionador, entre eles o contraditório e a ampla defesa.

Inobstante, contemporaneamente, no campo filosófico ou judicial, diversas correntes criticam a ideia de busca da *"verdade real"* ou *"verdade absoluta",* acentuando, algumas delas, que isso seria *"sem sentido"* ou que isso não pode ser estabelecido no âmbito de um processo[133].

Debate-se, atualmente, a ideia de verdade no âmbito das denominadas *"teoria da coerência"* e *"teoria da correspondência"*[134]. A primeira, também desenvolvida na teoria da argumentação judicial, é frequentemente trazida para os processos, em que são essenciais os "relatos" narrados pelas partes, testemunhas e advogados. Dessa for-

---

133 TARUFFO, Michele. *A Prova.* Tradução de João Gabriel Couto. 1. ed. São Paulo: Marcial Pons, 2014, p. 15.

134 *"Segundo a 'teoria da coerência', a verdade de um enunciado de fato é somente a função da coerência de um enunciado específico em um contexto de vários enunciados. Uma vez que a veracidade ou a falsidade somente pode ser prevista a partir dos enunciados, o único nível possível para a verdade é o dos enunciados, ou seja, da linguagem e dos 'relatos'. De acordo com a 'teoria da correspondência', a verdade resulta da correspondência do enunciado com um estado empírico dos fatos."* (Ibid. p. 15).

ma, como esclarece Taruffo[135], se os discursos e relatos são os únicos elementos levados em consideração:

> [...] o processo é considerado como um diálogo ou como uma situação na qual as pessoas contam histórias que são fundamentalmente similares a um romance", e, por conseguinte, o único critério que pode ser usado para conferir credibilidade a um enunciado específico é a sua coerência no contexto global do diálogo judicial ou dentro da específica narração contada por um sujeito no curso do processo.

Nessa linha, no processo penal, alguns autores contemporâneos, como Aury Lopes Jr.[136], ressaltam que, no sistema acusatório, não é a verdade o "elemento fundante" (e sim contingencial) no processo, pois "cada prova é tomada como um fragmento da história, um pedaço de narrativa", que serão "utilizadas pelas partes para dar suporte à **story of the case** que cada advogado propõe ao juiz", o qual, em sua decisão final, adotará uma das narrativas. Em outras palavras, a sentença ou o acórdão judicial "não é a revelação da verdade (material, processual, divina etc.) mas um ato de convencimento formado em contraditório e a partir do respeito às regras do devido processo"[137].

---

135 TARUFFO, 2014, p. 27.

136 LOPES JR., 2016, p. 387-390. Vale a transcrição para uma adequada compreensão do tema: "(...) nós propomos um giro no pensamento jurídico-processual. Nossa proposta é: a verdade (ainda que processual) não é fundante ou legitimante do processo, senão contingencial. Importa fortalecer o respeito às regras do devido processo e evitar-se o outro extremo – decisionismo. (...) No sistema acusatório, a verdade não é fundante (e não deve ser), pois a luta pela captura psíquica do juiz, pelo convencimento do julgador, é das partes, sem que ele tenha a missão/poder de revelar uma verdade. Logo, com muito mais facilidade o processo acusatório assume a sentença como ato de convencimento, a partir da atividade probatória das partes, dirigida ao juiz. Essa luta de discursos para convencer o juiz marca a diferença do acusatório com o processo inquisitório. Não se nega que acidentalmente a sentença possa corresponder ao que ocorreu (conceito de verdade como correspondente), mas não se pode atribuir ao processo esse papel ou missão." (2016, p. 388-390).

137 LOPES JR., 2016, p. 388.

Conforme arremata Taruffo[138], ao final de sua obra, posição a que aderimos, *"existe a possibilidade de se descobrir, com métodos adequados confiáveis, a verdade referente a eventos do mundo externo"*, embora isso não se confunda com uma verdade considerada absoluta.

Destarte, no processo administrativo disciplinar, são admitidos todos os tipos lícitos de provas, independentemente da fase do processo, até mesmo após o fim da instrução, bem como se admite a produção de provas, de ofício, por parte da Administração Pública. Isso porque, como efeito do princípio da verdade material, deverá imperar no processo administrativo a informação mais próxima possível da verdade real, nem que seja necessário prolongar a duração do processo, sendo possível colher provas depois do término da instrução ou antes do julgamento, seja a requerimento da defesa ou por iniciativa do colegiado instrutor ou da autoridade julgadora[139].

Não se olvide que a busca dessa verdade real não pode extrapolar as regras impostas pelo ordenamento jurídico. Assim sendo, as autoridades processantes, que conduzem os diversos tipos de processos disciplinares, devem atuar de acordo com os ditames legais, sob pena de dar causa à invalidade do ato produzido.

Isso porque o compromisso dessas autoridades não é com a acusação, mas sim com a verdade dos fatos. Assim, eles têm o dever de promover tantas medidas quantas forem necessárias, carreando

---

138 *"Não só, portanto, existe uma verdade alética que reflete objetivamente os acontecimentos do mundo real, como também pode ser aceita uma noção epistêmica de verdade como justificação – por sua vez verídica – dos enunciados que se referem a esses acontecimentos. A consequência ulterior consiste em admitir que dessa verdade possa-se ter um conhecimento válido e objetivo. A verdade, por conseguinte, não é somente um pressuposto abstrato ou um valor regulador que orienta o conhecimento - porém que jamais pode ser alcançado - como se poderia dizer de uma verdade considerada de maneira absoluta. Nos contextos de procedimentos cognoscitivos, pelo contrário, a verdade torna-se objeto de descoberta e elucidação."* (TARUFFO, ob. cit., p. 254-255).

139 *"Ora, no processo punitivo desenvolvido no seio da Administração Pública não há espaço para a aplicação de penalidades disciplinares que representam vigorosa censura e chegam a produzir efeitos morais e pecuniários importantes, em meio a fatos incertos e diante de dúvidas sobre a efetiva responsabilidade administrativa do acusado".* CARVALHO, 2014, p. 377.

as provas pertinentes aos autos, seja em desfavor do agente público processado ou não.

Não há mais espaço para a aplicação da *verdade sabida*. Esta permitia a aplicação de sanção administrativa com base apenas no conhecimento direto do fato pela autoridade dotada do poder disciplinar que, ao apreciar as circunstâncias fáticas, estava apta para aplicar a penalidade, sem a necessidade de colher sequer as razões do imputado. Essa prática foi varrida da prática jurídica brasileira com o advento da Constituição Federal de 1988.

Por fim, sublinha-se que a busca da verdade real ou material não pode violar o dever de celeridade do processo, devendo ser resguardada a razoável duração do processo, em harmonia com a ampla defesa e o contraditório.

2.14 PRINCÍPIO DA OFICIALIDADE

O *princípio da oficialidade*, há muito consagrado pela doutrina do Direito Administrativo, decorre da prerrogativa da Administração Pública para, *de ofício*, instaurar o processo, fazer a sua instrução, sua conclusão e, eventualmente, a sua revisão, inobstante o pedido do interessado.

Diversas normas vigentes no ordenamento jurídico brasileiro asseguram a aplicabilidade do princípio da oficialidade, como exemplo a Lei n° 9.784/99, que regula o processo administrativo no âmbito da Administração Pública Federal, *ex vi* os artigos 2°, XII, 5°, 29 e 65.

É assente que o princípio da oficialidade existe de forma mais ampla nos processos administrativos do que nos processos judiciais, uma vez que autoriza a Administração a adotar medidas de ofício visando à instrução do procedimento administrativo, enquanto na esfera penal prevalece o princípio da inércia da jurisdição (*ne procedat judex ex officio*).

Acerca do princípio da oficialidade no âmbito do direito sancionador, Carvalho[140] leciona:

> *O princípio da oficialidade guarda íntima relação com a verdade material, por cujo efeito incumbe à Administração, independentemente de iniciativa do acusado, carrear aos autos do processo administrativo disciplinar e da concretização da legalidade e da própria justiça em última instância, independentemente da iniciativa do administrado ou acusado.*

Continua o referido autor[141]:

> *O princípio da oficialidade se revela no dever de instauração, instrução e decisão do processo administrativo pelos agentes públicos e autoridades competentes, ainda que sem a colaboração ou iniciativa dos administrados e interessados.*

O princípio da oficialidade na lição de Meirelles[142] é assim conceituado:

> *O princípio da oficialidade atribui sempre a movimentação do processo administrativo à Administração, ainda que instaurado por provocação do particular: uma vez iniciado, passa a pertencer ao Poder Público, a quem compete seu impulsionamento, até a decisão final. Se a Administração o retarda, ou dele se desinteressa infringe o princípio da oficialidade e seus agentes podem ser responsabilizados pela omissão. Outra consequência deste princípio é a de que a instância não permite, nem o processo se extingue pelo decurso do tempo, senão quando a lei expressamente o estabelece.*

---

140 CARVALHO, 2014. p. 384.

141 *Ibid.,* 2014.

142 MEIRELLES, Hely Lopes. *Direito administrativo brasileiro.* 22 ed., São Paulo, Malheiros, p. 593.

Nesse diapasão, quando a Administração se depara com situação irregular, deverão ser adotadas medidas de ofício visando à imediata e adequada suficiente apuração, que poderá culminar na punição do agente público transgressor. Destarte, a apuração de falta funcional imputada a agente público constitui imperativo inescusável, não comportando discricionariedade, o que parte da doutrina atribui à obrigatoriedade, com suporte em dispositivos legais como o artigo 143 da Lei nº 8.112/90, que dispõe sobre o regime jurídico dos agentes públicos civis da União, das autarquias e das fundações públicas federais.

Por todo o exposto, conclui-se que o princípio da oficialidade diz respeito não somente à deflagração do processo ou procedimento disciplinar, mas também à sua instrução, uma vez que as atividades de instrução destinadas a averiguar os ilícitos administrativos realizam-se de ofício ou mediante impulsão do agente público interessado, por ele próprio ou por meio de sua defesa.

2.15 PRINCÍPIO HIERÁRQUICO E PODER DISCIPLINAR

A Administração Pública é organizada em um sistema hierárquico, de escalonamento vertical, cujo ápice é constituído por uma autoridade máxima (nos entes federativos: presidente, governador ou prefeito).

Pelo sistema de *subordinação*, a hierarquia existente no interior dos órgãos públicos ou entidades administrativas (administração direta e indireta). Os agentes públicos de um Ministério (por exemplo, Ministério da Previdência) e de uma autarquia (por exemplo, INSS) são subordinados, respectivamente, ao ministro de Estado e ao presidente da entidade. Contudo, nas relações interadministrativas entre essas pessoas jurídicas diversas, não há subordinação, mas vinculação. Essa relação existe entre os órgãos da Administração Indireta e os ministérios (União) ou secretarias (Estados e Municípios). Ou seja, não existe hierarquia entre essas entidades, em razão da personalidade jurídica própria e da autonomia administrativa dos primeiros. Nada obstante, como uma autarquia federal, por exemplo, estará sempre vinculada à União, daí decorre o poder de supervisão[143].

Pelo *princípio hierárquico*, a autoridade superior tem o poder de (1) ordenar, coordenar e orientar; (2) fiscalizar, controlar, inspecionar e vigiar permanentemente os atos praticados pelos subordinados (com o intuito de mantê-los dentro dos padrões legais e regulamentares instituídos), (3) exercer o *poder disciplinar* (que engloba o poder de apuração de irregularidades e ilícitos e aplicação de sanção disciplinar); (4) delegar e avocar atribuições, bem como alterar competências e resolver conflitos; (5) rever (anular, quando ilegais, ou revogar, por motivo de conveniência e oportunidade) e corrigir (retificar, ratificar ou convalidar) as atividades administrativas.

Por outro lado, pelos subalternos, há os *deveres de obediência, de seguir as ordens superiores e de respeito ao ordenamento jurídico*, sob pena de se submeterem, por conseguinte, a intervenção correcional e punitiva das autoridades hierarquicamente superiores. Assim, se o agente público não age em conformidade com o ordenamento jurídico, surge para a autoridade competente o *poder-dever* de aplicar a sanção administrativa disciplinar.

Então, com fundamento no poder hierárquico e disciplinar, a fim de atender aos interesses superiores da sociedade e para promover o bem comum, a Administração Pública tem o poder-dever de promover o controle da regularidade das ações dos agentes públicos.

---

143 Para o Direito Administrativo Disciplinar, essa distinção é importante, porque altera o regime dos recursos hierárquicos interpostos contra atos administrativos, especialmente os punitivos. Nas relações de subordinação, ao insatisfeito com uma decisão administrativa basta ingressar com um requerimento dirigido à autoridade hierarquicamente superior, para uma possível revisão (exemplo: recurso contra a decisão do Corregedor-Geral ao Ministro de Estado; ou contra a decisão deste ao Presidente). Entretanto, quando existe apenas vinculação – não há hierarquia – só é cabível o denominado "recurso hierárquico impróprio", que depende necessariamente de previsão legal expressa. Apenas a lei pode relativizar a autonomia do ente federativo que criou. Por exemplo, é possível um agente público do INSS (autarquia federal) interpor recurso hierárquico impróprio contra uma decisão punitiva do presidente da entidade para o Ministro da Pasta vinculada.

Neste tópico, é válido destacar também que o poder disciplinar do empregador é uma prerrogativa fundamental que permite a imposição de sanções aos empregados em face do descumprimento de suas obrigações contratuais. Este poder é uma extensão do poder diretivo do empregador, que inclui a organização, fiscalização e disciplina das relações no ambiente de trabalho, conforme previsto no art. 2º da Consolidação das Leis do Trabalho. Trata-se de uma decorrência do contrato de trabalho, e que, independentemente de sua previsão expressa no contrato de trabalho ou nos regulamentos internos da empresa, pode ser exercido pelo empregador a fim de garantir a ordem e direção dos trabalhos.

Contudo, no contexto das empresas estatais, o exercício do poder disciplinar deve observar também os princípios da legalidade, impessoalidade, moralidade, publicidade e eficiência, conforme estabelecido pela Constituição Federal. Por tal razão, não cabe ao empregador público demitir um funcionário como exercício de seu direito potestativo. No caso das empresas estatais, é pacífico que a dispensa do empregado público tem natureza jurídica de ato administrativo, devendo ser motivada, indispensável em todos os atos administrativos, seja vinculado ou discricionário, porque previsto implicitamente no artigo 93, X da CF/88, aplicado por analogia à Administração Pública, ou ainda no artigo 5º, XXXIII da Carta Magna, bem como nos artigos 2º e 50 da Lei 9.784/1999, e conforme decisão do STF no RE nº 589998/PI.

Ademais, embora o poder disciplinar tenha natureza potestativa, o empregador deve atuar dentro dos limites legais e contratuais ao exercer o poder disciplinar. As sanções aplicadas devem ser proporcionais à falta cometida e devem respeitar o devido processo legal, garantindo aos empregados o direito ao contraditório e à ampla defesa. Por isso, é importante que as empresas estabeleçam regulamentos internos claros que definam as condutas esperadas e as penalidades aplicáveis em caso de infração.

2.16 PRINCÍPIO DA EFICIÊNCIA

Para a normalidade do funcionamento da máquina pública, além do estabelecimento de regras de comportamento funcional, para proteção da moralidade e probidade administrativas (sobretudo a prevenção e o combate à corrupção)[144], é essencial exigir *eficiência* do funcionalismo[145]. Por tal razão, a Constituição Federal, com a EC nº 19/1998, estabeleceu o *princípio da eficiência* como um dos alicerces centrais da Administração Pública, ao lado dos princípios legalidade, impessoalidade, moralidade e publicidade.

Com a exigência de eficiência, deixou de ser suficiente que os atos administrativos simplesmente estivessem aptos a produzir o resultado jurídico deles esperados. Passou-se a exigir que tais atos buscassem a melhor realização possível da gestão dos interesses públicos com o menor custo para a sociedade[146]. Evidentemente, os gastos públicos precisam ser eficientes, diante da constatação de escassez e da contingência de escolhas[147]. Ademais, do princípio de eficiência se origina um dever de organização do aparato estatal[148]. Vale acrescentar, ainda, que o princípio da eficiência exige a obtenção de resultados elencados pelo texto constitucional de maneira célere.

---

144 Sobre o tema, especialmente do ponto de vista econômico, com as cifras bilionárias que os estados deixam de investir em favor da sociedade (educação, saúde e segurança pública etc.), em razão das diversas formas de desvios de conduta que drenam os recursos públicos, cf. SUSAN ROSE-ACKERMAN (org.), *International Handbook on the Economics of Corruption*, Edward Elgar Publishing limited: Cheltenham, UK • Northampton, MA, USA, 2006.

145 COSTA, José Armando da. *Teoria e prática do direito disciplinar*, Rio de Janeiro: Forense, 1981, p. 2.

146 MOREIRA NETO, Diogo de Figueiredo. *Mutações do Direito Administrativo*. 3. Ed. Rio de Janeiro: Renovar: 2007, p. 310-311.

147 Cf., sobre o assunto, CASS R. SUNSTEIN e STEPHEN HOLMES. *O custo dos direitos: por que a liberdade depende dos impostos;* tradução de Marcelo Brandão Ciapolla. São Paulo: Editora WMF Martins Fontes, 2019.

148 CYRINO, André. "*O princípio constitucional da eficiência: interdisciplinaridade, análise econômica e método no direito administrativo brasileiro*". In: BARROSO, Luís Roberto; MELLO, Patrícia Perrone Campos (Coord.). *A República que ainda não foi: trinta anos da Constituição de 1988 na visão da Escola de Direito Constitucional da UERJ*. Belo Horizonte: Fórum, 2018, p. 583-585.

3 RESPONSABILIZAÇÃO DO AGENTE PÚBLICO

Basicamente, o Direito Administrativo Disciplinar cuida de doutrinar uma *responsabilização*. A responsabilidade é um princípio geral do Direito, com estatura constitucional, que permite a imputação de uma sujeição a uma pessoa das consequências decorrentes de um fato (ato ou omissão) com que tenha relação.

Trata-se de um fenômeno jurídico que pode ser encontrado em diversos ramos jurídicos, a depender do bem jurídico que está sendo tutelado. Assim, é possível falar em responsabilidade política, civil (patrimonial), penal, administrativa (disciplinar, ambiental, financeira etc.).

Então, para compreender os diferentes tipos de responsabilidade, é preciso identificar, em cada subsistema jurídico[149]:

Quem responde? É preciso identificar quem responde pelo ato, que, normalmente, é quem o pratica, colabora para ele ou o viabiliza, quem deixa de praticá-lo, quando por alguma razão deveria fazê-lo, quem tem alguma relação com o terceiro que o pratica ou omite, quem se beneficia da atividade causadora do ato etc.

A quem se responde? É preciso identificar quem teria a possibilidade de apurar a responsabilidade e imputá-la a alguém.

Qual o bem jurídico que se propõe a proteger? É preciso definir o objeto de proteção jurídica.

Quais são os requisitos para responder? Cada tipo de responsabilidade exige requisitos de capacidade, ação ou omissão, nexo

---

149 Cf., sobre esses elementos, MASCARENHAS, Rodrigo de Alencar Tostes. *A responsabilidade constitucional dos agentes políticos*, Belo Horizonte: Ed. Fórum, 2021, p. 35.

causal, dano, ilícito, culpa, dolo etc. Então, é preciso definir quais requisitos que devem existir para que alguém possa responder.

Por quanto tempo se responde? É preciso identificar se a responsabilização pode ocorrer para sempre ou se pode ocorrer até determinado prazo.

Qual é a delimitação das consequências jurídicas da responsabilização? É preciso identificar se a consequência é uma punição, a obrigação de reparar o dano, a obrigação de fazer algo etc.

Qual é o procedimento para apuração e imposição de responsabilidade? É preciso identificar quais as normas que regem os procedimentos para apuração e imposição de responsabilidade.

Pois bem. Se um cidadão comum não quiser seguir princípios éticos e morais[150] para ser considerado uma "boa pessoa", independentemente de qual seja essa definição, tem liberdade para tanto. A *responsabilização no âmbito ético-moral* não é uma responsabilização jurídica.

Com exceção da responsabilidade decorrente de um vínculo contratual entre as partes, em que as pessoas se comprometem e se responsabilizam mediante a celebração de um contrato, a *responsabilização jurídica* que está aqui a ser tratada versa sobre a possibilidade de alguém ser chamado a responder ou a prestar contas por algo em razão da *ocorrência de um evento previsto diretamente em lei.*

A responsabilização jurídica que está aqui a ser tratada abrange especificamente os *agentes públicos.* Os deveres de um agente público estão previstos em lei e nenhum deles tem permissão para ignorá-los. As instituições deveriam fiscalizar e sancionar eventuais desvios. Mesmo que esses desvios venham a ser tolerados, não se

---

150 A ética está ligada a uma conduta que a sociedade entende como certa ou errada de acordo com os seus valores sociais. Já a moral está ligada a uma conduta que a consciência individual da pessoa considera certa ou errada de acordo com seus costumes e cultura. Por exemplo, jogar lixo em local impróprio, falta de empatia ou solidariedade etc.

tornarão legais por isso. Os agentes públicos, diferente do cidadão comum, devem prestar contas. Não só perante suas consciências.

As instituições, principalmente as estruturantes das funções de Estado, dependem de uma cultura de integridade que transmita confiança, credibilidade e legitimidade. Parecer honesto importa tanto quanto ser honesto.

De toda forma, é importante destacar que a responsabilização jurídica de um agente público no âmbito jurídico por violação a uma norma jurídica se diferencia da *responsabilização no âmbito ético-moral*, quando não há uma norma jurídica disciplinando essa conduta.

É válido destacar que é muito comum que existam, paralelamente a estatutos disciplinares, códigos de ética que sirvam de guia de conduta para um determinado grupo de agentes públicos e como instrumento para a resolução de conflitos éticos e morais do grupo. É um conjunto de princípios, assumidos publicamente, que orientam determinadas atividades, de acordo com os anseios sociais por honestidade, solidariedade e correção.

Por exemplo, o Código de Ética Profissional do Agente público Civil do Poder Executivo, aprovado em 22 de junho de 1994. O Código de Conduta da Alta Administração Federal foi aprovado em 18 de agosto de 2000. Já o Código de Conduta Ética dos Agentes Públicos em Exercício na Presidência da República é de 11 de janeiro de 2002. Existe, inclusive, uma comissão de Ética Pública, criada por Decreto Presidencial em 26 de maio de 1999, embora sem um cunho repressivo ou disciplinador.

Registra-se que, quando uma instituição cria regras jurídicas de "conduta ética" e cria estruturas para apurar e aplicar sanções "éticas", não há dúvida de que está a se tratar de mais uma hipótese de responsabilização jurídica e não mais de uma responsabilização ético-moral.

De forma geral, pode-se dizer que a responsabilização jurídica de um agente público é o *ato judicial ou administrativo de imputação de uma obrigação ou de uma sujeição* (por exemplo, de aplicação de uma sanção), em caso de *violação de norma jurídica*, após apuração em um *processo judicial ou administrativo*.

Ademais, é importante destacar que uma conduta de um agente público pode ser considerada ilícita em uma ou mais esferas do Direito quando contrária a uma norma jurídica. Pode, por exemplo, violar uma norma penal, uma norma civil e uma norma disciplinar, pressupostos de sanções em suas respectivas instâncias. Por isso, ele pode responder nas instâncias *civil, penal e administrativa-disciplinar*. E pode responder, também, na *instância administrativa* em outras esferas distintas da esfera meramente disciplinar.

Nota-se que a Lei Federal nº 8.112/1990 utiliza os termos "responsabilidade civil", "responsabilidade penal" e "responsabilidade administrativa".

Embora a legislação dos diversos entes federativos normalmente disponha que o agente público responde *"civil, penal e administrativamente pelo exercício irregular de suas atribuições"*[151], entende-se pertinente diferenciar a responsabilidade administrativo-disciplinar[152] dos demais tipos de responsabilidade e destacar a existência de uma responsabilização administrativa não disciplinar. Cabe, então, explicá-las detalhadamente.

3.1 RESPONSABILIDADE ADMINISTRATIVO-DISCIPLINAR

A responsabilização administrativo-disciplinar do agente público – objeto central deste livro – deriva do cometimento pelo agente público de uma *transgressão administrativa disciplinar* (também chamada de falta funcional, ilícito administrativo ou ilícito disciplinar), descrita em seu respectivo Estatuto.

A expressão "responsabilidade administrativa", em sentido amplo, permite compreender qualquer tipo de ação promovida pela Administração Pública, disciplinado pelo Direito Administrativo

---

151   Cf., nestes termos, o art. 121 da Lei Federal nº 8.112/90.

152   Sobre a nomenclatura utilizada, vale destacar o art. 8º da Lei nº 13.869/2019.

Sancionador, com o objetivo de apuração de uma ação ou omissão e, a depender do caso, aplicar uma sanção administrativa.

Por isso, busca-se realizar uma especificação, da responsabilidade que está sendo objeto de estudo, denominando-a de responsabilidade administrativo-disciplinar ou, meramente, responsabilidade disciplinar, como espécie do gênero responsabilidade administrativa.

Assim, normalmente, quando o Estatuto Funcional do agente público utiliza a expressão "responsabilidade administrativa" é preciso que tal expressão seja compreendida como "responsabilidade administrativo-disciplinar", para que não haja confusão com outras possibilidades de responsabilização promovida pela Administração Pública e por isso também caracterizadas como responsabilidade administrativa.

Da mesma forma, quando o Estatuto Funcional do agente público utiliza a expressão *responsabilidade civil-administrativa*"[153], entende-se que a adjetivação utilizada apenas tem por objetivo diferenciar a responsabilidade civil e a responsabilidade administrativa-disciplinar da responsabilização penal.

Ultrapassada a questão das nomenclaturas, pode-se dizer que, para que seja possível existir a responsabilidade disciplinar pela ocorrência de uma infração à qual corresponderá uma sanção, é preciso que haja a delimitação da abrangência subjetiva da responsabilização (autoria), com a identificação do(s) agente(s) público(s) envolvido(s) com o fato irregular e a identificação de a quem caberia apurar e aplicar eventual punição, e que haja a delimitação da abrangência objetiva da responsabilização (materialidade), com a identificação do fato irregular relacionado ao exercício do cargo que possa ser caracterizado como a) fato típico (infração disciplinar); b) antijurídico; c) culpável; e d) punível.

3.1.1 Autoria (quem responde?)

Para delimitação da abrangência subjetiva, é preciso saber quem pode estar sujeito à responsabilidade administrativo-disciplinar. En-

---

153 Cf. art. 124 da Lei Federal nº 8.112/1990.

tão, de pronto, seria possível dizer que pode ser responsabilizado juridicamente na esfera administrativo-disciplinar o agente público que se sujeita a algum tipo de regime disciplinar. Porém, nem todo agente público está sujeito a um Estatuto Disciplinar. É importante, por isso, delimitar os diferentes tipos de agentes públicos.

A Lei nº 13.869/2019 (art. 2º) enquadrou no conceito de agente público qualquer pessoa física, agente público ou não, que exerça, ainda que transitoriamente ou sem remuneração, por eleição, nomeação, designação, contratação ou qualquer outra forma de investidura ou vínculo, mandato, cargo, emprego ou função em órgão ou entidade da administração direta, indireta ou fundacional de qualquer dos Poderes da União, dos Estados, do Distrito Federal, dos Municípios e de Território, compreendendo, mas não se limitando a agentes públicos e militares ou pessoas a eles equiparadas; membros do Poder Legislativo, do Poder Executivo, do Poder Judiciário, do Ministério Público e dos tribunais ou conselhos de contas.

Já o Código Penal estabelece, em seu art. 327, que se considera *funcionário público*, para os efeitos penais, quem, embora transitoriamente ou sem remuneração, exerce cargo, emprego ou função pública da Administração Direta ou Indireta, mas também de entidade paraestatal e quem trabalha para empresa prestadora de serviço contratada ou conveniada para a execução de atividades típicas da Administração Pública.

Nos termos do art. 2º da Lei nº 8.429/92, com a redação dada pela Lei nº 14.230, de 2021, consideram-se *agente público* o agente político, o agente público e todo aquele que exerce, ainda que transitoriamente ou sem remuneração, por eleição, nomeação, designação, contratação ou qualquer outra forma de investidura ou vínculo, mandato, cargo, emprego ou função nos Poderes Executivo, Legislativo e Judiciário, bem como da Administração Direta e Indireta, no âmbito da União, dos Estados, dos Municípios e do Distrito Federal.

Trata-se, porém, de conceitos muito amplos. Como dito, nem todos os agentes públicos da Lei nº 13.869/2019 ou da Lei nº 8.429/92 ou os agentes públicos do Código Penal se sujeitam a um Estatuto Disciplinar. E nem todos estão sujeitos ao mesmo tipo de Estatuto Disciplinar.

A Lei nº 8.112/1990, por exemplo, delimita o conceito de agente público como "*a pessoa legalmente investida em cargo público*" (art. 2º) e cargo público como o conjunto de atribuições e responsabilidades previstas na estrutura organizacional que devem ser cometidas a um agente público (art. 3º). Embora seja uma lei que se aplique apenas à União, trata-se de disposições repetidas pelas leis estatutárias dos mais diversos entes federativos. Então, nessa linha, podem ser responsabilizados os agentes públicos *regidos pelo regime estatutário*, o que inclui os agentes públicos dos entes federativos e de suas autarquias e fundações públicas, legalmente investidos em cargos públicos, que podem ser de *provimento efetivo* e em *comissão*.

Entende-se, aqui, que o conceito de agente público sujeito à responsabilização disciplinar abrange o conceito de agente público, mas não são sinônimos. O conceito de agente público sujeito a um Estatuto Disciplinar é mais amplo. Existem, por exemplo, os cargos de natureza especial, como os agentes políticos, os militares, os membros dos Poderes Judiciário, do Ministério Público, do Tribunal de Contas e da Defensoria Pública, entre outros, como os empregados públicos celetistas.

De toda forma, sem prejuízo de adentrar especificamente em alguma peculiaridade de cada tipo de cargo, o foco principal será a análise da responsabilidade do agente público efetivo. Com isso, vale dizer que a responsabilização disciplinar inclui, ainda, o agente público *em estágio probatório*, embora a reprovação no estágio probatório, quando não satisfeitas as condições deste, não tem natureza de sanção disciplinar. Em tal caso, o agente público deve ser exonerado de ofício e não demitido.

Cabe destacar que, regra geral, o agente público mesmo em *férias, licença* (inclusive médica ou para tratar de interesses particulares) ou por *outros afastamentos* (por exemplo, por exercício de mandato eleitoral), pode ser responsabilizado, já que tais situações não têm o condão de interromper o seu vínculo com a instituição pública na qual mantém seu cargo e sua lotação, muito menos o de suprimir todos os deveres, obrigações e impedimentos previstos no Estatuto Disciplinar, inclusive relacionado a conflitos de interesses. E, como se sabe, é possível o exercício do controle disciplinar mesmo sobre atos cometidos no ambiente da vida privada.

De toda forma, são deveres normais de um agente público ter, inclusive na esfera privada, uma imagem de respeitabilidade. Por exemplo, é possível haver uma responsabilização de agentes públicos que tenham participado, fora das suas funções, de atos considerados atentatórios ao Estado Democrático de Direito, à moralidade administrativa e ao patrimônio público.

Fora do regime disciplinar comum e da disciplina do processo disciplinar comum, também podem ser responsabilizados disciplinarmente os agentes públicos enquadrados como *pessoal temporário*. Trata-se da possibilidade prevista no inciso IX do art. 37 da CRFB/88, de contratação de pessoal por tempo determinado, para atender à necessidade temporária de excepcional interesse público, pelos órgãos e entidades da Administração Pública direta ou indireta. Em âmbito federal, a Lei nº 8.745, de 9 de dezembro de 1993, disciplinou essa modalidade de contratação, mas não estendeu aos agentes públicos temporários a sujeição ao rito do processo disciplinar estabelecido na Lei nº 8.112, de 11 de dezembro de 1990, para os agentes públicos estatutários. O art. 11 da Lei nº 8.745 de 1993, embora disponha que se aplicam ao pessoal contratado temporariamente o regime disciplinar previsto nos artigos da Lei nº 8.112 de 1990, não houve remissão aos artigos que definem o rito processual estabelecido para os agentes públicos estatutários. Nesse sentido, dispõe o art. 10 dessa lei que as infrações disciplinares praticadas por agente público temporário estão sujeitas à apuração por sindicância, que deve ser concluída no prazo de até trinta dias e assegurada a ampla defesa. Ademais, podem ser aplicadas as penas de advertência, de suspensão e de demissão[154].

Dentre os agentes públicos, estão os servidores militares (termo que compreende os membros das Forças Armadas – Exército, Marinha e Aeronáutica – e também os membros das Polícias Mi-

---

154   Cf. art. 38 da IN CGU nº 14, de 2018.

litares e dos Corpos de Bombeiros dos Estados e Distrito Federal), que já foram considerados espécie de agentes públicos, até a Emenda Constitucional (EC) nº 18, de 5 de fevereiro de 1998. Então as forças militares, como categorias especiais de agentes públicos, estão sujeitas ao regime disciplinar e ao processo disciplinar regulamentados pela Lei nº 6.880, de 9 de dezembro de 1980, e pelas leis estaduais correspondentes a cada carreira. Tais leis mencionam ainda que o militar pode incorrer em crime (apurado pela Justiça Militar), contravenção ou transgressão disciplinar.

Entre os agentes públicos, existem os *agentes políticos,* caso do presidente da República, governador e prefeito (e seus respectivos vices), os ministros de Estado, os secretários de Estado, do Distrito Federal ou de municípios, incluindo os cargos que atuem como seus substitutos eventuais durante seus afastamentos ou impedimentos. Nesta classe também se incluem os detentores de cargos eletivos, como os membros do Poder Legislativo (senadores, deputados federais e estaduais e vereadores). Tais agentes políticos não estão sujeitos a um regime disciplinar, não podem ser responsabilizados disciplinarmente e, portanto, não estão sujeitos a processo disciplinar.

Também devem ser mencionados, entre os agentes públicos, aqueles que são *detentores de cargos de provimento vitalício,* como os *membros da magistratura, do Ministério Público e dos Tribunais de Contas,* os quais estão sujeitos a um regime disciplinar especial porque têm a prerrogativa de a desinvestidura somente se dar mediante processo judicial, não sendo demissíveis administrativamente. Na forma da Resolução CNJ nº 135, de 13/07/2011, os magistrados da Justiça Federal, da Justiça do Trabalho, da Justiça Eleitoral, da Justiça Militar, da Justiça dos estados e do Distrito Federal e territórios estão sujeitos a apuração disciplinar, cujos deveres estão previstos na Constituição Federal, na Lei Complementar nº 35 de 1979, no Código de Processo Civil (art. 125), no Código de Processo Penal (art. 251), nas demais leis vigentes e no Código de Ética da Magistratura. Já as regras disciplinares aplicáveis aos membros do Ministério Público encontram-se esparsas na Lei Complementar nº 75, de 1993, na Lei nº 8.625, de 1993, e nas leis orgânicas dos Ministérios Públicos dos estados.

Ainda devem ser mencionados, entre os agentes públicos, os *empregados públicos* da Administração Pública Direta e Indireta, contratados sob regime do Decreto-Lei nº 5.452, de 1º de maio de 1943 (Consolidação das Leis do Trabalho – CLT). Os empregados públicos não se sujeitam ao regime disciplinar comum (por exemplo, previsto na Lei nº 8.112, de 1990) e, portanto, não estão sujeitos a processo disciplinar regulado pelas normas estatutárias. Como não contam com a garantia da estabilidade, podem ser dispensados sem justa causa, por mero ato unilateral da Administração Pública, independentemente de cometimento de alguma infração, embora sejam passíveis de penalidades em decorrência de apuração disciplinar, porém regidas por normas trabalhistas (inclusive previstas em convenções ou acordos coletivos, principalmente se assim tiver se obrigado) que também devem respeitar os princípios do devido processo legal, do contraditório e da ampla defesa, admitindo-se, no que couber, o procedimento disciplinar previsto na Lei nº 8.112/90.

No caso dos altos empregados públicos, como diretores, em empresas estatais, destaca-se que, mesmo com uma subordinação menos intensa, eles ainda não têm autonomia total, pois devem cumprir suas obrigações. Quando um empregado é nomeado diretor e já possui um vínculo trabalhista com a empresa, seu contrato de trabalho é suspenso, mas não extinto, mantendo-se o vínculo empregatício, de modo que continua devendo seguir os regulamentos internos e manter a confiança da empresa. E dessa forma continuam sujeitos ao poder disciplinar da empresa. Se um empregado público, na função de diretor, comete uma infração, ele pode ser exonerado do cargo (sem que isso seja considerado uma sanção administrativa, apenas uma decisão administrativa da empresa), mas também ainda pode ser responsabilizado disciplinarmente.

Para diretores sem vínculo empregatício com o Poder Público, as infrações são encaminhadas a órgãos competentes, como o Ministério Público. Quando diretores também têm vínculos com outros órgãos públicos, eles devem seguir tanto as regras da empresa estatal quanto as do órgão de origem. Em caso de infração, a investigação deve ocorrer na entidade onde a irregularidade foi cometida, e os resultados devem ser enviados ao órgão de origem para possíveis medidas.

Então, se o diretor é um servidor público cedido, as penalidades disciplinares dependem de um processo administrativo prévio, que deve ser conduzido por servidores estáveis, o que pode complicar a responsabilização dentro da estatal. No entanto, as provas coletadas podem ser usadas para decidir sobre a abertura de um processo administrativo no órgão de origem do servidor. A destituição de um cargo em comissão pode afetar o vínculo empregatício, sem necessidade de um novo processo disciplinar na estatal.

Cabe ainda analisar os casos de interrupção e suspensão do Contrato de Trabalho. A interrupção do contrato de trabalho ocorre quando o empregado deixa de prestar serviços, mas continua a receber salários e mantém o vínculo empregatício. Exemplos incluem licença-maternidade e afastamento por doença até 15 dias. A suspensão do contrato de trabalho implica na cessação temporária das obrigações principais do contrato, sem pagamento de salários. Durante a suspensão, o vínculo empregatício é mantido, mas o empregado não presta serviços nem recebe remuneração, como no caso de afastamento por doença superior a 15 dias. Durante a interrupção ou suspensão do contrato, o poder disciplinar do empregador permanece vigente. O empregado pode ser penalizado por faltas cometidas durante esses períodos, desde que as obrigações contratuais não relacionadas à prestação efetiva do serviço continuem em vigor, como o dever de lealdade.

Cabe registrar que a suspensão do contrato de trabalho não impede a realização de procedimentos disciplinares para investigar infrações atribuídas ao empregado, pois algumas obrigações contratuais, como a lealdade, continuam em vigor. Se um empregado está afastado por motivos de saúde, é importante avaliar se ele pode participar do processo disciplinar. Caso o afastamento comprometa sua capacidade de participar, os procedimentos devem ser adiados até sua recuperação. Quando uma infração que justifica justa causa ocorre antes da suspensão do contrato, a rescisão só pode ser efetivada após o término da suspensão, quando do retorno do empregado às atividades laborais. No entanto, advertências podem ser aplicadas imediatamente, mesmo durante a suspensão. Se a infração ocorre durante a suspensão e é compatível com as obrigações remanescentes, a dispensa pode ser realizada.

Existe também a figura dos *particulares em colaboração com o Poder Público*, que, embora sujeitos a processo disciplinar, não estão sujeitos ao regime disciplinar comum. É o caso, por exemplo, do delegatário de cartório extrajudicial, conforme art. 31 e seguintes da Lei nº 8.935/94 (Lei dos Cartórios).

Registra-se que a possibilidade de responsabilização disciplinar perdura do *momento da investidura no cargo até a sua desinvestidura* (exoneração, aposentadoria, demissão etc.), ou seja, somente poderá surgir enquanto houver um vínculo jurídico entre a Administração e o agente público. Assim, se o agente público cometeu um ato ilícito antes de tomar posse, ele não pode ser responsabilizado no âmbito disciplinar, porque não havia relação jurídica estatutária *específica* naquele período pretérito. Caberia ao Poder Público, durante as etapas do concurso público, analisar a situação do candidato e o considerar inapto para o exercício da função pública, em razão da infração cometida no âmbito de outra instituição, se houver previsão no edital. Da mesma forma, o agente público inativo que tenha praticado uma ilicitude quando já se encontrava *aposentado ou posto em disponibilidade* não está sujeito a uma responsabilização administrativa disciplinar.

Isso não quer dizer que não seja possível responsabilizar disciplinarmente o agente público *inativo* ou *ex*-agente público. Isso porque a aposentadoria, a demissão, a exoneração de cargo efetivo ou em comissão e a destituição do cargo em comissão não obstam a instauração de procedimento disciplinar visando à apuração de irregularidade verificada quando do exercício da função ou cargo público. Apenas não será possível aplicar alguma sanção relativa ao vínculo de aposentadoria.

Assim sendo, importante registrar que o exercício do poder disciplinar, que trataremos com maior especificidade e que se instrumentaliza por meio da sindicância ou do processo administrativo disciplinar, aplica-se exclusivamente aos agentes públicos civis investidos em cargos de pessoas jurídicas de direito público federal, estadual ou municipal. De todo modo, sempre que possível, será analisado o exercício do poder disciplinar em relação aos demais tipos de agentes públicos.

3.1.2 Competência para apurar (a quem se responde?)

Como regra geral, compete à autoridade administrativa hierarquicamente superior ao agente público apontado como autor dos fatos, desde que tenha atribuição legal, instaurar sindicância ou processo administrativo disciplinar para apurar os ilícitos funcionais. Havendo mais de um agente público imputado da prática da mesma transgressão ou no caso de faltas funcionais conexas, a competência para instaurar o feito é da autoridade com poder hierárquico sobre todos os agentes públicos investigados.

Em outras palavras, a lei vai indicar a quem compete instaurar o processo administrativo disciplinar. Se não houver, a autoridade competente para deflagração do feito disciplinar deve ser a mesma que tem competência para impor a sanção administrativa. Contudo, a própria legislação, por vezes, dissocia as duas competências. A autoridade instauradora do processo disciplinar, por vezes, pode não dispor de competência legal para aplicar a sanção ao final do processo. Isso não acarreta nulidade do feito e ocorre frequentemente nos casos de aplicação das penas de demissão e cassação de aposentadoria, normalmente reservadas para a mais alta autoridade do órgão, no caso o Chefe do Poder Executivo (presidente, governador ou prefeito), ou, ainda, no caso de delegação aos ministros de Estado ou secretários (estados e municípios) e, em entidades públicas da Administração Pública Indireta, seus Presidentes.

No caso de haver *relotação ou mudança de quadro do servidor,* dentro de um mesmo ente federativo, a competência é da autoridade administrativa do lugar onde ocorreram os fatos, em virtude da facilidade na coleta de provas para apuração, consoante entendimento do Superior Tribunal de Justiça[155].

No caso de *servidores cedidos* para outro ente federativo, não cabe a instauração de processo administrativo disciplinar pelo órgão cessionário em desfavor do agente público cedido, mesmo que o ilícito tenha ocorrido em concurso com agente público da repartição onde ocorreu o fato (órgão cessionário). Após a regular apuração preliminar, por meio de sindicância investigativa ou apuração preliminar, deve a autoridade que apurou a irregularidade funcional remeter cópia de todo o procedimento à pessoa jurídica de direito público interno a que se vincula o agente público cedido, para medidas pertinentes. A relação jurídica material de sujeição disciplinar, para imposição de sanção, forma-se entre o agente público e o órgão ou entidade do ente federativo no qual ele está investido no cargo público.

Diversa, contudo, é a situação de agente público cedido para órgão da administração direta ou indireta (autarquias e fundações) do mesmo ente federativo. Nesse caso, dependendo do cargo ocupado pelo agente público e da autoridade instauradora, é cabível a deflagração do processo administrativo disciplinar e sua condução e conclusão no órgão cessionário onde ocorreu o fato. Por exemplo, é possível que o Ministro da Educação, com competência delegada pelo Presidente da República em decreto, constitua comissão de processo disciplinar contra agente público de Universidade Pública Federal (com caráter autárquico) e, ao final, julgar e aplicar a pena disciplinar cabível.

De todo modo, é importante registrar que é cada vez mais comum existir órgãos de corregedoria em cada órgão ou entidade (ministério, secretaria, autarquia, fundação etc.), com competência para deflagrar o processo disciplinar, apurar os fatos e aplicar as sanções cabíveis. Nesse caso, caberá ao órgão de corregedoria apurar a infração disciplinar praticadas pelos agentes públicos sob sua competência.

---

155   BRASIL, Superior Tribunal de Justiça, MS nº 13111/DF - 2007/0230465-5. Relator: Ministro Félix Fischer, julgado em 27/2/2008, publicado em 30/4/2008.

3.1.3 Integridade (qual é o bem jurídico a se proteger?)

O comportamento irregular ou ilegal, de desobediência a deveres funcionais ou de proibições estabelecidas em lei, ofende a um bem jurídico relevante para o Estado, que é o *funcionamento normal, regular e ininterrupto das atividades administrativas*. Outro bem jurídico relevante, mas que nem sempre estará ofendido, é o *patrimônio público*.

Portanto o objetivo das normas disciplinares é garantir o funcionamento e a boa gestão da Administração Pública, pois objetivam preservar o regular andamento do serviço público, promovendo a moralidade, a legalidade, a impessoalidade, a eficiência, a economicidade, a probidade, entre outros princípios que regem o funcionalismo estatal, bem como evitar que o Poder Público venha sofrer prejuízos financeiros por práticas ilícitas perpetradas por seus agentes públicos.

Pode-se dizer, portanto, que o bem jurídico protegido pelo Direito Administrativo Disciplinar é a *integridade pública*. Busca-se, com tal disciplina, evitar a perturbação no funcionamento do serviço público, seja em relação à sua continuidade, seja em relação à moralidade, seja em razão de danos ao patrimônio público.

3.1.4 Indícios da existência da infração disciplinar (quais são os requisitos para responder?)

Somente pode haver infração administrativa disciplinar quando a conduta humana se enquadra no tipo descrito em lei (tipicidade), não está amparada em uma causa de justificação legal ou supralegal (antijuridicidade) e que ao autor seja previsível e possível se comportar de modo diverso (culpabilidade). Além disso, para a configuração do ilícito disciplinar e aplicação da respectiva sanção é imprescindível: a) condições objetivas de punibilidade (por exemplo, a instauração de um processo de defesa, com ampla defesa e contraditório); b) ausência de causas extintivas da punibilidade (entre elas, em especial, a prescrição).

Vale dizer, os elementos caracterizadores da falta funcional são: a) fato típico (infração disciplinar); b) antijurídico; c) culpável; e d) punível[156].

Inobstante, cumpre registrar que parte da doutrina administrativista pátria não reconhece a aplicação do princípio da culpabilidade no Direito Administrativo Sancionador[157]. Para essa corrente, a imposição de sanção disciplinar administrativa não depende de dolo ou culpa do infrator, sendo seu pressuposto apenas a *voluntariedade da conduta*. Vale dizer, bastaria a *"possibilidade pelo agente de prévia ciência e eleição em concreto de comportamento diverso do juridicamente censurado"*[158].

O desenvolvimento desses elementos decorre dos estudos desenvolvidos no âmbito do Direito Penal, cuja disciplina tem séculos de evolução. As investigações e pesquisas realizadas no estudo do Direito Penal, com a formatação das suas categorias, não podem ser dispensadas para o estudo da infração administrativa disciplinar, devido à similitude entre elas. Cumpre sublinhar, ademais, que diversos delitos constituem simultaneamente faltas funcionais (exem-

---

156 Esse é o entendimento majoritário na doutrina contemporânea do Direito Administrativo Sancionador. Nessa linha, entre outros, vide: DEZAN, Sandro Lúcio. *Ilícito administrativo disciplinar em espécie*. 2 ed, Curitiba: Juruá, 2020, p. 65; MELLO, Rafael Munhoz de. "Sanção Administrativa e o princípio da culpabilidade", *in: A&C Revista de Direito Administrativo e Constitucional*. ano 3, nº 11, jan./mar. 2003. Belo Horizonte: Fórum, 2003, p. 32; LORENZO DE MEMBIELA. Juan B. *Régimen Disciplinario de los funcionarios de carrera*. 2. Ed. Navarra: Arazandi, 2008, p. 179-180 (*apud* ALENCAR CARVALHO, ob. cit., p. 166); OSÓRIO, Fábio Medina. *Teoria da Improbidade Administrativa*. São Paulo: Revista dos Tribunais, 2007, p. 292; MARTINS, Ricardo Marcondes. "Pressupostos da Responsabilização Disciplinar", *in: Coleção de direito administrativo sancionador, v. 2*. Ana Maria Rodrigues Barata, Danielly Cristina Araújo Gontijo e Flávio Henrique Unes Pereira (Coordenadores). - Rio de Janeiro: CEEJ, 2021, p. 459-469.

157 OLIVEIRA, Régis Fernandes de. *Infrações e Sanções Administrativas*. São Paulo: Revista dos Tribunais, 1985, p. 8; FERREIRA, Daniel. *Sanções Administrativas*. São Paulo: Malheiros, 2001, p. 66; PRATES DA FONSECA, Tito. *Lições de direito administrativo*. Rio de Janeiro: Freitas Bastos, 1943, p. 191.

158 BANDEIRA DE MELLO, Celso Antônio. *Curso de Direito Administrativo*. 32. Ed., São Paulo: Malheiros Editores, 2014, p. 874-880.

plo: os crimes contra a Administração Pública, tais como corrupção, concussão, violação de sigilo funcional etc.). Nessa toada, com as necessárias ressalvas e adaptações, é essencial mergulhar no universo jurídico-penal e utilizar seus conceitos no Direito Sancionador Administrativo. Como destaca Osório[159], tanto no regime penal quanto no administrativo existem *"núcleos estruturantes dos direitos fundamentais dos acusados em geral, na perspectiva de submissão às cláusulas do devido processo legal e do Estado de Direito".*

3.1.4.1 Fato típico

Nem toda violação a tipos jurídicos pode ensejar a responsabilização na esfera administrativa-disciplinar. Toda lei disciplinadora do funcionalismo público de um ente federativo dispõe de um *elenco de hipóteses que podem configurar ilícitos disciplinares*[160]. Não se trata de um elenco tão casuístico como o existente no Direito Penal. É comum a descrição de faltas funcionais baseadas em construções normativas incompletas, utilizando-se "normas abertas", "conceitos jurídicos indeterminados", em suma, termos mais amplos e abstratos, com o intuito de abarcar o maior número possível de casos.

De toda forma, para existir um ilícito disciplinar exige-se, inicialmente, um fato típico. Um fato é típico quando há a subsunção de uma determinada conduta, por ação ou omissão, em uma hipótese geral e abstrata prevista em uma norma jurídica. O "tipo" representa o conjunto de elementos do fato punível descrito na legislação, com o objetivo de limitar e individualizar as condutas humanas relevantes nas diversas esferas de responsabilização. Normalmente as condutas consideradas infrações disciplinares estão nos estatutos e leis orgânicas das categorias funcionais[161].

O problema é que a maioria dos estatutos disciplinares existentes atualmente prevê os chamados tipos abertos, com fórmulas

---

159   OSÓRIO, 2009, p. 131.

160   No âmbito federal, por exemplo, os deveres e proibições ao agente público estão previstos nos arts. 116, 117 e 132 da Lei nº 8.112/90.

161   Na Lei nº 8.112/90, por exemplo, os tipos estão previstos nos arts. 116, 117 e 132.

DIREITO ADMINISTRATIVO DISCIPLINAR CONTEMPORÂNEO

amplas, que têm maior grau de abstração, tais como "procedimento irregular de natureza grave" e "inobservância de dever funcional", o que permitiria o enquadramento de diversas condutas (das mais simples às mais graves) em apenas uma norma. Ademais, os estatutos funcionais apresentam um elenco de deveres e proibições, que, se infringidos, permitirão a aplicação de sanções administrativas, sem, contudo, fixar qualquer elo de ligação a priori com a conduta infracional praticada. Nessa linha, quando os próprios estatutos funcionais apresentam-se sem a suficiente tipificação necessária, elas estariam a permitir à autoridade competente um amplo espaço de discricionariedade.

Fala-se, então, em *atipicidade das faltas disciplinares*[162]. Isso conferiria à autoridade administrativa competente aplicar uma sanção com alguma *margem de discricionariedade*, quando do enquadramento legal de certa conduta, liberdade esta que inexiste no âmbito do Direito Penal, posto que sua disciplina exige que a conduta do sujeito ativo se amolde rigorosamente ao tipo penal e a todas as suas elementares.

Essa diferenciação entre os ilícitos penais e administrativos torna-se bem clara quando comparamos as diversas hipóteses descritas como faltas funcionais nos respectivos estatutos dos agentes públicos e a sua gravidade em abstrato. Há, sem dúvida, uma faixa de *discricionariedade maior* para a autoridade competente apreciar a situação fática e efetuar a punição. Por outro lado, é possível que em certas faltas, principalmente as transgressões funcionais de natureza

---

162 José Armando da Costa divide os diplomas normativos em três grupos: a) de franca atipicidade (Regulamentos Disciplinares das Forças Armadas – Decretos nº 4346/2002, nº 88.545/1983 e nº 76.322/75); b) de relativa tipicidade – a maioria dos estatutos dos entes federativos estaduais e municipais, inspirados no antigo estatuto federal (Lei nº 1.711/1952); c) de quase absoluta tipicidade (atual Estatuto dos Agentes públicos da União – Lei nº 8.112/90). (COSTA, José Armando. *Incidência aparente de infrações disciplinares*. Belo Horizonte: Fórum, 2004, p. 63-65).

RESPONSABILIZAÇÃO DO AGENTE PÚBLICO 109

grave, que podem resultar na pena máxima, haja um rigor maior, seguindo-se uma *tipicidade mais estrita*, própria do Direito Penal[163].

Importante destacar, neste ponto, que não encontra guarida no Estado Democrático de Direito e nas garantias constitucionais fundamentais admitir-se uma punição funcional por mera indicação genérica de violação a dever funcional ou mesmo diante de inexistência de previsão legal da falta para o exercício do poder disciplinar. Também se entende impossível punir agentes públicos por atos ou fatos que não estejam caracterizados, na lei, como faltas funcionais. A denominada característica da *atipicidade* de certas infrações disciplinares não pode tornar inaplicável ao âmbito disciplinar o brocardo do direito penal *nullum crimen sine lege*. No Estado Democrático de Direito, no mínimo, deve-se buscar construir uma interpretação jurídica que reduza essa fraca tipicidade, a qual realmente é verificada em alguns estatutos disciplinares.

Evidentemente, no Direito Administrativo Disciplinar contemporâneo, é necessário afastar possíveis abusos e arbítrios por parte da Administração Pública. É preciso defender, cada vez mais, em respeito aos princípios da juridicidade e da segurança jurídica, a implementação da tipicidade disciplinar fechada, sobretudo nas hipóteses de faltas funcionais mais graves, que possam resultar na demissão ou na cassação de aposentadoria ou disponibilidade do agente público processado.

Aponta-se, por outro lado, que existe enorme dificuldade de catalogar com exatidão, de modo rigoroso e perfeito, todas as possíveis condutas que possam desatender deveres e proibições funcionais.

Por isso, a realidade atual é que os estatutos funcionais de diversos entes federativos não dispõem de dispositivos adequados à nova realidade constitucional. Assim, revela-se necessário, excepcionalmente, admitir-se a flexibilização da tipicidade.

Os agentes públicos que praticam ilícitos funcionais devem ser responsabilizados, sob pena de desmoralização, descrédito e inefi-

---

163 Por exemplo, a Lei Federal n° 8.112/90, em seu art. 132, descreve taxativamente todas as hipóteses que podem resultar na sanção de demissão.

ciência da Administração Pública. Nessa linha, a doutrina contemporânea tem apontado a necessidade de se utilizar o princípio da razoabilidade às avessas, ou seja, é preciso analisar não se a imposição da sanção é razoável quando não há uma adequada tipificação da conduta, mas se seria razoável a não imposição da sanção[164].

O que não se pode admitir, de forma alguma, é que determinados tipos abertos sejam invocados para camuflar perseguições mediante uso discricionário do poder disciplinar.

Nessa toada, deve-se incluir, ainda, no âmbito do Direito Administrativo Disciplinar, o debate sobre a lesividade ao bem jurídico, com sua repercussão sobre a tipicidade, tal qual bem desenvolvida no Direito Penal. O legislador, em tese, não pode ser completamente livre para impor qualquer dever jurídico ao agente público, pois, no Estado Democrático de Direito, não é possível desconsiderar-se o princípio da proporcionalidade e os direitos individuais fundamentais, com sua eficácia irradiante. De modo que o Estado não deve sancionar condutas que não ofendam ou ameacem a um bem jurídico, ou sequer atentem contra princípios tutelados por normas jurídicas – ideia de ofensividade[165].

Para se caracterizar a tipicidade penal, é preciso verificar a chamada *tipicidade material*. Ou seja, como a finalidade do Direito Penal é a proteção a bens jurídicos mais relevantes na sociedade, ele deve intervir de forma mínima, selecionando aquilo que deve ser por ele protegido (princípio da intervenção mínima). Decorrência lógica desse raciocínio é o princípio da insignificância, segundo o qual se excluem do tipo os comportamentos de ínfima lesão ao bem jurídico (bagatelas)[166].

---

164 MARTINS, Ricardo Marcondes. Pressupostos da Responsabilização Disciplinar, *in: Coleção de direito administrativo sancionador, v. 2*. Ana Maria Rodrigues Barata, Danielly Cristina Araújo Gontijo e Flávio Henrique Unes Pereira (Coordenadores). - Rio de Janeiro: CEEJ, 2021, p. 436-437.

165 PIERANGELI, José Henrique; ZAFFARONI, Eugenio Raúl. *Manual de Direito Penal Brasileiro* - Parte Geral. 2. ed. rev. e atual. - São Paulo: Editora Revista dos Tribunais, 1999, p. 461-466.

166 GRECO, Rogério. *Lições de Direito Penal*. Rio de Janeiro: Impetus, 2000, p. 141.

Entende-se que tais princípios são aplicáveis ao Direito Administrativo Disciplinar contemporâneo[167]. Por exemplo, se um agente público utiliza o grampeador do órgão público em documentos pessoais, não pode ser punido por ter se apropriado de um grampo. Ou se fez uso pessoal da máquina fotocopiadora para a reprodução de um documento que será utilizado em assuntos particulares.

Pode-se inclusive dizer que tais princípios poderiam não só permitir, mas exigir que a Administração deixe de instaurar um procedimento disciplinar, mas formular um termo de ajustamento de conduta (TAC) como forma de evitar a abertura de apuratórios disciplinares nos casos de infração de menor potencial ofensivo.

Por outro lado, reputamos incabível a exclusão da tipicidade administrativa com fundamento no princípio da adequação social[168], devido ao princípio da legalidade e a necessidade de proteger o interesse público primário do Estado. Certos costumes sociais, ainda que amplamente difundidos e aceitos na sociedade, podem ser vedados pelo ordenamento jurídico e elencados como falta funcional. Até porque, alguns deles, não são nada republicanos. O que não elide a possibilidade de se analisar, caso a caso, a incidência das causas de excludentes de ilicitude e de culpabilidade, *a posteriori,* no momento do julgamento.

Impõe-se verificar, ainda, se seria aplicável a teoria da tipicidade conglobante, criada pelo professor Zaffaroni, no âmbito administrativo disciplinar. Por essa formulação, a adequação típica da conduta humana ao modelo abstrato previsto em lei faz surgir a mera *tipicidade formal ou legal.* Exemplo: aquele que subtrai coisa alheia móvel, incide no art. 155 do Código Penal. Contudo, para que possamos concluir pela tipicidade penal, além dessa tipicidade formal, devemos preencher a tipicidade conglobante[169]. Esta exige que:

---

167   MARTINS, 2021, p. 449-450.

168   O princípio da adequação social é um princípio jurídico que determina que condutas socialmente aceitas não devem ser consideradas criminosas (exemplo: apostas em jogos de azar não autorizados pelo Estado).

169   ZAFFARONI, Eugenio Raúl e PIERANGELI, José Henrique. *Manual de Direito Penal Brasileiro*: Parte Geral. 2. Ed. São Paulo, Editora Revista dos Tribunais, 1999, p. 457 e §§.

a) a conduta do agente seja antinormativa; b) que haja tipicidade material, ou seja, que ocorra um critério material de seleção do bem a ser protegido.

Segundo a lição do professor argentino, o ordenamento jurídico, tido como perfeito, não pode ao mesmo tempo permitir e proibir uma conduta. Assim, *v.g.*, se um oficial de justiça, ao cumprir uma ordem judicial de penhora, arrecada um quadro, essa conduta não poderia ser considerada sequer típica (furto). A doutrina tradicional sempre entendeu, neste caso, que o agente público estaria amparado por uma excludente da ilicitude (estrito cumprimento do dever legal). Para Zaffaroni[170], entretanto, essa ação sequer é típica penalmente, porque ela não é antinormativa (ou seja, é fomentada pelo sistema jurídico). Daí a denominada tipicidade conglobante, que agrega a "antinormatividade". Tipicidade penal, portanto, é a tipicidade formal (legal) + tipicidade conglobada (antinormatividade).

Esse raciocínio pode ser trazido para a seara administrativa disciplinar. Se o Estado fomentar certa conduta lícita ou a prever normativamente ou legalmente, não pode ao mesmo tempo, posteriormente, considerá-la ilícita, caracterizadora de falta funcional. Por exemplo, se um policial, de posse de um mandado judicial de busca e apreensão residencial, durante o dia, arromba o portão de entrada de uma casa, porque o local estava vazio ou ninguém atendia o chamado, não é possível sequer tipificar o fato como falta funcional, impedindo, assim, até mesmo a deflagração de procedimento administrativo disciplinar apuratório, devido à clara atipicidade da conduta.

Em conclusão, ofensividade ao bem jurídico tutelado pelo ordenamento jurídico, insignificância e tipicidade conglobante, *modus in rebus*, podem ser aplicados no âmbito administrativo disciplinar, em determinadas hipóteses.

Em suma, nas infrações disciplinares, defendemos que o *fato típico administrativo* é elemento essencial. Ele é composto pela *conduta*, dolosa ou culposa, comissiva ou omissiva, de um *resultado* e do

---

170   ZAFFARONI; PIERANGELI. 1999, p. 458-459.

nexo de causalidade entre aquele e este. Em seguida, deve-se verificar a tipicidade, que é a correspondência entre o que foi praticado e o que consta da lei como infração disciplinar. Portanto, pode ser considerado um *ilícito administrativo-disciplinar* toda conduta de um agente público que, no âmbito de *suas atribuições legais ou a pretexto de exercê-las*, ou que ao menos *tenha relação com essas atribuições*, por *ação* (conduta comissiva) ou por *omissão* (conduta omissiva), de forma *culposa* ou *dolosa*, se revele *violadora das normas que regem as suas funções públicas* (incluindo os deveres e proibições), sujeitando o agente público infrator à imposição de sanções disciplinares.

Ademais, a conduta do agente público caracterizadora de infração disciplinar pode ocorrer no desempenho do cargo ou função, ou fora dele, ou seja, no âmbito da vida privada do agente público.

Importa salientar, ainda, que o erro de tipo afasta o dolo ou mesmo a culpa *stricto sensu*, excluindo a tipicidade. Há uma falsa percepção sobre algum elemento da conduta típica, ou seja, *"um erro sobre elementos ou circunstâncias do tipo"*[171]. É o caso, por exemplo, da pessoa que subtrai um bem público imaginando que ele é de sua propriedade. Ora, se um agente público, por engano, leva um objeto de uma repartição pública exatamente igual ao seu para casa, comprovado este erro, é incabível a punição disciplinar. Nada obstante, em certas situações, a falsa percepção sobre o elemento típico pode ter sido causada por negligência, imperícia ou imprudência do agente público.

É preciso destacar que inexiste responsabilidade objetiva do agente público. Não há que se falar em punição do agente público se este não agiu com dolo ou culpa. Trata-se de manifestação do princípio geral da culpabilidade, extraído da garantia constitucional da presunção de inocência (que não é exclusiva do processo penal, com vimos no capítulo anterior), do princípio da proporcionalidade (na vertente da proibição do excesso) e da própria cláusula do Estado Democrático de Direito (art. 1º, *caput*, CRFB/88), no qual se en-

---

171 GOMES, 2001.

contra subjacente a ideia de contenção ao *ius imperium* estatal, de *antítese do poder arbitrário.*

Vale destacar que a infração disciplinar pode consumar-se com a mera conduta exteriorizada, ainda que não haja efetiva produção de danos financeiros, à eficiência ou à imagem (dignidade e decoro) da função pública ou da Administração Pública.

3.1.4.2 Antijuridicidade

Um fato é antijurídico quando há uma relação de contrariedade entre o fato praticado e a norma jurídica, sem que aquele esteja amparado por qualquer outra regra do ordenamento jurídico. Toda ação típica, indiciariamente, é ilícita. Portanto, não havendo nenhuma causa de justificação (também denominada, no Direito Penal, de tipo permissivo ou de excludente de ilicitude) para amparar a conduta do agente, esse comportamento, que já havia se amoldado a uma figura típica, é considerado antijurídico.

As causas legais de exclusão da ilicitude no direito penal brasileiro estão previstas nos arts. 23 a 25, 128, I e 146, § 3°, do Código Penal: *a) estado de necessidade; b) legítima defesa; c) estrito cumprimento de dever legal; d) exercício regular de direito.* É possível acrescentar, ainda, o consentimento do ofendido como causa supralegal, subjacente em nossa ordem jurídica[172].

Os estatutos funcionais dos entes federativos não costumam elencar nem descrever as hipóteses de excludente de ilicitude[173], tal como no Código Penal. Alguns fazem menção expressa às excludentes do Código Penal ou descrevem causas de justificação diversas, meramente administrativas (algumas inclusive para excluir a culpa-

---

172 TOLEDO, Francisco de Assis. *Princípios Básicos de Direito Penal.* 5. Ed., São Paulo, Saraiva, 1994, p. 173; PIERANGELI, José Henrique. *O Consentimento do Ofendido: na Teoria do Delito.* 3. Ed, São Paulo, Editora Revista dos Tribunais, 2001, p. 98. Este autor esclarece que o consentimento do ofendido também pode configurar causa de exclusão da tipicidade, dependendo da hipótese.

173 A Lei n° 8.112/90 prevê, no art. 132, VII, que a *legítima defesa própria ou de terceiros* exclui a ilicitude administrativa.

bilidade do autor). Dessa forma, entende-se que as normas da parte geral do diploma penal, em regra, podem ser utilizadas, por analogia, no âmbito administrativo disciplinar[174].

O *estado de necessidade*, nos termos do art. 24 do Código Penal, é a situação em que o agente público pratica uma conduta ilícita para salvar outra pessoa ou a si mesmo de perigo, que não causou e nem podia de outro modo evitar, sacrificando, assim, um bem jurídico de menor ou igual valor para preservar outro. Porém, não pode alegar estado de necessidade quem tinha o dever legal de enfrentar o perigo. Não cabe alegar estado de necessidade se é próprio do exercício funcional do agente público o dever de proteger a vida de uma pessoa em risco ou a incolumidade pública. Por exemplo, existem determinadas categorias de agentes públicos, como soldados, bombeiros, policiais, médicos e juízes, que não podem invocar a situação de perigo, própria do exercício da profissão, para se desincumbir de seu dever. Um bombeiro não pode se recusar a atuar em um prédio em chamas. Da mesma forma, um policial não pode se negar a salvar uma vítima sequestrada que se encontra em um cativeiro. Um médico não pode deixar de atender um paciente por risco de se contaminar com a doença deste. Assim como um juiz não pode absolver o réu que comprovadamente praticou um crime por medo de represálias futuras.

Então, quando ao agente público, em razão da *posição especial de dever*, incumbe enfrentar uma situação adversa ou perigosa, não pode invocar uma excludente.

A *legítima defesa*, nos termos do art. 25 do Código Penal, é a situação de quem, usando moderadamente dos meios necessários, repele injusta agressão, atual ou iminente, a direito seu ou de outrem. É preciso que haja os seguintes requisitos cumulativos:

---

174   Entre outros, cabe citar: BANDEIRA DE MELLO, Celso Antônio. *Curso de Direito Administrativo*. 32. ed. São Paulo: Malheiros Editores, 2014, p. 901; OLIVEIRA, Régis Fernandes de. *Infrações e Sanções Administrativas*. São Paulo: Revista dos Tribunais, 1985, p-66-67; COSTA, José Armando da. *Teoria e prática do direito disciplinar*. Rio de Janeiro: Forense, 1981, p. 256-259; LESSA, Sebastião José. *Temas práticos de direito administrativo disciplinar*. Brasília: Brasília Jurídica, 2005, p. 32.

(1) agressão injusta; (2) atual ou iminente; (3) direito próprio ou alheio; (4) reação com os meios necessários; e (5) uso moderado dos meios necessários.

Na legítima defesa, é possível vislumbrar um excesso quando houver o uso de meios desnecessários ou o emprego imoderado dos meios necessários para cessar a ilicitude. Por exemplo, se um policial, em uma manifestação pacífica nas ruas, atira com uma arma de fogo contra um manifestante que não oferece o menor risco à integridade física dele ou de outrem, há excesso doloso na conduta (primeira hipótese). Igualmente, se esse policial, após fazer cessar uma agressão física contra alguém e imobilizar o agressor, passa a desferir socos ou chutes contra o mesmo (segunda hipótese).

O Superior Tribunal de Justiça já decidiu que *"os efeitos da absolvição criminal por legítima defesa devem se estender no âmbito administrativo e civil"*, acarretando, por conseguinte, em relação ao autor, *"a anulação do ato que o demitiu do serviço público pelos mesmos fatos"*[175].

Nada obstante, algumas ressalvas aqui devem ser pontuadas. Primeiro, nos termos da clássica Súmula 18 do Supremo Tribunal Federal, a absolvição criminal, mesmo nas hipóteses em que se reconheça uma excludente de ilicitude, não impede a punição do agente público pela chamada *falta residual*, que é aquela desvinculada de uma infração penal[176]. Em segundo, se for caracterizado o *excesso doloso ou culposo* na conduta do agente quando da verificação da incidência das causas de justificação, conforme veremos a seguir, por se tratar de uma ação ilícita e condenável até na esfera penal, conforme as circunstâncias, é possível a punição na esfera administrativa disciplinar.

Nada obstante, quando um agente público atua apoiado em um comando legal ou normativo e no exercício de sua função, ou, ainda,

---

175   Cf. STJ, RESP nº 396756/RS; Rel. Min. Felix Fischer, 5ª Turma, Dj, p. 329, 28 out. 2003.

176   Cf. STF, Súmula nº 18: *"Pela falta residual, não compreendida na absolvição pelo juízo criminal, é admissível a punição administrativa do agente público".*

pratica uma ação amparada pela ordem jurídica, ele pode invocar as excludentes do estrito cumprimento do dever legal e do exercício regular de direito (art. 23, III do Código Penal), as quais se aplicam ao Direito Administrativo Disciplinar, conforme vimos acima.

Segundo o Manual de Processo Administrativo Disciplinar da CGU, para se configurar o estrito cumprimento do dever legal dois requisitos são necessários: *"(i) estrito cumprimento – somente os atos rigorosamente necessários justificam o comportamento permitido; e (ii) de dever legal – é indispensável que o dever decorra da lei, não o caracterizando os deveres de cunho moral, religioso ou social"*[177]. É o caso do policial que prende um criminoso em flagrante delito ou do oficial de justiça que arrecada um bem penhorado[178]. Já o exercício regular de direito tem por objeto conduta não relacionada ao exercício próprio da função pública. Se, *v.g.*, o agente público exerce seu direito de petição, de modo respeitoso, ou ingressa em licença médica, não cabe nenhuma sanção administrativa disciplinar em seu desfavor. Ele apenas está exercendo um direito previsto em lei.

Mesmo no Direito Penal, em ambas as hipóteses, esse exercício do dever ou de direitos deve conter-se *"nos limites objetivos e subjetivos, formais e materiais impostos pelos próprios fins do direito"*[179]. Na legítima defesa, o excesso pode ser detectado quando houver o uso de meios desnecessários ou o emprego imoderado dos meios necessários para cessar a ilicitude.

Questão mais complexa são as hipóteses de excesso culposo. O Código Penal brasileiro prevê a legítima defesa justificante (art. 25), a putativa exculpante (art. 20, § 1º) e os excessos puníveis a título de dolo ou culpa *stricto sensu* (art. 23, parágrafo único). Contudo nossa legislação, diferentemente, por exemplo, do Direito alemão, não contempla o excesso exculpante. O Código Penal da Alemanha,

---

177 MARTINS, 2021, p. 188.

178 Vimos no subitem anterior que Zaffaroni entende que tais hipóteses sequer podem ser consideradas típicas.

179 BITENCOURT, Cezar Roberto. *Código Penal Comentado.* 9. Ed., São Paulo: Saraiva, 2015, p. 172.

no § 33, sob a rubrica "excesso de legítima defesa", assim preconiza: *"Ultrapassando o agente os limites da legítima defesa por perturbação (verwirrung), medo ou susto, não será ele punido".*

Toledo[180] esclarece que, embora não previsto em lei, o excesso exculpante na legítima defesa pode ser reconhecido no Brasil em decorrência do princípio *nullum crimen, nulla poena sine culpa.* O saudoso penalista a esse respeito lecionava que o excesso intensivo:

> *[...] decorre de o agente ter imprimido intensidade superior àquela que seria necessária para o ato de defesa, fazendo-o, porém, em virtude do estado de confusão, susto ou medo, de que estava possuído diante da injusta agressão da vítima. Nessa hipótese, não se pode falar em exclusão da ilicitude, por estar ausente a moderação exigida. Não obstante, não se pode igualmente censurar o agente pelo excesso, por não lhe ser humanamente exigível que, em frações de segundo, domine poderosas reações psíquicas – sabidamente incontornáveis – para, de súbito, agir, diante do perigo, como um ser irreal, sem sangue nas veias e desprovido de emoções. Assim, aceitam a doutrina, a jurisprudência e a legislação alemãs o excesso intensivo de legítima defesa como causa de exclusão da culpabilidade, nas hipóteses mencionadas. (...) Pensamos que o direito brasileiro legislado, não contendo disposições expressas sobre o tema, comporta perfeitamente idêntica orientação.*

A questão dos limites da legítima defesa, como premissa da verificação da ocorrência de seu excesso culposo, sempre foi controvertida na doutrina e jurisprudência pátrias[181]. Embora, com o

---

180   TOLEDO, 2000, p. 330.

181   Conforme didático voto do Min. Moreira Alves: *"Para uns, o excesso culposo somente pode existir se o que se defende usou dos meios necessários, mas o fez imoderadamente, o que implica dizer que a legítima defesa se caracteriza, objetivamente, pela repulsa, com a utilização do meio necessário, a agressão injusta, atual ou iminente, a direito seu ou de outrem, e o seu limite se reduz à moderação do uso do meio necessário à repulsa. Para outros, o excesso culposo pode ocorrer não só quando há imoderação no uso dos meios necessários à defesa, senão também quando se verifica a utilização do meio desnecessário a ela, tese*

advento da Lei nº 11.689/2008, tenha ocorrido a simplificação dos quesitos no Tribunal do Júri, incorporando a tese de legítima defesa putativa no quesito absolutório, o certo é que a nossa legislação não define de forma mais precisa o tema, ensejando insegurança.[182]

De toda forma, nosso Código Penal, em todas as hipóteses de excludente de ilicitude, admite a punição nos casos de excesso doloso ou culposo, putativo ou real (art. 20, § 1º, e 23, parágrafo único, 24, § 2º). Com muito mais razão, a responsabilidade administrativa disciplinar deve ser apurada nestes casos.

3.1.4.3 Culpabilidade

Culpabilidade, no Direito Penal, é o juízo de censurabilidade, reprovabilidade do autor que pratica uma conduta típica e ilícita e que poderia e deveria ter agido de modo diverso do injusto praticado. No Brasil, com a adoção da teoria finalista, para ser responsabilizado o sujeito deve ter capacidade de culpabilidade (*imputabilidade)*, possibilidade de compreender a proibição em suas circunstâncias de vida (*potencial consciência da ilicitude*) e mínima liberdade, diante das circunstâncias, para deliberar entre a prática ou não de uma infração penal (*exigibilidade de conduta diversa*).

A imputabilidade trata de presunções de capacidade de culpabilidade, e pode ser excluída, tradicionalmente, pela *menoridade*

---

pela qual o uso de meio desnecessário não descaracteriza, por si só, a legítima defesa, mas diz respeito à questão de seus limites, podendo caracterizar o excesso culposo. A divergência resulta da fórmula utilizada pelo art. 21 do Código Penal, para conceituar a legítima defesa e para estabelecer a responsabilidade no caso de excesso culposo" (STF, HC 53.850, Pleno, Relator para o acórdão Min. Cunha Peixoto, RTJ, 85:466. No mesmo sentido: RHC 54.368, Pleno, Relator para o acórdão Min. Moreira Alves, RTJ, 87:21). O citado art. 21 corresponde hoje ao art. 25 do Código Penal, com idêntica redação.

182   Acompanho a lição do Professor Assis Toledo, o qual, citando Battaglini, defende que: *"o exercício da legítima defesa - e, portanto, o modo de realizá-la - tem de ser apreciado, para o efeito de apreciação da existência, ou não, de excesso, no seu conjunto (meio de defesa e seu uso), e não em duas etapas - a primeira, a de necessidade do meio; a segunda, a da moderação no seu uso - e etapas em que aquelas é prejudicial desta."* (TOLEDO, 2000, p. 334-335).

absoluta, ou seja, no caso do menor de 18 anos (art. 228 da Constituição Federal e art. 27 do Código Penal); no caso da *embriaguez acidental completa* (art. 28, § 1º, do Código Penal) e no caso daquele que, por *doença mental ou desenvolvimento mental incompleto ou retardado*, não tinha ao tempo da ação ou omissão condições de entender o caráter ilícito de sua conduta ou portar-se de acordo com tal entendimento (art. 26 do Código Penal).

A menoridade não tem relevância na seara administrativa disciplinar, porque, normalmente, a maioridade é requisito para ocupar cargo público estatutário. Em relação à doença mental, verifica-se que a lei penal adotou o critério biopsicológico. Ou seja, para se excluir a responsabilidade do agente, além da a) existência de uma doença mental ou desenvolvimento mental incompleto ou retardado, exige-se, ainda, b) a absoluta incapacidade de, ao tempo da ação ou da omissão, entender o caráter ilícito do fato ou de determinar-se de acordo com esse entendimento.

Então somente será considerado imputável o agente público que entenda o caráter ilícito do fato e possa se determinar de acordo com esse entendimento, o que deve ser devidamente atestado por perícia médica oficial. Questão mais controvertida é o caso da embriaguez provocada pelo álcool, drogas e substâncias de efeito análogo. O art. 28, § 1º, do Código Penal autoriza a exclusão da penalidade quando, no momento da ação ou omissão, o agente se encontrava em estado de embriaguez completa, *proveniente de caso fortuito ou força maior*, de tal forma que estivesse completamente incapaz de entender o caráter ilícito da conduta ou de determinar-se de acordo com esse entendimento. É importante registrar que o acusado não pode ter atingido esse estado de forma *voluntária ou culposa*, pois, se a pessoa se coloca em um estado de não imputabilidade, propositadamente ou sem essa intenção, mas tendo previsto a possibilidade, mesmo que remota, do resultado, ou, ainda, quando podia ou devia prever, impossível excluir sua culpabilidade.

Em relação à *potencial consciência sobre a ilicitude do fato*, há uma exclusão da culpabilidade quando há um erro de uma regra jurídica (erro de proibição[183]), de modo que o autor se equivoca sobre a licitude ou ilicitude de seu comportamento, ou seja, acredita que conduta proibida é permitida, ou vice-versa[184].

Não conhecer a legislação, em princípio, não é razão para se escusar de seu cumprimento. Contudo, se uma pessoa tem plena consciência da conduta que adota, mas erroneamente considera que sua prática é permitida pelo ordenamento jurídico, é possível que se exclua sua responsabilidade. Para tanto, deve ser verificado se este erro era inevitável, devendo considerar-se notadamente as circunstâncias fáticas e a qualificação do autor do ilícito.

Embora seja possível a aplicação dessa excludente da culpabilidade (inevitável desconhecimento da ilicitude) no Direito Administrativo Disciplinar, sua aplicação é excepcional, porque o agente público tem o dever de conhecer as normas que regem suas funções[185]. Se violou uma regra que devia conhecer, em tese, agiu com culpa, descumprindo seu dever de diligência, cabendo a sanção administrativa. Contudo é possível vislumbrar a aplicação dessa excludente em casos de ocorrência da edição de regulamentos obscuros e contraditórios; a prestação de informações equivocadas; a tolerância com certos comportamentos irregulares.

Alguns Estatutos funcionais já preveem o *erro de procedimento*, elencando alguns requisitos para isentar o agente público de sanção disciplinar nestas hipóteses, como, *v.g.*, o art. 210 da Lei Complementar nº 840/2011 do Distrito Federal (dispõe sobre o regime jurídico dos agentes públicos civis do Distrito Federal, das autarquias e das fundações públicas distritais)[186].

---

183 Cf. art. 21 do Código Penal.

184 GOMES, 2001, p. 25 e §§.

185 MELLO, Rafael Munhoz de. Sanção Administrativa e o princípio da culpabilidade, *in: A&C Revista de Direito Administrativo e Constitucional*. ano 3, nº 11, jan./mar. 2003. Belo Horizonte: Fórum, 2003, p. 47-53; MARTINS, Ricardo M., 2021, p. 456.

186 Lei Complementar nº 840/2011 (DF): *"Art. 210. Fica isento de sanção disciplinar o agente público cuja conduta funcional, classificada como erro de procedimento, seja caracterizada, cumulativamente, pela: I – ausência de dolo;*

Basicamente, o erro será inevitável se, nas condições de vida do autor, não era exigível tal conhecimento. Se o erro for inevitável, é afastada a culpabilidade.

Na *exigibilidade de conduta diversa*, é feito juízo de valor sobre o efeito das circunstâncias na conduta do autor. Se a supressão da liberdade é tamanha que não se pode considerar a ação livre, fica afastada a culpabilidade por inexigibilidade de conduta diversa. A legislação arrola duas causas de inexigibilidade de conduta diversa: a *coação moral irresistível* e a *obediência hierárquica*[187]. Na primeira, o agente, submetido a força física ou grave ameaça, não tem o livre discernimento para praticar o delito. Já na obediência hierárquica, o agente comete o delito diante da execução ordenada por detentor de cargo superior, que não pode ser *manifestamente ilegal*. Se for, o agente público não deve cumpri-la e, além disso, deve noticiar o fato a um superior hierárquico do mandante ou diretamente à Corregedoria da instituição ou do órgão público, cabendo a punição, neste caso, de quem proferiu a ordem e de quem a cumpriu. Entende-se que tais causas são aplicáveis na instância administrativa disciplinar, observadas as restrições impostas em virtude da denominada posição especial de sujeição do agente público. Um magistrado, como já dito, não pode justificar a absolvição de réu perigoso que o ameaçou por coação moral irresistível.

A importância em se estudar as características da culpabilidade, formuladas pelo Direito Penal, está no fato de que esses elementos constitutivos do agir culpável, pela doutrina contemporânea, podem e devem ser aplicáveis no âmbito do Direito Administrativo Disciplinar. Pontua-se que tanto o regime penal quanto o regime disciplinar formam um direito punitivo estatal uno, de modo que se aplicam alguns princípios, garantias e normas que regem o processo penal comum à atividade sancionadora disciplinar da Administração Pública, em respeito aos valores de proteção das liberdades

---

II – eventualidade do erro; III – ofensa ínfima aos bens jurídicos tutelados; IV – prejuízo moral irrelevante; V – reparação de eventual prejuízo material antes de se instaurar sindicância ou processo disciplinar".

187 Cr. art. 22 do Código Penal.

individuais e da dignidade da pessoa humana. O princípio da culpabilidade (*nullum crimen sine culpa*) integra esse rol indubitavelmente (art. 5º, XLV, CRFB). O Direito Administrativo Sancionador na quadra atual seria antidemocrático se não incorporasse todo o conteúdo que pode ser extraído desse mandamento axiológico, com inegáveis reflexos diretos na esfera administrativa disciplinar, como, por exemplo, para afastar a responsabilidade objetiva ou, ainda, para temperar a teoria do erro.

Com efeito, o Direito Administrativo, a partir da segunda metade do século passado, sofreu importantes alterações em seus alicerces teóricos, em decorrência da consolidação do Estado Democrático de Direito. Destarte, aparta-se desse giro democrático-constitucional admitir-se uma sanção administrativa sem culpabilidade. Vale dizer, punir determinado agente público, desconsiderando a sua condição pessoal e todas as circunstâncias fáticas ao redor do evento supostamente ilícito, bem como sua capacidade de antever a censurabilidade dos seus atos, é medida dissonante do constitucionalismo contemporâneo.

3.1.4.4 Punibilidade

Sendo a *punibilidade* um poder-dever de a Administração Pública (nesse caso, designando qualquer órgão de qualquer dos Poderes que esteja no exercício da função administrativa) punir um agente público com aplicação de uma pena disciplinar, cabe analisar se e quando, em determinadas situações, pode ocorrer a extinção da punibilidade.

Na esfera disciplinar, é possível apontar pelo menos três fenômenos que podem causar a extinção da punibilidade: a morte do agente público, a retroatividade benigna da lei e o transcurso de determinado prazo temporal que configura a prescrição. Esses três fenômenos estão previstos no Código Penal (art. 107) também como hipóteses de extinção da punibilidade na esfera penal e, se ocorridos antes da aplicação da pena disciplinar, extinguem a punibilidade, por retirarem da Administração Pública a capacidade de punir o infrator.

3.1.5 Sanções disciplinares (consequências jurídicas da responsabilização)

Como forma de diferenciação de outras hipóteses de responsabilização do agente público, é preciso delimitar as consequências jurídicas da responsabilização disciplinar. Tradicionalmente, a legislação prevê como principal consequência a sanção disciplinar.

Apurada a violação, a responsabilização administrativo-disciplinar enseja a aplicação de uma *sanção* (pena), que é uma medida punitiva aplicada a um agente público por uma autoridade administrativa competente para exercer o controle disciplinar em resposta a uma violação das normas estabelecidas para reger as funções exercidas.

Por vigorar o princípio da taxatividade no direito disciplinar, as sanções devem estar estabelecidas em rol taxativo. As legislações dos entes federativos, em regra, preveem as seguintes penas para os agentes públicos civis: advertência, repreensão, suspensão, demissão e cassação de aposentadoria ou de disponibilidade[188]. Na esfera militar, existem ainda as hipóteses de detenção e prisão militar.

A sanção pode variar em uma escala crescente de gravidade, desde sanções conservatórias, como a advertência até sanções extintivas de vínculo, como a demissão, a depender do tipo de ilícito praticado e da cultura de integridade da instituição.

O objetivo da sanção disciplinar é, com caráter repressivo, punir o infrator; e, residualmente, com caráter preventivo, servir de exemplo para os demais agentes públicos, inibir novos desvios de conduta, de modo a promover a conformidade e o comportamento adequado, garantindo a regularidade do serviço público e preservando a imagem da Administração.

Importante destacar que as regras administrativas disciplinares, diferentemente das regras penais, que estabelecem os ilícitos

---

188 No âmbito federal, as sanções estão previstas no art. 127 da Lei nº 8.112/90: I - advertência; II - suspensão; III - demissão; IV - cassação de aposentadoria ou disponibilidade; V - destituição de cargo em comissão; ou VI - destituição de função comissionada.

acompanhados das respectivas penas, não são tão casuísticas. Porém, normalmente, as leis administrativas disciplinares estabelecem a tipicidade dos ilícitos e, também, a variação das penas que podem ser aplicadas, tais como a advertência, a repreensão e a demissão. A autoridade administrativa julgadora, em um processo disciplinar, ao aplicar a pena, tem uma atitude absolutamente idêntica à de um juiz, devendo realizar a dosagem da pena, levando em consideração a intensidade do dolo ou o grau da culpa e ainda as circunstâncias do ilícito, bem como da personalidade do agente.

Cada estatuto funcional prevê suas sanções. Para facilitar a exposição do tema das sanções disciplinares, utilizar-se-á, como base os tipos de penalidades previstos na Lei Federal nº 8.112/90, que tem sido utilizada como referência nacional para diversos outros entes federativos.

3.1.5.1 Advertência e repreensão

A advertência é o tipo de sanção de menor gravidade e de menor repercussão aplicável às infrações consideradas leves. Busca chamar a atenção, oficial e publicamente, do agente público para a correção de seu comportamento relacionado aos valores básicos de funcionamento da Administração, tais como zelo, dedicação, lealdade, hierarquia, discrição, presteza, assiduidade, pontualidade, urbanidade.

A repreensão não é uma penalidade existente em âmbito federal, mas está prevista em diversas legislações dos entes federativos. Trata-se de uma penalidade que normalmente é aplicada em caso de reincidência de uma infração punível com advertência.

3.1.5.2 Suspensão e multa

A suspensão é uma modalidade punitiva que gera o afastamento compulsório do agente faltoso do exercício de suas funções por até 90 (noventa) dias. Evidentemente, não se trata de uma dispensa remunerada das funções. Além do caráter corretivo, o efeito principal da punição está, exatamente, no campo patrimonial e pecuniário, considerando que o agente público deverá ter sua remuneração descontada na proporção dos dias em que ficará impedido de comparecer ao serviço. Ademais, a suspensão também produz efeitos sobre os demais direitos e vantagens associados ao tempo de efetivo exercício do cargo (por exemplo, licença), porque o período de suspensão do agente público faltoso não é computado para qualquer efeito.

Trata-se de uma penalidade que se dirige ou à reincidência das faltas puníveis com advertência ou repreensão (quando prevista na legislação) ou às faltas de maior intensidade, mas que não implicam demissão, de caráter residual, quando não há na lei, de forma expressa e enumerada, a que tipo de irregularidades essa penalidade pode ser aplicada.

Cabe destacar que, em âmbito federal, existe previsão de aplicação da pena de suspensão na hipótese em que o agente público se recusa a se submeter à inspeção médica oficial determinada por autoridade competente. O objetivo é induzir o agente público recalcitrante a comparecer a uma inspeção médica e deixar de continuadamente tentar se valer de atestados particulares para obter sucessivas licenças. Há quem diga que essa pena não teria natureza punitiva, e, por tal razão, a aplicação da pena não necessitaria de um processo administrativo disciplinar ou de sindicância. Argumenta-se que, uma vez atendida a determinação, cessam todos os efeitos da pena de suspensão imposta. Porém, ainda que não haja a obrigatoriedade de abertura de um processo disciplinar e não seja necessário respeitar todas as suas formalidades, requer-se, minimamente, que haja a abertura de um processo administrativo específico, instruído com os documentos pertinentes que demonstrem a conduta omissiva do agente público em não se submeter à perícia médica e no qual lhe seja oportunizado o direito ao contraditório e à ampla defesa antes da decisão final. Se for apresentada uma explicação para a omissão (por exemplo, a inação pode ser decorrência dos efeitos da própria doença), é preciso afastar a ilicitude da conduta. Contudo, caso não sejam acatadas as justificativas apresentadas, será possível a aplicação de suspensão, observando, nessa hipótese, o prazo máximo de 15 (quinze) dias, pela autoridade instauradora (caso a submissão à perícia, avaliação ou inspeção tenha sido determinada em virtude de qualquer procedimento de índole correcional) ou pela autoridade administrativa de pessoal.

A pena de multa pode ser aplicada autonomamente (quando assim previsto na legislação de regência) ou em conversão de pena de suspensão, considerando a possibilidade prevista em algumas legislações de a autoridade julgadora converter a penalidade de suspensão em multa, na base de 50% (cinquenta por cento) por dia de remuneração ou de subsídio, sendo obrigado, nesse caso, o agente público a permanecer em serviço durante o número de horas de trabalho normal, assegurando-se, por esse efeito, a contagem integral dos dias de aplicação como de efetivo exercício. Em tal caso, a multa também será limitada ao máximo de 90 (noventa) dias.

Importante destacar que essa conversão deve ocorrer por decisão discricionária da autoridade administrativa, observando-se apenas a necessidade de perseguir o interesse público, sendo totalmente indiferente a preferência do agente público apenado (embora este possa espontaneamente se manifestar), em função da imprescindibilidade ou não das atividades que está a desempenhar (sendo recomendável buscar junto à chefia imediata de modo a evitar prejuízos ao andamento das atividades da repartição).

No processo administrativo disciplinar, além das citadas diretrizes já ancoradas em outros direitos e garantias que o princípio acarreta, pensamos que, atualmente, uma forma de aplicação mais concreta e específica do mesmo está relacionada a execução da pena administrativa disciplinar, notadamente quando aplicada em seu patamar mais elevado, *v.g.*, igual ou maior que 60 (sessenta) dias de suspensão.

Nesses casos, sabe-se que a punição implica que o agente público permaneça diversos meses sem receber sua remuneração, o que pode acarretar sérias dificuldades para a manutenção básica do seu sustento e de sua família, até mesmo alimentar, rebaixando sua dignidade como cidadão.

Indubitável que o agente público faltoso merece ser punido adequadamente na medida de sua culpabilidade, a fim de se manter a continuidade, a regularidade e a eficiência do serviço público. Não se trata aqui de fomentar a impunidade ou a condescendência para o funcionalismo. Contudo, atentando-se ao dever estatal de primar pela razoabilidade e de se conferir máxima eficácia ao princípio da dignidade da pessoa humana – embora este não seja absoluto, essas punições suspensivas mais elevadas poderiam ser executadas de forma menos drásticas, por exemplo, mediante desconto parcelado da remuneração bruta do agente público, com a implementação do saldo nos meses subsequentes.

3.1.5.3 Demissão, cassação de aposentadoria e de disponibilidade, e destituição de cargo em comissão e função de confiança

As penalidades de demissão, cassação de aposentadoria ou de disponibilidade e destituição de cargo em comissão e função de confiança são comumente denominadas "penas capitais" (ou "penas expulsivas"), que extinguem o vínculo do agente faltoso com a Administração Pública.

São penalidades que têm as mesmas hipóteses de aplicação, variando apenas o vínculo do agente público com o órgão ou entidade público.

Então, a demissão é a pena expulsiva aplicável ao agente público detentor de cargo efetivo e que ainda se encontre em atividade quando da aplicação da penalidade.

É possível, também, excepcionalmente, caso tenha ocorrido a exoneração do agente público, por exemplo, a pedido ou quando não satisfeitas as condições do estágio probatório, seria possível a conversão da exoneração em demissão ou o registro do fato nos assentamentos funcionais e a aplicação de medidas cautelares e dos efeitos acessórios, destacadamente a vedação temporária de não retorno a cargo e/ou emprego público.

Outra possibilidade é a punição com a demissão de um ex--agente público já punido com pena expulsiva por outras irregularidades cometidas por ele quando ainda estava na ativa, diante do conhecimento de nova ilicitude grave cometida. Em tal caso, tanto se poderia valorar a estrita legalidade e a indisponibilidade do interesse público para justificar essa nova instauração como se poderia valorar a razoabilidade e a eficiência para justificar o arquivamento do feito. Porém, decidindo-se pela instauração e concluindo-se pela responsabilização, a aplicação da pena expulsiva não produzirá efeitos (caso o ex-agente público não tenha obtido reintegração, administrativa ou judicial).

A cassação de aposentadoria é aplicável ao agente público inativo (aposentado, seja por idade, tempo de contribuição, tempo de serviço, ou ainda, por invalidez) que houver praticado, na atividade, falta punível com a demissão. Fica claro que a inatividade do agente público não pode ser causa de extinção da responsabilidade funcional por atos praticados na atividade.

Ressalte-se que o agente público civil só pode sofrer a sanção disciplinar de cassação de aposentadoria ou disponibilidade se houver praticado o ilícito funcional de natureza grave (passível de demissão) *no exercício do cargo*, nos termos do art. 132 da Lei nº 8.112/90. Já os militares federais ou estaduais, mesmo inativos, podem ser punidos na esfera administrativa disciplinar por fatos ocorridos após a passagem para a reserva remunerada, consoante previsão legal estatutária. Discute-se na jurisprudência se os reformados estariam sujeitos, ou não, a essa responsabilização.

Existe uma situação de o agente público, mesmo aposentado, retornar ao serviço público para ocupar um cargo em comissão e, nessa função, praticar uma irregularidade. Nesse caso, ele fica sujeito à aplicação de pena de destituição do cargo em comissão e não à pena de cassação de sua aposentadoria.

Um ponto digno de atenção é que a perda da aposentadoria no regime próprio não impede que o agente público demitido ou que tiver cassação de aposentadoria busque averbar o seu tempo de contribuição previdenciária junto ao Regime Geral de Previdência Social.

A cassação de disponibilidade é aplicada ao agente em disponibilidade, nas hipóteses previstas na lei, por atos cometidos enquanto ainda na ativa.

É preciso ficar claro que a inatividade é uma condição em que o agente mantém as vinculações estatutárias de natureza pecuniária e previdenciária, embora não mantenha mais uma vinculação laboral, pois não é possível exigir trabalho.

A destituição de cargo em comissão é aplicável ao agente público que ocupa apenas o cargo comissionado (portanto não ocupante de cargo efetivo) que cometer alguma irregularidade passível de demissão, mas também de suspensão. Caso o agente público ocupante apenas do cargo em comissão já tiver sido exonerado (seja por motivada determinação da autoridade nomeante, seja a pedido, mas como um ato de mera gestão de pessoas) antes de ser processado ou no curso do processo administrativo disciplinar ou, ainda, após vir a ser responsabilizado administrativamente com a aplicação da pena de destituição de cargo em comissão, a exoneração (não punitiva) pode ser convertida alterando-se o registro nos seus assentamentos funcionais. O objetivo é evitar que o agente público nomeado ou a autoridade nomeante se utilizem da possibilidade da livre exoneração a qualquer tempo como uma forma de tentar uma autopreservação.

Ao agente público que detém cargo efetivo e também ocupa cargo em comissão (ou ainda função de confiança) e que comete falta grave, aplica-se a pena de demissão. Em tese, a relação comissionada (ou de confiança), principalmente quando ocorre em outro órgão público de outro ente federativo, pode ser mantida, a exclusivo critério discricionário da autoridade que nomeou. Mesmo que haja um rompimento do vínculo comissionado, seja desde o recebimento da representação ou denúncia, seja durante o processo disciplinar que pode ser instaurado no órgão em que se deu o fato irregular, seja ainda após o julgamento demissório, por mero ato de gestão de pessoal, não se trata de responsabilização disciplinar. Também não se trata de uma dupla punição.

Ademais, é preciso destacar que a penalidade de destituição de cargo em comissão aplicada ao empregado público cedido a órgão da Administração Pública direta, autárquica e fundacional poderá repercutir no vínculo empregatício, sendo desnecessária a instauração de novo processo disciplinar no âmbito da empresa estatal.

Os ilícitos sujeitos a essas penas expulsivas pressupõem, em regra, a responsabilidade subjetiva dolosa (caso em que o agente público transgressor deve ter agido com intenção ou, ao menos, ter assumido os riscos do resultado).

3.1.5.4. Sanções aplicáveis aos empregados públicos

As penalidades aplicáveis aos empregados públicos, a depender dos critérios de proporcionalidade e razoabilidade, avaliando a gravidade da falta, o histórico do empregado e as circunstâncias do caso, podem variar de uma simples advertência até a demissão por justa causa. As principais penalidades são:

Advertência: Pode ser verbal ou escrita, aplicada para faltas leves.

Suspensão: Temporária, sem remuneração, aplicada para faltas mais graves, conforme art. 474 da Consolidação das Leis do Trabalho (CLT).

Demissão por Justa Causa: Aplicada em casos de faltas graves, conforme previsto no artigo 482 da Consolidação das Leis do Trabalho (CLT), cujas hipóteses de falta grave (alíneas "a" a "l" e parágrafo único), incluindo atos de improbidade, incontinência de conduta, desídia no desempenho das funções, entre outros, embora sejam enumeradas de forma taxativa, como reconhecem doutrina e jurisprudência, embora haja, também, previsão de justa causa em outros poucos dispositivos legais. Trata-se de hipótese que resulta na rescisão do contrato de trabalho sem o pagamento de verbas rescisórias.

É preciso frisar que certas práticas, apesar de "admitidas sob certos fundamentos e em face de determinados objetivos no contexto empregatício, são francamente vedadas enquanto instrumentos punitivos", apontando os seguintes exemplos de penalidades ilícitas: a) Transferência do empregado: é vedada se aplicada em caráter punitivo, conforme a Súmula nº 43 do TST; b) Rebaixamento punitivo do empregado: o retorno a cargo inferior da carreira, anteriormente ocupado (a reversão legítima a cargo efetivo, após ocupação de cargo de confiança, é permitida – art. 468, parágrafo único, da CLT); c) Redução salarial: é vedada se aplicada como forma de punição; e d) Multa: a aplicação da sanção de multa só é admitida no ordenamento jurídico brasileiro em se tratando de atleta profissional.

3.1.5.5 Sanções em face dos magistrados

Dispõe o art. 3º da Resolução nº 135, de 13 de julho de 2011, do Conselho Nacional de Justiça (CNJ), com alterações promovidas pelas Resoluções n. 323/2020 e 563/2024, com base no art. 6º, § 1º, da Lei nº 4.898, de 9 de dezembro de 1965, e na Lei Complementar nº 35, de 1979, que são penas disciplinares aplicáveis aos magistrados da Justiça Federal, da Justiça do Trabalho, da Justiça Eleitoral, da Justiça Militar, da Justiça dos Estados e do Distrito Federal e Territórios: I - advertência; II - censura; III- remoção compulsória; IV - disponibilidade; V - aposentadoria compulsória; VI – demissão.

Pode ser aplicada a advertência quando o magistrado é negligente no cumprimento dos deveres do cargo, ou a censura, no caso de reiteração no comportamento negligente ou nos casos de procedimento incorreto.

A remoção compulsória do magistrado de qualquer grau ocorre, por interesse público, do órgão em que atue para outro.

O magistrado será posto em disponibilidade com vencimentos proporcionais ao tempo de serviço, ou, se não for vitalício, demitido por interesse público, quando a gravidade das faltas não justificar a aplicação de pena de censura ou remoção compulsória.

Frise-se, somente o juiz não-vitalício pode ser alvo da pena de demissão, mas somente em caso de: I – falta que derive da violação às proibições contidas na Constituição Federal e nas leis; II – manifesta negligência no cumprimento dos deveres do cargo; III – procedimento incompatível com a dignidade, a honra e o decoro de suas funções; IV – escassa ou insuficiente capacidade de trabalho; V – proceder funcional incompatível com o bom desempenho das atividades do Poder Judiciário.

O magistrado será aposentado compulsoriamente, por interesse público, quando: I - mostrar-se manifestamente negligente no cumprimento de seus deveres; II - proceder de forma incompatível com a dignidade, a honra e o decoro de suas funções; III - demonstrar escassa ou insuficiente capacidade de trabalho, ou apresentar comportamento funcional incompatível com o bom desempenho das atividades do Poder Judiciário.

3.1.6 Processo (qual procedimento para apuração e imposição de responsabilidade?)

Ao tomar conhecimento de falta praticada pelo agente público, cabe à Administração Pública apurar o fato e a correspondente responsabilidade por meio de sindicância acusatória/punitiva ou de processo administrativo disciplinar, nos quais devem ser assegurados todos os direitos constitucionais, especialmente os direitos ao contraditório e à ampla defesa, com os meios e recursos a ela inerentes (art. 5º, inciso LV, Constituição Federal). O tema será objeto de tratamento específico nos Capítulos 6 e 7.

3.1.7 Prescrição (por quanto tempo se responde?)

O tema da prescrição será objeto de tratamento específico no Capítulo 9.

3.2 RESPONSABILIDADE CIVIL (PATRIMONIAL)

A responsabilidade civil está prevista nos arts. 186[189] e 927[190] da Lei nº 10.406/2002 (Código Civil), que regula os atos da vida civil de qualquer pessoa, agente público ou não. De forma geral, a responsabilidade civil é resultante de uma relação jurídico-privada, criada pela obrigação secundária de ressarcimento pela conduta que tenha causado dano a alguém, o que é apurado – em regra – em processo civil, regido pela Lei nº 13.105/2015 (Código de Processo Civil). O objetivo da responsabilização civil não é punir, mas sim reparar o prejuízo

---

189   Cf. Código Civil, Art. 186. Aquele que, por ação ou omissão voluntária, negligência, ou imprudência, violar direito, ou causar dano a outrem, ainda que exclusivamente moral, comete ao ilícito.

190   Cfr; Código Civil, Art. 927. Aquele que, por ato ilícito (arts. 186 e 187), causar dano a outrem, fica obrigado a repará-lo.

causado, restaurando-se o estado anterior de quem sofreu o dano. Por isso, também chamada de responsabilidade patrimonial.

No âmbito das relações jurídico-administrativas, tem-se tradicionalmente utilizado a expressão responsabilidade "civil" para designar essa hipótese de responsabilidade patrimonial em que se imputa ao agente público uma obrigação de ressarcimento dos prejuízos causados à Administração Pública ou a terceiros em decorrência de ato omissivo ou comissivo, doloso ou culposo, no exercício de suas atribuições.

No entanto, importa salientar que nem toda responsabilização civil terá um escopo patrimonial. Poderá existir caso em que a vítima não busca propriamente um ressarcimento financeiro, mas uma reparação não pecuniária dos danos causados na esfera privada[191].

Então, a utilização da adjetivação "civil" para caracterizar a responsabilidade, no âmbito de relações jurídico-administrativas, além da mera tradição, apenas tem por objetivo distinguir esta da responsabilidade penal e mencionar que tal responsabilidade seria apurada no bojo de um processo civil.

De todo modo, recomenda-se, aqui, a utilização da expressão responsabilidade patrimonial, considerando que, modernamente, entende-se possível que a responsabilização do agente público de ressarcir danos causados ao erário ou a terceiro, que tenham ocorridos por ação ou omissão, de forma culposa ou dolosa, no exercício das suas funções públicas, seja diretamente apurada pela Administração Pública em procedimentos administrativos e totalmente encerrados no âmbito interno, sem que haja qualquer necessidade de ajuizamento de um processo civil.

A Constituição de 1988, em seu art. 37, § 6º, preceitua que "*as pessoas jurídicas de direito público e as de direito privado prestadoras de serviços públicos responderão pelos danos que seus agentes, nessa*

---

191 Cf. MAGALHÃES, Fabiano Pinto de. *A reparação não pecuniária dos danos morais*. Dissertação de Mestrado em Direito Civil. Universidade do Estado do Rio de Janeiro, Rio de Janeiro, 2015.

qualidade, causarem a terceiros, assegurado o direito de regresso contra o responsável nos casos de dolo ou culpa".

Então as pessoas jurídicas de direito público e as pessoas jurídicas de direito privado prestadoras de serviços públicos têm, em regra, nos atos comissivos, responsabilidade *objetiva e primária* pelos danos materiais, estéticos e/ou morais causados pelos seus agentes. A natureza (objetiva ou subjetiva) da responsabilidade civil nos casos de omissão estatal é tema bastante controvertido, inclusive na jurisprudência.

Seja como for, é pacífico que a responsabilidade dos agentes públicos, quando causem prejuízos ao Estado ou a terceiros, é *pessoal e subjetiva*. Porém, ainda que haja comprovação de que, de fato, o dano ocorreu (perda, avaria, quebra, desaparecimento, extravio, furto, roubo etc.), isso não quer dizer que deverá haver responsabilização civil (patrimonial) para o agente público. Este somente pode ser responsabilizado se sua conduta, comissiva ou omissiva, causadora de um dano, foi dolosa ou culposa. Sem essa comprovação, ainda que o agente público possa ter causado um dano, não será possível responsabilizá-lo civilmente a reparar. Ou seja, não é possível sustentar sua responsabilidade patrimonial.

Em regra, se a ação de um agente público acarreta dano a particular, prevê o art. 37, § 6º, da CRFB/88 que a responsabilização de ressarcir a vítima recai objetivamente sobre o Estado, abrangendo a apuração sobre o valor que o particular perdeu, despendeu e/ou deixou de ganhar em decorrência do evento (abrangendo não só o dano emergente mas também o lucro cessante), bastando que a vítima comprove o dano e o nexo de causalidade entre o dano e a ação ou omissão da Administração para que já se justifique o dever estatal de indenizar. Nesse caso, não é necessário buscar a comprovação de culpa do agente público. No máximo, pode a Administração buscar a comprovação da culpa de terceiro, culpa concorrente ou exclusiva da vítima, força maior ou caso fortuito, para excluir ou atenuar sua responsabilidade civil de reparar.

Em paralelo, o art. 37, § 6º, da CRFB/88 também assegura à Administração, apurado o dano causado ao Erário ou a terceiro, o direito de propor ação regressiva contra seu agente público, se houver comprovação da sua atitude culposa ou dolosa[192].

Importante salientar que o Poder Judiciário tem aceitado a denunciação à lide, pela qual o autor ou o réu do processo judicial chama a juízo uma terceira pessoa. Por exemplo, se o particular lesado tiver arguido em sua ação indenizatória não só a responsabilidade objetiva do Estado, mas também a culpa subjetiva do agente, é cabível ao Estado (neste caso, qualquer órgão ou entidade da Administração direta ou indireta), além de contestar a ação, impor a denunciação à lide, para chamar o agente público, em litisconsórcio, a responder à ação.

Destaca-se, neste ponto, a possibilidade de haver o reconhecimento da responsabilidade civil (patrimonial) do agente público não só na via judicial (ação de reparação de dano – ou ação indenizatória – e ação de improbidade)[193], mas também na esfera administrativa. Por tal razão, poderia a responsabilidade patrimonial do agente público perante o Poder Público ou perante terceiros ser enquadrada entre as espécies do gênero responsabilidade administrativa.

Importante esclarecer que a responsabilização patrimonial pode ser apurada pela Administração Pública em qualquer procedimento juridicamente lícito, desde que se respeite o devido processo legal, a ampla defesa e o contraditório, que permita a comprovação de que o agente público, no exercício de seu cargo, agiu com culpa ou dolo. Pode ocorrer por meio (i) da instauração de um processo administrativo destinado apenas a apurar e quantificar o dano, nos

---

192 É o que dispõe, em âmbito federal, o art. 122, § 2º da Lei nº 8.112, de 1990: Art. 122. § 2º Tratando-se de dano causado a terceiros, responderá o agente público perante a Fazenda Pública, em ação regressiva. É o que dispõe, ainda, o Decreto nº 9.830, de 10 de junho de 2019, que regulamenta dispositivos do Decreto-Lei nº 4.657, de 4 de setembro de 1942 (antiga Lei de Introdução ao Código Civil – LICC, atualmente denominada Lei de Introdução às Normas do Direito Brasileiro – LINDB). No art. 14, verifica-se que a ação regressiva somente cabe na hipótese de o agente público ter agido com dolo ou erro grosseiro em suas decisões ou opiniões técnicas, com observância aos princípios constitucionais da proporcionalidade e da razoabilidade.

193 Cf, nesse sentido, o art. 122, § 2º, da Lei Federal nº 8.112/90.

termos da Lei nº 9.784/99; (ii) de sindicância ou processo administrativo disciplinar, embora estes não tenham por principal finalidade a apuração e a quantificação do dano; (iii) da instauração da Tomada de Contas Especial pelo órgão de controle interno.

Pode ainda ocorrer o reconhecimento não litigioso pelo agente público da sua responsabilidade e do valor a ser ressarcido pelo dano causado, permitindo o desconto direto em folha de pagamento ou realizando o pagamento por meio de guia de recolhimento próprio[194].

Caso não haja concordância, evidentemente será necessário que o órgão de Advocacia Pública promova o protesto extrajudicial ou a execução fiscal após inscrição em Dívida Ativa não tributária, desde que precedidos de processo administrativo prévio; ou a propositura de ação judicial específica que determinará a existência da responsabilidade patrimonial e definirá o valor exato para o ressarcimento do dano causado.

Em suma, especificamente em relação à responsabilização patrimonial direta do agente público, é preciso que, comprovadamente, haja um dano, que o agente público tenha agido com dolo ou culpa, que haja um nexo de causalidade entre a ação e o dano, e que não haja qualquer excludente. Por exemplo, na hipótese de um agente público assinar um termo de responsabilidade pelo uso de um computador e tal bem tenha sido subtraído por terceiro desconhecido de dentro da sua sala na repartição em que trabalha, não é possível caracterizar a responsabilidade patrimonial do agente público se este adotou todas as medidas de diligência necessárias (comunicou a ocorrência para a autoridade policial e ao chefe imediato), exceto se ficar comprovado que sua conduta contribuiu para o seu desaparecimento (por exemplo, deixou a porta aberta durante a noite)[195]. Destaca-se, ainda, que, para haver responsabilização patrimonial, é preciso que a imputação seja individualizada.

Ademais, a Constituição de 1988 fala, ainda, na responsabilidade dos agentes públicos por ações perpetradas *nessa qualida-*

---

194   Cf., nesse sentido, o art. 46 da Lei Federal nº 8.112/90.

195   Cf., nesse sentido, TCU, Tomada de Contas nº 450.131/96-3.

de. Ou seja, para fins de responsabilização civil, deve haver uma ligação direta entre o dano e o exercício da função pública, ainda que o agente esteja fora do serviço[196]. Portanto atos da vida privada, sem qualquer relação com a função pública, não acarretam responsabilidade do Estado.

Vale destacar que, em caso de morte do agente público responsável, os seus sucessores devem arcar com a obrigação de reparar o prejuízo causado pelo agente, até o limite da herança[197].

Um ponto digno de atenção no âmbito da responsabilização patrimonial versa sobre o desconto remuneratório.

Em regra, não pode existir *desconto compulsório* no contracheque do agente público para o ressarcimento de prejuízos civis causados por ele ao Estado, no exercício de suas funções públicas. Essa medida não pode ser adotada de forma unilateral pela Administração Pública, nem quando há condenação pelo Tribunal de Contas do Estado ou do Município, em processo de tomada de contas especial. Vale dizer, se não houver anuência do agente público, é obrigatória a propositura de ação judicial de indenização pelo ente federativo (ou execução fiscal, se já houver um título executivo constituído).

Tal medida, contudo, não se confunde com o desconto em folha de pagamento do agente público, de forma compulsória, em caso

---

196   O STF já condenou o Estado porque um policial, em horário de folga, efetuou disparo, com arma de fogo da Corporação, e causou a morte de um inocente (RE 291.035/SP, Rel. Min Celso de Melo, Dj 06/04/2006). Contudo, entendeu não haver responsabilidade estatal quando um policial, também usando arma da corporação, causou dano à amante, por motivos sentimentais (STF – RE 363423/SP, Rel. Min. Carlos Britto, Dje-047, de 14/03/2008). Nesse caso, como a razão foi passional, entendeu que não haveria exercício de função pública ou a prática de ato administrativo.

197   Cf. neste sentido, o inciso XLV do art. 5º da CRFB/88 (nenhuma pena passará da pessoa do condenado, podendo a obrigação de reparar o dano e a decretação do perdimento de bens ser, nos termos da lei, estendidas aos sucessores e contra eles executadas, até o limite do valor do patrimônio transferido) e o § 3º do art. 122 da Lei Federal nº 8.112, de 11 de dezembro de 1990 (a obrigação de reparar o dano estende-se aos sucessores e contra eles será executada, até o limite do valor da herança recebida).

de *inadimplemento de pensão alimentícia* ou em casos de *decisão judicial*, nos termos do Código de Processo Civil, e, ainda, se houver lei específica, em certos casos especiais. Há situações em que a autoexecutoriedade é legítima.

Por exemplo, quando um agente público deseja receber bens patrimoniais do Estado em cautela, para uso em serviço ou, por vezes, fora dele. Aqui parece legítimo ao administrador adotar um termo de uso, o qual prevê o ressarcimento ao erário, em caso de extravio (por culpa do agente recebedor), *após o devido processo administrativo, com ampla defesa e contraditório*.

O Supremo Tribunal Federal, no julgamento do MS nº 24.544, enfrentou essa matéria e decidiu que, independentemente de concordância do agente público, é possível, em certos casos, o ressarcimento do dano por meio de desconto sobre remuneração em favor do Poder Público, observadas a lei e as normas regulamentares do ente federativo[198].

Portanto é possível à Administração Pública proceder a tais descontos compulsórios, sem a necessidade de buscar a tutela jurisdicional. Ressalte-se que *não se trata aqui de sanção administrativa disciplinar*, pois sequer há imputação de uma falta funcional descrita

---

198 "É verdade que o *caput* do art. 45 da Lei nº 8.112, de 1990, preceitua, literalmente, que, salvo por imposição legal ou mandado judicial, MS nº 25.643 – Rel. Min. Ricardo Lewandowski nenhum desconto pode incidir sobre remuneração ou provento, e, no § único, subordina a consignação em folha de pagamento a terceiro à autorização do agente público. Mas, aqui, há expressa previsão legal para o desconto (art. 28, I, da Lei nº 8.443, de 1992), e a consignação não é a favor de terceiro, mas do órgão pagador mesmo, que é União, ou seja, do erário federal. Esta é a razão por que não delira o Decreto nº 3.297, de 17 de dezembro de 1999, que, regulamentando o art. 45 da Lei nº 8.112, de 1990, reputa, no art. 3º, como consignações compulsórias, entre outras, 'reposição e indenização ao erário' (inc. V), 'decisão judicial ou administrativa' (inc. VII) e 'outros descontos compulsórios instituídos por lei' (inc. X). O que se exige é apenas que a dívida seja líquida e que tenha sido apurada em procedimento administrativo regular, com estrita observância dos poderes do contraditório e ampla defesa, inerentes ao justo processo da lei (*due process of law*), segundo, aliás, pode a *contrario sensu* inferir-se do precedente da Corte (cf. AI nº 241.428- AgR, rel. Min. MARCO AURÉLIO, DJ de 18/02/2000). Ambos esses requisitos foram cumpridos na espécie".

no Estatuto. A hipótese é de *reparação civil de danos ao ente público*, com fundamento na lei, por meio da autoexecutoriedade e da presunção de legitimidade do ato administrativo.

Mesmo assim, nestes casos, é obrigatório um procedimento administrativo, com ampla defesa e contraditório. Não é razoável que o ente federativo determine descontos sobre toda a remuneração mensal do agente público, que tem natureza alimentar. A supressão absoluta do salário, notadamente se perdurar por meses seguidos, em tese, pode afetar a subsistência do agente público e de sua família. Cabe ao Estado sempre promover e zelar pelo princípio da dignidade da pessoa humana, considerando sua eficácia irradiante sobre todo o ordenamento jurídico.

3.3 RESPONSABILIDADE POR ATOS DE IMPROBIDADE ADMINISTRATIVA

Há quem diga que a *responsabilidade por atos de improbidade administrativa* se insere no gênero da responsabilidade administrativa, mas há quem sustente que se insere na responsabilidade civil. Entendemos que não se trata de uma hipótese de responsabilização administrativa e muito menos disciplinar, pois os ilícitos não são funcionais e as penas não são aplicadas por uma autoridade administrativa, mas por decisão judicial seguindo um rito de processo civil. Contudo, entendemos que também não seria possível afirmar se tratar de um tipo de responsabilidade exclusivamente civil, pois embora afete a esfera patrimonial, aborda conceitos afetos à Administração Pública, transbordando os limites do Direito Privado, e as penas extrapolam o ressarcimento do dano ao erário, havendo também a aplicação de multa e a perda da função pública.

De qualquer forma, a Constituição da República de 1988, no art. 37, § 4º, dispõe que os atos de improbidade *"importarão a suspensão dos direitos políticos, a perda da função pública, a indisponibilidade dos bens e o ressarcimento ao erário, na forma e gradação previstas em lei, sem prejuízo da ação penal cabível"*.

Para que o agente público seja atingido nesta esfera, deverá ser promovida uma ação judicial (ação civil pública ou congênere), pelo Ministério Público ou demais legitimados. Nesse caso, tal como no processo penal, somente após o trânsito em julgado do feito judicial, que tem natureza civil (no sentido de não penal), é que o agente público poderá perder o cargo público ou sofrer uma execução do patrimônio material, com penhora e alienação de seus bens móveis e imóveis, para fins de pagamento do prejuízo causado ao erário ou em virtude da multa que lhe fora imposta.

É válido destacar que a responsabilidade por ato de improbidade administrativa não pode se confundir com a responsabilidade por ato funcional de natureza ímproba. A Lei nº 8.112, de 11 de dezembro de 1990, por exemplo, prevê em seu art. 132, IV, a possibilidade de demissão por improbidade administrativa, tomando por definição as condutas descritas nos artigos 9º, 10 e 11 da Lei nº 8.429, de 02 de junho de 1992, porém não é possível confundir os dois tipos de responsabilidade.

3.4 RESPONSABILIDADE PENAL (CRIMINAL)

Quando uma conduta de um agente público configura ilícito penal (que tanto pode ocorrer na esfera privada, por seus atos de vida particular, como na pública, por seus atos funcionais ou privados), ele poderá ser responsabilizado criminalmente, com penas do Decreto-Lei nº 2.848, de 7 de dezembro de 1940 (Código Penal) e de leis especiais[199].

Em primeiro lugar, importa salientar que, para fins penais, o conceito de agente público pode ser extraído do art. 327 do Código Penal, que considera funcionário público *"quem, embora transitoriamente ou sem remuneração, exerce cargo, emprego ou função pública"*. Por sua vez, o parágrafo 1º do art. 327 do Código Penal equipara a funcionário público *"quem exerce cargo, emprego ou fun-*

---

199   Os principais crimes funcionais contra a Administração Pública estão tipificados nos arts. 312 a 326, bem como nos arts. 359-A ao 359-H do Código Penal.

ção em entidade paraestatal, e quem trabalha para empresa prestadora de serviço contratada ou conveniada para a execução de atividade típica da Administração Pública".

Diante de uma infração disciplinar também capitulada como crime ou diante do conhecimento de indícios de crime ou contravenção, a autoridade administrativa é obrigada a representar ao Ministério Público, à luz do art. 154, parágrafo único, e do art. 171, ambos da Lei nº 8.112, de 11de dezembro de 1990, para instauração da ação penal cabível. Isso pode ocorrer ao final da sindicância ou do processo administrativo disciplinar, após a devida conclusão, em observância ao devido processo legal e da presunção de inocência. Porém, excepcionalmente, a comissão processante pode entender justificável encaminhar o processo, a qualquer momento, antes do término do rito, à autoridade instauradora, para que esta, se entender cabível, e se o caso assim o exigir (por exemplo, para obtenção de provas judiciais ou para prevenir prescrição penal), faça uma representação penal ao Ministério Público, sem prejuízo do andamento dos trabalhos da comissão.

Diante da representação, o Ministério Público pode arquivá-la ou pode dar seguimento, solicitando ou não a instauração de inquérito policial, e oferecendo ou não denúncia ao juízo competente, solicitando instauração da ação penal. O Ministério Público pode, ainda, caso haja dano ao erário a reparar, solicitar o sequestro de determinado(s) bem(ns) (medida cautelar que antecede a pena de perdimento, diferindo da indisponibilidade, que recai genericamente sobre todo o patrimônio).

A responsabilidade penal (criminal) também pode ser apurada após ajuizamento de ação privada subsidiária da pública, no rito do Decreto-Lei nº 3.689, de 3 de outubro de 1941 (Código de Processo Penal).

Recebida a denúncia pelo juiz e instaurada a ação penal, o processo tramitará pelo rito ordinário[200], com a devida instrução

---

200 O procedimento de responsabilização criminal dos agentes públicos está previsto nos arts. 513 a 518 do Código de Processo Penal, destacando-se

processual. Ao final, o juízo competente deve emitir sua decisão, absolutória ou condenatória. Se condenatória, caberá ao Poder Judiciário definir as respectivas sanções cabíveis, que poderão ser, conforme o caso, privação de liberdade, restrição de direitos ou multa (art. 32, incisos I, II e III, do Código Penal).

A responsabilização penal é concluída com o trânsito em julgado da decisão condenatória judicial (sentença ou acórdão de Tribunal), não havendo qualquer intervenção da Administração Pública.

3.5 RESPONSABILIDADE ADMINISTRATIVA NÃO DISCIPLINAR

Busca-se diferenciar a responsabilização resultante de uma infração disciplinar das demais passíveis de serem imputadas pela Administração Pública, como, por exemplo, a *responsabilização de pessoa jurídica* por ato violador da Lei Federal nº 12.846/2013, a *responsabilização na esfera fiscal*, a *responsabilização por violações de regras de trânsito* ou a *responsabilização ética* por violação de norma jurídica.

Cabe destacar, neste ponto, o enquadramento da *responsabilização pelo Tribunal de Contas*, como órgão auxiliar do Congresso Nacional na realização do controle externo (fiscalização contábil, financeira e orçamentária), *por cometimento de alguma irregularidade ou ilegalidade* como um tipo de responsabilidade administrativa não disciplinar. Essa responsabilidade imposta pela Corte de Contas em nada se confunde com a responsabilização administrativa a ser imposta pelo Poder Executivo. Teoricamente, não se trata de uma responsabilização pelo conceito restrito de Administração Pública. Porém, para fins do presente trabalho e para fins de contextualização, buscar-se-á utilizar esse enquadramento considerando suas características principais.

---

nesse rito especial a possibilidade de resposta por escrito do agente público antes de o juiz decidir quanto ao recebimento da denúncia (arts. 514 e 516).

Outro tipo de responsabilidade administrativa não disciplinar é a decorrente das atribuições do órgão de controle interno[201].

3.6 RESPONSABILIDADE POLÍTICA

Existe um tipo de responsabilidade que é atribuída ao chefe do Poder Executivo (presidente da República, governadores e prefeitos, no Brasil) sobre seus subordinados diretos que pode abranger todos os atos do agente, mesmo que anteriores ao cargo, inclusive por atos relativos à sua vida particular ou praticados por terceiros (caso seja possível presumir um conhecimento ou mesmo um consentimento), em nexos de causalidade extremamente alargados, cuja sanção normalmente é a perda do cargo[202].

---

201 Cf. STF, Recurso em Mandado de Segurança nº 29.912: *"Ementa: Surgem independentes as atribuições da Controladoria-Geral da União, do Tribunal de Contas da União e de comissão condutora de processo administrativo. Os primeiros são órgãos responsáveis, respectivamente, pelo controle interno e externo das contas dos administradores. A cargo da comissão fica a apuração de falta funcional."*

202 MASCARENHAS, Rodrigo de Alencar Tostes. *A responsabilidade constitucional dos agentes políticos*, Belo Horizonte: Ed. Fórum, 2021, p. 75-80.

4 INDEPENDÊNCIA RELATIVA DE INSTÂNCIAS

Uma mesma conduta ilícita praticada por agente público no exercício de suas funções (ou não) pode ensejar, além da *sanção administrativo-disciplinar*, também a imposição de *sanções penais, sanções civis (patrimoniais)*, quando causadora de prejuízo ao erário ou a terceiro, *sanções por improbidade administrativa* e até *sanções administrativas não disciplinares.*

Uma determinada conduta praticada por um agente público pode ter repercussões civil e/ou penal e não necessariamente se caracterizar como uma infração disciplinar. É possível também que uma conduta se caracteriza como infração disciplinar, mas não tenha qualquer repercussão nas esferas cível (patrimonial) e penal.

Isso ocorre porque é possível tramitar – de forma paralela – um processo criminal, um processo de responsabilização patrimonial proposto pela vítima contra o Poder Público, um processo de responsabilização patrimonial proposto pelo Estado contra o agente público, um processo de responsabilização da pessoa jurídica em que se apure um ilícito que tenha a participação do agente público, um processo disciplinar e até um processo de tomada de contas. Mesmo que não tenham exatamente o mesmo objeto, podem ter conexão e ter decisões conflitantes.

É, portanto, extremamente necessário que haja *comunicação entre essas diversas instâncias.* Por exemplo, é possível que haja, no processo administrativo disciplinar, a quantificação de um dano aos cofres públicos, realizada *a priori* pela própria comissão. É possível, então, que os órgãos de controle interno (Controladoria) e externo (Tribunal de Contas) sejam informados pelo órgão de controle disciplinar. É possível também que o órgão de advocacia pública seja informado para fins de proceder a ajuizamento de processo para ressarcimento do prejuízo. Em caso de apuração de improbidade por enriquecimento ilícito ou por dano ao erário em procedimento disciplinar, é preciso comunicar ao órgão de advocacia pública, para pedir liminarmente a indisponibilidade de bens, com o objetivo de impedir o desaparecimento do patrimônio do agente público. Havendo indícios de configuração de crime, é preciso que a autoridade julgadora do procedimento disciplinar (e não a comissão processante) remeta ao Ministério Público cópia integral da sindicância disciplinar ou processo administrativo disciplinar, para instauração da ação penal. Se houver indícios de uma infração fiscal, será necessário representar ao órgão fiscal responsável. E, cada vez mais, essas diversas instâncias trabalham em cooperação desde o início das apurações, atuando em conjunto e de forma simultânea na produção de provas e não mais em sequência, sem que isso caracterize qualquer ilegalidade.

Importante, seja na hipótese da antecipação de repasse de informações ao Ministério Público no curso do processo administrativo, seja no âmbito da cooperação nas apurações, que haja cautela dos integrantes da comissão, para evitar o risco de caracterização de *pré-julgamento*.

Há uma necessidade de se ter cuidado, evidentemente, com o sigilo das informações. Algumas informações demandam autorização judicial para permitir o compartilhamento. É o caso de informações protegidas pelo sigilo fiscal e pelo bancário.

O que deve ficar claro é que é possível haver a *produção de provas de forma independente em diversos procedimentos e o compartilhamento de provas envolvendo os mesmos fatos*. Porém o objetivo aqui não é analisar a possibilidade de *compartilhamento de provas* entre os procedimentos criminais e administrativos, mas compreender, inicialmente, a possibilidade de ter que se aguardar a conclusão de um procedimento para dar seguimento a outros, a possibilidade de sanções cumulativas nas diferentes esferas, e também os reflexos da decisão de um processo em outra esfera.

Normalmente, as normas que regem cada regime administrativo-disciplinar dos agentes públicos seguem a regra geral da *"independência das instâncias"*, no sentido de que as respectivas apurações

INDEPENDÊNCIA RELATIVA DE INSTÂNCIAS

são realizadas de forma independente, na via correspondente e pela autoridade competente para cada caso, sem que, em princípio, uma tenha de aguardar a conclusão da outra e podendo *as sanções civis, penais e administrativas cumularem-se*[203], sendo independentes entre si. Justifica-se essa possibilidade em razão de os bens jurídicos tutelados em cada esfera serem distintos. Com isso não há que se falar em *bis in idem*, ou seja, dupla ou múltipla sanção em razão do mesmo fato.

Por exemplo, um agente público dirigindo uma viatura oficial embriagado que, avançando o sinal de trânsito, atropela e mata um cidadão. Ele poderá ser preso, como sanção penal; perder o cargo, como sanção administrativo-disciplinar; perder a carteira de motorista, como sanção administrativa de trânsito e, ainda, ser condenado em âmbito civil a pagar danos à família do cidadão, como sanção civil. Contudo, a independência de instâncias pode ser excepcionada em determinados casos[204]. Cabe analisá-los.

4.1 RESPONSABILIDADE DISCIPLINAR E RESPONSABILIDADE CIVIL (PATRIMONIAL)

A apuração administrativa da *responsabilização patrimonial do agente público*, quando da ocorrência de um *dano*, pode acontecer, como dito, de forma indireta, em sindicância ou processo administrativo disciplinar. Porém, não pode ser o escopo principal da apuração da Comissão. No máximo, o que pode ocorrer em um processo disciplinar é apontar a existência de um prejuízo, embora sua função precípua seja apurar o enquadramento da conduta humana na esfera disciplinar.

---

203 Cf, nestes termos, o art. 125 da Lei Federal n° 8.112/90: *"As sanções civis, penais e administrativas poderão cumular-se, sendo independentes entre si".*

204 Cabe apenas destacar que não é considerada uma exceção à independência de instâncias a situação em que o condenado no procedimento disciplinar obtém provimento judicial declarando nula a pena que lhe foi imposta.

É possível, e inclusive mais adequado, que a apuração do resultado contábil da conduta humana praticada seja realizada em outro tipo de processo (uma tomada de contas, um outro processo administrativo ou até mesmo um processo judicial).

Mesmo que no procedimento disciplinar se chegue à conclusão de que o agente público condenado seria responsável também por um dano ao erário, o processo disciplinar não pode ter por escopo principal, muito menos por efeito, obrigar que o agente público promova o ressarcimento dos danos causados à Administração ou a terceiros.

Caso, durante a sindicância ou o processo administrativo disciplinar, ocorra em paralelo à apuração administrativa da culpa subjetiva a quantificação ou ao menos a indicação do dano, ao final, é possível que se proceda à comunicação do fato à unidade competente para que sejam adotadas as providências necessárias para se buscar o ressarcimento do dano. Aproveitando-se da apuração na esfera disciplinar, é possível que a autoridade administrativa inicie internamente a cobrança do valor do dano. O agente público, caso concorde, pode aceitar a celebração de um acordo amigável. Porém, caso não haja concordância, será necessário encaminhar o caso para o órgão de Advocacia Pública inscrever o valor em Dívida Ativa e ajuizar um processo de execução.

Importante destacar que a apuração de que um agente público, por ato comissivo ou omissivo, no exercício culposo ou doloso de seu cargo, acarretou um dano à Administração ou a terceiro, pode ocorrer em *processo civil judicial* mesmo antes de ocorrer qualquer apuração administrativa, seja na esfera patrimonial, seja na esfera disciplinar, considerando o princípio da independência das instâncias.

É possível, inclusive, que ocorra uma apuração da responsabilidade disciplinar e da patrimonial, na esfera judicial e também na administrativa, tudo simultaneamente. Nada impede que ocorra o ajuizamento de uma ação pelo órgão de Advocacia Pública antes de ser instaurado o procedimento de apuração administrativa ou antes do procedimento ser concluído.

Por exemplo, em caso de extinção da punibilidade pelo ilícito disciplinar que tenha causado um dano ao erário ou a terceiro, é possível que seja dado prosseguimento ao procedimento administrativo ou à ação judicial que objetive a reparação do dano[205], caso este ainda não esteja prescrito.

Considerando que tais procedimentos podem ocorrer paralelamente, nada impede que o resultado da ação judicial seja diferente daquele obtido na esfera administrativa, seja no procedimento de responsabilização patrimonial, seja no procedimento de responsabilização disciplinar.

Evidentemente, em que pese ser possível respeitar a independência das instâncias, seria recomendável que o órgão de Advocacia Pública busque aproveitar o procedimento administrativo de responsabilização patrimonial ou disciplinar, como peça de instrução, no âmbito judicial, para fins de comprovação da responsabilidade patrimonial do agente público.

---

205 Nesse sentido, Parecer nº 1/2019/CNPAD/CGU/AGU, da Advocacia-Geral da União (AGU), por meio da Câmara Nacional de Procedimentos Disciplinares, da Consultoria-Geral da União: "Em caso de prejuízo ao erário e ocorrida a prescrição administrativa, deve-se instaurar processo próprio, com vistas ao ressarcimento dos cofres públicos, ante a imprescritibilidade das ações de ressarcimento ao erário decorrentes de atos de improbidade ou atos cometidos no âmbito das relações jurídicas de caráter administrativo (Repercussão Geral nº 666 no RE 669.069 e nº 897 no RE nº 852.475). 4. Na ocorrência de dano quantificado e atualizado monetariamente, o recolhimento pode ser voluntário, nos termos do art. 46 da Lei nº 8.112/90. 5. Caso não seja quantificado o débito, a apuração do dano pode dar-se por meio de processo administrativo simplificado, nos termos da Lei nº 9.784/99. 6. O valor devido ao erário poderá ser inscrito em dívida ativa, nos casos decorrentes de ilícitos administrativos cometidos por agentes públicos ativos ou inativos, desde que submetido a processo administrativo prévio, consoante precedente do STJ. 7. Exauridas as medidas administrativas, nas hipóteses em que for cabível, será instaurada Tomada de Contas Especial para apuração do fato, identificação do responsável e quantificação do dano, garantindo-se o devido processo legal, para posterior recolhimento do débito. 8. Poderá ainda ser manejada ação judicial específica para cobrança do valor devido ao erário, independentemente do esgotamento das medidas administrativas".

DIREITO ADMINISTRATIVO DISCIPLINAR CONTEMPORÂNEO

É, contudo, possível que o órgão de advocacia pública entenda não ser recomendável ajuizar uma ação de reparação de danos contra um agente público por entender não estarem presentes as provas necessárias ou por observar que não foi garantido ao agente público acusado o pleno exercício da ampla defesa e do contraditório ou em razão da prescrição[206].

---

206 Nesse ponto, vale abordar a questão da prescritibilidade dos danos causados ao erário. O Supremo Tribunal decidiu: *"O que se mostra mais consentâneo com o sistema de direito, inclusive o constitucional, que consagra a prescritibilidade como princípio, é atribuir um sentido estrito aos ilícitos de que trata o § 5º do art. 37 da Constituição Federal, afirmando como tese de repercussão geral a de que a imprescritibilidade a que se refere o mencionado dispositivo diz respeito apenas a ações de ressarcimento de danos decorrentes de ilícitos tipificados como de improbidade administrativa e como ilícitos penais. Repercussão Geral nº 666: Assentou-se, assim, a tese de que 'é prescritível a ação de reparação de danos à Fazenda Pública decorrente de ilícito civil'. (...) O conceito, sob esse aspecto, deve ser buscado pelo método de exclusão: não se consideram ilícitos civis, de um modo geral, os que decorrem de infrações ao direito público, como os de natureza penal, os decorrentes de atos de improbidade e assim por diante. (...). De outra monta, a leitura dos precedentes prolatados por esta Corte que reproduziam o entendimento da imprescritibilidade das ações de ressarcimento ao erário diziam respeito, em sua maioria esmagadora, a atos de improbidade administrativa ou atos cometidos no âmbito de relações jurídicas de caráter administrativo"* (STF, Recurso Extraordinário nº 669.069). *"(...) 3. O texto constitucional é expresso (art. 37, § 5º, CRFB) ao prever que a lei estabelecerá os prazos de prescrição para ilícitos na esfera cível ou penal, aqui entendidas em sentido amplo, que gerem prejuízo ao erário e sejam praticados por qualquer agente. 4. A Constituição, no mesmo dispositivo (art. 37, § 5º, CRFB) decota de tal comando para o Legislador as ações cíveis de ressarcimento ao erário, tornando-as, assim, imprescritíveis. 5. São, portanto, imprescritíveis as ações de ressarcimento ao erário fundadas na prática de ato doloso tipificado na Lei de Improbidade Administrativa."* (STF, Recurso extraordinário nº 852.475) *(..) 2. Analisando detalhadamente o tema da "prescritibilidade de ações de ressarcimento", este Supremo Tribunal Federal concluiu que, somente são imprescritíveis as ações de ressarcimento ao erário fundadas na prática de ato de improbidade administrativa doloso tipificado na Lei de Improbidade Administrativa - Lei 8.429/1992 (Tema 897). Em relação a todos os demais atos ilícitos, inclusive àqueles atentatórios à probidade da administração não dolosos e aos anteriores à edição da Lei 8.429/1992, aplica-se o Tema 666, sendo prescritível a ação de reparação de danos à Fazenda Pública. 3. A excepcionalidade reconhecida pela maioria do Supremo Tribunal Federal no Tema 897, portanto, não se encontra presente no caso em análise, uma vez que, no processo de tomada de contas, o TCU não julga pessoas, não perquirindo a existência de dolo decorrente de ato de improbidade administrativa, mas, especificamente, realiza o julgamento técnico das contas à partir da reunião dos elementos objeto da fiscalização e apurada a ocorrência de irregularidade de que resulte dano ao erário, proferindo o acórdão em que se imputa o débito ao responsável, para fins de se obter o respectivo ressarcimento. 4. A pretensão de ressarcimento ao erário em face de agentes públicos reconhecida em acórdão de Tribunal de Contas prescreve na forma da Lei 6.830/1980"* (Lei de Execução Fiscal). (STF, Recurso Extraordinário nº 636.886) Em suma, fica evidenciado que os danos ao erário causados por condutas dolosas que se caracterizem crimes ou improbidade administrativa são imprescritíveis. São prescritíveis, contudo, os danos ao erário que sejam causados por conduta culposa e os danos imputados por decisão de Tribunal de Contas.

Inclusive, é possível uma autocomposição para fins de reparação patrimonial, ainda na esfera administrativa, de modo a não ser necessário promover uma ação judicial. A possibilidade de ajuizamento ficaria restrita, apenas, no caso de não haver um acordo amigável.

4.2 RESPONSABILIDADE DISCIPLINAR E RESPONSABILIDADE PENAL

Entre os ilícitos penais passíveis de serem cometidos por agentes públicos nesta condição, é possível citar os crimes contra a Administração Pública dos arts. 312 a 326 do CP; os crimes contra a ordem tributária do art. 3º da Lei nº 8.137, de 27 de dezembro de 1990; os crimes de abuso de autoridade, conforme previsão da Lei nº 13.869, de 5 de setembro de 2019 (que revogou a Lei nº 4.898, de 9 de dezembro de 1965); os crimes resultantes de discriminação e de preconceito de diversas naturezas previstos nos arts. 3º a 14 e 20 da Lei nº 7.716, de 5 de janeiro de 1989; os crimes de tortura previstos nos arts. 1º e 2º da Lei nº 9.455, de 7 de abril de 1997; os crimes de licitação previstos na Lei nº 14.133, de 1º de abril de 2021 (que revogou a antiga Lei nº 8.666, de 21 de junho de 1993). Porém existem crimes praticados por agentes públicos que não têm relação com a função pública, mas que podem ter repercussão na esfera disciplinar.

De todo modo, tanto os crimes funcionais quanto os crimes não funcionais podem ensejar uma apuração disciplinar em paralelo a uma apuração criminal. O agente público poderá ser regularmente processado disciplinarmente no âmbito da Administração Pública, por uma comissão disciplinar, julgado e, se for o caso, punido pela autoridade administrativa competente, inclusive com a pena capital, antes mesmo de o tema ser apreciado pelo Poder Judiciário.

Embora vigore o princípio da independência das instâncias, para evitar decisões contraditórias, existem situações em que o resultado do juízo criminal produzirá efeitos no âmbito disciplinar e até na esfera civil (patrimonial). É o caso da *decisão penal abso-*

lutória que negue a existência do fato ou a autoria[207]. São *hipóteses de absolvição criminal que vinculam a esfera administrativa*[208], mas também a esfera civil *(patrimonial)*[209].

Outra possibilidade de a decisão criminal repercutir na esfera disciplinar é no caso de a ação criminal comprovar a existência de *excludente de ilicitude* a favor do agente público (por exemplo, uma atuação ao amparo de estado de necessidade, legítima defesa, exercício regular de direito ou cumprimento de dever legal[210]) ou este comprovar a sua inimputabilidade[211].

Por fim, quando ao agente público, em razão da *posição especial de dever*, incumbe enfrentar uma situação adversa ou perigosa, não pode invocar uma excludente. O próprio Código Penal permite aqui a responsabilização criminal[212].

---

207   Cf. Lei nº 8.112/90 *Art. 126.*

208   Cf. STJ, Mandado de Segurança nº 13.599: "*2. O Processo Administrativo Disciplinar não é dependente da instância penal, não se exigindo, destarte, para a aplicação da sanção administrativa de demissão, a prévia condenação, com trânsito em julgado, do Agente público no juízo criminal, em Ação Penal relativa aos mesmos fatos; porém, quando o Juízo Penal já se pronunciou definitivamente sobre esses fatos, que constituem, ao mesmo tempo, o objeto do processo administrativo disciplinar, exarando sentença condenatória, não há como negar a sua inevitável repercussão no âmbito administrativo sancionador*".

209   Cf, Código Civil, "*Art. 935. A responsabilidade civil é independente da criminal, não se podendo questionar mais sobre a existência do fato, ou sobre quem seja o seu autor, quando estas questões se acharem decididas no juízo criminal*".

210   Trata-se de aplicação por analogia do art. 65 do Código de Processo Penal: "*Faz coisa julgada no cível a sentença penal que reconhecer ter sido o ato praticado em estado de necessidade, em legítima defesa, em estrito cumprimento de dever legal ou no exercício regular de direito*".

211   Trata-se de aplicação por analogia do art. 26 do Código Penal.

212   Código Penal: "*Art. 24 - Considera-se em estado de necessidade quem pratica o fato para salvar de perigo atual, que não provocou por sua vontade, nem podia de outro modo evitar, direito próprio ou alheio, cujo sacrifício, nas circunstâncias, não era razoável exigir-se. § 1º - Não pode alegar estado de necessidade quem tinha o dever legal de enfrentar o perigo*".

Martins[213] aduz que *"soldados, bombeiros, policiais, médicos, ju-* *ízes, não podem invocar a situação de perigo, própria do exercício da* *profissão, para se desincumbir de seu dever".*

Em tal caso, a decisão penal absolutória que reconhecer a ocorrência de causa excludente de ilicitude faz coisa julgada no âmbito administrativo, sendo incabível a manutenção de pena de demissão baseada exclusivamente em fato que se reconheceu, em decisão transitada em julgado, como lícito. Porém, nas hipóteses de erro de proibição, coação irresistível, obediência hierárquica, irresponsabilidade por doença mental ou desenvolvimento mental incompleto ou retardado ou embriaguez completa, proveniente de caso fortuito ou força maior, pode ou não haver repercussão na esfera administrativa disciplinar.

Em resumo, caso o agente público seja punido disciplinarmente com a pena expulsiva (em razão do mesmo fato que o juízo criminal o absolveu por inexistência de fato, negativa de autoria ou por uma excludente de ilicitude), ele poderá, com base na decisão do juízo criminal, requerer no juízo cível a sua reintegração ao cargo.

Também existe a possibilidade de *absolvição criminal por insu-* *ficiência de provas* (art. 386, VI, Código de Processo Penal). Porém, tal situação não impede nem a responsabilização disciplinar, nem a responsabilização civil (patrimonial).

Ademais, a conclusão de que o *fato não caracteriza um crime* não inviabiliza o processo administrativo disciplinar, desde que esse mesmo fato se configure também como um ilícito funcional. Há a *possibilidade de julgamento autônomo e anterior pela Administração* *Pública de infrações correlatas a crimes funcionais e eventuais resí-* *duos administrativos.* Portanto o agente público pode ser absolvido em âmbito penal, mas ser responsabilizado disciplinarmente pela *falta residual* sancionável (outra irregularidade que constitua infra-

---

213 MARTINS, Ricardo Marcondes. "Pressupostos da Responsabilização Disciplinar", *in: Coleção de direito administrativo sancionador, v. 2.* Ana Maria Rodrigues Barata, Danielly Cristina Araújo Gontijo e Flávio Henrique Unes Pereira (Coordenadores). Rio de Janeiro: CEEJ, 2021, p. 453.

ção administrativa) não abarcada pela sentença penal absolutória[214]. Por exemplo, uma hipótese de agressão física, no local de trabalho, a um colega de trabalho ou a um terceiro que esteja na repartição. Tal comportamento configura um ilícito funcional em tese punível com demissão, mas também uma infração penal de lesão corporal nos termos do art. 129 da lei penal. Caso a decisão criminal conclua que o funcionário agiu em legítima defesa, própria ou de terceiro, não será possível a punição disciplinar. Porém, caso ao agente público, mesmo em legítima defesa, tenha-se comportado (desnecessariamente e com excesso) de modo escandaloso no interior da repartição, em tal caso essa falta residual pode motivar a punição daquele agente público, o que não seria alcançado pela decisão criminal absolutória[215].

Cabe destacar que uma *condenação criminal definitiva* de um agente público por um fato também caracterizado falta disciplinar e que também cause prejuízo ao erário ou à vítima não vincula de forma expressa as responsabilizações administrativa e civil. Porém tem-se entendido que quando há a emissão de sentença condenatória, entende-se que há a comprovação dos mesmos fatos na esfera disciplinar e cível, de modo que o juízo cível e a autoridade administrativa não poderiam decidir de forma contrária[216].

Assim sendo, na hipótese de uma absolvição na instância administrativa sucedida de posterior condenação penal definitiva, é possível que haja uma reinstauração do processo disciplinar, desde que dentro do prazo quinquenal previsto para que a Administração anule atos administrativos de que tenha decorrido efeitos favoráveis ao administrado[217]. Caso ainda seja possível a reinstauração, é

---

214 Cf. Súmula nº 18 do STF: *"Pela falta residual não compreendida na absolvição pelo juízo criminal, é admissível a punição administrativa do agente público".* No mesmo sentido, Cf. Superior Tribunal de Justiça. REsp nº 1.012.647/RJ. Relator: Ministro Luiz Fux, julgado em 23/11/2010.

215 COSTA, José Armando da. *Controle Judicial do Ato Disciplinar*, Brasília: Editora Brasília Jurídica, 1. ed., 2002, p. 233 e 234.

216 DI PIETRO, Maria Sylvia Zanella. *Direito Administrativo*, São Paulo: Editora Atlas, 19. ed., 2006, p. 592.

217 Cf. em âmbito federal, art. 54 da Lei nº 9.784, de 29/01/99.

possível até existir uma apenação, desde que também com atenção ao prazo prescricional.

No caso de *transação penal*, prevista no art. 76 da Lei nº 9.099, de 26 de setembro de 1995, para os casos de infração penal de menor potencial ofensivo e no caso de eventual extinção da punibilidade na esfera criminal – *in casu* pela *suspensão condicional do processo*, a apuração disciplinar pode seguir com a aplicação da correspondente penalidade, se for o caso, sem qualquer problema, tendo em vista a independência de instâncias.

Destaca-se que, nos termos do art. 319 do CPP, pode o juiz determinar, como medida cautelar e sem marco final, que o agente público réu do se mantenha *afastado do exercício do cargo*, quando houver possibilidade de o cargo ser usado para a prática criminosa.

O que deve ficar claro é que essas diferentes responsabilidades apresentam características próprias, sofrendo gradações de acordo com as normas de cada esfera, possibilitando a aplicação de diferentes penalidades, que variam de instância para instância. De acordo com as circunstâncias do caso concreto, as sanções administrativas, civis e penais poderão ser aplicadas ao agente público (art. 125), sem que se considere dupla ou tripla punição para o mesmo fato irregular (princípio do *non bis in idem*).

4.3 RESPONSABILIDADE DISCIPLINAR E IMPRO-BIDADE ADMINISTRATIVA

A Lei nº 8.429/92 dispõe, em seu art. 12, que pode ser aplicada ao responsável por ato de *improbidade administrativa* a perda da função pública, desde que expressa na decisão transitada em julgado. Não há necessidade de procedimento disciplinar.

Por outro lado, o estatuto funcional do agente público pode prever uma infração pela prática de "ato de improbidade", como é o caso do art. 132, IV da Lei nº 8.112/90. Dessa forma, é possível a caracterização de um ato de improbidade como falta disciplinar.

Nesse caso, nada impede que a autoridade julgadora acrescente, para melhor delimitação da conduta, alguma definição constante de algum inciso dos arts. 9º, 10 e/ou 11 da Lei nº 8.429/92, para esclarecer a modalidade do "ato de improbidade"[218].

No entanto, é possível que o ato de improbidade não tenha sido ainda positivado como causa de demissão em outros regimes jurídicos disciplinares[219]. Malgrado essa lacuna, mesmo a improbidade administrativa não estando expressamente prevista como transgressão disciplinar no estatuto a que se subordina o agente público, não há óbice em adequá-la a alguma conduta lá estatuída, dada a sua gravidade. Em regra, diante da comprovação do ato que configura improbidade, o fato será adequado às hipóteses de demissão, dada a desídia no cumprimento dos deveres por parte do agente público, diante de comprovada má-fé e deslealdade com a Administração.

Superada a questão da subsunção dos fatos ao regime jurídico disciplinar próprio, passamos à análise da independência relativa entre a esfera da improbidade e a instância administrativa disciplinar. Essa questão tem gerado constantes demandas na esfera judicial no que concerne às sanções/demissões aplicadas por meio de pro-

---

218   É o que já foi corroborado pelas Cortes Superiores, como se extrai do julgamento do RMS 32.817 AGR/DF, pelo Supremo Tribunal Federal: *"(...) 3. A penalidade de demissão decorreu da configuração de improbidade administrativa do auditor fiscal da Receita Federal, que, explicitamente, teve aumento desproporcional do seu patrimônio e da sua renda, no exercício do cargo público, sem comprovação da origem lícita (art. 9º, VII, da Lei nº 8.429/1992, c/c o art. 132, IV, da Lei nº 8.112/1990), comprovado nos autos do processo administrativo, diante de todo o lastro probatório formalizado pela comissão processante. 4. Diante da comprovação da conduta prevista no art. 132, IV, da Lei nº 8.112/1990, outra não poderia ser a penalidade aplicada, sob pena de ofensa ao princípio da legalidade, motivo pelo qual não há falar em pena administrativa desproporcional (...)".* Na mesma linha, o entendimento do Superior Tribunal de Justiça é no sentido de que *"é possível utilizar a Lei de Improbidade Administrativa (Lei nº 8.429/1992) em interpretação sistemática, para definir o tipo previsto no artigo 132, IV, da Lei nº 8.112/1990 e justificar a aplicação da pena de demissão a* agente público" (Jurisprudência em Teses, edição 141 – Processo Administrativo Disciplinar IV, tese 8).

219   É o caso do estado do Rio de Janeiro, cujo regulamento disciplinar data da década de 70 (Decreto-Lei nº 220/75 regulamentado pelo Decreto nº 2.479/79).

cesso administrativo disciplinar, quando existe ação de improbidade em curso para apurar fato correlato.

O entendimento consolidado dos Tribunais é o de que *"vigora a independência entre as instâncias cível, administrativa e penal"*, conforme previsto nos estatutos funcionais. Essa independência encontra-se também positivada na Lei de Improbidade Administrativa, precisamente nos artigos 12 e 21[220]. Com base nessa legislação, consolidou-se na jurisprudência dos Tribunais Superiores o entendimento de que deve prevalecer a independência relativa entre as instâncias, que possibilita à administração aplicar a pena de demissão, independente das sanções aplicadas em sede de ação de improbidade, como se depreende da Súmula 651 do STJ[221].

Assim, a Administração Pública tem autonomia no sentido de aplicar a pena de demissão, por meio do processo administrativo disciplinar, independentemente da existência da ação de improbidade[222]. Como já esposado anteriormente, o ato de improbidade

---

220 Cf. Lei nº 8.429/92: *Art. 12. Independentemente do ressarcimento integral do dano patrimonial, se efetivo, e das sanções penais comuns e de responsabilidade, civis e administrativas previstas na legislação específica, está o responsável pelo ato de improbidade sujeito às seguintes cominações, que podem ser aplicadas isolada ou cumulativamente, de acordo com a gravidade do fato (...). (...) Art. 21. A aplicação das sanções previstas nesta lei independe: (...) § 3º As sentenças civis e penais produzirão efeitos em relação à ação de improbidade quando concluírem pela inexistência da conduta ou pela negativa da autoria. (Incluído pela Lei nº 14.230, de 2021). § 4º A absolvição criminal em ação que discuta os mesmos fatos, confirmada por decisão colegiada, impede o trâmite da ação da qual trata esta Lei, havendo comunicação com todos os fundamentos de absolvição previstos no art. 386 do Decreto-Lei nº 3.689, de 3 de outubro de 1941 (Código de Processo Penal). (Incluído pela Lei nº 14.230, de 2021).*

221 Cf. Superior Tribunal de Justiça, Súmula nº 651: *Compete à autoridade administrativa aplicar a agente público a pena de demissão em razão da prática de improbidade administrativa, independente da prévia condenação, por autoridade judicial, à perda da função pública. STJ. 1ª Seção. Aprovada em 21/10/2021.*

222 Mais uma vez, é imperioso mencionar o entendimento do Superior Tribunal de Justiça, nos seguintes termos: *STJ – Jurisprudência em Teses, edição 1 – Processo Administrativo Disciplinar I, tese 7: A autoridade administrativa pode aplicar a pena de demissão quando em processo administrativo discipli-*

correponderá, na esfera administrativa, à transgressão prevista no regulamento disciplinar a que esteja submetido o agente público[223].

Então um ato de improbidade poderá ser objeto de responsabilização nas esferas administrativo-disciplinar, cível e penal, e o sujeito poderá, pelo mesmo fato, desde que caracterizados os fundamentos legais, se responsabilizar também perante a lei de improbidade administrativa, sendo certo que as sanções por improbidade serão aplicadas mediante a propositura da ação de improbidade, cujos contornos são definidos pela própria Lei n° 8.429/92.

É preciso ficar claro que a apuração levada a efeito no processo administrativo disciplinar não se confunde com a ação de improbidade que apura o ato na esfera judicial. O processo disciplinar poderá ensejar a demissão do agente público na esfera administrativa, independentemente da decretação de perda do cargo público por meio do processo judicial. Por isso, não há vedação legal para que se cumulem repercussões disciplinares (previstas, em âmbito federal, na Lei n° 8.112, de 11/12/90) e judicial (previstas na Lei n° 8.429, de

---

nar é apurada a prática de ato de improbidade por agente público, tendo em vista a independência civil, penal e administrativa.

223 Cf, nesse sentido: *(...) é assente no STJ que, conforme o art. 12 da Lei n° 8.429/1992, "a apuração de falta disciplinar realizada no processo administrativo disciplinar não se confunde com a ação de improbidade administrativa, esta sabidamente processada perante o Poder Judiciário, a quem cabe a imposição das sanções previstas nos incisos do art. 12 da Lei n° 8.429/92", de modo que "há reconhecida independência das instâncias civil, penal e administrativa, que é afastada quando a esfera penal taxativamente afirmar que não houve o fato, e/ou, acaso existente, houver demonstrações inequívocas de que o agente não foi o seu causador. Este fundamento, inclusive, autoriza a conclusão no sentido de que as penalidades aplicadas em sede de processo administrativo disciplinar e no Superior Tribunal de Justiça âmbito da improbidade administrativa, embora possam incidir na restrição de um mesmo direito, são distintas entre si, tendo em vista que se assentam em distintos planos". (STJ; EDcl-MS 21.708; Proc. 2015/0078709-0; DF; Primeira Seção; Rel. Min. Herman Benjamin; Julg. 18/02/2020; DJE 10/03/2020).* No aludido julgado, a Primeira Seção do Superior Tribunal de Justiça reforçou que *"é possível admitir que uma infração disciplinar possa ser reconhecida como ato de improbidade e sujeitar-se ao processo judicial correspondente, assim como reconhecê-la como crime e sujeitá-la à ação penal, sem que, por uma ou outra circunstância, seja inviabilizada a autonomia da investigação administrativa disciplinar".*

02/06/92). É possível que haja uma sanção disciplinar por improbidade aplicada administrativamente e uma sanção por improbidade administrativa aplicada judicialmente[224]. E não há obrigatória repercussão da decisão judicial sobre a instância administrativo-disciplinar[225]. É o efeito da regra da independência das instâncias[226].

Importa destacar a possibilidade de a autoridade administrativa representar ao Ministério Público ou ao órgão de advocacia pública, na forma dos artigos 7º (para pedir a indisponibilidade dos bens) e 16 (para solicitar o sequestro dos bens), em paralelo à tramitação do processo administrativo disciplinar.

Ainda, de acordo com o art. 15 da Lei nº 8.429/92, a autoridade administrativa deve comunicar de imediato ao Ministério Público e ao Tribunal de Contas a existência de processo administrativo disciplinar com apuração de um ato de improbidade[227]. É recomen-

---

224 Cf, STF, RMS 32.817: (...) 5. A demissão não foi aplicada em sede de ação judicial de improbidade administrativa, mas, sim, como demonstrado nos autos, em virtude do *cometimento de ilícito administrativo por agente público, cuja penalidade prevista na lei, a ser aplicada após apuração mediante processo administrativo disciplinar, é a demissão, prescindindo de confirmação do Poder Judiciário para produzir efeitos, por se tratar de exercício do poder disciplinar da Administração Pública.* 6. É assente no Superior Tribunal de Justiça o entendimento de que a infração disciplinar que configura ato de improbidade acarreta demissão independentemente de ação judicial prévia, consequência direta da independência das esferas administrativa, civil e penal. 7. O julgamento da autoridade julgadora, subsidiado pelo lastro probatório constante dos autos do processo administrativo, mostra-se em consonância com os princípios legais e constitucionais, inexistindo qualquer nulidade. 8. Segurança denegada".

225 Cf. STF, Mandado de Segurança nº 22.534: *"2. A ausência de decisão judicial com trânsito em julgado não torna nulo o ato demissório aplicado com base em processo administrativo em que foi assegurada ampla defesa, pois a aplicação da pena disciplinar ou administrativa independe da conclusão dos processos civil e penal, eventualmente instaurados em razão dos mesmos fatos. Interpretação dos artigos 125 da Lei nº 8.112/90 e 20 da Lei nº 8.429/92 em face do artigo 41, § 1º, da Constituição".*

226 Cf. Lei nº 8.429, de 1992 - Art. 12.

227 Cf. STJ, Mandado de Segurança nº 15.021, Decisão: *"Isso porque, ao que me parece, a regra do artigo 15 da Lei nº 8.429/92 está direcionada para que o*

dável, também, que seja encaminhado ao órgão de advocacia pública competente uma cópia do processo disciplinar com decisão que impute ao agente público a prática de ato de improbidade administrativa, a fim de que tal órgão possa exercer suas funções de representação judicial e defesa de direitos e de interesses do ente federativo correspondente, entre as quais se inclui a possibilidade de realizar o ajuizamento de uma ação de ressarcimento ao erário ou de uma ação de improbidade administrativa, com ou sem pedido de reposição de dano[228].

4.4 RESPONSABILIDADE DISCIPLINAR E OUTRAS POSSIBILIDADES DE RESPONSABILIZAÇÃO ADMINISTRATIVA

O Direito Administrativo Disciplinar é uma espécie do gênero Direito Administrativo Sancionatório que disciplina as responsabilizações passíveis de serem imputadas pela Administração Pública, como, por exemplo, a *responsabilização de pessoa jurídica* por ato violador da Lei Federal nº 12.846/2013; a *responsabilização na esfera fiscal*; a *responsabilização por violações de regras de trânsito*; a *responsabilização ética* por violação de norma jurídica; a *responsabilização pelo Tribunal de Contas por cometimento de alguma irregularidade ou ilegalidade*; a *responsabilização por órgão de controle interno*. A responsabilização disciplinar, portanto, é uma espécie de responsabilização administrativa sancionatória.

Ministério Público e o Tribunal de Contas tomem providências inibidoras e responsabilizadoras do eventual ato de improbidade no âmbito de suas competências constitucionais próprias, de modo que seria descabida e imprópria a sua intervenção em sede de processo administrativo disciplinar, já que, nessa seara, inafastável o princípio da independências das instâncias. À falta de ciência desses órgãos pode acarretar a responsabilidade administrativa daqueles que tinham o dever de cientificar aquelas autoridades e não o fizeram, constituindo, para o processo administrativo disciplinar, mera irregularidade, incapaz de nulificá-lo".

228 Cf., nesse sentido, Parecer PGFN/CJU/COJPN nº 2.865/2009.

O que importa destacar é que há total independência entre a responsabilidade disciplinar e os demais tipos de responsabilização administrativo sancionatória. Então um ato infracional disciplinar poderá ser objeto de responsabilização nas esferas administrativo-disciplinar, além de cível e penal, mas o sujeito poderá também, pelo mesmo fato, desde que caracterizados os fundamentos legais, se responsabilizar também perante outras hipóteses de infrações passíveis de sanção em outras esferas administrativas, até mesmo de outros entes federativos.

4.5 RESPONSABILIDADE DISCIPLINAR E RESPON-SABILIDADE POLÍTICA

Para a apuração de uma responsabilidade política de um agente político não se indaga se o agente praticou um ilícito penal, civil ou administrativo, mas sim se, do ponto de vista da política, cometeu um erro censurável ou se deixou de praticar um ato que deveria ter sido praticado. Na maior parte das vezes, sequer há a prática de um ato ilegal[229].

Evidentemente, um mesmo ato pode se caracterizar como um erro político e também comum um ilícito, sendo passível de ser apurado e, eventualmente, punido de forma independente e paralela pelos mecanismos de responsabilização política, mas também pelos meios de responsabilização criminal, de improbidade administrativa e até disciplinar, se for o caso[230].

Porém tem se mostrado corriqueiro o uso de instrumentos de responsabilização jurídica para atingir um fim político, por exemplo, com o objetivo de atingir politicamente um adversário por meio da divulgação da abertura de uma investigação contra o adversário[231].

---

229 MASCARENHAS, 2021, p. 92-93.

230 *Ibid.* 2021, p. 92-93.

231 *Ibid.* 2021, p. 92-93.

5 DEVER ESTATAL DE APURAÇÃO DE IRREGULARIDADES E ILÍCITOS

O dever estatal de apuração, além de ser extraído diretamente dos princípios constitucionais que regem a Administração Pública, bem como do sistema hierarquizado no qual é estruturada a Administração, com destaque para o poder de fiscalizar as atividades exercidas por seus agentes públicos, está previsto em grande parte dos estatutos funcionais, seguindo a linha do que consta no art. 143 da Lei Federal nº 8.112/90, nos seguintes termos: *"A autoridade que tiver ciência de irregularidade no serviço público é obrigada a promover a sua apuração imediata".*

Diante da ciência de uma situação irregular envolvendo agentes públicos no exercício de suas atribuições legais, caberá à Administração promover a adequada e suficiente apuração, com a finalidade de restaurar a integridade, ora turbada com a prática da conduta infracional.

Não há um poder discricionário de apurar uma suposta falta funcional. A Administração, pela autoridade competente, está vinculada a promover a apuração. Trata-se, em verdade, de um poder-dever de apuração[232]. A Administração não pode aceitar e conviver com delitos funcionais[233]. O exercício do poder disciplinar deve ser imediatamente desencadeado quando a Administração tiver a ciência de atos, fatos, condutas, omissões irregulares, suscetíveis de configurar infração disciplinar[234].

---

232 CARVALHO FILHO, 2000, p. 26.

233 LUZ, Egberto Maia. *Direito Administrativo Disciplinar: teoria e prática*. 4. Ed. Bauru: Edipro, 2002, p. 65-66.

234 MEDAUAR, 2007, p. 353.

5.1 RECEBIMENTO DE NOTÍCIAS E REPRESENTAÇÕES DE ILÍCITOS

As notícias de ilícitos que envolvam agentes públicos podem chegar ao conhecimento da Administração Pública de diversas formas. Isso ocorre rotineiramente após inspeções, correições, auditorias ou investigações penais deflagradas no âmbito do próprio serviço público[235], ou, ainda, pela própria sociedade civil, por meio de comunicação de desvios de condutas (pessoalmente ou não) à chefia do agente público transgressor ou aos órgãos de correição, bem como quando matérias jornalísticas são publicadas pela imprensa em geral. Em todos os casos, o poder-dever de apurar é imediato, não admite nenhuma delonga.

Dado o interesse público, a representação – inclusive por escrito – da ocorrência de qualquer ilícito funcional pode ser feita pelo cidadão diretamente, sem a obrigatoriedade da constituição de advogado – o que, entretanto, é sempre recomendável. Os agentes públicos, quando tomam conhecimento de suposta irregularidade cometida por outro agente público, têm o dever de dar ciência, imediatamente, ao superior hierárquico ou à Corregedoria do órgão de eventual ilícito, para adoção das medidas pertinentes[236]. Ele não pode ser punido por isso[237], salvo se agir de má-fé e estiver incorren-

---

235 Nesse sentido, cabe citar as representações oficiadas por diversos órgãos públicos (Ministério Público Federal, Departamento de Polícia Federal, TCU, CGU, comissão de Ética Pública ou demais comissões de ética etc.).

236 Cf. Lei nº 8.112/90: *"Art. 116. São deveres do agente público: (...) VI - levar ao conhecimento da autoridade superior as irregularidades de que tiver ciência em razão do cargo; (...) XII - representar contra ilegalidade, omissão ou abuso de poder. Parágrafo único. A representação de que trata o inciso XII será encaminhada pela via hierárquica e apreciada pela autoridade superior àquela contra a qual é formulada, assegurando-se ao representando ampla defesa".*

237 Cf, neste sentido, nos termos do art. 126-A da Lei Federal nº 8.112/90, com a redação dada pela Lei nº 12.527/2011: *"Art. 126-A. Nenhum agente público poderá ser responsabilizado civil, penal ou administrativamente por dar ciência à autoridade superior ou, quando houver suspeita de envolvimento desta, a outra autoridade competente para apuração de informação concernente à*

do em verdadeira denunciação caluniosa, o que constitui crime (art. 339 do Código Penal)[238].

Para o particular, contudo, sempre é uma faculdade noticiar irregularidades ou abuso de poder dos agentes públicos. Pode ser formulada por escrito (representação formal), por meio telefônico, carta, correio eletrônico etc., inclusive de forma anônima. O cidadão pode optar, ainda, em comparecer pessoalmente e prestar declarações, cabendo destacar que, conforme o caso, para a proteção da integridade física deste e de sua família, seus dados pessoais poderão ser mantidos em sigilo durante a investigação.

O ideal é que qualquer "notícia de fato ilícito" contenha a identificação do noticiante e seu endereço, a fim de auxiliar uma investigação futura. Ao contrário do que a interpretação literal do art. 144 da Lei Federal nº 8.112/90[239] pode transparecer, é possível ao cidadão optar pelo anonimato. Essa circunstância, por si, não elide o dever de apurar da Administração Pública, segundo entendimento pacífico dos tribunais superiores, conforme veremos no subitem seguinte.

Nesse caso, contudo, é essencial que se forneçam elementos concretos variados e detalhados, que viabilizem a coleta de provas ou que sejam nominadas as pessoas que possam fornecê-las, sob pena de arquivamento da investigação preliminar, a qual será deflagrada, para confirmar, ou não, a procedência da informação apócrifa.

---

prática de crimes ou improbidade de que tenha conhecimento, ainda que em decorrência do exercício de cargo, emprego ou função pública".

238 Cf. Código Penal, com redação dada pela Lei nº 14.110, de 2020: *"Art. 339. Dar causa à instauração de inquérito policial, de procedimento investigatório criminal, de processo judicial, de processo administrativo disciplinar, de inquérito civil ou de ação de improbidade administrativa contra alguém, imputando-lhe crime, infração ético-disciplinar ou ato ímprobo de que o sabe inocente:".*

239 Cf. Lei nº 8.112/90: *"Art. 144. As denúncias sobre irregularidades serão objeto de apuração, desde que contenham a identificação e o endereço do denunciante e sejam formuladas por escrito, confirmada a autenticidade. Parágrafo único. Quando o fato narrado não configurar evidente infração disciplinar ou ilícito penal, a denúncia será arquivada, por falta de objeto".*

Não é incomum o recebimento, no serviço público, de notícias de ilícitos completamente teratológicas, ininteligíveis ou sem qualquer nexo lógico, cabendo à autoridade competente o necessário filtro, podendo arquivá-las de plano, após devidamente protocolizadas, por razões de economia processual, economicidade e eficiência administrativa.

5.2 TRATAMENTO DE INFORMAÇÕES ORIUNDAS DE NOTÍCIA ANÔNIMA E "DISQUE-DENÚNCIA"

Matéria que gerou intensa controvérsia no meio jurídico, mas já superada hoje, é a questão da impropriamente denominada "denúncia anônima". O termo é impróprio porque *denúncia*, na técnica processual brasileira, é a peça inaugural da ação penal, quando promovida pelo Ministério Público[240]. Melhor seria empregar a expressão *notícia anônima* ou *delação apócrifa*.

Em diversos entes federativos, essa espécie de comunicação às autoridades públicas de possível ilícito é fomentada pelos próprios órgãos estatais, que além de disporem de diversas Ouvidorias (das Polícias, do Ministério Público, do Governo etc.), subsidiam o conhecido serviço denominado de "disque-denúncia", os quais registram e difundem as referidas delações apócrifas, para análise e possível investigação.

Entretanto, com o advento da Constituição Federal de 1988, a matéria passou a ser discutida. Como o texto constitucional fala em "vedado o anonimato" para a livre manifestação do pensamento, entendeu-se que bem assim deveria ocorrer em relação às chamadas delações apócrifas. Este o teor do art. 5º, inciso IV, da CRFB/88: "*é livre a manifestação do pensamento, sendo vedado o anonimato*".

Confundiu-se a garantia fundamental de pensar, criticar e expor suas ideias (o que verdadeiramente não pode ser exercido de

---

240 TOURINHO FILHO, Fernanda da Costa. *Processo Penal*, vol. 1., 20. Ed. São Paulo: Saraiva, 1998, p. 381.

forma apócrifa, sob pena de se ocultarem ações ilícitas ofensivas à honra e imagem alheias) com o direito republicano, também essencial, da população de participar ativamente das apurações estatais e fiscalizar o poder público, mesmo que para isso não se identifique – até porque, do contrário, não terá como se proteger.

Para aumentar o dilema, algumas leis supostamente vedam as denúncias anônimas. O art. 144 da Lei Federal nº 8.112/90 encontra-se assim redigido: *"As denúncias sobre irregularidades serão objeto de apuração, desde que contenham a identificação e o endereço do denunciante e sejam formuladas por escrito, confirmada a autenticidade".*

Da interpretação literal e não sistêmica desses dispositivos forjou-se o entendimento que conduzia a autoridade competente a não admitir a figura da "denúncia anônima", ante a ausência de qualificação do "denunciante" e a referida vedação constitucional do anonimato. Falava-se, assim, em violação até mesmo do princípio da legalidade.

O entendimento não convenceu. Em primeiro lugar, os princípios constitucionais da legalidade, moralidade e eficiência (art. 37, *caput*) caminham no sentido de que é *poder-dever* da Administração Pública determinar a imediata apuração de quaisquer indícios de ilícitos penais, transgressões administrativas disciplinares ou atos de improbidade noticiados ao Estado. Para o bom funcionamento do Estado, é essencial sempre resguardar e restaurar a ordem legal, moral e a qualidade dos serviços. Ademais, os próprios estatutos funcionais assinalam essa necessidade improrrogável[241].

Porém não se deve confundir o direito individual de expressar o pensamento livremente com o dever do Estado de apurar as mais diversas irregularidades e ilegalidades de que toma conhecimento. Sua atuação, *in casu*, é em benefício da própria coletividade[242].

---

241 Lei nº 8.112/90: "Art. 143.
Decreto-lei nº 220/75 do Estado do Rio de Janeiro: Art. 61.

242 A Controladoria-Geral da União publicou, nesta linha, o Enunciado nº 3, de 4 de maio de 2011, nos seguintes termos: "DELAÇÃO ANÔNIMA. INSTAURAÇÃO. A delação anônima é apta a deflagrar apuração preliminar no âmbito da Administração Pública, devendo ser colhidos outros elementos

Atualmente, tanto a jurisprudência do Superior Tribunal de Justiça (STJ) como a do Supremo Tribunal Federal (STF) estão pacificadas no sentido da aceitação da delação anônima[243].

Nada obstante, conforme alertam os tribunais superiores, qualquer delação apócrifa (caso não se revele manifestamente improcedente, o que recomenda seu arquivamento de plano) deverá ensejar uma *investigação preliminar* com a devida discrição e prudência, reservadamente ou não, a fim de resguardar a honra e a imagem dos noticiados, evitando que tal instrumento seja puro e simples objeto de vindita.

---

que a comprovem" (Enunciado CGU n° 3, publicado no DOU de 5/5/11, seção 1, página 22).

243 Súmula 611-STJ: "Desde que devidamente motivada e com amparo em investigação ou sindicância, é permitida a instauração de processo administrativo disciplinar com base em denúncia anônima, em face do poder-dever de autotutela imposto à Administração".
"A previsão do art. 144 busca dar maior segurança ao agente público, evitando que possa vir a ser denunciado caluniosamente por colega ou terceiro protegido no anonimato. Mas isso também não significa que a denúncia anônima deva ser absolutamente desconsiderada, acarretando, inclusive, nulidade na raiz do processo. É possível que ela venha a ser considerada, devendo a autoridade proceder com maior cautela, de modo a evitar danos ao denunciado eventualmente inocente" (STJ – MS 7069, Relator Ministro FELIX FISCHER, TERCEIRA SEÇÃO, DJU de 12/03/2001, p. 86)".
"Nada impede, contudo, que o Poder Público, provocado por delação anônima ("disque-denúncia", p. ex.), adote medidas informais destinadas a apurar, previamente, em averiguação sumária, "com prudência e discrição", a possível ocorrência de eventual situação de ilicitude penal, desde que o faça com o objetivo de conferir a verossimilhança dos fatos nela denunciados, em ordem a promover, então, em caso positivo, a formal instauração da *persecutio criminis*, mantendo-se, assim, completa desvinculação desse procedimento estatal em relação às peças apócrifas".
(STF – HC 100042 MC/RO, Relator: Ministro CELSO DE MELLO, decisão publicada no DJE de 08/10/2009).

5.3 INFORMAÇÕES DE RELATÓRIOS DE INTELI-GÊNCIA DE ÓRGÃOS DE SEGURANÇA PÚBLICA E DO COAF (RELINT E RIF)

Com a mesma cautela das delações apócrifas devem ser tratados alguns relatórios de inteligência, especialmente aqueles que contêm tais tipos de notícias, elaborados pelos diversos órgãos de Segurança Pública Estaduais e Federal, denominados de "RELINT"[244]. Evidente que tais relatórios, conforme a classificação da fonte, podem conter informações muito mais confiáveis, algumas delas já avaliadas, verificadas e prontas. Nesse caso, haverá maior segurança para o aprofundamento das investigações.

Os documentos produzidos pelo setor de inteligência dos órgãos públicos[245], inclusive o RELINT, além de sigilosos, segundo a DNISP *(Doutrina Nacional de Inteligência de Segurança Pública)*, recebem classificação de acordo com a sensibilidade do assunto abordado, nos termos da legislação apropriada e não podem ser inseridos em procedimentos e/ou processos de qualquer natureza, salvo o *Relatório Técnico*[246].

Tratamento semelhante deve ser dado por parte das autoridades administrativas aos *relatórios de inteligência financeira (RIF)* e sua informação complementar, os quais têm caráter sigiloso e são oriundos do Conselho de Controle de Atividades Financeiras

---

244 RELINT "*é o documento externo, padronizado, no qual o analista transmite conhecimentos para usuários ou outras AI, dentro ou fora do sistema de ISP*". (BRASIL. Ministério da Justiça. Secretaria Nacional de Segurança Pública. *Doutrina Nacional de Inteligência de Segurança Pública – DNISP.* 4. ed. rev. e atual – Brasília: Secretaria Nacional de Segurança Pública, 2014).

245 Em âmbito nacional, a Lei Federal n° 9.883, de 07 de dezembro de 1999, criou, na estrutura da Presidência da República, a Agência Brasileira de Inteligência (ABIN), órgão central do Sistema Brasileiro de Inteligência (SISBIN).

246 BRASIL. Ministério da Justiça. Secretaria Nacional de Segurança Pública. *Doutrina Nacional de Inteligência de Segurança Pública – DNISP.* 4. ed. rev. e atual. Brasília: Secretaria Nacional de Segurança Pública, 2014, p. 31.

(COAF), órgão federal. Igualmente não devem ser inseridos em procedimentos administrativos disciplinares.

Diante dessas informações, é dever da autoridade policial ou do membro do Ministério Público comunicar à autoridade administrativa correcional do agente público envolvido, porque o fato, em tese, pode constituir ilícito administrativo disciplinar. O fato de um documento ser protegido por sigilo – desde que não seja obtido ilicitamente – jamais pode elidir o poder-dever da Administração Pública de determinar a imediata apuração dos indícios de crimes, transgressões administrativas disciplinares e atos de improbidade ali noticiados. O relatório de inteligência financeira, apesar de tratar-se de informação protegida por sigilo, é documento produzido *licitamente*, e sua remessa à autoridade competente visa justamente a subsidiar a instauração do procedimento cabível, para apurar eventuais ilícitos, nos termos do art. 15 da Lei Federal nº 9.613/98.

Ademais, o Conselho de Controle de Atividades Financeiras (COAF), que elabora e difunde normalmente tais documentos, é um órgão estatal, criado por lei, exatamente para identificar ocorrências suspeitas de atividades ilícitas no sistema financeiro e encaminhar às autoridades competentes para apuração, por meio dos procedimentos cabíveis (arts. 14 e 15 da Lei nº 9.613/98).

A medida, longe de ofender as garantias individuais da intimidade e vida privada consagradas na Carta Magna, segue normas estipuladas na Convenção da Organização das Nações Unidas (ONU) contra o Crime Organizado Transnacional, a qual determina aos estados-membros a criação de mecanismos legais de combate à lavagem de dinheiro e à corrupção (arts. 7º e 8º). A referida Convenção já se encontra incorporada ao nosso sistema jurídico pelo Decreto Federal nº 5.015, de 12 de março de 2004, da Presidência da República.

A Constituição da República (art. 5º, LVI) dispõe que são inadmissíveis, no processo, as provas obtidas por meios ilícitos. Contudo apenas a utilização de documentos sem a observância das regras de transferência interna de informações sigilosas pela Administração

Pública é que pode ser considerada ilegal[247]. A investigação preliminar imparcial, com respeito ao sigilo de documentos oriundos do COAF[248], visando à busca de elementos para subsidiar investigação pelo próprio Estado, na forma da lei, pelos órgãos competentes, não viola a intimidade e a vida privada de ninguém.

Como o RIF (Relatório de Inteligência Financeira) é um documento de inteligência, conforme visto alhures, não pode ser inserido em procedimentos administrativos ou inquéritos policiais. Isso não impede, entretanto, a instauração de procedimento administrativo preliminar (inquérito policial e sindicância patrimonial) para a busca de outros elementos de investigação, a partir do citado documento.

A questão envolve direitos fundamentais e a necessidade de composição de interesses constitucionais antagônicos. De um lado, busca-se a ampla preservação da intimidade, da privacidade (art. 5º, X da CRFB) e de seus consectários (inviolabilidade de sigilo de dados bancário e fiscal); de outro, temos a segurança da coletividade e o poder-dever do Estado de reprimir práticas delitivas (*caput* dos arts. 1º, 37 e 144 da CRFB)[249].

Com efeito, quando os sigilos fiscal ou bancário referem-se aos agentes públicos, tendo em vista os princípios constitucionais da moralidade e publicidade (art. 37, *caput*, CRFB/88) e a dicção do art. 13 da Lei nº 8.429/1992 (Lei de Improbidade Administrativa) e

---

247 Como esclarece José Roberto da Cunha Peixoto, *"a teor do art. 198, § 1º, do CTN (Lei nº 5.172/66) com a redação dada pela Lei Complementar nº 104/2001, os dados e informações em poder da Administração Tributária podem ser disponibilizados, além de à autoridade judiciária, às autoridades administrativas em processos administrativos regularmente instaurados com o objetivo de investigar o sujeito passivo por infrações administrativas"* (PEIXOTO, José Roberto da Cunha. ob. cit., p. 457).

248 Consoante dispõe a Lei nº 12.527/2011, essas informações oriundas do COAF têm acesso restrito por duas razões. Primeiro, porque podem comprometer atividades de inteligência, bem como de investigação ou fiscalização em andamento, relacionadas com a prevenção ou repressão de infrações (art. 23, VIII). Segundo, pois veiculam dados referentes à vida privada do agente público (art. 31, § 4º).

249 SARMENTO, 2003, p. 23 e 87.

Lei nº 8.730/1992 (que impõe a todos os agentes públicos o dever de apresentar declaração de rendimentos e de evolução patrimonial), é razoável admitir-se maior compressão de direitos individuais.

Como bem afirma Rocha[250]:

> *Público o cargo, públicos os recursos com os quais se vive, pública a finalidade buscada com determinada atividade desenvolvida, é impossível que se pretenda manter o mesmo círculo limitado de privacidade que um cidadão despojado de tais deveres poderia vir a escolher.*

Por ora, cumpre registrar que o Superior Tribunal de Justiça já decidiu que cabe a instauração de inquérito policial ou de uma investigação preliminar, com base no recebimento de informações do COAF.[251] Para o Tribunal da Cidadania, uma autoridade policial,

---

250 ROCHA, Carmen Lúcia Antunes. Direito à privacidade e os sigilos fiscal e bancário. *In: Interesse Público - IP*, Belo Horizonte, ano 5, nº 20, p. 17, jul./ago. 2003.

251 "[...] 2. Quanto à instauração de inquérito policial resultante do Relatório de Inteligência Financeira encaminhado pelo Conselho de Controle de Atividades Financeiras (COAF), nada há que se questionar, mostrando ele totalmente razoável, já que os elementos de convicção existentes se prestaram para o fim colimado. 3. Representação da quebra de sigilo fiscal, por parte da autoridade policial, com base unicamente no Relatório de Inteligência Financeira encaminhado pelo Conselho de Controle de Atividades Financeiras (COAF). Representação policial que reconhece que a simples atipicidade de movimentação financeira não caracteriza crime. Não se admite a quebra do sigilo bancário, fiscal e de dados telefônicos (medida excepcional) como regra, ou seja, como a origem propriamente dita das investigações. Não precedeu a investigação policial de nenhuma outra diligência, ou seja, não se esgotou nenhum outro meio possível de prova, partiu-se, exclusivamente, do Relatório de Inteligência Financeira encaminhado pelo Conselho de Controle de Atividades Financeiras (COAF) para requerer o afastamento dos sigilos. Não foi delineado pela autoridade policial nenhum motivo sequer, apto, portanto, a demonstrar a impossibilidade de colheita de provas por outro meio que não a quebra de sigilo fiscal. Não demonstrada a impossibilidade de colheita das provas por outros meios menos lesivos, converteu-se, ilegitimamente, tal prova em instrumento de busca generalizada. Idêntico raciocínio há de se estender à requisição do Ministério Público Federal para o afastamento do sigilo bancário, porquanto referente à mesma

ao receber o relatório de inteligência financeira, deve determinar diligências prévias visando ao esclarecimento dos fatos ali descritos. Ou seja: o fato deve ser investigado, mesmo que sua origem seja um documento protegido por sigilo, oriundo do COAF.

O recebimento lícito de informações financeiras do COAF e sua posterior investigação preliminar pela autoridade competente, inclusive administrativa, não constituem qualquer ilicitude. O que ofende as garantias individuais, segundo o julgado citado do STJ, seria a "utilização apenas do relatório do COAF, sem esgotamento de outros meios de prova", para embasar a representação pela quebra de sigilos fiscal e telefônico, em inquérito policial.

Aliás, a jurisprudência do Superior Tribunal de Justiça é firme no sentido de considerar dever da Administração Pública a apuração de notícia de enriquecimento ilícito de agentes públicos, ainda que apócrifa, não caracterizando a hipótese violação de sigilo, nos termos do art. 1º, § 3º, IV, da Lei Complementar nº 105/01.[252]

---

questão e aos mesmos investigados. [...] 5. Todas as demais provas que derivaram da documentação decorrente das quebras consideradas ilícitas devem ser consideradas imprestáveis, de acordo com a teoria dos frutos da árvore envenenada. 6. Ordem concedida para declarar nulas as quebras de sigilo bancário, fiscal e de dados telefônicos, porquanto autorizadas em desconformidade com os ditames legais e, por consequência, declarar igualmente nulas as provas em razão delas produzidas, cabendo, ainda, ao Juiz do caso a análise de tal extensão em relação a outras, já que nesta sede, de via estreita, não se afigura possível averiguá-las; sem prejuízo, no entanto, da tramitação do inquérito policial, cuja conclusão dependerá da produção de novas provas independentes" – (STJ – HC 191.378/DF, Rel. Ministro SEBASTIÃO REIS JÚNIOR, SEXTA TURMA, julgado em 15/09/2011, DJe 05/12/2011).

252 "CONSTITUCIONAL E ADMINISTRATIVO. MANDADO DE SEGURANÇA. QUEBRA DE SIGILO BANCÁRIO. APURAÇÃO DE ATO DE IMPROBIDADE ADMINISTRATIVA. ENRIQUECIMENTO ILÍCITO. POSSIBILIDADE. DENÚNCIA ANÔNIMA. INVESTIGAÇÃO SOBRE SUA VERACIDADE. POSSIBILIDADE. [...] 2. O art. 1º, § 3º, inc. IV, da Lei Complementar nº 105/01 descaracteriza a violação ao dever de sigilo "a comunicação, às autoridades competentes, da prática de ilícitos penais ou administrativos, abrangendo o fornecimento de informações sobre operações que envolvam recursos provenientes de qualquer prática criminosa. [...] 5. Nesse sentido, a proporcionalidade da medida excepcional justifica-se sobretudo diante (i) da evolução patrimonial do recorrente, incompatível

Se é legal deflagrar a persecução administrativa disciplinar para apuração de enriquecimento ilícito de agente público com base em delação apócrifa, por que não o seria com fundamento em um documento oficial do Estado (relatório de inteligência financeira), criado justamente para identificar ocorrências suspeitas de atividades ilícitas financeiras (art. 14 da Lei nº 9.613/1998)?

O fato, por si só, de o documento ser sigiloso – como dito – não pode ser óbice à apuração de faltas funcionais. Por essas razões, conclui-se não haver ilegalidade na perscrutação de eventuais ilícitos, sob a ótica penal, administrativa disciplinar e de improbidade, noticiados em relatórios de inteligência de órgãos de segurança pública (RELINT) ou do COAF (RIF), desde que estes sejam recebidos legalmente pela autoridade competente. A investigação preliminar, nesse caso, deverá ocorrer com inteira cautela, prudência e de forma reservada, a fim de preservar a honra e imagem dos noticiados. Trata-se, na verdade, de "poder-dever" do Estado.

Por fim, não olvidar, conforme preconiza a DNISP[253], que, devido à sua própria natureza, *os documentos de inteligência (RELINTs*

---

com sua renda como agente fiscal da Receita Estadual, (ii) da necessidade de examinar se efetivamente houve enriquecimento ilícito (elemento da improbidade administrativa do art. 9º da Lei nº 8.429/1992) e se existem outros agentes envolvidos, e (iii) da impossibilidade de se comprovar essa evolução senão por meio das declarações de patrimônio e renda prestadas à Receita Federal para fins de fiscalização do Imposto de Renda e da movimentação da CPMF que indicará a consistência ou a inconsistência das informações prestadas ao Fisco. [...] 7. Impõe-se destacar também que a "denúncia" anônima, quando fundada - vale dispor, desde que forneça, por qualquer meio legalmente permitido, informações sobre o fato e seu provável autor, bem como a qualificação mínima que permita sua identificação e localização –, não impede a respectiva investigação sobre a sua veracidade, porquanto o anonimato não pode servir de escudo para eventuais práticas ilícitas e ponto de transformar o Estado em verdadeiro paraíso fiscal. [...] 9. Recurso ordinário não provido" – (STJ – RMS 32065 / PR – RECURSO ORDINÁRIO EM MANDADO DE SEGURANÇA 2010/0081177-0, Relator: Min. MAURO CAMPBELL MARQUES, Segunda Turma, Data do julgamento: 17/02/2011).

253 BRASIL, 2014, p. 31.

e RIFs) não podem ser inseridos em processos administrativos discipli-nares ou inquéritos policiais (salvo se houver decisão judicial deter-minando sua juntada aos autos). Ou seja, devem ser utilizados como subsídios para formação dos vetores investigatórios da perscrutação administrativa, a fim de coletar o subsequente arcabouço probatório necessário ao processo.

6 TIPOS DE PROCESSOS ADMINISTRATIVOS DISCIPLINARES

O processo administrativo disciplinar é o processo desenvolvido no âmbito da Administração Pública com o intuito de apurar a responsabilidade do agente público por infração praticada no exercício de suas atribuições, ou que tenha relação com as atribuições do cargo em que se encontre investido. Trata-se do principal instrumento jurídico para formalizar a investigação e a punição de agentes públicos que perpetraram infrações à ordem jurídica estatutária. O termo "processo administrativo disciplinar" pode significar um gênero que tem várias espécies, entre elas a do também chamado "processo administrativo disciplinar". A Lei Federal nº 8.112/90 deixa isso evidenciado ao veicular no Título V, a partir do art. 143, a disciplina do processo administrativo disciplinar (gênero), mencionando a sindicância e o processo disciplinar (espécie).

Hoje, a ideia de processo, com todas as suas características (partes, com ônus, deveres e sujeições, e órgãos com atribuição e competência para seu desenvolvimento e conclusão), não é algo privativo dos procedimentos em contraditório no âmbito do Poder Judiciário.

Forma-se no processo disciplinar uma relação processual dual e linear (diversa do processo judicial – *actio trio personarum*), em que há apenas a parte autora (Administração Pública) e parte acusada (agente público). Contudo, além da observância ao contraditório, ampla defesa e devido processo legal, a doutrina moderna aduz que as principais garantias e direitos individuais assegurados aos acusados em processo penal devem ser aplicadas no Direito Administrativo Disciplinar.

6.1 PROCESSOS E PROCEDIMENTOS ADMINISTRA-TIVOS DISCIPLINARES

O termo "processo", no mundo jurídico, corresponde à noção de caminho, de *methodo* (palavra grega), o *iter*, a ser necessariamente percorrido, em todas as suas etapas, para se chegar de um ponto físico ou abstrato inicial a um ponto físico ou abstrato final. Assim, o processo administrativo é conceituado como uma *"relação jurídica que envolve uma sucessão dinâmica e encadeada de atos instrumentais para a obtenção da decisão administrativa"*[254].

Os processualistas e a maioria dos administrativistas distinguem as expressões processo e procedimento[255]. A primeira refere-se à relação jurídica entre as pessoas, preordenadas a um fim, enquanto a segunda está ligada ao rito e denota o caráter dinâmico da relação processual. Dezan[256] assim pontua:

> [...] *o processo corresponde à relação jurídica em contraditório, envolvendo um litígio entre a Administração Pública e o agente público, acusado de cometimento de ilícito disciplinar. Processo em sede* interna corporis *também é relação jurídica em contraditório, em que as partes se vinculam por meio de direitos, deveres, poderes, faculdades, sujeições e ônus. O procedimento é a forma como a relação jurídica se apresenta por meio de um encadear de atos subsequentes e necessariamente praticados pelas partes processuais e a depender da*

---

254 OLIVEIRA, Rafael Carvalho Rezende. *Curso de Direito Administrativo.* 11. ed. Rio de Janeiro: Método, 2023, p. 349.

255 Celso Antônio Bandeira de Mello esclarece que, tradicionalmente, no Brasil, a expressão "procedimento" era a mais utilizada, reservando-se o *nomen juris* "processo" para tratar apenas do contencioso administrativo, tais como o processo administrativo tributário e os "processos disciplinares dos agentes públicos". Segundo ele, a partir da lei federal, passou-se a disseminar pelo país a terminologia "processo". (BANDEIRA DE MELLO, Celso Antônio. *Curso de Direito Administrativo.* 32. Ed., São Paulo: Malheiros Editores, 2014, p. 500).

256 DEZAN, 2021, p. 46.

> *fase específica, requeridos juridicamente por atos precedentes, direcionados ao ato final.*

A partir da Constituição Federal de 1988, tendo em vista a dicção do art. 5º, LV e o teor da própria legislação federal (Leis nº 8.112/90 e nº 9.784/1999), a nomenclatura a ser utilizada é "processo administrativo disciplinar". Com a sua instauração, surge uma relação jurídica processual, que se opera entre a Administração Pública (parte autora) e o agente público acusado (parte ré), "*em torno de um objeto comum, o ilícito administrativo disciplinar, em que a administração busca a apuração da verdade, podendo o deslinde do procedimento dar azo à punição*" do agente público[257]. Vale destacar que existe processo mesmo que esse tramite em sigilo, sem o conhecimento do agente público envolvido.

Em suma, o processo administrativo se materializa pelo conjunto de atos administrativos, que recebe o nome de procedimento, que se sujeita aos ritos processuais previamente estabelecidos em lei.

A apuração de infrações administrativas disciplinares atribuídas ao agente público pode ocorrer, preliminarmente, por meio da deflagração de processos preparatórios (investigação preliminar ou sindicância investigatória) ou, caso exista elementos probatórios suficientes, mediante prévia decisão da autoridade competente, com a instauração direta de processo administrativo disciplinar *lato sensu* (gênero), que engloba as seguintes espécies: processo administrativo disciplinar *stricto sensu* (PAD) e a sindicância acusatória (punitiva).

Vimos que é dever estatal apurar qualquer irregularidade verificada no serviço público, nos termos do art. 143 da Lei nº 8.112/90, por meio de sindicância ou processo administrativo disciplinar. Assim, a autoridade competente, conforme o conjunto probatório reunido, precário ou farto, exercerá o juízo de admissibilidade e utilizará um dos métodos apuratórios previstos na legislação.

Havendo elementos concretos suficientes, nada obsta a instauração direta de processo administrativo disciplinar (espécie), sem

---

257   DEZAN, 2021, p. 49.

a necessidade da deflagração de prévia sindicância administrativa disciplinar, consoante entendimento pacífico do Superior Tribunal de Justiça. No Estado do Rio de Janeiro, por exemplo, a própria legislação estatutária dos agentes públicos civis do Poder Executivo (Decreto-Lei nº 220/1975) determina diretamente essa providência, caso tenha ocorrido abandono de cargo, prisão em flagrante ou denúncia do Ministério Público em desfavor do agente público[258].

Nessas duas últimas hipóteses, deve ser verificada, ainda, a gravidade da infração administrativa disciplinar cometida, pois se a falta funcional for de natureza leve ou média, não será recomendável a instauração de processo administrativo disciplinar (espécie), cujo custo de pessoal e administrativo é mais elevado. Nesse caso, é suficiente a deflagração de *sindicância administrativa de natureza punitiva*, a qual, em princípio, é mais célere e rege-se notadamente pelo princípio do informalismo moderado.

Na União, o art. 145, II da Lei nº 8.112/90 limita as hipóteses de sindicância punitiva às transgressões administrativas disciplinares que, em tese, ensejem punição de advertência ou *suspensão até 30 (trinta) dias*. Se a sanção prevista, em tese, for de suspensão superior a esse patamar (31 a 90 dias) ou de demissão ou cassação de aposentadoria ou disponibilidade, é obrigatória a instauração de processo administrativo disciplinar. Inobstante, é importante destacar que o processo administrativo disciplinar sempre pode ser precedido de uma sindicância investigativa ou de uma investigação preliminar, ou de ambas, dependendo do teor probatório colhido até o momento da decisão da autoridade instauradora.

Nada obsta que um ente federativo (estado ou município) defina em lei a aplicação das sindicâncias administrativas disciplinares de natureza punitiva para faltas funcionais cuja sanção seja superior a 30 (trinta) dias de suspensão. Aliás, é o que ocorre, *v.g.*, em relação aos policiais civis do Estado do Rio de Janeiro, cujo respectivo estatuto funcional (Decreto-Lei nº 218/75) prevê o uso da citada espécie

---

258   Cf. Art. 61, *caput* e parágrafo único, do Decreto-lei nº 220/75, do Estado do Rio de Janeiro.

TIPOS DE PROCESSOS ADMINISTRATIVOS DISCIPLINARES

de procedimento para infrações de natureza leve, média ou grave, com pena cominada de até 60 (sessenta) dias de suspensão.

Tendo em vista a premente necessidade de otimização, racionalização, economia processual, economicidade e eficiência no âmbito da Administração Pública, a tendência contemporânea é a de que o processo administrativo disciplinar seja utilizado apenas quando for possível vislumbrar a possibilidade de aplicação das penas mais elevadas, tais como a de demissão ou cassação de aposentadoria. As sindicâncias disciplinares punitivas, em tese, devido a um menor "custo administrativo", abarcariam as demais hipóteses, cabendo destacar, nesse sentido, que elas podem ser conduzidas por um único agente público sindicante, ao contrário do processo administrativo disciplinar que tem que ser conduzido por uma comissão composta de 3 (três) agentes públicos estáveis designados pela autoridade competente.

Como veremos, cada um desses procedimentos tem seu escopo, de modo que a utilização de um ou de outro deve ser mensurada pela autoridade competente, segundo as provas já coletadas e a natureza dos fatos a se apurar.

Em regra, como na perscrutação administrativa inicialmente há carência de informações, o natural é a instauração prévia de procedimentos preparatórios para a instauração de processo administrativo disciplinar ou sindicância acusatória. Contudo, a partir de uma análise preliminar, qualitativa e quantitativa, das notícias e provas que se apresentem, pode o administrador determinar diretamente a apuração dos ilícitos por meio de processo administrativo disciplinar ou sindicância acusatória.

Passemos, então, às espécies de processos disciplinares e seus objetivos.

6.2 INVESTIGAÇÃO PRELIMINAR

Dá-se o nome de investigação preliminar ou preparatória ao instrumento apuratório sigiloso, instaurado com o objetivo de coletar elementos para verificar o cabimento da instauração de sindicância ou processo administrativo disciplinar.

É rotina das autoridades responsáveis pelo controle disciplinar receber centenas de notícias de ilícitos funcionais, alguns graves, mas sem um mínimo de informação concreta ou de elementos que permitam a busca de indícios ou provas. Por isso a necessidade de – visando a primar pela celeridade e eficiência administrativa no serviço público – a autoridade competente determinar, antes mesmo do início de uma sindicância ou um processo disciplinar, uma apuração preliminar dos fatos. Se for o caso, inclusive determinar, de plano, diligências *in loco*, em caráter reservado, para verificar a procedência das informações.

A instauração desse procedimento deve ocorrer independentemente de haver um ato normativo específico prevendo esta possibilidade[259]. Apesar de questionamentos sobre a legalidade desses procedimentos sigilosos, tal apuração, sem a formalização de uma sindicância formal ou processo administrativo disciplinar, decorre dos deveres inexoráveis da Administração Pública de apurar quaisquer irregularidades e de sempre buscar a economia de recursos materiais e humanos, além de não provocar prejuízo a qualquer pessoa já que não haverá publicidade nem punição.

Além do número de protocolo ou de autuação do procedimento pela divisão administrativa do órgão, não há formalidades especiais para a instauração e a condução da investigação preliminar. Deve ser deflagrada por autoridade competente, com poder disciplinar, sem a publicação em boletim interno ou D.O.U, e o desenvolvimento dos trabalhos – nos quais poderá, por analogia, haver a utilização dos instrumentos formais de apuração de sindicâncias e PADs – fica a cargo de um ou mais agentes públicos designados para a sua execução, devendo sempre se primar pela discrição e bom senso[260].

---

259 MADEIRA, Vinícius de Carvalho. *Lições de Processo Disciplinar*. Brasília, Fortium Editora, 2008, p. 74.

260 CONTROLADORIA-GERAL DA UNIÃO. Manual de processo administrativo disciplinar. Corregedoria-Geral da União, p. 56. Disponível em: https://

Fundamental que se mantenham preservadas as características essenciais desse tipo de procedimento, quais sejam: a) sigilo; b) viés meramente investigativo, sem possibilidade de dar ensejo a punições imediatas; c) prescindibilidade dos princípios do contraditório e da ampla defesa; e d) prazo razoável.

Os atos instrutórios da investigação preliminar se dividem em (i) exame inicial das informações e provas existentes. (ii) coleta de evidências e informações necessárias para averiguação da procedência da notícia e (iii) manifestação conclusiva e fundamentada, indicando a necessidade de instauração do processo acusatório, de celebração de TAC ou de arquivamento da notícia. Não há necessidade de observar, aqui, os princípios do contraditório e da ampla defesa.

Logo, a autoridade competente, mediante simples despacho ou ato de designação pode instaurar a investigação preliminar para apurar notícia de irregularidade que tenha chegado ao seu conhecimento.

O manual de processo administrativo disciplinar da CGU esclarece que este método apuratório deve obedecer ao seguinte rito[261]:

> *Por ter caráter informal, a instauração da IPS poderá ocorrer mediante simples despacho da autoridade competente, sem a publicação em boletim interno ou D.O.U, e os trabalhos devem ser concluídos no prazo de até 180 dias.*
>
> *Ademais, sua condução é feita pela unidade de correição e os atos instrutórios praticados por um ou mais agentes públicos, possibilitando que cada ato seja praticado por agente público mais capacitado na matéria.*
>
> *Os atos instrutórios da IPS se dividem em (i) exame inicial das informações e provas existentes. (ii) coleta de evidências e informações necessárias para averiguação da procedência da*

---

repositorio.cgu.gov.br/bitstream/1/68219/10/Manual_PAD%20_2022%20%281%29.pdf. Acesso em: 10 mar. 2025.

261 No âmbito da União, esse procedimento é denominado de investigação preliminar sumária (IPS) e está regulamentada pela Instrução Normativa nº 008/2020.

notícia e (iii) manifestação conclusiva e fundamentada, indicando a necessidade de instauração do processo acusatório, de celebração de TAC ou de arquivamento da notícia.

6.3 SINDICÂNCIAS INVESTIGATIVAS E SUMÁRIAS

Majoritariamente, a doutrina brasileira de Direito Administrativo salienta que a sindicância é o tipo de processo administrativo que objetiva descobrir a autoria e materialidade de irregularidades existentes no serviço público, mas serve apenas para instruir com elementos suficientes futuro processo administrativo disciplinar.

Gasparini[262] define sindicância como *"processo sumário de elucidação de irregularidades no serviço público, para bem caracterizá-las ou para determinar seus autores, para posterior instauração do competente processo administrativo".*

Para Meirelles[263], *"é o meio sumário de elucidação de irregularidades no serviço para subsequente instauração de processo e punição ao infrator".*

Busca a sindicância investigativa apenas confirmar a materialidade e a autoria da falta funcional ou da anomalia administrativa. Por essa razão, dispensa a compulsoriedade de ser iniciada com a notificação do agente envolvido, pois também não incide as garantias consagradas na Constituição Federal do devido processo legal, contraditório e ampla defesa. Sequer existe necessidade de que já exista a identificação dos agentes envolvidos, não podendo resultar diretamente na aplicação de qualquer sanção administrativa.

---

262 GASPARINI, Diógenes. *Direito administrativo.* 10. ed. São Paulo: Saraiva, 2005, p. 890.

263 MEIRELLES, Hely Lopes. *Direito administrativo brasileiro.* 25. ed. atual. São Paulo: Malheiros, 2000, p. 641.

TIPOS DE PROCESSOS ADMINISTRATIVOS DISCIPLINARES

Somente após a acusação formal é que nasce o direito de defesa. Isso inexiste nas sindicâncias meramente investigativas[264].

No entanto, tal procedimento exige uma formalidade maior do que a investigação preliminar. A sindicância deve ser instaurada mediante elaboração de uma portaria, a qual deve designar um sindicante ou a instalação de uma comissão encarregada de proceder às investigações.[265].

O procedimento da sindicância é formado pelas fases de abertura, instrução e relatório. Conforme leciona Cretella Jr.[266], ao final, o órgão sindicante chega a uma das conclusões:

> [...] a) nada de positivo foi apurado, não há irregularidade alguma, nenhum funcionário cometeu qualquer ação que causasse embaraços ao serviço público; b) algo foi positivado, houve realmente anomalias na esfera administrativa, a investigação sindicante chegou ao fato e ao autor da anomalia.

Na primeira hipótese, tudo se encerra e arquivam-se os autos. Já na segunda hipótese, com base na sindicância investigativa, a autoridade competente tomará providências para a imediata abertura do processo administrativo disciplinar ou iniciará uma sindicância punitiva (acusatória), conforme a natureza da falta funcional vislumbrada.

---

264 SILVA, Edson Jacinto da. *Sindicância e processo administrativo disciplinar.* Leme: LED, 1999, p. 26.

265 IN CGU nº 14/2018. "Art. 19. A SINVE constitui procedimento de caráter preparatório, destinado a investigar falta disciplinar praticada por agente público ou empregado público federal, quando a complexidade ou os indícios de autoria ou materialidade não justificarem a instauração imediata de procedimento disciplinar acusatório.
Parágrafo único. Da SINVE não poderá resultar aplicação de penalidade, sendo prescindível a observância aos princípios do contraditório e da ampla defesa."
No âmbito da União, ela tem sua existência formal prevista no art. 5º, II da Instrução Normativa CGU nº 14/2018, c/c o art. 19

266 CRETELLA JR, José. *Prática do processo administrativo.* 6. ed. rev. atual. São Paulo: RT, 2008, p. 72.

Destarte, sindicância investigativa é o expediente realizado pela Administração Pública destinada a reunir os recursos necessários à apuração de irregularidades no serviço público. É uma instrução provisória, preparatória, informativa, em que se colhem elementos para uma provável litigância entre o Estado e o agente público, a qual deve ser processualizada.

Por fim, importante registrar que as sindicâncias investigativas, em alguns locais, também são conhecidas como *sindicâncias sumárias*, porque promovem a apuração de forma sumária das notícias de ilícitos funcionais recebidas e podem ser conduzidas por um único agente público.[267]

É preciso criar critérios de diferenciação de conteúdo entre a sindicância investigatória e a investigação preliminar. Em ambas, há nenhum ou poucos elementos que permitam delimitar a autoria do ilícito administrativo disciplinar.

Deve-se, ainda, distinguir as sindicâncias investigativas das sindicâncias punitivas[268]. As sindicâncias investigativas, em regra, são deflagradas sem uma acusação formal e sem a descrição da conduta

---

267 Exemplo é o Estatuto dos Agentes públicos Civis do Estado do Rio de Janeiro, Decreto-lei n° 220/7.
Art. 62. A apuração sumária, por meio de sindicância, não ficará adstrita ao rito determinado para o inquérito administrativo, constituindo simples averiguação, que poderá ser realizada por um único funcionário."

268 Nesse esforço de conceituar os procedimentos administrativos, vale trazer à colação o teor da Orientação Administrativa n° 11 da Procuradoria Geral do Estado do Rio de Janeiro, acerca do conceito de sindicância investigativa e acusatória, *in verbis:* 1. No ato de instauração da sindicância prevista nos artigos 61 do Decreto-lei n° 220/75 e 311 do Decreto n° 2.479/79, a autoridade instauradora deverá definir se: (i) a sindicância tem natureza meramente investigativa, isto é, se consiste em averiguação preliminar, por não existirem ainda indícios de autoria e materialidade suficientes para a instauração de sindicância punitiva ou, a depender da gravidade da infração, para a instauração de processo administrativo disciplinar, não se configurando ainda a justa causa; ou (ii) a sindicância, por já estarem presentes indícios suficientes de autoria e materialidade, configurando-se a justa causa, tem natureza punitiva, isto é, poderá resultar na eventual imposição de sanção administrativa ao sindicado, restrita à advertência, repreensão ou suspensão até 30 dias. (...)

ilícita do agente público, até porque a autoria, neste momento, normalmente não foi definida. Durante o curso do procedimento, caso ocorra essa delimitação, como e em que momento devem ser implementadas as garantias do contraditório e da ampla defesa? Deve ser instaurada uma outra sindicância disciplinar, de natureza acusatória? Ou essa própria sindicância investigativa pode ser aproveitada e transformada em sindicância acusatória? *Quid Jus?*

As sindicâncias investigativas podem ser utilizadas como justa causa para instauração do processo administrativo disciplinar ou da sindicância acusatória (punitiva).

Entretanto, não vemos óbice a que uma sindicância investigativa, após regular instrução, em havendo conclusão parcial quanto à autoria e a existência de faltas funcionais que não ensejem deflagração de processo administrativo disciplinar, possam ser transformadas diretamente em procedimento de natureza acusatória. Defendemos que este momento materializa-se com o *indiciamento* formal dos investigados, delimitando-se a acusação e permitindo-se aos agentes públicos sindicados, logo em seguida, o pleno exercício das garantias fundamentais aludidas[269].

Após a fase instrutória (coleta dos depoimentos, diligências e oitiva do sindicado), o sindicante analisa as provas produzidas, que podem indicar o acusado como autor de transgressão disciplinar de menor potencial ofensivo (não ensejadoras de processo administrativo disciplinar). Nesse caso, entendemos que se pode proferir, de imediato, o despacho de ultimação da instrução e *indiciação do sindicado*, providenciando-se a citação do agente público sindicado para apresentar defesa escrita.

Não cabe iniciar uma nova sindicância (punitiva), com nomeação de novos agentes públicos que sequer conhecem o fato em apuração, com publicação de portaria etc., com dispêndio de mais recursos materiais e humanos, porque isso vai de encontro aos prin-

---

269 Em sentido contrário, o Manual de processo administrativo disciplinar da Controladoria-Geral da União (2022) recomenda a deflagração de nova SAD, de natureza acusatória (punitiva). CONTROLADORIA-GERAL DA UNIÃO p. 56 e §§.

cípios da celeridade, informalismo moderado, eficiência administrativa, razoabilidade e duração razoável do processo (CRFB/88), os quais permeiam todas as espécies de processo administrativo.

Então, em atendimento aos princípios da economia processual e da eficiência administrativa, entre outros, se, após a instrução da sindicância investigatória, a conclusão parcial for no sentido de que um agente público praticou transgressão funcional (de menor potencial ofensivo), deve a autoridade providenciar seu indiciamento formal. A partir desse ato processual, momento em que o agente público passa a ser considerado sindicado passa a conhecer a acusação formal estatal (inclusive a tipificação jurídica dos fatos a ele imputados), passarão a vigorar na sindicância (ora transformada de investigativa em punitiva), sem nenhuma restrição, os princípios da ampla defesa e do contraditório, podendo o indiciado requerer todas as diligências de seu interesse, inclusive o refazimento de provas processuais não submetidas às aludidas garantias constitucionais processuais.

6.4 SINDICÂNCIAS PUNITIVAS (ACUSATÓRIAS)

Diversamente das sindicâncias *investigativas*, na sindicância administrativa disciplinar *acusatória, contraditória (ou, ainda, punitiva)* deve ser assegurado o contraditório e a ampla defesa, corolários do princípio do devido processo legal (art. 5°, LIV e LV da Constituição da República). Seu objetivo é apurar responsabilidade de menor gravidade. Além da investigação da materialidade e autoria das irregularidades administrativas, permite-se nesse tipo de processo a aplicação de *sanção administrativa disciplinar* ao autor do ilícito. Nesse caso, surge um litígio entre o Estado e o agente público investigado, que poderá ter seu patrimônio afetado ou até mesmo sua liberdade (em caso de sanção funcional dos militares).

Havendo elementos probatórios suficientes, a sindicância pode ser iniciada diretamente com natureza acusatória (punitiva). Para tanto, o agente público sindicado deverá ser imediatamente notificado para ciência do fato e das circunstâncias a serem apuradas, bem como conter minimamente a tipificação jurídica da falta funcional

TIPOS DE PROCESSOS ADMINISTRATIVOS DISCIPLINARES

imputada ao indiciado, com o objetivo de permitir o conhecimento de todo o conteúdo do processo e exercer plenamente o contraditório e a ampla defesa.

Essa distinção restou bem clara quando o Supremo Tribunal Federal, ao julgar o RMS nº 22.789/DF, apontou a existência de duas modalidades de sindicância: *preparatória (investigativa)*, para servir de alicerce ao processo administrativo disciplinar e a *instrutória (acusatória ou punitiva)*. Apenas desta última pode-se extrair punição aos agentes públicos, com observância plena do contraditório e da ampla defesa.

Em síntese, a sindicância acusatória é o processo destinado a apurar *responsabilidade de menor potencial ofensivo – advertência ou suspensão até 30 (trinta) dias*[270]. Nesse caso, a respectiva comissão apuradora deva ser composta por dois ou mais agentes públicos estáveis, exigindo-se, ainda, em alguns casos, a observância da regra da hierarquia funcional. Os entes federativos não estão obrigados a seguir esse parâmetro, como ocorre, por exemplo, no Estado do Rio de Janeiro, em relação aos policiais civis[271]. Em alguns entes federativos não há exigência de formar uma comissão para conduzir a sindicância acusatória, a qual pode ser presidida por apenas um agente público, denominado sindicante.

A lei não dispõe de forma específica sobre o rito da sindicância acusatória. Contudo, tendo em vista sua natureza punitiva e o disposto no art. 5º, LIV e LV da CRFB/88, ela, em verdade, *modus in rebus*, constitui-se em um "miniprocesso" administrativo discipli-

---

270 A sindicância acusatória, no âmbito da União, também está regulamentada pela supramencionada Instrução Normativa nº 014/2018

271 No âmbito da Polícia Civil do Estado do RJ, segundo dispõe o art. 25-A do Decreto-lei nº218/75 (Estatuto dos Policiais Civis), quando a infração disciplinar apurada for punível com advertência, repreensão ou suspensão por até 60 (sessenta) dias, pode ser utilizada a sindicância acusatória (punitiva). Por outro lado, se a punição aplicável for a suspensão por mais de 60 (sessenta) dias, a demissão ou a cassação de aposentadoria ou disponibilidade, a citada lei é impositiva ao determinar, no art. 25-B, a obrigatoriedade da instauração do processo administrativo disciplinar.

nar. Em síntese, a sindicância acusatória deve percorrer o mesmo rito – claro que de forma mais célere e com as devidas adaptações, pois o prazo para conclusão é menor do que previsto para o processo administrativo disciplinar, vigorando os mesmos princípios e garantias, tais como, busca da verdade material, independência e imparcialidade da Comissão, ampla defesa, com os meios e recursos a ela inerentes.

Por conseguinte, todas as provas colhidas no âmbito da sindicância investigativa não submetidas às garantias constitucionais do contraditório e da ampla defesa devem ser refeitas no bojo da sindicância acusatória (punitiva), notadamente as provas testemunhais, desde que relevantes para o deslinde da causa. Perícias, exames e documentos anteriores podem ser aproveitados, caso a comissão ou o sindicante oportunize à defesa a possibilidade de contraditá-los.

De todo modo, se no curso ou ao final da sindicância acusatória a comissão ou sindicante verificar que a falta funcional em apuração é de maior gravidade, deve imediatamente relatar o feito, alvitrando à autoridade competente a instauração de processo administrativo disciplinar. Na dúvida, essa solução é sempre mais adequada, eis que no âmbito do futuro processo administrativo disciplinar nada impede, eventualmente, a imposição de sanção administrativa disciplinar de menor potencial ofensivo.

6.5 SINDICÂNCIA PATRIMONIAL

A sindicância patrimonial tem o escopo de realizar a perscrutação da evolução patrimonial dos seus agentes, quando se evidenciam sinais de *enriquecimento ilícito*, punível na esfera administrativa disciplinar.

Trata-se de um processo investigativo, sigiloso, inquisitorial e não punitivo, que visa colher dados e informações suficientes para investigar indícios de enriquecimento ilícito por parte de agentes públicos, inclusive evolução patrimonial incompatível com os seus recursos e disponibilidades por eles informados na sua declaração patrimonial, de modo a subsidiar a autoridade competente na decisão sobre a deflagração de processo administrativo disciplinar, relativamente à constatação da conduta de enriquecimento ilícito, situação prevista no inciso VII do artigo 9° da Lei n° 8.429/92 – *enriquecimento ilícito presumido.*

A sindicância patrimonial passou a ser utilizada, inicialmente, pelo Poder Executivo Federal, com base no Decreto n° 5.483/2005[272], o qual foi, posteriormente, revogado pelo Decreto n° 10.571/2020. Considerando que" compete a cada ente federativo, compete a cada ente federado elaborar suas próprias normas regulamentando esse tipo de apuração da evolução patrimonial dos seus agentes, por meio da sindicância patrimonial, cada ente federativo buscou regulamentar seu procedimento. No Rio de Janeiro[273], por exemplo, o Decreto Estadual n° 46.364, de 2018 (alterado pelos Decretos 46.663/2019 e 47.767/2022), instituiu o Sistema de Controle de Bens Patrimoniais dos Agentes Públicos (SISPATRI) como sistema oficial para a entrega da declaração eletrônica de bens e valores pelos agentes públicos vinculados ao Poder Executivo, em atividade. O referido decreto também regulamenta os procedimentos necessários à instrução da sindicância patrimonial, relativamente aos agentes públicos vinculados ao Poder Executivo do estado do Rio de Janeiro[274].

---

272   Tal decreto regulamentou, no âmbito do Poder Executivo Federal, o art. 13 da Lei n° 8.429, de 2 de junho de 1992.

273   No âmbito do Poder Executivo do Estado do Rio de Janeiro, a sindicância patrimonial tornou-se uma realidade a partir da publicação do Decreto Estadual n° 42.553, de 15 de julho de 2010, que regulamentou o art. 13 da Lei n° 8.429, de 2 de junho de 1992 e instituir a sindicância patrimonial. Posteriormente, foi publicado o Decreto Estadual n° 43.483, de 27 de fevereiro de 2012 (alterado pelo Decreto n° 44.509, de 05 de dezembro de 2013), dispondo sobre a sindicância patrimonial especificamente em relação aos agentes públicos da Polícia Civil, da Polícia Militar e do Corpo de Bombeiros Militares do ERJ.

274   É imperioso ressaltar que a Polícia Civil do Estado do Rio de Janeiro teve a sua lei orgânica promulgada em 30 de junho de 2022, por meio da Lei Complementar n° 204/2022. Em posição de vanguarda, comparada aos demais entes da federação, a Secretaria de Estado de Polícia Civil regulamentou por meio de uma lei complementar a sindicância patrimonial, como se depreende dos artigos 27 a 29 da L.C. 204/2022.

Como bem assinalado por Lessa[275], o artigo 13 da Lei de Improbidade Administrativa, impõe que "*a posse e o exercício de agente público ficam condicionados à **apresentação de declaração de imposto de renda e proventos de qualquer natureza**, que tenha sido apresentada à Secretaria Especial da Receita Federal do Brasil, a fim de ser arquivada no serviço de pessoal competente*".

Nessa mesma linha, a Lei Federal n° 8.730, de 10 de novembro de 1993 estabeleceu a *obrigatoriedade da declaração de bens e rendas* para o exercício de cargos, empregos e funções em todos os Poderes da União.

Ressalte-se a previsão da aplicação da pena de demissão ao agente público que se recusar a prestar declarações dos bens e valores, como prescreve o artigo 13, § 3°, da Lei n° 8.429/92: "*será apenado com a pena de demissão, sem prejuízo de outras sanções cabíveis, o agente público que se recusar a prestar a declaração dos bens a que se refere o caput deste artigo dentro do prazo determinado ou que prestar declaração falsa*"[276].

Sem esforço hermenêutico, conclui-se que não teria sentido o Poder Público condicionar a posse e o exercício de agente público à apresentação e à atualização anual de declarações de imposto de renda e proventos de qualquer natureza, não fosse a necessidade de se acompanhar a evolução do seu patrimônio, desde a posse até o seu desligamento do serviço público.

Nessa senda, é pacífico o entendimento de que a Administração poderá analisar, sempre que julgar necessário, as declarações apresentadas pelos agentes públicos, a fim de verificar a existência de variação

---

275 LESSA, Sebastião José. *Improbidade Administrativa*. Brasília: Editora Fórum, 2011, p. 128.

276 É imperioso consignar desde já que a instauração do processo administrativo disciplinar instaurado em razão da recusa na entrega das declarações de bens e valores prescinde da sindicância patrimonial. Trata-se de uma instrução sem maiores complexidades. Essa conduta (recusa ou prestação de informação falsa) também não será considerada como ato de improbidade administrativa.

TIPOS DE PROCESSOS ADMINISTRATIVOS DISCIPLINARES

patrimonial incompatível em relação aos seus rendimentos auferidos[277]. Importante ressaltar que o acesso às declarações de bens e valores dos agentes públicos por parte do órgão a que está vinculado, com vistas a analisar a sua evolução patrimonial, não configura violação de sigilo[278].

Essa análise das declarações poderá ensejar a instauração de sindicância patrimonial ou até mesmo, conforme caso, de processo administrativo disciplinar, caso haja fundado indício de evolução patrimonial incompatível com os rendimentos auferidos de modo legítimo e comprovado[279].

Se restar comprovada a variação patrimonial incompatível por parte do agente público investigado, é preciso promover a instauração do competente processo administrativo disciplinar, que poderá culminar na aplicação da pena capital de demissão. Caso, por outro

---

277 Nesse diapasão, convém trazer à colação trecho do voto do desembargador Marcus Abraham do TRF-2, no Agravo de Instrumento n° 2012.02.01.017872-5/RJ32 (sem grifo no original): "(...) *O objetivo de a legislação exigir a apresentação de declarações não é meramente estabelecer um depósito de dados sobre o* agente público *que não pudesse ser consultado pelo próprio órgão perante o qual labora sobre indícios de evolução patrimonial indevida.* Tal verificação somente poderá se dar caso as autoridades competentes possam efetivamente ter acesso e analisar tais documentos. Essa é a finalidade para a qual a norma foi criada. Imaginar que o agente público estivesse obrigado a entregar tais declarações, mas que o sistema de controle interno do órgão em que trabalha não pudesse analisá-los violaria as mais basilares regras de hermenêutica jurídica, pois esvaziaria de sentido a própria norma (...)".

278 Nesse sentido, o Decreto Federal n° 10.571/2020 estabelece que a Controladoria-Geral da União analisará a evolução patrimonial dos agentes públicos federais, e a Comissão de Ética Pública poderá utilizar a análise da evolução patrimonial para instruir os processos administrativos no âmbito de sua competência. Cf. Art. 11. A Controladoria-Geral da União analisará a evolução patrimonial dos agentes públicos federais de que trata este Decreto. Parágrafo único. A comissão de Ética Pública poderá utilizar a análise da evolução patrimonial para instruir os processos administrativos no âmbito de sua competência.

279 Cf. Art. 13 do Decreto Federal n° 10.571/2020: A análise das declarações poderá ensejar, após o procedimento disposto no art. 11 e no inciso I do caput do art. 12, a instauração de sindicância patrimonial ou, conforme o caso, de processo administrativo disciplinar, caso haja fundado indício de evolução patrimonial incompatível com os rendimentos auferidos de modo legítimo e comprovado.

lado, não reste comprovada a incompatibilidade patrimonial, a sindicância patrimonial deverá ser arquivada.

Então, reconhecidamente, a sindicância patrimonial funciona como uma importante ferramenta de prevenção e combate à corrupção no setor público, sendo um meio eficaz para o Poder Público verificar se o agente amealhou patrimônio de forma ilícita valendo-se do cargo público.

6.5.1 Instauração, instrução e finalidade da sindicância patrimonial

Ao tomar conhecimento de indícios de enriquecimento ilícito ou sinais de incompatibilidade patrimonial, a autoridade competente deverá instaurar a sindicância patrimonial de ofício. A instauração da sindicância patrimonial opera-se com a confecção de portaria inicial. Esse ato de instauração apresenta algumas especificidades, devendo-se observar o seguinte: a) competência da autoridade instauradora; b) fundamento legal; c) motivação; d) delimitação do raio acusatório (período apurado e valores detectados); e) observância do prazo prescricional; f) indicação dos agentes públicos designados para compor a comissão que irá atuar na sindicância patrimonial.

Mainier[280] leciona:

> [...] a *Administração Pública não precisa esperar a apuração de enriquecimento ilícito em ação de improbidade administrativa proposta pelo Ministério Público (ou pela Advocacia Pública). Chegando ao conhecimento do órgão correcional da Administração Pública uma suspeita de enriquecimento em valor desproporcional à evolução do patrimônio ou da renda de uma agente público, o órgão tem o poder-dever de apurar tais fatos.*

---

280 SCHREIBER, Anderson, MAINIER, Paulo Enrique. *Controle de legalidade da administração pública: diálogos institucionais.* Indaiatuba: Editora Foco, 2022. p. 111.

É importante alertar que não se deve instaurar a sindicância patrimonial com base em acusação genérica, vaga e aberta, ou sem elementos mínimos que indiquem possível enriquecimento ilícito ou evolução patrimonial incompatível do agente. Essa deflagração carece de *justa causa* para seu seguimento, hipótese que torna não só a sindicância patrimonial, mas também os processos e eventuais penalidades dela decorrentes, passível de anulação, como orienta Lessa[281]:

> *A sindicância patrimonial, a bem dizer, não é uma investigação comum. Na verdade, trata-se de modalidade de apuração especial, a par da regra ordinatória do art. 143 da Lei n° 8.112/90. Tal instrumento recebe um estofo singular, ou seja, apurar indícios de possível enriquecimento ilícito, caracterizado por uma evolução patrimonial incompatível com os recursos e disponibilidades do agente público, nessa qualidade. Pondere-se, na linha da segurança jurídica, que a sindicância patrimonial não deve ser usada indiscriminadamente ou como instrumento de intimidação. Portanto, deve haver um fundamentado exame de admissibilidade para a instauração da sindicância patrimonial, até porque existe a possibilidade da prévia instauração de investigação preliminar[...].*

Os indícios de enriquecimento ilícito dos agentes públicos podem se tornar conhecidos pela Administração por diversos meios, inclusive por notícia publicada em veículo de comunicação. Por conseguinte, a instauração da sindicância patrimonial pode ser decorrente dos seguintes procedimentos, exemplificadamente: a) análise prévia das declarações de bens e valores; b) comunicação por parte do Ministério Público acerca da existência de inquérito ou ação de improbidade; c) investigação preliminar iniciada pela própria comissão de sindicância, como base em denúncias/informes; d) encontro fortuito de provas em outro procedimento; e) recebimento de Relatório de Inteligência Financeira oriundo do Conselho de Controle de Atividades Financeiras (Coaf).

---

281   LESSA, 2011, p. 128.

É conveniente fixar que, por se tratar de uma ferramenta invasiva na vida do agente público, a instauração da sindicância patrimonial precisa estar embasada em reais evidências de enriquecimento ilícito, que, em regra é detectada por meio de uma *investigação preliminar*[282] realizada, precipuamente, com base na análise das declarações de imposto de renda do agente público ou até mesmo com base em provas contidas em inquérito civil fornecidas pelo Ministério Público ou Relatório de Inteligência (Relint).

Na investigação preliminar se analisa, em regra, os dados disponíveis e declarados pelo próprio investigado. Já no âmbito da sindicância patrimonial, o rastreio patrimonial é mais abrangente, possibilitando a busca de outras informações que não foram fornecidas pelo investigado ao setor de pessoal do órgão.

Malgrado a possibilidade de se promover uma verificação preliminar preparatória da sindicância patrimonial, é dispensável dizer que, diante de fundados indícios de enriquecimento ilícito, a Administração poderá, de pronto, instaurar a sindicância patrimonial com o objetivo de apurar indícios de enriquecimento ilícito de agente público, consubstanciado na desproporcionalidade entre a evolução patrimonial e a sua renda.

Uma vez instaurada, a sindicância patrimonial deve ser instruída com diversos tipos de documentos, inclusive com oitiva de testemunhas (no caso de ter sido aberta a sindicância patrimonial ao contraditório). A instrução consiste em uma série de atos produzidos, no intuito de buscar elementos para amparar a formação da convicção por parte da comissão e da autoridade julgadora, seja no sentido de propor a instauração do processo administrativo disciplinar ou promover o arquivamento.

---

282 *Investigação preliminar*: a investigação preliminar, também chamada de verificação preliminar, é um procedimento administrativo sigiloso e será realizada de ofício ou com base em denúncia ou representação recebida, que deverá ser fundamentada, contendo a narrativa dos fatos em linguagem clara e objetiva, com todas as suas circunstâncias, a individualização do agente público envolvido, acompanhada de indício concernente à irregularidade ou ilegalidade imputada, iniciada com objetivo de coletar elementos para verificar o cabimento da instauração de sindicância ou processo administrativo disciplinar.

Essa instrução depende da coleta de dados oriundos de diversos órgãos, fiscais, bancários, agências prestadoras de serviços, companhias aéreas e outros, cujo fim se destina à verificação da compatibilidade entre o universo patrimonial do agente público e seus ganhos formalmente declarados. Além disso, caso tenha sido aberta a sindicância patrimonial ao contraditório, o próprio investigado pode requerer a juntada de documentos visando o esclarecimento da origem dos recursos, devendo a comissão ficar atenta aos expedientes meramente protelatórios.

O patrimônio, a movimentação financeira e os gastos do agente público serão cotejados com a sua renda legitimamente auferida e declarada, independentemente de esta ter sido originada fora de serviço público. Todos os dados carreados aos autos devem ser analisados quantitativa e qualitativamente, por meio de um rastreio patrimonial. Portanto o trabalho realizado no âmbito da sindicância patrimonial tem natureza investigativa e contábil.

A *análise quantitativa* diz respeito ao balanço patrimonial, preferencialmente elaborado por algum *expert* em contabilidade, utilizando planilhas para melhor demonstrar o fluxo de caixa do investigado.

A comissão encarregada de conduzir a sindicância patrimonial deve dispor de pelo menos um membro com capacidade técnica para analisar os dados coletados pela investigação, podendo ser um contador, um perito, ou mesmo um agente público com capacidade técnica suficiente. É imprescindível que o resultado dessa análise seja apresentado por meio de um relatório técnico de análise financeira, indicando na conclusão as incompatibilidades detectadas, de modo objetivo, para que seja oportunizado ao investigado esclarecer acerca da origem dos recursos por ele utilizados.

A *análise qualitativa* é aquela realizada pelos membros da comissão de sindicância patrimonial, relativamente à idoneidade das informações colhidas e análise jurídica do seu conteúdo.

A rigor, não existe norma geral que imponha um rol de providências que devam ser adotadas no curso da sindicância patrimonial, mas algumas diligências são imprescindíveis à eventual comprovação, em sede de processo administrativo disciplinar, da existência de enriquecimento ilícito por parte do agente público, de forma segura e indene de dúvidas.

Existem investigações patrimoniais mais complexas em que devem ser analisados um período maior de tempo, retroagindo em média de *cinco a dez anos* para que seja possível perscrutar a evolução do agente desde o seu ingresso no serviço público. Não obstante, há investigações mais simples em que é possível comprovar o enriquecimento com base apenas na aquisição de um imóvel de alto valor, por exemplo, desde que esse acréscimo patrimonial seja de fato incompatível com a renda do agente público.

Paz Lima, Garcia de Freitas e Ricciardi Jr.[283] assinalam:

> [...] *não existe a previsão legal de um rol taxativo de providências que devam ser adotadas no curso da sindicância patrimonial, mas algumas delas são imprescindíveis à futura comprovação, de forma segura e indene de dúvidas, da existência de enriquecimento ilícito por parte do* agente público*, em sede de processo administrativo disciplinar.*

Os citados autores sugerem o seguinte rol exemplificativo de providências no âmbito da investigação patrimonial, no âmbito da sindicância e até mesmo do processo administrativo disciplinar[284]:

- Busca de informações sobre a existência de sociedades empresárias e simples, associações ou fundações nas quais o investigado e/ ou seus dependentes figurem em atos constitutivos ou alterações (na Junta Comercial e no Registro Civil de Pessoas Jurídicas).

---

283 LIMA, Claudio Roberto Paz; FREITAS, José Ricardo Bento Garcia de; RICCIARDI JR., Marco A. S. *Manual de Sindicância Patrimonial: Apuração de Enriquecimento Ilícito-Teoria e Prática, Inclui Estudo de Caso.* Freitas Bastos, 2022, p. 64 e 65.

284 LIMA; FREITAS; RICCIARDI JR., 2022, p. 64-65.

TIPOS DE PROCESSOS ADMINISTRATIVOS DISCIPLINARES

- Busca de informações de propriedade de veículos automotores em nome do investigado e de seus dependentes (Departamento de Trânsito).

- Busca de informações sobre atos e negócios jurídicos imobiliários praticados pelo investigado e seus dependentes (ex.: procurações e promessas de compra e venda registradas em cartórios distribuidores).

- Busca de informações sobre títulos e documentos em nome do investigado e seus dependentes (ex.: contratos, testamentos, títulos protestados em cartórios de títulos e documentos).

- Busca de informações sobre a existência de veículos aquáticos (embarcações e outros) em nome do investigado e seus dependentes (na Capitania dos Portos).

- Busca de informações sobre viagens ao exterior realizadas pelo investigado e seus dependentes. Essas informações são fornecidas pela Polícia Federal.

- Busca de informações cadastrais do investigado e seus dependentes junto às concessionárias de serviços públicos. Não raro, por meio de um cadastro de uma conta de energia ou de água, por exemplo, se identifica um imóvel, o qual pode estar sendo ocultado pelo agente público.

- Realização de diligências nos endereços obtidos para avaliar a situação real e atual dos bens, entre outras possíveis, principalmente decorrentes de prova emprestada de investigações cíveis e criminais em curso.

- Busca de informações sobre processos judiciais em nome do investigado e seus dependentes, podendo ser realizadas pesquisas em fontes abertas, sites dos órgãos públicos e redes sociais.

No curso da instrução da sindicância patrimonial é fundamental que a Administração solicite diretamente à Secretaria da Receita Federal informações sigilosas relativamente ao agente público investigado, com respaldo no artigo 198, § 1º, II, e § 2º, ambos do Código Tributário Nacional. Essas informações são fornecidas por meio de documento que consolide as de informações de pessoas físicas ou jurídicas extraídas do banco de dados da Receita Federal, Dossiê Integrado, o qual é alimentado por dados dispersos em diversos sistemas, como, por exemplo:

- Dados Cadastrais do CPF/CNPJ.
- Declarações de Ajuste Anual e/ou de Informações Econômico-Fiscais.
- Dados de ICMS, IPTU, IPVA e ITBI.
- Dados constantes nas Declarações de Operações Imobiliárias (DOI).
- Operações de remessa de recursos ao exterior (CC5).
- Declaração de Informações sobre Atividades Imobiliárias (DIMOB). Declaração de Operações com Cartão de Crédito (DECRED).
- Declaração de Informações sobre Movimentação Financeira (DIMOF), além de diversos outros.

À guisa de exemplo, no artigo 28, parágrafo único da Lei Orgânica da Polícia Civil do Rio de Janeiro (L.C. n° 204/2022), encontra-se previsto que *"as consultas, solicitações de informações e documentos necessários à instrução da sindicância, quando dirigidas à Secretaria da Receita Federal do Ministério da Fazenda, deverão ser feitas por intermédio do Controlador Geral, **observado o dever da comissão de, após a transferência, assegurar a preservação do sigilo fiscal"** (grifo nosso).

Destacamos que não ocorre quebra de sigilo fiscal, mas sim a sua transferência para o órgão público requisitante, mediante a comprovação da instauração do procedimento disciplinar, por meio de portaria, obrigando o destinatário a preservação da sigilosidade das informações, sob pena de responsabilidade.

Não raro, agentes públicos investigados por meio de sindicância patrimonial recorrem ao Judiciário com o objetivo de anular o procedimento com a alegação de quebra do sigilo fiscal. Entretanto é pacífico o entendimento de que as informações fiscais fornecidas para a instrução da sindicância patrimonial e/ou processo administrativo disciplinar não violam o sigilo fiscal do investigado, conforme autorizado pelo artigo 198, § 1º, II, e § 2º do Código Tribunal Nacional[285].

Como visto, a própria legislação que trata do Sistema Tributário excepciona esse compartilhamento da cláusula de sigilo fiscal quando há uma solicitação de uma autoridade administrativa, no interesse da Administração Pública, para investigar o sujeito passivo a que se refere a informação, exigindo-se para tanto a comprovação da instauração de processo administrativo (caso da sindicância patrimonial) por meio da portaria inicial.

Nesse sentido, a jurisprudência do Supremo Tribunal Federal:

> *(...) Os preceitos impugnados autorizam o compartilhamento de tais informações [fiscais] com autoridades administrativas, no interesse da Administração Pública, desde que comprovada a instauração de processo administrativo, no órgão ou entidade a que pertence a autoridade solicitante, destinado a investigar, pela prática de infração administrativa, o sujeito passivo a que se refere a informação. (...)* **Nota-se, diante de tais cautelas da lei, que não há propriamente quebra de sigilo, mas sim transferência de informações sigilosas no âmbito da Administração Pública.** *(...) Diante disso, reputo constitucional o art. 1º da Lei Complementar nº 104/2001 no ponto em que insere o § 1º, inciso II, e o § 2º no art. 198 do CTNº (STF, ADI nº 2.390/DF. Relator: Min. Dias Toffoli. 18/02/2016).*

---

285 Art. 198: Sem prejuízo do disposto na legislação criminal, é vedada a divulgação, por parte da Fazenda Pública ou de seus agentes públicos, de informação obtida em razão do ofício sobre a situação econômica ou financeira do sujeito passivo ou de terceiros e sobre a natureza e o estado de seus negócios ou atividades. § 1º Excetuam-se do disposto neste artigo, além dos casos previstos no art. 199, os seguintes: (...) II – solicitações de autoridade administrativa no interesse da Administração Pública, desde que seja comprovada a instauração regular de processo administrativo, no órgão ou na entidade respectiva, com o objetivo de investigar o sujeito passivo a que se refere a informação, por prática de infração administrativa.

Acrescente-se que as informações fornecidas no dossiê integrado acerca de movimentação bancária não violam o sigilo bancário, porque se trata de informações cadastrais e dados genéricos dos montantes globais movimentados no bojo das declarações, sem infringir as disposições do art. 5°, § 2°, da Lei Complementar n° 105/2001[286].

Mais uma vez, cabe destacar a jurisprudência do Supremo Tribunal Federal:

> (...) Perceba-se, pois, que, com base nesse dispositivo, a Administração tem acesso apenas a dados genéricos e cadastrais dos correntistas. Essas informações obtidas na forma do art. 5° da LC são cruzadas com os dados fornecidos anualmente pelas próprias pessoas físicas e jurídicas via declaração anual de imposto de renda, de modo que tais informações já não são, a rigor, sigilosas.(STF, ADI 2.390/DF, Rel. Min. Dias Toffoli).

Amora[287] esclarece a legalidade do intercâmbio de informações oriundas do Fisco com o fim de instruir processos administrativos, nestes termos:

> (...) deve ser destacado que, com a edição da Lei Complementar n° 104/2001, dando nova redação ao artigo 198, § 1°, inciso II, do CTN, o regime jurídico do sigilo fiscal foi alterado, permitindo-se à própria autoridade administrativa, no interesse da administração pública, solicitar diretamente as informações ao Fisco para instruir processos administrativos regularmente instaurados

---

286   Art. 5°, § 2° da Lei Complementar n° 105/2001: as informações fiscais transferidas restringir-se-ão a informes relacionados com a identificação dos titulares das operações e os montantes globais mensalmente movimentados, vedada a inserção de qualquer elemento que permita identificar a sua origem ou a natureza dos gastos a partir deles efetuados.

287   AMORA, Joni Barbosa. *Corregedoria Geral Unificada e Sistema Disciplinar da Segurança Pública do Estado do Rio de Janeiro*. Rio de Janeiro: Lumen Juris, 2018, p. 105-106.

> com o objetivo de investigar o agente público *por prática de infração administrativa.*
>
> *(...) o regime jurídico acerca da obtenção de dados fiscais é diverso daquele concernente às informações bancárias.*
>
> *Para a obtenção de dados provenientes de Instituições Financeiras e congêneres, após a instauração do devido procedimento administrativo disciplinar, deverá a comissão processante requerer o afastamento do sigilo bancário do acusado perante o Poder Judiciário.*
>
> *Entretanto, as solicitações de dados fiscais feitas à Receita Federal por autoridade administrativa, no interesse da Administração Pública, podem ser realizadas diretamente e não necessitam de autorização judicial, tampouco implicam em quebra de sigilo (art. 198, § 1º, inciso II do Código Tributário Nacional, com redação dada pela Lei Complementar nº 104/2001).*

Na sequência, após serem carreados todos esses dados, documentos e informações para a sindicância patrimonial, deve-se fazer uma análise quantitativa e qualitativa para delinear todo o lastro patrimonial do agente público, em período determinado na portaria inicial. Para tanto, serão verificados muitos dados contábeis, informações fiscais e bancárias no curso da sindicância patrimonial.

Nessa senda, Paz Lima, Garcia de Freitas e Ricciardi Jr.[288] apontam determinadas incongruências que podem ser detectadas no curso da sindicância patrimonial:

- Imóveis registrados em nome do agente público, que não foram informados na declaração de bens. Em alguns casos, denotam inclusive o crime de lavagem de dinheiro (ocultação de bens), que deverá ser comunicado à Polícia Judiciária, com vistas à devida apuração.

---

288 LIMA; FREITAS; RICCIARDI JR., 2022, p. 60.

- Escrituras públicas de transações financeiras, que remetem a movimentações atípicas e desproporcionais com os rendimentos auferidos pelo agente público.

- Movimentação financeira atípica. Essa modalidade é muito comum, principalmente porque quando o Coaf detecta as movimentações bancárias consideradas atípicas, nasce um relatório que é enviado para as autoridades competentes para apuração, chamado de RIF. Muitas investigações patrimoniais se iniciaram com base nessas informações[289].

- Saldo negativo proveniente do cotejo das despesas realizadas com os ganhos auferidos em determinado período. Esse é o típico caso em que se verifica que os ganhos do agente público não suportam seus elevados gastos, por exemplo, com viagens, educação, manutenção de bens de alto valor.

- A participação como gestor de sociedade empresária. Essa hipótese não chega a ser um indicador para a caracterização de enriquecimento ilícito. No entanto, em regra, o agente público é impedido de atuar como sócio gestor de sociedade empresária, configurando assim uma transgressão disciplinar.

- Erros de preenchimento das fichas de declaração do IRPF.

Como demonstrado até aqui, na fase de sindicância patrimonial ainda não se cuida de transgressão disciplinar, tampouco se vincula a apuração à existência de crime ou transgressão antecedente. O que a Administração busca verificar é se há sinais de crescimento patrimonial injustificado/incompatível por parte do agente público.

Logo, não se deve confundir a sindicância patrimonial com a sindicância administrativa disciplinar. A sindicância patrimonial se destina precipuamente à apuração da compatibilidade entre a evolução patrimonial do agente público e os seus ganhos formalmente

---

289 COAF – Conselho de Controle de Atividades Financeiras é uma unidade de inteligência financeira do Governo Federal que atua principalmente na prevenção e no combate à lavagem de dinheiro.

declarados. A sindicância administrativa disciplinar tem por escopo apurar todas as demais transgressões disciplinares.

Sobre a *finalidade* da sindicância patrimonial, merece relevo o entendimento do Superior Tribunal de Justiça, ratificado por ocasião do julgamento do MS 21.084/DF, impetrado por ex-agente público federal, a quem fora aplicada a pena de cassação de aposentadoria, nestes termos:

> *[...] 4. Em matéria de enriquecimento ilícito, cabe à Administração comprovar o incremento patrimonial significativo e incompatível com as fontes de renda do agente público, compelindo, a este, por outro lado, o ônus da prova no sentido de demonstrar a licitude da evolução patrimonial constatada pela Administração, sob pena de configuração de improbidade administrativa por enriquecimento ilícito[290].*

Tal entendimento é consolidado na Jurisprudência do Superior Tribunal de Justiça, como se depreende de outros julgados mencionados na edição n° 147, item 14 – Jurisprudência em Teses, *in verbis*[291]:

> *Em matéria de demissão por enriquecimento ilícito (art. 132, IV, da Lei 8.112/1990 c/c art. 9º, VII, da Lei 8.429/1992), compete à administração pública comprovar o incremento patrimonial significativo e incompatível*

---

290 MS 21.084/DF Mandado de Segurança – 2014/0151592-7 – Ministro Mauro Campbell Marques (26/10/2016). (...) Processo Administrativo Disciplinar. Pena de Cassação de Aposentadoria. Art. 132, VI, da Lei 8.112/1990 c/c artigo 9º, VII e 11, *caput*, da Lei 8.429/1992. Improbidade Administrativa. Variação Patrimonial a descoberto.

291 Julgados: MS 21.708/DF, Rel. Ministro NAPOLEÃO NUNES MAIA FILHO, Rel. p/ Acórdão Ministro HERMAN BENJAMIN, PRIMEIRA SEÇÃO, julgado em 08/05/2019, DJe 11/09/2019 MS 20.765/DF, Rel. Ministro BENEDITO GONÇALVES, PRIMEIRA SEÇÃO, julgado em 08/02/2017, DJe 14/02/2017 MS 12.660/DF, Rel. Ministra MARILZA MAYNARD (DESEMBARGADORA CONVOCADA DO TJ/SE), TERCEIRA SEÇÃO, julgado em 13/08/2014, DJe 22/08/2014.

com as fontes de renda do agente público *no processo administrativo disciplinar e ao* agente público *acusado o ônus de demonstrar a licitude da evolução patrimonial constatada pela administração, sob pena de configuração de improbidade administrativa.*

Repisa-se, por fim, que a finalidade precípua da sindicância patrimonial é identificar indícios de evolução patrimonial incompatível com a renda dos agentes públicos, fato esse que tipifica o ilícito de improbidade administrativa, modalidade *enriquecimento ilícito presumido*, conforme previsto no inciso VII do art. 9º da Lei nº 8.429/92, independentemente da existência de crime ou transgressão disciplinar antecedente.

Vale destacar que, caso tenha havido a abertura de contraditório no curso da sindicância patrimonial, ou, ainda, no curso do processo disciplinar oriundo de sindicância patrimonial, ao ser notificado, o agente público poderá ser indagado se pretende renunciar ao seu sigilo bancário para instruir a apuração. Caso o agente público se recuse a fornecer tais dados e a comissão julgue imprescindível a quebra do sigilo bancário, excepcionalmente, a medida será pleiteada pela via adequada, junto ao Poder Judiciário, sem prejuízo das informações fiscais fornecidas pela Secretaria da Receita Federal (dossiê integrado).[292]

---

292 CONTROLADORIA-GERAL DA UNIÃO, 2021.
Havendo, porém, a necessidade de obtenção dos dados protegidos por sigilo bancário, a prévia autorização do Poder Judiciário é indispensável, nos termos do art. 3º, § 2º da Lei Complementar nº 105, de 10 de janeiro de 20015, conforme se lê: Art. 3º Serão prestadas pelo Banco Central do Brasil, pela comissão de Valores Mobiliários e pelas instituições financeiras as informações ordenadas pelo Poder Judiciário, preservado o seu caráter sigiloso mediante acesso restrito às partes, que delas não poderão servir-se para fins estranhos à lide.
Nessa esteira, caberá à comissão solicitar ao órgão integrante da Advocacia-Geral da União competente o ajuizamento de processo de afastamento de sigilo bancário perante o órgão judiciário, devendo, para esse fim, demonstrar a necessidade e a relevância da obtenção dessas informações para a completa elucidação dos fatos sob apuração no bojo da sindicância patrimonial. Vale lembrar que, ao acessar os dados protegidos por sigilo fiscal e/

TIPOS DE PROCESSOS ADMINISTRATIVOS DISCIPLINARES

É possível, ainda, à comissão processante representar ao Ministério Público ou ao órgão de advocacia pública para que requeira junto ao Poder Judiciário a quebra dos sigilos bancário e fiscal do acusado, cônjuge, companheiro, filhos ou outras pessoas que vivam sob sua dependência econômica, nos termos do artigo 3°, § 1° da Lei Complementar n° 105, de 10 de janeiro de 2001.

Na fase de instrução, a comissão processante deve adotar algumas providências específicas para os casos de enriquecimento ilícito, tais como:

- Solicitação do dossiê integrado do agente público processado junto à Receita Federal.

- Encaminhamento dos autos a *expert* em contabilidade, a fim de providenciar a análise técnica dos dados coletados, podendo, inclusive remeter os autos ao perito contábil para que elaborar o balanço patrimonial, objetivando conhecer da compatibilidade ou incompatibilidade da evolução patrimonial do processado.

- Solicitação de informações juntos a outros órgãos, tais como Departamento de Trânsito, Capitania dos Portos, Delegacia de Imigração e concessionárias públicas;

- Solicitação de informações complementares a cartórios de registro de imóveis e de distribuição.

Em relação à análise dos dados coletados, é possível, ainda, requerer a elaboração de *perícia contábil*, a fim de verificar a existência de valores a descoberto, variação patrimonial incompatível com os ganhos auferidos de fontes lícitas e devidamente declarados à Receita Federal, capazes de comprovar a modalidade de enriquecimento em apuração.

Nesse tipo de apuração, convém que a comissão processante permita à defesa do agente público processado a apresentação de do-

---

ou bancário, os agentes públicos *integrantes da comissão assumem o dever de manutenção do sigilo, impondo-se, portanto, redobrada cautela.*

cumentação antes do término da instrução em contradita às conclusões alcançadas pela sindicância patrimonial e que podem dar azo à instauração do correspondente processo administrativo disciplinar.

No mais, não se verificam diferenças entre o processo administrativo disciplinar que tem por objetivo apurar transgressão administrativa disciplinar correlata ao ato de improbidade (previsto no artigo 9°, inciso VII da Lei n° 8.429/92) e aquele feito destinado a apurar os tipos comuns de faltas funcionais estatutárias.

Ao final, a comissão processante deverá elaborar o relatório conclusivo com vistas à autoridade competente para o julgamento, alvitrando pela aplicação da pena de demissão, caso restem devidamente comprovadas as transgressões disciplinares apuradas ou pelo arquivamento do feito, quando não restarem provadas as infrações imputadas ao agente público.

6.5.2 Enriquecimento ilícito presumido (art. 9°, VII da Lei n° 8.429/92)

Considerando a correlação da sindicância patrimonial com o ato de improbidade administrativa previsto no artigo 9°, inciso VII da LIA, é importante minudenciar essa modalidade de *enriquecimento ilícito*, sob o aspecto legal, doutrinário e jurisprudencial, observando a consagrada independência entre essas instâncias.

O enriquecimento ilícito constitui uma das espécies de improbidade administrativa prevista na Lei n° 8.429/92, importando aqui destacar o *caput* do artigo 9°, que dispõe sobre o seu conceito legal, *litteris*:

> *Art. 9° - Constitui ato de improbidade administrativa importando em enriquecimento ilícito auferir, mediante a prática de ato doloso, qualquer tipo de vantagem patrimonial indevida em razão do exercício de cargo, de mandato, de função, de emprego ou de atividade nas entidades referidas no art. 1° desta Lei, e notadamente (...).*

Entre as condutas elencadas no artigo 9° da Lei 8.429/92, ressaltamos o inciso VII, que dispõe sobre o ato de improbidade administrativa que importa *enriquecimento ilícito presumido*:

> *VII - adquirir, para si ou para outrem, no exercício de mandato, de cargo, de emprego ou de função pública, e em razão deles, bens de qualquer natureza, decorrentes dos atos descritos no caput deste artigo, cujo valor seja desproporcional à evolução do patrimônio ou à renda do agente público, assegurada a demonstração pelo agente da licitude da origem dessa evolução; (Redação dada pela Lei n° 14.230, de 2021).*

É indiscutível que todos os atos de improbidade administrativa têm potencial altamente lesivo aos princípios éticos e morais da Administração, ensejando deletéria consequência para a sociedade. Daí a necessidade de se apurar com rigor tais condutas. Todavia importa para o presente estudo o detalhamento apenas daquele denominado doutrinariamente como *enriquecimento ilícito presumido* (artigo 9°, inciso VII).

A Lei n° 8.429/92 estabelece no *Capítulo V* que o ato de improbidade administrativa será apurado por meio de *procedimento administrativo* e *também processo judicial*, de forma autônoma e independente.

Como regra geral, na esfera administrativa a responsabilização do ato de enriquecimento ilícito ocorre por meio do processo administrativo disciplinar, enquanto na esfera judicial se dá por meio da ação de improbidade.

Especificamente em relação ao enriquecimento ilícito presumido previsto no artigo 9°, VII, da Lei de Improbidade Administrativa, tanto a ação de improbidade quanto o processo administrativo disciplinar devem ser precedidos, em regra, de uma investigação patrimonial prévia, com o objetivo de verificar se há compatibilidade do crescimento patrimonial do agente público em relação à sua renda auferida licitamente e oriunda dos cofres públicos, o que demanda a realização de um balanço patrimonial.

Nessa seara, a sindicância patrimonial antecede o processo administrativo disciplinar, assim como o inquérito civil antecede a ação de improbidade.

Reitera-se, por necessário, que a sindicância patrimonial *não* se destina à apuração de transgressão administrativa disciplinar, na espécie, tampouco de crime. Ela é um instrumento capaz de indicar em que proporção a evolução patrimonial do agente público se mostrou incompatível, devendo ser demonstrado com clareza o(s) período(s) em que o enriquecimento ilícito se comprovou[293].

Do teor do artigo 9°, inciso VII da Lei n° 8.429/92, depreende-se que existem duas espécies de *enriquecimento ilícito presumido*: (i) a aquisição de bens cujo valor seja desproporcional à evolução do patrimônio (variação patrimonial); e (ii) a aquisição de bens cujo valor seja desproporcional à sua renda.

Destarte, as palavras-chaves são *proporção* e *desproporção*. Isso porque não existe um padrão previamente estabelecido acerca do que representa enriquecimento. O que devemos analisar é se os bens que integram o patrimônio do agente público e seus gastos realizados se coadunam com a renda auferida e declarada.

Diz-se que o enriquecimento ilícito é presumido porque não é exigido provar que o patrimônio foi adquirido com recursos obtidos por meio de atividade ilícita. Além disso, não é preciso provar o chamado *fato antecedente*, tampouco se exige a comprovação de dano ao erário.

---

293   Por ocasião do julgamento do RMS 38456, a Segunda Turma do Supremo Tribunal Federal reforçou que *"a evolução patrimonial que caracteriza a improbidade administrativa é apurada por meio de competente sindicância patrimonial, que tem por objetivo a prova da desproporcionalidade da evolução patrimonial, conforme previsão constante do art. 9°, VII, da Lei n° 8.429/1992"* (Segunda Turma do STF – Relator: Min. Edson Fachin° Julgamento em 05/12/2022. Publicação em 19/12/2022).

Ao comentar acerca ao artigo 9°, VII da LIA, Justen Filho[294] assegura que o dispositivo visa *reprimir* a obtenção de vantagens indevidas, que se manifestam por seus efeitos, mesmo quando sejam desconhecidas ou não reveladas as causa para a sua consumação. E, mais adiante, o professor[295] arremata:

> *Portanto, o dispositivo configura como improbidade o aumento aparente da riqueza de um agente público, quando inexistam elementos objetivos que justifiquem essa situação. A Lei consagra uma presunção relativa de que o aumento injustificável do patrimônio de um agente público decorreu de práticas reprováveis. É desnecessário comprovar a origem ilícita do aumento patrimonial, quando inexistir causa legítima aparente para tanto.*

De fato, a presunção de enriquecimento ilícito deve ser relativa, tendo em vista que se a Administração Pública provar a desproporção dos bens adquiridos pelo agente público, a este deverá ser dada a oportunidade de evidenciar a licitude dos ganhos, apontando a origem dos recursos, objetivando provar que o crescimento do seu patrimonial foi fruto de uma evolução natural, compatível com as rendas obtidas, ou que os acréscimos patrimoniais não têm qualquer relação direta ou indireta com a atividade pública desempenhada.

Sem embargo, parte da doutrina ainda discute se, para ficar estabelecida a improbidade, bastaria a comprovação da desproporcionalidade entre renda e patrimônio de maneira absoluta (presunção *jure et de jure*); se tal descompasso seria uma hipótese de presunção relativa (*juris tantum*); e se haveria, ainda, a necessidade de comprovação do ato ilícito praticado pelo agente público que deu origem à mencionada desproporção – o chamado *"fato antecedente"*.

---

294 JUSTEN FILHO, Marçal. *Reforma da Lei de improbidade administrativa comentada e comparada: Lei 14.230, de 25 de outubro de 2021*. 1. ed. Rio de Janeiro: Forense, 2022. p. 24.

295 *Ibid.*, 2022. p. 24.

Nesse sentido, verificamos pelo menos três correntes, que divergem nos pontos abordados a seguir.

A primeira corrente aqui mencionada defende o caráter absoluto da presunção legal, considerando que uma vez comprovada a desproporcionalidade entre o valor do bem adquirido e a renda do agente, já se consideraria uma presunção absoluta de enriquecimento ilícito. Entre os que defendem essa corrente, destaca-se Costa[296]:

> *Em face da comprovada desproporcionalidade entre o valor do bem adquirido e a renda ou a evolução do patrimônio do agente público ou político, traduz-se como sendo de índole absoluta (jure et de jure) a presunção de enriquecimento do tipo político-disciplinar em comento. Devendo ser agregado que, por questão até mesmo de lógica, tal presunção, já se escudando em dados concretos certificadores da incompatibilidade aludida, não admite prova em contrário, uma vez que ela já deverá ter ocorrido.*

Uma segunda corrente afirma que é imprescindível que a Administração indique o fato antecedente ocasionador do enriquecimento ilícito. Essa corrente leciona que caberia à Administração o ônus de provar não só a desproporção entre os bens adquiridos e a renda auferida pelo agente, como também a prática da conduta ilícita no exercício da função e o nexo de causalidade existente entre esta e a referida aquisição. Nesse sentido, entre eles, Pazzaglini Filho e Fazzio Júnior[297] defendem:

> *[...] o inciso VII é extensão e exemplificação do caput, denunciado pelo uso do advérbio notadamente. Este, ao conceituar o enriquecimento ilícito, refere-se a "qualquer tipo de vantagem patrimonial indevida em razão do exercício*

---

296 COSTA, José Armando da. *Contorno Jurídico da Improbidade Administrativa*. Brasília: Brasília Jurídica, 2002, p. 114.

297 FAZZIO JR., Waldo. *Improbidade administrativa e crimes de prefeitos*. 2. ed. São Paulo: Atlas. 2001, p. 80.

TIPOS DE PROCESSOS ADMINISTRATIVOS DISCIPLINARES

> *de cargo, mandato, emprego ou atividade nas entidades", o que leva à inexorável conclusão de que deve ser evidenciado o nexo etiológico entre o enriquecimento e o exercício público, ou seja, que a causa do enriquecimento é ilícita porque decorre do tráfico da função pública.*
>
> *Portanto, para a caracterização dessa modalidade de enriquecimento ilícito, é imprescindível que a aquisição de valores incompatíveis com a receita do agente público tenha ocorrido em decorrência do subvertido exercício do cargo, mandato, função, emprego ou atividade na Administração Pública direta, indireta, fundacional ou nas entidades a que se refere o art. 1º da Lei Federal nº 8.429/92". (Pazzaglini Filho, 2002:66).*
>
> *Se apenas com base na concomitância enriquecimento/ exercício do mandato, o Ministério Público postular sua responsabilização por enriquecimento ilícito, estará formulando pedido absolutamente inepto, porque da premissa (enriquecimento) não segue a conclusão (de que enriqueceu por abuso do cargo). Afinal, se da narração dos fatos não decorrer logicamente a conclusão, incide a regra do art. 295, parágrafo único, inciso II (Código de Processo Civil). Fica faltando a conduta ilícita (ato de improbidade) que liga a premissa à conclusão, ou seja, a causa do enriquecimento, o abuso. Sem a declinação do ato antijurídico fica vazia a relação causal.*

Uma terceira corrente, majoritária, a qual aderimos, defende que a presunção de enriquecimento ilícito é *juris tantum*, ou seja, relativa, uma vez que, em matéria de enriquecimento ilícito, cabe à Administração comprovar o incremento patrimonial significativo e incompatível com as fontes de renda do agente público, e este terá o ônus da prova no sentido de demonstrar a licitude da evolução patrimonial apontada. Nesse sentido, lecionam Garcia e Pacheco[298]:

> *Na hipótese do inciso VII, configura o enriquecimento ilícito "adquirir, para si ou para outrem, no exercício de mandato,*

---

298   GARCIA, 2011, p. 289.

cargo, emprego ou função pública, bens de qualquer natureza cujo valor seja desproporcional à evolução ou à renda do agente público"; o que permite identificar três elementos explícitos de um implícito: a) o enriquecimento do agente, o qual se exterioriza através de uma evolução patrimonial incompatível com os subsídios recebidos; b) que se trate de agente que ocupe cargo, mandato, função, emprego ou atividade nas entidades elencadas no art. 1º, ou mesmo o extraneus que concorra para a prática do ato ou dele se beneficie (art. 3º e 6º); c) ausência de justa causa, vale dizer, a não comprovação da existência de outras fontes de renda que pudessem justificar o acréscimo patrimonial; d) a relação de causalidade entre o enriquecimento do agente e o exercício de sua atividade, sendo este o elemento implícito, pois a desproporção entre a evolução patrimonial e o subsídio percebido pelo agente erige-se como indício demonstrador da ilicitude daquela. Aqui, o legislador deteve-se sobre os resultados da ação, relegando a plano secundário e presuntivo a ação injusta.

Em conclusão, reitera-se que, uma vez comprovado o enriquecimento ilícito, sem que o agente público tenha justificado uma origem lícita para os recursos apurados, estará sujeito à pena de demissão, cassação de aposentadoria ou disponibilidade.

Ainda no que concerne ao estudo do ato de improbidade administrativa na modalidade enriquecimento ilícito, não se pode olvidar as alterações promovidas pela Lei nº 14.230/20221, mormente em relação ao *caput* do artigo 9º e ao seu inciso VII, positivando a exigência do elemento subjetivo dolo para a configuração do ato de improbidade administrativa.

Ao comentar as alterações promovidas na Lei de Improbidade Administrativa, Justen Filho[299] assegura:

---

299 JUSTEN FILHO, 2022, p. 25.

> *[...] um dos núcleos da reforma promovida pela Lei 14.230/2021 consistiu em afirmar que a improbidade somente se configura nos casos de conduta dolosa. O elemento subjetivo do tipo da improbidade é o dolo. Isso significa a consciência do sujeito quanto à antijuridicidade de sua conduta e a vontade de praticar a ação ou omissão necessária à consumação da infração.*

Além da exigência do dolo, destacamos mais uma alteração promovida pela Lei nº 14.230/2021, que introduziu a expressão *"em razão dele"* ao conteúdo do inciso VII do artigo 9º, da Lei nº 8.429/92, referindo-se ao cargo público do agente público investigado. Essa mudança vem provocando questionamento quanto a necessidade de a Administração comprovar o vínculo entre as atribuições funcionais exercidas pelo agente e o incremento patrimonial injustificado.

É importante analisarmos em que medida as mudanças trazidas pela novel lei federal impactaram as investigações levadas a efeito por meio de sindicância patrimonial, bem como nos processos administrativos disciplinares que cuidam da transgressão disciplinar correlata.

Iniciando a análise da exigência do *dolo* destacado por alguns autores como sendo um limitador para a apuração do enriquecimento ilícito presumido, devemos ressaltar que, mesmo antes da Lei nº 14.230/2021, o Superior Tribunal de Justiça já enfrentava a questão da exigência do dolo para a configuração de alguns atos de improbidade administrativa, se conformando, no entanto, com o *dolo genérico*, dispensando a prova do *dolo específico* em caso de enriquecimento ilícito. Sobre esse elemento subjetivo, tem-se a seguinte configuração, de acordo com a redação original da LIA: artigo 9º – dolo; artigo 10 – dolo e/culpa; artigo 11 – dolo. Em julgado, o Superior Tribunal de Justiça esposou o referido entendimento:

> *(...) Relativamente às condutas descritas na Lei nº 8.429/1992,* esta Corte Superior possui entendimento de que a tipificação da improbidade administrativa, para as hipóteses dos arts. 9º e 11, reclama a comprovação do dolo e, para

as hipóteses do art. 10, ao menos culpa do agente *(desta-que nosso). (STJ; AgInt-REsp 1.362.044; Proc. 2013/0004898-3; SE; Segunda Turma; Rel. Min. Og Fernandes; Jul. 09/11/2021; DJF 16/12/2021).*

Em data pretérita, no julgamento do Mandado de Segurança nº 21.084-DF (2014), julgado em 26/10/2016, impetrado por ex-agente público federal que sofreu cassação de aposentadoria em processo administrativo, o Ministro Mauro Campbell Marques assegurou que a prática do ato de improbidade previsto nos arts. 9º, VII, e 11, ambos da Lei nº 8.429/1992, dispensa a prova do dolo específico, bastando o dolo genérico, *in verbis:*

> *[...] 5. A prática do Ato de Improbidade previsto nos arts. 9º, VII e 11, da Lei 8.429/1992, dispensa a prova do dolo específico, bastando o dolo genérico, que, nos casos de variação patrimonial a descoberto resta evidenciado pela manifesta vontade do agente em realizar conduta contrária ao dever de legalidade, consubstanciada na falta de transparência da evolução patrimonial e da movimentação financeira, bem como que a conduta do agente público tida por ímproba não precisa estar, necessária e diretamente, vinculada com o exercício do cargo público. Precedentes: MS 12.660/DF, Rel. Ministra Marilza Maynard (Desembargadora convocada do TJ/SE), Terceira Seção do STJ, julgado em 13/08/2014, DJe 22/08/2014; AgRG no AREsp 768.394/MG, Rel. Ministro Mauro Campbell Marques, Segunda Turma do STJ, julgado em 05/11/2015, DJe 13/11/2015; AgRg no REsp 1.400.571/PR, Rel. Ministro Olindo Menezes (Desembargador convocado do TRF 1ª Região). Primeira Turma do STJ, julgado em 06/10/2015, DJe 13/05/2015.*
>
> *6. In casu, tendo a comissão processante concluído pela existência de variação patrimonial a descoberto, considerando as elevadas movimentações financeiras na conta corrente do impetrante entre os anos de 2006 a 2010, decorrentes de diversos depósitos bancários não identificados, totalizando R$ 17.713,00 (dezessete mil, setecentos treze reais) no ano de 2006, R$ 20.709,05 (vinte mil, setecentos e nove reais e cinco centavos) no ano de 2007, R$ 23.901,36 (vinte e três mil,*

novecentos e um reais e trinta e seis centavos) no ano de 2008, R$ 34.903,00 (trinta e quatro mil, novecentos e três reais) no ano de 2009 e R$ 21.115,00 (vinte e um mil, cento e quinze reais) no ano de 2010, perfazendo um montante global de R$ 118.000,00 (cento e dezoito mil reais), o que corresponderá a 42% das entradas em sua conta corrente, revelando movimentações financeiras muito superiores aos rendimentos mensais por ele auferidos no exercício de suas atividades funcionais, em torno de R$ 3.400,00 (três mil e quatrocentos reais) bruto, sem que fosse possível identificar a fonte de recursos, e que o impetrante não teria logrado demonstrar a origem lícita dos recursos questionados decorreriam de atividades como corretor de imóveis ou da venda parcelada de um veículo automotor, a revisão de tais conclusões, a fim de reconhecer a possível licitude dos recursos e a inexistência de variação patrimonial a descoberto, exigem provas pré-constituídas em tal sentido, o que não restou observado nos autos, deixando o impetrante a trazer à baila provas documentais nesse sentido, limitando-se, em verdade, a reiterar as alegações de que os depósitos não identificados decorreriam de suas atividades como corretor de imóvel, sem, contudo, sequer identificar os respectivos depositantes ou comprovar o efetivo exercício da referida profissão, de modo que patente é a necessidade de dilação probatória, o que não é possível na via estreita do mandado de segurança.

Trazendo a lume os conceitos do Direito Penal, consigna-se que o dolo genérico reside na consciência e vontade de realizar a ação descrita no tipo. É a "*mera vontade de praticar o núcleo da ação típica, sem qualquer finalidade específica*". Já no dolo específico, é preciso demonstrar um especial fim de agir, ou seja, realizar o tipo com uma finalidade especial em mente.

Nesse contexto, há muito se já se aplicava a ideia do dolo presumido na apuração da referida modalidade de enriquecimento ilícito, até porque nunca se cogitou que o indivíduo enriquecesse culposamente. Por outro lado, o que parece claro é que o legislador quis com a mudança afastar, expressamente, a possibilidade do ato de improbidade administrativa na modalidade culposa.

Nesse compasso, não obstante as alterações promovidas pela Lei n° 14.230/2021 na LIA, conclui-se que não é cabível exigir o dolo específico de modo indiscriminado para todos os atos de improbidade previstos na Lei n° 8.429/92. Compreensão mais adequada é contemplar tanto figuras de dolo genérico como figuras de dolo específico, harmonizando a interpretação do texto legal com a jurisprudência do STJ, notadamente na hipótese de enriquecimento ilícito previsto no artigo 9°, VII, uma vez que, em regra, a vontade do agente é a de ver o seu patrimônio evoluir, recaindo sobre seus ombros a responsabilidade de justificar a origem lícita e devidamente comprovada.

Superada a questão da exigência do dolo, trazemos à baila a seguinte discussão relevante: teria a Administração o dever de comprovar que o acréscimo patrimonial ou variação patrimonial incompatível decorreu do exercício do cargo público?

Em conclusão, a Controladoria-Geral da União[300] orientou ao órgão requisitante no sentido de que não há a necessidade de evidenciar o nexo causal entre a conduta responsável pelo acréscimo patrimonial e o exercício do cargo público (sem grifo no original):

> *[...] à vista da alteração promovida na redação do inciso VII artigo 9° da LIA pela Lei n° 14.230/2021, concluiu-se, sem a intenção de interpretação jurídica do dispositivo, pela manutenção do entendimento de que, nos casos de atos de improbidade que importem em enriquecimento ilícito pelo agente público, cabe tão somente à Administração o ônus de demonstrar a incompatibilidade da evolução do patrimônio ou renda do agente público sem a necessidade de evidenciar o nexo causal entre a conduta responsável pelo acréscimo*

---

300   No intuito de esclarecer tal questionamento, trazemos à colação o entendimento da Controladoria-Geral da União esposado na Nota Técnica n° 486/2022/CGU/CRG/março/2022. O questionamento foi formulado pela Corregedoria-Geral do Banco Central do Brasil, em razão da nova redação conferida ao artigo 9° da Lei de Improbidade Administrativa pela Lei n° 14.230, de 26 de outubro de 2021.

desproporcional e o exercício do cargo público para a configuração do ato de improbidade *(destaque nosso)*.

Justen Filho[301] leciona que a questão do título aquisitivo tratado tanto o caput do artigo 9°, como o seu inciso VII refere-se à aquisição de bem no exercício de função pública, utilizada a expressão para indicar amplamente todas as posições jurídicas que investem um agente na sua titularidade. Acrescenta-se que a lei exige uma relação de causalidade entre o exercício da função pública e a aquisição do bem. Continua o autor[302]:

> *Isso significa que, evidenciada a absoluta ausência de vínculo lógico entre a função pública e a aquisição do bem, não se configura a materialidade da infração. Assim, suponha-se que o agente público venha a adquirir um determinado imóvel em virtude de usucapião. Em princípio, essa hipótese afasta a configuração da improbidade, eis que a ampliação patrimonial não envolveu o exercício indevido de função pública. Mas é relevante que outra será interpretação nos casos em que o preenchimento dos requisitos pertinentes à usucapião tiverem sido propiciados pela condição de agente público. Nessa hipótese, poderá configurar-se a improbidade.*

6.6 PROCESSO ADMINISTRATIVO DISCIPLINAR (PAD) DE RITO ORDINÁRIO

Pode-se dizer que o processo administrativo disciplinar de rito ordinário (espécie) é o principal tipo de processo disciplinar (gênero), por ser o mais bem disciplinado. Portanto tal espécie de processo será objeto de uma análise mais detalhada no próximo capítulo.

---

301 JUSTEN FILHO, Marçal. *Reforma da Lei de improbidade administrativa comentada e comparada: Lei n° 14.230, de 25 de outubro de 2021.* 1. ed. Rio de Janeiro: Forense. 2022. p. 86.

302 *Ibid.* p. 86.

6.7 PROCESSO ADMINISTRATIVO DISCIPLINAR DE RITO SUMÁRIO

O processo administrativo disciplinar de rito sumário é um processo abreviado e sem tantas formalidades como exigidas para o rito ordinário em âmbito federal.

A Lei nº 8.112/90, a partir da alteração promovida pela Lei nº 9.527/1997, a fim de promover maior celeridade e eficiência na tramitação de processos administrativos disciplinares, previu o rito sumário para cuidar de 3 (três) hipóteses de ilicitudes verificadas no âmbito da Administração Pública: i) abandono de cargo; ii) a inassiduidade habitual; e iii) acumulação ilícita de cargos, empregos ou funções públicas.

A mudança legislativa já estava em consonância com a edição da posterior Emenda Constitucional nº 45/2004, que acrescentou o inciso LXXVIII ao art. 5º da Constituição da República de 1988, instituindo a garantia constitucional da razoável duração do processo. O objetivo do legislador foi assegurar a todos os acusados, inclusive na esfera administrativa disciplinar, uma demanda processual mais célere, a fim de não eternizar uma acusação eventualmente infundada, que compromete, entre outros benefícios, a ascensão funcional na carreira do agente público processado.

O prazo para a conclusão do processo administrativo disciplinar de rito sumário é de 30 (trinta) dias, contados da data de publicação do ato que constituir a comissão, prorrogável por mais 15 (quinze) dias, sucessivamente, desde que necessário e fundamentado pela Comissão, consoante o disposto no art. 133, § 7º, da Lei nº 8.112/90. Evidente que, assim como no rito ordinário, a extrapolação desse prazo que venha acarretar um julgamento extemporâneo, desde que justificado, não acarreta a nulidade do feito.

Nessa linha, importante destacar que as regras do processo disciplinar de rito ordinário aplicam-se subsidiariamente ao rito sumário, naquilo que for cabível. Não é demais frisar que nesse procedimento mais célere igualmente devem ser asseguradas ao agente público acusado as garantias constitucionais processuais, notadamente o devido processo legal, a ampla defesa e o contraditório.

6.7.1 Procedimento na hipótese de acumulação ilícita de cargos públicos

A Constituição da República de 1988 é o principal diploma jurídico na temática da acumulação de cargos públicos, deixando claro que a proibição de acumular abrange os cargos, empregos e funções exercidas em autarquias, fundações públicas, empresas públicas, sociedades de economia mista, além de suas subsidiárias e sociedades controladas pelo poder público, de todos os entes federativos[303].

A Lei Federal nº 8.112/90 enfatiza que, fora dos casos previstos na Lei Maior, é vedada a acumulação de cargos públicos, incluindo a percepção de vencimento de cargo ou emprego público efetivo com proventos da inatividade, salvo quando os cargos de que decorram essas remunerações forem acumuláveis na atividade.

Contudo, segundo o art. 11 da EC nº 20/1998, a proibição de acumular prevista no art. 37, § 10, da Constituição Federal não se aplica aos membros de poder e aos inativos, agentes públicos e militares, que, até a publicação dessa emenda, tenham ingressado novamente no serviço público por concurso público de provas ou de provas e títulos, e pelas demais formas previstas na Constituição Federal, sendo-lhes proibida a percepção de mais de uma aposentadoria pelo regime de previdência a que se refere o art. 40 da Constituição Federal, aplicando-se-lhes, em qualquer hipótese, o limite de que trata o § 11 desse mesmo artigo.

---

303   Cf. Art. 37. (...) XVI - é vedada a acumulação remunerada de cargos públicos, exceto, quando houver compatibilidade de horários, observado em qualquer caso o disposto no inciso XI: a) a de dois cargos de professor; b) a de um cargo de professor com outro técnico ou científico; c) a de dois cargos ou empregos privativos de profissionais de saúde, com profissões regulamentadas; (Redação dada pela Emenda Constitucional nº 34, de 2001) XVII - a proibição de acumular estende-se a empregos e funções e abrange autarquias, fundações, empresas públicas, sociedades de economia mista, suas subsidiárias, e sociedades controladas, direta ou indiretamente, pelo poder público;" (Redação dada pela Emenda Constitucional nº 19/1998).

Vale dizer, essa exceção supracitada permite que se acumule 1 (um) cargo público efetivo com proventos de aposentadoria para aqueles que ingressaram no serviço público até a publicação da EC nº 20/1998, respeitado sempre o limite remuneratório constitucional.

Cumpre sublinhar que a acumulação de cargos efetivos, mesmo permitidos pela Constituição Federal, fica condicionada à compatibilidade de horários. A Advocacia-Geral da União tem parecer (GQ-145) que regulamenta o tema, assim como alguns entes federativos. Contudo o Supremo Tribunal Federal já decidiu que tais "normas autônomas" regulamentadoras podem ser consideradas violadoras do texto constitucional e, assim, exige que a Administração Pública comprove a *existência de incompatibilidade de horários em cada caso específico, não bastando tão somente cotejar o somatório de horas, com o padrão derivado de um parecer, ou mesmo de um Decreto*[304].

No âmbito da União, a Nota Técnica nº 3277/2022/CGUNE/CRG estabelece uma definição de cargo técnico ou científico, para fins de acumulação, concluindo que a *mera necessidade de curso técnico ou superior não atribui caráter técnico ao cargo de forma automática*, devendo ser analisado sempre o caso concreto.

Cumpre destacar, nessa seara, que a partir da EC nº 101, de 4 de julho de 2019, passou-se a permitir a acumulação de cargos públicos por militares estaduais (policiais militares e bombeiros militares). O art. 42 da Constituição Federal foi acrescido do § 3º, que passou a assim prever: *"Aplica-se aos militares dos Estados, do Distrito Federal e dos Territórios o disposto no art. 37, inciso XVI, com prevalência da atividade militar".*

Na prática, os membros das polícias militares e dos corpos de bombeiros militares podem acumular seus cargos de militares dos estados com: i) um cargo de professor; ii) um cargo técnico ou científico; ou iii) um cargo ou emprego privativo de profissionais de saúde, com profissões regulamentadas.

---

304 STF – Recurso Extraordinário nº 351.905, Rel. Min. Ellen Gracie, 2ª Turma, julgado em 24/05/2005; na mesma linha, STJ – MS nº 14515/DF, Rel. Min. Humberto Martins, 1ª Seção, julgamento em 13/04/2011, Dje, 04 maio 2011.

Os militares federais e estaduais (art. 42, § 1º da CF) da área de saúde já podiam acumular cargo público, desde que o outro cargo fosse também da área de saúde, em razão da emenda constitucional 77, de 11 de fevereiro de 2014, que passou a possibilitar esse acúmulo, consoante o disposto no art. 142, § 3º, II, III e VIII, com prevalência da atividade militar. Portanto, atualmente, o militar federal só pode acumular cargos públicos da área de saúde, não cabendo cumulação com cargo de professor ou técnico científico.

No caso de acumulação lícita, o salário do militar pode ultrapassar o limite remuneratório, em virtude da decisão do STF no RE 612975/MT e RE 602043/MT. Inobstante, o art. 142, § 3º, II da Constituição Federal assevera que o militar federal e estadual da ativa que tomar posse em cargo público civil será transferido para a reserva, salvo se for da área de saúde.

Essencial esclarecer que a proibição de acumulação refere-se a cargos efetivos, não englobando os cargos eletivos e em comissão (para atribuições de direção, chefia e assessoramento e de livre nomeação e exoneração), nos termos do art. 37, V, e § 10 da CRFB/88. Agente público da administração direta, autárquica e fundacional que tomam posse em mandato eleitoral devem ser afastados de suas funções. Se for o cargo de presidente, governador ou prefeito, deve optar por uma das remunerações. No caso de vereador, é possível a acumulação com o cargo efetivo e o recebimento de ambas as remunerações, desde que haja compatibilidade de horários, tudo consoante prevê o art. 38, I a III da CRFB/88.

O rito do processo administrativo disciplinar sumário, na hipótese de acumulação, está previsto no art. 133 da Lei nº 8.112/90. O art. 133, § 5º é claro ao prever que o agente público acusado até o último dia de prazo para apresentação de defesa pode exercer seu *direito de opção* por um dos cargos públicos, fato que caracteriza sua boa-fé, impedindo, portanto, que exista qualquer desconto pecuniário pelo exercício de seu mister realizado em ambos os cargos públicos que ocupava simultaneamente.

Contudo, apurado em procedimento disciplinar próprio que o agente público não comparecia ao trabalho (conhecido popularmente como "funcionário fantasma") ou não cumpria integralmente a carga horária estipulada, ele não fará jus a remuneração durante esse período, sem prejuízo de perscrutação quanto à ocorrência de possível abandono de cargo público.

Com efeito, a acumulação ilegal de cargos, empregos e funções públicas não enseja a restituição dos valores auferidos como remuneração do agente público, pois isso implicaria enriquecimento sem causa do Estado, apesar de a União poder sempre cobrar a restituição dos valores pagos ao agente público indevidamente.

O Superior Tribunal de Justiça entende que o acusado que responde a outro processo administrativo disciplinar não pode exercer o direito de opção, no caso de acumulação ilícita de cargos públicos, eis que, segundo o art. 172 da Lei Federal nº 8.112/90, não pode ser exonerado a pedido enquanto corre o feito disciplinar[305]. Ressalte-se que essa citada norma (art. 172) vigora no âmbito da União, podendo os demais entes federativos dispor de forma diversa, sendo controvertida na jurisprudência sua aplicação por analogia a estes.

Por fim, é preciso pontuar que a acumulação ilícita de cargos públicos é reconhecida como infração permanente. Assim, o curso da prescrição somente se inicia após a cessação da conduta ilícita, ou seja, enquanto o agente público ocupe dois ou mais cargos públicos, a ilicitude funcional persiste, mesmo que ocorra a aposentadoria em um deles ou em ambos. Nessas hipóteses, apenas o direito de opção a uma das remunerações (agente público em atividade) ou a renúncia aos proventos (inatividade) pode fazer cessar a ilegalidade.

---

305 "O direito de opção previsto no *caput* do art. 133 da Lei nº 8.112/1990 a um dos cargos, empregos ou funções públicas indevidamente acumulados deve ser observado somente nas hipóteses em que o agente público puder fazer pedido de exoneração de um dos cargos. Isso porque o agente público que responde a processo administrativo disciplinar não pode ser exonerado a pedido até o encerramento do processo e o cumprimento da penalidade eventualmente aplicada, de acordo com o art. 172 do mesmo diploma. Assim, fica suspenso o direito de opção previsto no art. 133 enquanto pendente a conclusão de processo administrativo disciplinar em relação a um dos cargos. RMS 38.867-AC, Rel. Min. Humberto Martins, julgado em 18/10/2012." (STJ – Informativo nº 508, de 05 a 14 de novembro de 2012).

Contudo, o Supremo Tribunal Federal, em julgado com repercussão geral, decidiu que, em virtude dos princípios da boa-fé, da segurança jurídica, da proteção à confiança e da necessidade de estabilização das relações sociais, a Administração Pública deve observar *"prazo razoável para a revisão de atos administrativos dos quais resultem efeitos patrimoniais aos administrados, neles incluídos os atos de concessão inicial de benefícios previdenciários no âmbito do serviço público federal"*[306]. Esse período seria de 5 (cinco) anos, nos termos do art. 54 da Lei nº 9.784/99, salvo comprovada má-fé do agente público.

6.7.2 Procedimento na hipótese de abandono de cargo e inassiduidade habitual

No âmbito da União, consoante o disposto na Lei Federal nº 8.112/90, considera-se como *abandono de cargo "a ausência intencional do* agente público *ao serviço por mais de trinta dias consecutivos"* (art. 138), enquanto se caracteriza como *inassiduidade habitual "a falta ao serviço, sem causa justificada, por sessenta dias, interpoladamente, durante o período de doze meses"* (art. 139)[307].

Em ambos os casos, é prevista a pena de demissão para o agente público que infringir tais dispositivos legais. A intenção do legislador é reprimir, com agilidade, a acefalia do cargo, a descontinuidade dos serviços, o desamparo administrativo e o consequente risco de danos ao interesse público. Como é dever inerente ao cargo público a frequência assídua e pontual ao serviço, a inopinada ausência reiterada, sem justificação prévia ou imediata aos seus superiores, impõe à Administração Pública perscrutar, por meio do procedimento disciplinar, se há interesse ou não do agente público na continuidade da prestação do serviço público.

---

306   STF – RE 636553/RS, rel. Min. Gilmar Mendes, julgamento em 19/02/2020.

307   Cada ente federativo tem autonomia para fixar esses prazos, desde que observe a razoabilidade. No estado do Rio de Janeiro, segundo o que dispõe o § 1º do art. 52 do Decreto-lei nº220/75 (Estatuto dos Agentes públicos Civis), considera-se como *abandono de cargo* a ausência ao serviço, sem justa causa, por 10 (dez) dias consecutivos. Prazo inferior a esse parece violar o aludido princípio administrativo.

O procedimento para apuração de ambas as transgressões disciplinares citadas tem *rito sumário*, nos mesmos moldes da acumulação ilícita de cargo público[308].

Assim que a autoridade instauradora tenha ciência da possível ocorrência de abandono de cargo ou de inassiduidade habitual, deve providenciar a constituição de uma comissão.

Não se pode olvidar que, se o indiciado estiver em lugar incerto e não sabido, deve ser citado por edital, publicado no Diário Oficial e em jornal de grande circulação na localidade do último domicílio conhecido, para apresentar defesa. Não comparecendo à presença do colegiado, este deve decretar sua revelia e designar um agente público como defensor dativo, que deverá ser ocupante de cargo efetivo superior ou de mesmo nível, ou ter nível de escolaridade igual ou superior ao do indiciado.

Inobstante, pode ser que o agente público retorne ao serviço antes da instauração do processo administrativo disciplinar e apresente as devidas justificativas para suas ausências ao serviço. Aqui surge uma questão prévia. Na prática, não é incomum constatar-se *ipso facto* que as faltas do agente público estão justificadas (*v.g.*, agente público acidentado que se encontrava internado em hospital ou em clínica de reabilitação e realmente não foi possível a comunicação aos superiores hierárquicos).

Nesses casos, se houver inequívoca e robusta comprovação de boa-fé por parte do acusado, com a apresentação de toda a documentação pertinente, em homenagem aos princípios da boa-fé, razoabilidade, economia processual e eficiência, parece possível ponderar quanto à necessidade de instauração de processo administrativo disciplinar, o qual se mostrará inócuo e dispendioso futuramente, podendo a autoridade competente, fundamentadamente, promover desde logo o arquivamento do feito e determinar o retorno do agente público ao serviço público.[309]

---

308   Cfr. Lei Federal n. 8.112/90, art. 140, II.

309   Decreto Estadual nº 44.789, de 13 de maio de 2014. No estado do Rio de Janeiro, este decreto prevê a delegação do governador para os secretários e presidentes de autarquias e fundações para a prática de atos de reassunção

TIPOS DE PROCESSOS ADMINISTRATIVOS DISCIPLINARES

Instaurado o processo administrativo disciplinar, incumbe à Administração Pública o ônus da prova. Nos casos de abandono de cargo, à comissão processante impõe-se a tarefa de envidar todos os esforços a fim de demonstrar não só a materialidade da falta ao serviço (elemento objetivo), mas, sobretudo, a vontade consciente do agente público em dele se ausentar, ou seja, o denominado *animus abandonandi.*

O Superior Tribunal de Justiça é pacífico quanto à exigência do elemento subjetivo para caracterizar o abandono de cargo do agente público[310]. Impende frisar a relevância desse requisito como característica essencial do abandono de cargo, porque conforme já decidiu o Supremo Tribunal Federal: *"É legítima a fuga do réu para impedir prisão preventiva que considere ilegal, porque não lhe pesa ônus de se submeter a prisão cuja legalidade pretende contestar"*[311]. Com base nesse julgado, o próprio Tribunal da Cidadania já decidiu que a evasão do agente público para impedir medida cautelar processual penal de natureza pessoal pode descaracterizar o *animus abandonandi*[312].

Na hipótese de abandono de cargo, pode ser que, ao final do processo administrativo disciplinar, a autoridade competente entenda que as faltas devam ser justificadas apenas para fins disciplinares. Isto é, embora não caracterizada a ilicitude funcional de abandono de cargo, como o agente público não laborou nesse período, não faz

---

para cargos de servidores de provimento efetivo em duas hipóteses: i) abandono de cargo por ausência ao serviço por 10 (dez) dias consecutivos, após justificativas de faltas pela autoridade competente, apenas para fins disciplinares; e ii) quando o servidor desistir do pedido de exoneração ainda não acolhido pela Administração estadual.

310 "A 3ª Seção desta Corte Superior de Justiça firmou já entendimento no sentido de que, em se tratando de ato demissionário consistente no abandono de emprego ou inassiduidade ao trabalho, impõe-se averiguar o *animus* específico do agente público, a fim de avaliar o seu grau de desídia" (STJ – MS 8.291/DF - processo nº 2002/0041936-0); no mesmo sentido, MS nº 6.952/DF, Rel. Min. Gilson Dipp, in DJ 02/10/2002.

311 STF – HC 87.838/RR, Rel. Min. CEZAR PELUSO, Primeira Turma, DJ de 04/08/2006.

312 (STJ – MS 12.424/DF, Rel. Ministro OG FERNANDES, SEXTA TURMA, julgado em 28/10/2009, DJe 11/11/2009).

jus a sua respectiva remuneração. Assim, é lícito à Administração Pública efetuar os devidos descontos financeiros do agente público processado, caso já não tenham sido implementados.

Por outro lado, tendo sido integralmente justificadas as faltas do agente público para todos os fins (exemplo: enfermidades físicas ou psíquicas impeditivas do trabalho), o arquivamento do processo administrativo disciplinar surtirá todos os devidos efeitos legais, considerando-se o período faltoso como de efetivo exercício. Assim sendo, esse tempo é computável para todos os fins de direito, inclusive aposentadorias, licenças especiais, entre outros[313].

Durante o curso do processo administrativo disciplinar, a comissão pode entender pertinente uma maior produção de provas para a comprovação das irregularidades. Considerando as especificidades do rito sumário, ele pode solicitar à autoridade instauradora a conversão do procedimento para o rito ordinário, ocasião em que poderá ser designada nova comissão disciplinar, agora com a nomeação do respectivo presidente.

Por derradeiro, devido à garantia constitucional da presunção de inocência, um agente público que supostamente tenha praticado o ilícito de abandono de cargo ou de inassiduidade habitual pode retornar ao trabalho antes das apurações, ou mesmo durante o trâmite de um procedimento disciplinar que apure a falta.

Contudo, a Administração Pública, constatado o abandono de cargo, pode cortar o pagamento do agente público faltoso, até que a irregularidade seja apurada por meio do devido processo legal (PAD de rito sumário), porque este não está prestando seus serviços, não fazendo jus, portanto, à remuneração. Trata-se de medida necessária para a preservação do erário público, em consonância com os princípios da economicidade e da eficiência, reitores da Administração Pública.

---

313   Nesse sentido, confira o seguinte julgado: TJDFT - APC/DF nº 1-34480-2, da 3ª Turma Cível, Rel. Desembargador Lécio Resende, Diário da Justiça de 12/02/2004, p. 48.

7 PROCESSO ADMINISTRATIVO DISCIPLINAR ORDINÁRIO

O processo administrativo pode ser compreendido como uma relação jurídica que envolve uma sucessão dinâmica e encadeada de atos instrumentais para a obtenção da decisão administrativa. O objetivo deste capítulo é, exatamente, analisar os atos que compõem o procedimento do processo administrativo disciplinar pelo rito ordinário, que serve de base para aplicação a todos os procedimentos dos outros tipos de processos, no que couber.

Cumpre destacar que o rito ordinário do processo administrativo disciplinar (espécie) hodiernamente no Brasil parece sofrer uma crise de identidade. O entendimento consagrado na súmula 641 do STJ[314] potencializou o problema. Chaves[315], com precisão, aponta

---

314 STJ, Súmula 641: *"A portaria de instauração do processo administrativo disciplinar prescinde da exposição detalhada dos fatos a serem apurados".*

315 CHAVES, Rodrigo Fernando Machado. Do loop no processo administrativo disciplinar. Reflexões e propostas de aperfeiçoamento do controle interno da Administração Pública Federal. *In: Coleção de Direito Administrativo Sancionador, v. 2.* Ana Maria Rodrigues Barata, Danielly Cristina Araújo Gontijo e Flávio Henrique Unes Pereira (Coordenadores). Rio de Janeiro: CEEJ, 2021, p. 516-536. O autor assim esclarece: *"O processo administrativo disciplinar é um expediente de peculiar configuração dentro do sistema jurídico brasileiro. Está próximo de um sistema jurisdicional, embora com esta não se confunda, já que é uma concatenação de atos objetivados a um determinado fim, iluminado por princípios constitucionais como o contraditório, ampla defesa e devido processo legal, mas sendo baseado no poder disciplinar, se reveste de uma atuação inquisitiva com contraditório pleno diferido a um momento posterior a coletas das provas e formalização do indiciamento; sobre ele incidem normas de Direito Processual Civil por força do art. 15 do CPC, todavia, como um instrumento de aplicação de penalidade também se vale de analogias com o Direito Processual Penal; possui independência de outras esferas judiciais e administrativas, mas está submetido ao controle de legalidade do Judiciário; embora a Administração notifique o acusado para acompanhar o processo e produzir provas e a ele faça referência como acusado, não estabelece uma relação adversarial durante a fase instrutória, já que*

que o sistema legal vigente hoje induz a defesa e a Administração Pública a um "*loop procedimental*" no âmbito disciplinar. Aliás, por essa e outras características, o aludido autor afirma que o processo administrativo disciplinar, no sistema processual brasileiro, se fosse um ser vivo, "*provavelmente seria um ornitorrinco*"[316].

Com efeito, o processo administrativo disciplinar pelo rito ordinário é deflagrado por meio de portaria, a qual, segundo entendimento predominante no Superior Tribunal de Justiça, prescinde de descrição pormenorizada dos fatos a serem apurados. Esse detalhamento, de acordo com a jurisprudência do Tribunal da Cidadania, só é obrigatório com o ato de indiciamento, momento processual em que haverá conhecimento pleno da acusação e o agente público processado poderá exercer integralmente seu direito à ampla defesa e ao contraditório[317].

Em outras palavras, o agente público acusado acompanha toda a fase instrutória do processo sem uma definição exata do que está sendo-lhe imputado, o que só ocorrerá com a indiciação. Contudo, como observa Chaves, "*caso a defesa requeira a realização de novas provas ou refazimento de atos à luz da formalização da acusação*", se admitido o pedido, isso obrigará o colegiado processante a "*refazer todos os atos praticados no processo desde o interrogatório*", ensejando o que ele denomina de "*loop*", ou seja, uma situação de retorno ao início do processo, que normalmente só poderia ocorrer caso novas provas fossem localizadas após o indiciamento[318].

---

o propósito do processo administrativo disciplinar não é a comprovação de um pedido dispositivo, carecendo de uma acusação formal em sua instauração; em que pese reconhecer a possibilidade de recurso hierárquico da decisão da Autoridade Julgadora não admite a interposição de recurso interlocutório com efeitos infringentes dos atos para a comissão processante para a autoridade instauradora. Ou seja, o processo administrativo disciplinar é um processo esquisito" (op. cit., p. 518-519).

316   *Ibid.* p. 518.

317   Vide o teor da aludida Súmula 641 do STJ.

318   CHAVES, 2021, p. 517.

PROCESSO ADMINISTRATIVO DISCIPLINAR ORDINÁRIO

Embora disfuncional, esse é o roteiro legal previsto na Lei Federal nº 8.112/90, consoante o disposto nos arts. 148 a 166. O art. 151 esclarece que o processo administrativo disciplinar apresenta as seguintes fases: *"I - instauração, com a publicação do ato que constituir a comissão; II - inquérito administrativo, que compreende instrução, defesa e relatório; III - julgamento"*.

Essa segunda fase, conforme será visto no próximo capítulo, inicia-se com a notificação e ciência do acusado sobre a instauração do processo administrativo disciplinar. Em seguida, passa-se à instrução probatória propriamente dita, com a oitiva das testemunhas e o interrogatório do agente público processado. Finalizadas as oitivas, a comissão ultima o feito e promove, ou não, o indiciamento do acusado, momento em que este é citado para apresentar defesa escrita, podendo formular requerimentos e diligências. Caso tal dilação não ocorra, incumbe ao colegiado processante emitir o relatório final e remetê-lo à autoridade competente, para julgamento.

O denominado *"loop* procedimental" ocorre após o indiciamento, em virtude do disposto no art. 161 (Lei nº 8.112/90), o qual preconiza que, após *"tipificada a infração disciplinar, será formulada a indiciação do agente público, com a especificação dos fatos a ele imputados e das respectivas provas"*.

Em tese, o acusado pode acompanhar e participar do processo administrativo disciplinar desde a sua ciência inicial, com a publicação da instauração em diário oficial[319]. Contudo o exercício da ampla defesa de forma plena acaba por ser postergado para após o ato indiciatório, quando a imputação, com descrição dos fatos e a subsunção aos tipos administrativos disciplinares, torna-se completa. Destarte, o ideal seria que a portaria inaugural do processo administrativo disciplinar funcionasse como a denúncia do processo criminal e detalhasse, de plano, toda a acusação. O indiciamento seria uma ratificação do ato inaugural, caso não se alterasse o panorama probatório. Todavia, como dissemos, o próprio STJ sumulou a questão (Verbete nº 641) e não exige uma descrição detalhada dos fatos na Portaria do feito disciplinar.

---

319   Conforme dicção do art. 156 da Lei nº 8.112/90.

Inobstante, é exigível, atualmente, que os processos administrativos disciplinares sejam instaurados com suporte probatório suficiente, após prévia e regular apuração dos fatos por meio de uma investigação preliminar, uma sindicância investigativa, ou, ainda, utilizando-se de prova emprestada, quando existe uma ação penal correlata, deflagrada no Poder Judiciário. Nessas hipóteses, portanto, em tese, já seria possível à Administração Pública formular a inicial do feito administrativo disciplinar da forma mais completa possível, possibilitando, desde logo, o pleno exercício da ampla defesa e do contraditório ao agente público acusado.

Aqui cabe uma indagação: caso a Administração Pública de um ente federativo, na portaria do processo administrativo disciplinar, descreva de forma completa a imputação ao agente público acusado, com a mera reiteração da peça inicial no ato de indiciamento, poderia ser evitado esse denominado *"loop* procedimental"? Em outras palavras, a defesa do agente público processado pode exigir sempre o refazimento de provas já colhidas sob o crivo do contraditório e da ampla defesa, após a indiciação?

Se o ato de indiciamento apenas repete o descrito na portaria inaugural, entendemos que não. Se a Administração oportunizou ao acusado o direito de informação, de reação/manifestação e analisou/considerou os argumentos expendidos pela defesa, não há que se falar em violação às garantias constitucionais da ampla defesa e do contraditório. Se o agente público processado desde o início tem ciência de todas as acusações, formuladas na peça processual inicial, não se pode exigir o exigir refazimento da instrução probatória, pois significaria mera repetição de atos processuais e protelação inócua do processo.

Em tese, a antecipação da acusação plena para a portaria do processo administrativo disciplinar induz a inegáveis benefícios para ambas as partes. Para a Administração, porque otimiza e racionaliza (eficiência) a instrução do processo administrativo disciplinar. E o agente público processado, por sua vez, tem maior segurança jurídica, pois responde a uma acusação completa, de forma mais precisa, desde o início do feito, sem postergações ou óbices ao exercício ple-

PROCESSO ADMINISTRATIVO DISCIPLINAR ORDINÁRIO

no de seus direitos e garantias individuais constitucionais, notadamente a ampla defesa e o contraditório.

A Administração Pública moderna no Estado Democrático de Direito precisa ponderar e promover, conjuntamente, a eficiência no combate aos ilícitos funcionais (*compliance* e economia) e as garantias processuais dos acusados. Inobstante, o ideal seria uma reforma legal na Lei nº 8.112/90, alterando-se o rito do processo administrativo disciplinar, visando adequá-lo a essa nova realidade contemporânea, que exige, ao mesmo tempo, respeito aos direitos individuais e gestão inteligente de recursos humanos e financeiros públicos.

7.1 INSTAURAÇÃO

O primeiro ato a ser praticado no processo administrativo disciplinar é a instauração, que tem por escopo dar início a apuração infracional, constituir a comissão, designar o seu respectivo presidente e estabelecer os limites da apuração[320].

Costuma-se dizer que o ato de instauração do processo disciplinar deve ocorrer por meio de *portaria,* editada pela autoridade competente, cujos efeitos jurídicos próprios passam a ocorrer com a sua publicação ou de um *extrato* no Diário Oficial ou em boletim interno do órgão ou entidade (boletim de serviço ou boletim de pessoal) – neste caso, quando a lei não exigir a publicação desse ato no Diário Oficial. Tal exigência, em última instância, decorre do próprio princípio constitucional da publicidade (art. 37, *caput*, CRFB/88).

A ciência inicial do teor de uma acusação é um direito fundamental de todo o acusado, para que se estabeleça verdadeiramente o devido processo legal.

Somente a partir desse ato – que não é a data da assinatura da portaria, e sim da publicação desta em diário oficial ou boletim de serviço, com a designação dos membros da comissão processante e com a indicação, entre eles, do presidente da comissão – é que se ini-

---

320 Cf. arts. 151, I, c.c art. 149 da Lei nº 8.112/1990.

cia o cômputo do prazo legal de conclusão do processo administrativo disciplinar e o prescricional. Caso o ente federativo já disponha de uma comissão permanente de processo administrativo, não há necessidade de designar um presidente, pois este já fora constituído previamente em ato administrativo anterior.

Entendemos que na portaria deveria constar também: i) o objeto da análise do processo descrevendo, ainda que brevemente, os fatos e a respectiva capitulação jurídica, com menção ao ilícito disciplinar vislumbrado, ou ao menos fazendo menção ao conteúdo do processo ou documento em que constam tais informações; ii) os dados funcionais dos membros da comissão (nome, cargo e matrícula), com a indicação de qual deles exercerá a função de presidente, bem como do(s) acusado (s), se houver, o que poderá ser omitido do extrato a ser publicado, também com o objetivo de resguardar a integridade do agente público envolvido e evitar influências nos trabalhos da comissão; iii) a natureza do procedimento (processo ou sindicância); iv) o prazo concedido; v) o local e a data de assinatura.

Não se exige a descrição da materialidade do fato e o enquadramento legal da irregularidade, o qual só precisa ser feito ao final da instrução contraditória, ou seja, no indiciamento[321]. Por isso, não havendo previsão legal expressa, não constitui nulidade do processo a falta de indicação, na portaria inaugural, do nome do agente público acusado, dos supostos ilícitos e seu enquadramento legal[322].

---

321 I – Consoante entendimento do Superior Tribunal de Justiça, *a portaria de instauração do processo disciplinar prescinde de minuciosa descrição dos fatos imputados, sendo certo que a exposição pormenorizada dos acontecimentos se mostra necessária somente quando do indiciamento do* agente público. Precedentes.". (STJ – MS nº 8297/DF MANDADO DE SEGURANÇA 2002/0043543-7 Relator(a) Ministro GILSON DIPP (1111) Órgão Julgador S3 - TERCEIRA SEÇÃO. Data do Julgamento 10/12/2003. Data da Publicação/Fonte DJ 16/02/2004 p. 201.). Na mesma linha: STJ, MS nº 14836-DF, RMS nº 23274-MT, RMS nº 24.138-PR, MS nº 8834, 13518 e 14578-DF, RMS nº 22128-MT, RMS nº 22134-DF. Súmula 641 do STJ: *A portaria de instauração do processo administrativo disciplinar prescinde da exposição detalhada dos fatos a serem apurados.*

322 Tal posicionamento da Advocacia-Geral da União (AGU) consta em seus pareceres: GQ-12 (vinculante, itens 16 e 17), GQ-35 (vinculante, item 15), GQ-37 (item 24), GQ-100 (item 4).

Contudo, entendemos ser necessário que o processo administrativo disciplinar seja instaurado, de início, com suporte probatório mínimo e, ainda, que pelo menos conste dos autos a descrição fática mais abrangente possível e cumpram-se todos os requisitos legais exigidos, para permitir-se ao acusado o conhecimento de quais são os termos da imputação, bem como, de que fatos deve defender-se.

A carência de descrição dos elementos fáticos e de autoria na inicial do processo administrativo disciplinar configura prejuízo à defesa e retarda a conclusão do feito administrativo[323]. O agente público processado não pode ser obrigado a adivinhar o porquê da abertura do feito punitivo[324]. É necessário pelo menos que os autos contenham a descrição dos fatos, com a delimitação do raio acusatório e a respectiva tipificação das faltas funcionais, como ato de garantia dos contornos fáticos e jurídicos da lide disciplinar para o agente público acusado.

De todo modo, o ato decisório de instauração do processo administrativo disciplinar deve ser fundamentado pela autoridade competente. Atualmente, a nova Lei sobre abuso de autoridade (nº 13.869/2019) prevê, no art. 27, como crime: *"requisitar instauração ou instaurar procedimento investigatório de infração penal ou admi-*

---

323   CHAVES, Rodrigo Fernando Machado. Do loop no processo administrativo disciplinar. Reflexões e propostas de aperfeiçoamento do controle interno da Administração Pública Federal. *In: Coleção de Direito Administrativo Sancionador, v. 2.* Ana Maria Rodrigues Barata, Danielly Cristina Araújo Gontijo e Flávio Henrique Unes Pereira (Coordenadores). Rio de Janeiro: CEEJ, 2021, p. 524-525.

324   CARVALHO, Antonio Carlos Alencar. *Manual de Processo Administrativo Disciplinar e Sindicância: à luz da jurisprudência dos Tribunais e da casuística da Administração Pública.* 3. ed. Belo Horizonte: Fórum, 2012, p. 540. Concordamos com o posicionamento deste autor quando defende que *"a defesa não pode ser obrigada a recorrer à adivinhação ou ao aguardo da surpresa para tentar descobrir a esfera de atuação do colegiado instrutor e acusador, nem tentar reagir, paliativamente, em face de súbitas mudanças de rumo quanto aos fatos imputados e libelos constantemente modificados, conforme se oriente a desleal devassa da vida pessoal e funcional do* agente público *processado pela comissão"* (CARVALHO, 2012, p. 540).

nistrativa, em desfavor de alguém, à falta de qualquer indício da prática de crime, de ilícito funcional ou de infração administrativa".

Portanto, antes da instauração, deve-se avaliar, em um juízo preliminar e não exauriente, se há elementos probatórios mínimos que apontem, em tese, a existência de um infração administrativa disciplinar e a respectiva autoria. Não se trata de uma aprofundada apreciação do mérito, sob pena de prejulgamento do acusado e violação da sua imparcialidade, o que pode dar azo à nulidade do ato administrativo.

A comissão processante deve ater-se aos fatos constantes do ato de instauração ou dos autos processuais, por exemplo, no âmbito da investigação preliminar ou de uma sindicância. Não tem competência para apurar fatos novos que não tenham relação direta com os que motivaram a instauração do processo disciplinar. Caso surjam notícias de outras irregularidades, ainda que conexas, deve-se propor à autoridade instauradora a apuração isolada, em outro procedimento, ou a extensão de poderes apuratórios, levando-se em conta a fase processual do feito e a necessidade de preservar a economia processual e a eficiência na apuração, bem como a ideia de juízo natural e imparcialidade.

Entre a instauração e o indiciamento, sublinhe-se, vigora o brocardo *in dubio pro societate*[325]. Ou seja, na dúvida, a Administração Pública tem que instaurar o processo administrativo disciplinar, e a comissão deve indiciar o agente público processado.

No caso em que houver concurso de pessoas (agentes públicos) no cometimento do ilícito disciplinar ou quando houver conexão entre as infrações funcionais impõe-se, em regra, a instauração do processo administrativo disciplinar contra todos os agentes públicos envolvidos. O objetivo é evitar decisões contraditórias, promovendo-se imparcialidade e igualdade durante toda a apuração, evitando-

---

325 STJ, MS n° 14054-DF; MS n° 7330-DF, julgado em 09/11/2005, Dj de 06/03/2006, p. 149.

PROCESSO ADMINISTRATIVO DISCIPLINAR ORDINÁRIO

-se injustiças ou o mau uso do poder disciplinar. Fala-se, assim, no *princípio da congruência processual*[326].

Inobstante, se necessário, é cabível a separação dos processos administrativos disciplinares quando as infrações tiverem sido praticadas em circunstâncias de tempo ou de lugar diferentes, ou, quando o excessivo número de acusados prejudicar o regular andamento da instrução, ou, ainda, por outro motivo relevante, aplicando-se, por analogia, o art. 80 do Código de Processo Penal[327]. Nessa hipótese, incumbe à autoridade competente fundamentar a decisão de separação dos processos administrativos, objetivando preservar a isenção e a regra do juízo natural.

Em casos de reiteradas infrações administrativas disciplinares, em momentos distintos, de igual conteúdo (exemplo: corrupção), perpetradas pelo mesmo agente público, é possível a instauração de um único processo administrativo disciplinar, considerando o comportamento global do agente público, em nome da unidade da falta administrativa. Em outras palavras, reúnem-se todas as faltas funcionais em apenas um processo administrativo disciplinar, desde que essa reunião de feitos não possa acarretar o risco de prescrição ou o retardamento excessivo da instrução processual, privilegiando-se a eficiência administrativa, por meio do denominado *princípio da universalidade do juízo administrativo disciplinar*[328].

Por fim, consoante entendimento do Superior Tribunal de Justiça, não há óbice à instauração de processo administrativo disciplinar contra quem esteja em licença médica, férias ou licença especial[329].

---

326 CARVALHO, 2012, p. 528.

327 CPP: *"Art. 80. Será facultativa a separação dos processos quando as infrações tiverem sido praticadas em circunstâncias de tempo ou de lugar diferentes, ou, quando pelo excessivo número de acusados e para não lhes prolongar a prisão provisória, ou por outro motivo relevante, o juiz reputar conveniente a separação".*

328 CARVALHO, 2010, p. 530-531.

329 *4. O fato da impetrante encontrar-se em licença para tratamento de saúde, quando da instauração do processo administrativo disciplinar, por si só, não enseja a sua nulidade, por ofensa ao princípio do contraditório e da ampla defesa. 5. Ordem denegada."* (STJ, Rel. Min. Hamilton Carvalhido, MS nº

Inexiste previsão legal neste sentido e tais prerrogativas funcionais, por óbvio, não podem impedir de se apurar as responsabilidades no âmbito do serviço público, porque, como vimos, esse é um poder-dever inarredável da Administração Pública.

7.2 CONSTITUIÇÃO DA COMISSÃO PROCESSANTE

A condução do processo disciplinar fica a cargo de uma comissão processante[330], a qual, em regra, deve ser constituída com pelo menos 3 (três) membros, sendo, entre eles, designado um Presidente. Trata-se de um número mínimo, não havendo vício em processo administrativo disciplinar em comissão processante composta por 4 (quatro) ou mais agentes públicos, porque, em princípio, o fato não acarreta prejuízo à defesa do investigado.

Essencial que todos os membros da comissão processante sejam agentes públicos *estáveis*. Ou seja, apenas agentes públicos ocupantes de cargo efetivo e que não estejam em estágio probatório podem compor essa Comissão. O objetivo da medida é preservar ao máximo a imparcialidade na apuração, o que poderia ser comprometido, por óbvio, se a Administração Pública pudesse escolher agentes públicos titulares de cargos comissionados, que podem ser exonerados sumariamente, *ad nutum*. O STJ, de forma pacífica, reconhece que é nulo o processo administrativo disciplinar cuja comissão processante seja composta por agentes públicos não estáveis[331].

Essa regra da composição da comissão processante por agentes públicos estáveis incide também no caso de sindicâncias administrativas disciplinares, inclusive as de natureza investigativa. Com

---

8102/DF, 3ª S., DJ de 24 fev. 2003, p. 181). Se necessário, férias e licença-prêmio podem inclusive ser suspensas temporariamente (STJ, RMS 8.613/MG e RMS 8.659/MG).

330 Cf. Lei nº 8.112/90. *Art 149.*

331 STJ, MS nº 8297/DF, Rel. Min. Gilson Dipp, 3ª Seção, julgamento de 10/12/2002, Dj, p. 201, 16/02/2004; STF, RMS nº 24.902/DF, Rel. Min. Eros Grau, 2ª Turma, julgamento de 12/12/2006, Dj. p. 0087, de 16/02/2007.

efeito, onde existe a mesma razão, deve existir a mesma disposição (*ubi eadem legis ratio ibi eadem dispositio*)[332]. Se o objetivo é preservar a imparcialidade e a independência da investigação administrativa disciplinar, não há fundamento para permitir a nomeação de agentes públicos sem estabilidade, muito mais vulneráveis a ações intimidatórias por parte da Administração Pública superior. Assim, qualquer procedimento disciplinar também deve ser presidido por agentes públicos estáveis.

Todos os membros da comissão devem ser *designados pela autoridade competente*[333]. Por conseguinte, eventual substituição dos integrantes, ainda que temporárias ou emergenciais, igualmente, no mínimo, devem ser autorizadas ou referendadas, logo em seguida ao ato, pelo titular da competência.

A inexistência de servidor estável no órgão não pode ser impeditivo. É possível, inclusive, que seja indicado como integrante da comissão processante, caso a lei assim permita, um agente público *que integre quadro de um outro órgão da administração*, desde que a indicação tenha tido a anuência do órgão originário deste agente público[334].

O estatuto funcional pode estabelecer *requisitos específicos* para que um agente público seja membro ou presidente de comissão. Por exemplo, consoante prevê o art. 149 da Lei Federal nº 8.112/90, o presidente da comissão "*deverá ser ocupante de cargo efetivo superior ou de mesmo nível, ou ter nível de escolaridade igual ou superior ao do indiciado*". Ressalte-se que o dispositivo fala apenas no presidente, de modo que os vogais, em tese, podem ser ocupantes de cargo efetivo de nível inferior ao do indiciado, notadamente nas carreiras sem organização em classes hierarquicamente compartimentadas e

---

332 MAXIMILIANO, Carlos. *Hermenêutica e Aplicação do Direito*, 19. ed., Rio de Janeiro: Forense, 2001.

333 Cf. art. 149, *caput*, da Lei nº 8.112/90.

334 STF – RMS nº 25105/RF, Rel. Min. Joaquim Barbosa, julgamento em 23/05/2006, 2ª Tuma, Dj, p. 88, 20/10/2006.

sem promoção, com progressão funcional periódica[335]. Em outros entes da federação, em certos casos, exige-se que todos os membros da comissão tenham ao menos o mesmo cargo público efetivo do agente público processado, ainda que apenas o presidente do colegiado ocupe o mesmo nível hierárquico. Evidente que cada ente federativo pode criar sua regra, desde que se respeitando o princípio da hierarquia administrativa.

Exige-se, para um processo administrativo justo, que a comissão exerça suas atividades com *independência e imparcialidade*[336]. Diversas repercussões práticas decorrem desses mandamentos. Por exemplo, não se pode admitir que agentes políticos ou autoridades públicas da alta administração, e até mesmo particulares, venham a interferir nos trabalhos do colegiado processante. Ingerências externas buscando agravar ou favorecer o acusado são ações ofensivas à legalidade e, sobretudo, ao regime republicano e à garantia prevista no art. 5º, XXXVII da Constituição Federal de 1988. Também não se tolera que a autoridade instauradora ou autoridades da Administração Pública superior violem a independência intelectual dos membros da comissão ou viole o princípio do juiz natural, de reconhecida incidência no processo administrativo disciplinar. Assim, reputam-se ilícitas: i) a redistribuição do feito de uma comissão per-

---

335 Tradicionalmente sempre se exigiu que os membros das comissões sejam estáveis e tenham categoria hierárquica, no mínimo, igual à do acusado. O Superior Tribunal de Justiça, contudo, apesar de inicialmente ter proferido decisões acolhendo este entendimento doutrinário, posteriormente proclamou a validade plena da regra prevista no caput do art. 149, da lei nº 8.112/90, permitindo-se a nomeação de vogais de classe inferior à do agente público processado. "[...] *7. Segundo estampa o Art.149 da Lei nº 8.112/90, apenas o Presidente da Comissão Processante deverá ocupar cargo efetivo superior ou do mesmo nível, ou ter nível de escolaridade igual ou superior ao do indiciado*" (STJ, Mandado de Segurança nº 8496/DF, 3ª Seção, Rel. Min Hélio Quaglia Barbosa, DJU 24/11/2004). No mesmo sentido: STJ, MS 8297/DF, MANDADO DE SEGURANÇA 2002/0043543-7, Rel. Ministro GILSON DIPP, 3ª SEÇÃO, Data do Julgamento: 10/12/2003, DJ 16/02/2004, p. 201; STJ – MS 8374/DF, MANDADO DE SEGURANÇA 2002/0056915-9, Rel. Ministro FELIX FISCHER, 3ª SEÇÃO, Data do Julgamento 09/10/2002, DJ 11/11/2002 p. 146.

336 Cf, por exemplo, art. 150 da Lei Federal nº 8.112/90.

manente para outra, sem fundamentação; e ii) a substituição de um ou mais membros de colegiado processante de forma injustificada, a fim apenas de atender aos interesses do hierarca maior, com intenção de orientar os trabalhos e direcionar o resultado final para a condescendência criminosa ou a punição do acusado.

Ademais, os membros da comissão não podem estar atrelados nem à acusação e muito menos ao corporativismo, pois o compromisso deve ser sempre com a busca da verdade real, o que deve ser alcançado pelos meios legítimos que o direito reconhece. Os estatutos funcionais podem estabelecer regras específicas para evitar conflitos de interesse[337], por exemplo impedindo a participação de determinadas pessoas. As causas de impedimento e de suspeição

---

337 Por exemplo, a própria Lei Federal nº 8.112/90 (art. 149, § 2º) prevê que *"não poderá participar de comissão de sindicância ou de inquérito, cônjuge, companheiro ou parente do acusado, consanguíneo ou afim, em linha reta ou colateral, até o terceiro grau".*

previstas no Art. 144 do CPC[338] aplicam-se aqui por analogia[339], bem como o disposto nos arts. 18 e 20 da Lei nº 9.784/99.

Evidente que, consoante já decidiu o STJ, as alegações de imparcialidade da autoridade instauradora e da comissão de processo

---

338 CPC: *"Art. 144. Há impedimento do juiz, sendo-lhe vedado exercer suas funções no processo:*
I - em que interveio como mandatário da parte, oficiou como perito, funcionou como membro do Ministério Público ou prestou depoimento como testemunha;
II - de que conheceu em outro grau de jurisdição, tendo proferido decisão;
III - quando nele estiver postulando, como defensor público, advogado ou membro do Ministério Público, seu cônjuge ou companheiro, ou qualquer parente, consanguíneo ou afim, em linha reta ou colateral, até o terceiro grau, inclusive;
IV - quando for parte no processo ele próprio, seu cônjuge ou companheiro, ou parente, consanguíneo ou afim, em linha reta ou colateral, até o terceiro grau, inclusive;
V - quando for sócio ou membro de direção ou de administração de pessoa jurídica parte no processo;
VI - quando for herdeiro presuntivo, donatário ou empregador de qualquer das partes;
VII - em que figure como parte instituição de ensino com a qual tenha relação de emprego ou decorrente de contrato de prestação de serviços;
VIII - em que figure como parte cliente do escritório de advocacia de seu cônjuge, companheiro ou parente, consanguíneo ou afim, em linha reta ou colateral, até o terceiro grau, inclusive, mesmo que patrocinado por advogado de outro escritório;
IX - quando promover ação contra a parte ou seu advogado.
[...]
Art. 145. Há suspeição do juiz:
I - amigo íntimo ou inimigo de qualquer das partes ou de seus advogados;
II - que receber presentes de pessoas que tiverem interesse na causa antes ou depois de iniciado o processo, que aconselhar alguma das partes acerca do objeto da causa ou que subministrar meios para atender às despesas do litígio;
III - quando qualquer das partes for sua credora ou devedora, de seu cônjuge ou companheiro ou de parentes destes, em linha reta até o terceiro grau, inclusive;
IV - interessado no julgamento do processo em favor de qualquer das partes".

339 BACELLAR FILHO, 1998, p. 323.

disciplinar devem estar fundadas em provas, não bastando meras conjecturas ou suposições desprovidas de qualquer comprovação[340].

Igualmente não faz sentido designar agentes públicos que estejam respondendo a procedimento disciplinar ou ação penal para integrar uma comissão de processo administrativo disciplinar, eis que essa circunstância, em si (uma acusação pública formal pelo próprio Estado), poderia comprometer a necessária imparcialidade ou a independência exigida do agente público.

Em razão desse dever de imparcialidade e de manter a necessária equidistância, o agente público que testemunhou uma falta funcional não pode ser nomeado como membro da comissão de processo administrativo disciplinar que irá apurar essa mesma transgressão funcional[341]. Não pode, ainda, o agente público atuar em mais de uma função no mesmo procedimento administrativo disciplinar. Por exemplo, não pode a autoridade instauradora ou a julgadora atuar no colegiado do feito que instaurou ou que irá julgar posteriormente, pois estará impedida[342]. Igualmente, é vedado a um membro de comissão atuar como defensor dativo no mesmo feito.

Também não apresenta a necessária imparcialidade para figurar como membro da comissão de processo administrativo disciplinar o agente público que tenha participado, individualmente ou por meio de colegiado, de apuração preliminar ou sindicância investigativa prévia, formulando uma acusação anterior (ato de indiciamento ou relatório) concluindo pela culpabilidade do agente público acusado, pois isso conduziria a um prejulgamento do

---

340   *I – A alegação de imparcialidade da autoridade que determinou a abertura do processo administrativo, bem como da comissão processante deve estar comprovada de plano, não bastando sugestivas afirmações desprovidas de qualquer suporte fático.* O simples indeferimento de produção de prova testemunhal e documental não é suficiente para caracterizar a perda da imparcialidade dos julgadores." (STJ – MS nº 8877/DF - 2003/0008702-2, Relator: Ministro Felix Fischer, julgado em 11/06/2003, publicado em 15/09/2003).

341   CARVALHO, 2012, p. 409.

342   DEZAN. *Nulidades no Processo Administrativo Disciplinar.* 2021. p. 291.

caso[343]. Por exemplo, quando a Lei Federal n° 8.112/90 ordena que, em caso de nulidade, seja designada outra comissão para realizar novo processo (art. 169, *caput*), e com membros isentos e imparciais (art. 150, *caput*), claramente está exigindo que os membros da comissão processante sejam outros ou que, ao menos, os novos componentes não tenham externado juízo conclusivo acerca da responsabilidade do agente público processado, já tendo formado ato de indiciação e relatório final pela culpa do acusado. De todo modo, é preciso que o impedimento e a suspeição sejam analisados nos casos concretos, de forma a evidenciar que, de fato, ao menos existem indícios de parcialidade ilícita.

Embora seja possível a formação do colegiado de forma temporária, caso a caso, nada impede a criação de *comissões disciplinares permanentes* para instrução de processos disciplinares. Inclusive esses membros permanentes tendem a promover maior especialização técnica e, por conseguinte, economia processual e eficiência administrativa, bem como melhor consubstanciam a ideia de juízo natural. Trata-se do modelo ideal a ser adotado pelas pessoas jurídicas de direito público interno. Porém importante ressaltar que, quando a lei prevê a existência de comissão disciplinar permanente para o processo administrativo disciplinar, entende-se nula a formação de uma comissão temporária ou *ad hoc*[344].

Incumbe à comissão especial atenção para a *efetiva publicação de portarias de instauração, prorrogação e recondução* dos membros responsáveis pelos procedimentos disciplinares, evitando-se que atos sejam praticados sem a sua cobertura, sob pena de invalidação do feito, caso demonstrado o prejuízo. A portaria e suas prorrogações devidamente publicadas, destarte, são indispensáveis porque confe-

---

343 TRF-4ª Região, AG n° 136763, processo n° 200304010129134/PR, 4ª Turma, decisão de 27/08/2003, Dju, p. 629, de 26/11/2003; TRF-4, AMS n° 71.317, 3ª Turma, decisão de 30/04/2002, Dju, p. 419, de 29/05/2002; STJ – Mandado de Segurança n° 2009/0022404-2

344 STJ – MS n° 13.250/DF, 3ª Seção, publicado no DJU de 02/02/2009; STJ – EDcl no AgRg no MS n° 14.059/DF, 3ª Seção, data do julgamento: 10/06/2009.

rem competência legal e administrativa para a prática dos atos processuais, devendo ser juntado aos autos o extrato de sua publicação.

Com a publicação da portaria, a comissão é considerada designada, incumbindo a ela a produção de todos os meios de prova admitidos em direito, funcionando, assim, como o "juiz da prova", devendo buscar uma apuração séria, independente, imparcial, equidistante e justa. Para tanto, os estatutos funcionais costumam prever uma série de deveres e garantias relacionados à constituição da comissão processante[345].

7.3 COMUNICAÇÃO DOS ATOS PROCESSUAIS (CITAÇÃO E INTIMAÇÃO)

Um dos primeiros atos da comissão processante, é determinar a denominada *"citação inicial"* ou *"notificação citatória"* ou *"notificação prévia"* do acusado. Esse documento tem semelhança com a citação do processo civil (Art. 238 do CPC)[346]. A partir da citação ou notificação prévia, o agente público processado passa a integrar formalmente a relação processual e pode produzir todas as provas em direito admitidas.

---

345 "Art. 149. O processo disciplinar será conduzido por comissão composta de três agentes públicos estáveis designados pela autoridade competente, observado o disposto no § 3o do art. 143, que indicará, dentre eles, o seu presidente, que deverá ser ocupante de cargo efetivo superior ou de mesmo nível, ou ter nível de escolaridade igual ou superior ao do indiciado. (Redação dada pela Lei nº 9.527, de 10.12.97) § 1o A comissão terá como secretário agente público designado pelo seu presidente, podendo a indicação recair em um de seus membros. § 2o Não poderá participar de comissão de sindicância ou de inquérito, cônjuge, companheiro ou parente do acusado, consanguíneo ou afim, em linha reta ou colateral, até o terceiro grau. Art. 150. A comissão exercerá suas atividades com independência e imparcialidade, assegurado o sigilo necessário à elucidação do fato ou exigido pelo interesse da administração. Parágrafo único. As reuniões e as audiências das comissões terão caráter reservado."

346 NCPC, art. 238: "Citação é o ato pelo qual são convocados o réu, o executado ou o interessado para integrar a relação processual".

Nessa "citação inicial" ou "notificação prévia", a comissão disciplinar deverá informar, de forma escrita: i) a existência do processo administrativo disciplinar, dele constando todos os fatos e documentos já colhidos contra o agente público (se houver); ii) a prática de suposta infração disciplinar; iii) a indicação detalhada e fundamentada dos fatos e elementos que motivaram a instauração do processo administrativo disciplinar; iv) a definição da possível infração disciplinar juridicamente, ou seja, com a atribuição da qualificação jurídico-disciplinar (tipicidade); v) todos os seus direitos e meios de prova admitidos que pode produzir; vi) o direito de acompanhar o processo pessoalmente ou por intermédio de procurador, seja constituindo um advogado, seja solicitando um defensor dativo, caso queira ou não tenha condições materiais de contratar um profissional; vii) o local e horário de atendimento por parte da comissão disciplinar; viii) o prazo de duração dos trabalhos.

Vale destacar que, além dessa *"citação inicial"*, uma *nova citação* deve ser elaborada ao término da instrução processual, após o *ato de indiciamento* realizado pela comissão processante, o qual deve especificar todos os fatos atribuídos ao acusado e as respectivas provas[347]. Pela Súmula 641 do Superior Tribunal de Justiça, é só a partir desse momento processual que se exige que a acusação seja formulada de forma completa.

A regra é que a citação seja executada *pessoalmente*, cabendo ao presidente da comissão expedir mandado próprio, o qual deve ser entregue por qualquer agente público competente ao acusado, que deverá subscrever o documento, atestando seu recebimento[348].

No caso de recusa do agente público em apor o ciente na cópia da citação, o prazo para defesa contar-se-á da data declarada, em termo próprio, pelo membro da comissão que fez a citação, com a assinatura de 2 (duas) testemunhas[349]. Ou seja, se o acusado se nega a receber a citação inicial, é dever do agente público que realizou

---

347 Cf. art. 161 e § 1º, da Lei nº 8.112/90.

348 Cf. art. 161, § 1º, da Lei nº 8.112/90.

349 Cf. art. 161, § 4º, da Lei nº 8.112/90.

PROCESSO ADMINISTRATIVO DISCIPLINAR ORDINÁRIO

a diligência certificar o ocorrido no verso da via original ou da cópia do mandado e colher a assinatura de 2 (duas) testemunhas (que podem ser outros agentes públicos), com seus nomes, endereços e documento de identificação pessoal oficial.

Segundo entendimento do Superior Tribunal de Justiça, contudo, não se admite no processo administrativo disciplinar a figura da *citação ficta,* prevista no antigo art. 236, § 1º, do CPC, devido à ausência de previsão legal, de modo que a comunicação deverá sempre ser pessoal[350]. Inobstante, em determinados entes federativos há expressa previsão em lei dessa modalidade especial de citação, de modo que deve ser cumprida, pois não se vislumbra qualquer inconstitucionalidade nesta regra[351].

Frustrada a citação pessoal, cabe à comissão processante enviar *cartas ou telegramas, com aviso de recebimento,* para os endereços residencial e comercial do agente público processado e, eventualmente, até de familiares com os quais possa residir, registrando-se nos autos, tudo visando elidir eventuais alegações futuras de nulidade.[352]

Antes dessa medida, é conveniente que a comissão disciplinar, previamente, determine ou realize diligências para obter o endereço atualizado do agente público acusado, mormente junto à prestadores de serviços públicos (concessionárias de luz, telefone ou água), órgãos públicos (TSE, Receita Federal, Detran etc.), fontes abertas da *internet,* ou até mesmo em entidades privadas, tais como Clube de Diretores Lojistas (CDL) ou congêneres.

Ainda não se admite a citação inicial por telefone ou mensagem eletrônica (*e-mail*) por ausência de previsão legal e porque não são meios seguros, que não conferem certeza da ciência do interessado.[353]

---

350   STJ – RMS nº 12.544-PB, Rel. Min. Humberto Gomes de Barros, julgado em 20/03/2001; RMS 9.508-MG.

351   Como exemplo, cabe citar o Novo Estatuto dos Agentes públicos do Distrito Federal: art. 246 da Lei Complementar Distrital nº 840/2011.

352   A comunicação postal inclusive é admitida na Lei Geral de Processo Administrativo da União (art. 26, § 3º, c.c. art. 69 da Lei nº 9.784/99).

353   Cf. art. 26, § 3º, da Lei Federal nº 9.784/1999.

Registra-se que o advogado com poderes especiais na procuração pode receber a "citação inicial" em processo administrativo disciplinar, em nome do agente público processado, não se aplicando a regra do art. 105 do CPC. A citação no processo civil não tem a mesma natureza jurídica da citação inicial do processo administrativo disciplinar. Registre-se que o agente público, posteriormente, deve ser citado pessoalmente, quando do seu indiciamento, para apresentar defesa escrita[354].

Caso não seja possível a realização da citação pessoal ou postal, pois exauridas todas as tentativas de localização do agente público processado, seja no endereço residencial, comercial, do trabalho, na casa de cônjuges, companheiros ou parentes (pais, filhos, irmãos, tios etc.), incumbe à comissão certificar esse fato nos autos e atestar que o acusado encontra-se em local incerto e não sabido, a fim de proceder a sua *citação por edital.*

Nesse caso, a comissão deve publicar edital, no qual deve constar o nome do presidente da comissão disciplinar, o nome completo do agente público notificado, sua qualificação e os motivos da notificação, com a descrição sucinta dos fatos a serem apurados e sua tipificação legal. Posteriormente, incumbe ao colegiado juntar aos autos uma via do edital, bem como a página do jornal no qual o edital foi publicado, a fim de se comprovar o cumprimento do dispositivo legal[355].

Em nome da garantia constitucional da ampla defesa e do contraditório, entende-se necessário que a citação por edital seja repetida ao final da fase de instrução, caso a comissão promova o indiciamento do agente público processado[356], para que este apresente defesa escrita. No rito ordinário, há duas fases de citação: i) inicial (para ter conhecimento do processo e acompanhá-lo); e ii) após indiciação (para apresentar defesa escrita). Assim, deve haver a publicação de novo edital nesta segunda etapa do processo.

---

354 Art. 161, § 1º, da Lei nº 8.112/90.

355 Cf. art. 163 e seu parágrafo único, da Lei nº 8.112/90.

356 Nesse sentido, CARVALHO, ob. cit., p. 590-591.

PROCESSO ADMINISTRATIVO DISCIPLINAR ORDINÁRIO

Evidente que, na hipótese de citação por edital, se o acusado tiver advogado constituído nos autos, seu próprio causídico deve ser intimado para apresentar defesa escrita e participar, eventualmente, se houver, dos demais atos de instrução, sob pena de nulidade do feito (art. 5º, LV, CRFB/88)[357]. Por outro lado, segundo o STJ, se o causídico, após reiteradas intimações (inclusive do agente público processado) para apresentar razões finais por escrito, omite-se em desincumbir-se de seu ônus, sem justificativa plausível, é cabível a nomeação de defensor *ad hoc* para este ato[358].

Nessa linha, é pacífico o entendimento no Supremo Tribunal Federal de que não há cerceamento de defesa no processo administrativo disciplinar por ausência voluntária do acusado ou de seu advogado a depoimento de testemunha[359], ou, ainda, por omissão da própria defesa, que não comparece à(s) audiência(s) sem motivo justo e sequer pleiteia nova oitiva, havendo preclusão para a prática do ato[360].

---

357 TRF – 1ª Região: AMS nº 199701000068703/MA, 1ª Turma Suplementar, decisão de 20/08/2002, Dj, p. 94, 05 set. 2002.

358 Há diversas decisões neste sentido na área penal que, *a fortiori*, são plenamente aplicáveis ao processo administrativo disciplinar (STJ – HC nº 66.599-SP, julgado em 12/11/2007 – Precedentes citados: HC nº 57.849-SP, Dj 27 ago 2007; HC nº 38.924-PR, Dj 16 abr 2007; HC nº 51.560-SP, Dj 4 jun 2007.

359 No mesmo sentido, é o posicionamento do STJ – MS nº 9972/DF, Rel. Min. Maria Thereza de Assis Moura, 3ª Seção, data do julgamento: 13/05/2009, Dje, 28 maio 2009.

360 *"Conforme já assentado pela decisão ora agravada, tendo sido o recorrente omisso quanto à apresentação de defesa, a comissão processante cuidou de nomear, em substituição ao advogado oficiante no feito, um defensor dativo, a fim de que fosse sanada tal omissão. [...]Assim, ao contrário do afirmado pelo recorrente, não houve cerceamento de defesa. Ademais, o fato de a defesa final ter sido realizada por bacharel em direito, em vez de advogado inscrito na OAB, não viola o texto constitucional, pois, conforme entendimento já firmado por esta Corte, a falta de defesa técnica por advogado no processo administrativo disciplinar não ofende a Constituição (Súmula Vinculante nº 5). Dessa forma, não há fundamentos capazes de infirmar a decisão agravada"* (STF – RE 570.496 AgR (DJe 13/03/2012) - Relator Ministro Gilmar Mendes - Segunda Turma).

Se o *acusado estiver preso*, não cabe a citação por edital, incumbindo ao presidente do colegiado determinar a citação do agente público indiciado no local em que se encontre e a intimação de seu advogado constituído no feito disciplinar. Não basta a intimação apenas do primeiro, porque, em razão de sua condição, pode ser que não consiga ou tenha dificuldade em comunicar-se de imediato com o segundo – o que, em tese, restringiria ou obstaria o exercício da defesa técnica, até porque há prazo para tanto. Então, caso o agente público processado esteja preso, ele, evidentemente, não poderá acompanhar diretamente a tramitação do processo administrativo disciplinar. Nessa hipótese, em observância aos princípios da ampla defesa, do contraditório e do devido processo legal, é dever da comissão processante intimar o advogado do acusado para a prática de todos os atos da instrução, a fim de que este represente integralmente seu cliente. Os tribunais superiores, inclusive, já assentaram que, mesmo em sindicâncias para apuração de falta disciplinar praticada por detento, é imprescindível a participação de defesa técnica, sob pena de nulidade do feito.

Outra hipótese recorrente na Administração Pública é a tramitação de *processo administrativo disciplinar contra* agente público *enfermo*. A jurisprudência do STJ tem ressaltado que inexiste norma que vede a instauração, o desenvolvimento ou a conclusão do processo administrativo disciplinar estando o agente público a quem se imputa a ilicitude administrativa sob licença médica[361]. Por isso, em tese, essa circunstância, por si só, não deve paralisar os trabalhos da comissão processante.

Mattos, entretanto, observa que o agente público processado enfermo deve ser instado pela Comissão processante a constituir um

---

361   4. *O fato da impetrante encontrar-se em licença para tratamento de saúde, quando da instauração do processo administrativo disciplinar, por si só, não enseja a sua nulidade, por ofensa ao princípio do contraditório e da ampla defesa*".(STJ. Rel. Min. Hamilton Carvalhido, MS nº 8102/DF, 3ª S., DJ de 24 fev. 2003, p. 181)

advogado, para acompanhamento do feito, e, em caso negativo, impõe-se a designação de um defensor dativo[362].

Além da citação, a comunicação dos atos processuais pode ocorrer por meio de *intimação*[363]. O agente público processado tem direito de acompanhar o processo pessoalmente ou por intermédio de procurador, arrolar e reinquirir testemunhas, produzir provas e contraprovas e formular quesitos, quando se tratar de prova pericial. Nessa toada, é dever da comissão *intimar o acusado* para ciência e participação de todos os atos do processo administrativo disciplinar que possam afetar o interesse da defesa pessoal ou técnica.

Desta forma, incumbe à autoridade administrativa, em especial, intimar o servidor processado para a prática dos seguintes atos processuais: i) abertura de prazo para providências de defesa; ii) audiências de testemunhas; iii) acompanhar a realização de diligências; iv) apresentar quesitos para perícias em geral; v) tomar ciência de decisões proferidas; vi) comparecer ao interrogatório; vii) apresentar razões escritas, inclusive complementar[364]. Em suma, devem ser objeto de intimação os atos do processo que resultem para o interessado em imposição de deveres, ônus, sanções ou restrição ao exercício de direitos e atividades e os atos de outra natureza, de seu interesse[365]. Nessa toada, reputamos essencial que o agente público punido também seja intimado para ciência pessoal da punição disciplinar que tenha sofrido[366].

---

362 "[...] *na ausência pessoal do* agente público *acusado que se encontra enfermo, ou seja, em licença médica para tratamento de saúde, compete à Comissão Disciplinar providenciar a sua regular defesa, informando-o que deverá constituir Advogado, sendo que ele juntará nos autos o devido instrumento de mandato, para acompanhamento de todas as fases do processo; caso não ocorra a constituição de Advogado, a Comissão nomeará um defensor dativo, que terá a responsabilidade de representá-lo no processo administrativo disciplinar".* (MATTOS, 2010, p. 664-665).

363 Cf. art. 156 da Lei nº 8.112/90.

364 Cf. art. 26 da Lei nº 9.784/99.

365 Cf. art. 28 da Lei nº 9.784/99.

366 Entretanto, o Superior Tribunal de Justiça tem firmado que, se o agente público processado está representado por advogado durante o processo admi-

Tem-se entendido que, na falta de previsão legal, a comissão deve observar o prazo de 3 (três) dias úteis de antecedência, no mínimo – recomendável sempre um prazo maior, para a intimação do acusado para as audiências de inquirição de testemunhas e outros atos processuais, sob pena de nulidade do feito, por ofensa direta à lei e à garantia constitucional da ampla defesa[367].

Após a edição da Súmula Vinculante n° 5 do STF, tem-se entendido que é válida a *intimação* na pessoa do acusado somente, não sendo obrigatória, concomitantemente, a intimação do advogado deste. O argumento central nos tribunais citados é que no processo administrativo disciplinar não há lei que exija a intimação de ambos.

O STJ já entendeu válida a intimação do acusado apenas na pessoa de seu procurador, porque a medida destinava-se apenas ao acompanhamento de diligências[368].

Nada obstante, recomendável sempre intimar – ou ao menos comunicar (atualmente todo profissional do Direito ou seu escritório dispõe de um endereço eletrônico, o qual pode e deve ser cadastrado pelo secretário da comissão para esse tipo de comunicação processual) – o acusado e seus advogados para a prática de todos os atos processuais, sobretudo para apresentar as razões finais defensivas, em homenagem às garantias constitucionais da ampla defesa, contraditório e também aos deveres de boa-fé, cooperação e lealdade processual, expressos no novo CPC (arts. 5° e 6°).

---

nistrativo disciplinar, *"não é necessária sua intimação pessoal do ato proferido pela autoridade coatora, que determinou a demissão, bastando, para a regular cientificação, a publicação da portaria demissionária no Diário Oficial da União"* (Cf. STJ, MS n° 8213/DF, 3ª Seção, julgamento em 15/12/2008).

367 Cf. art. 26, § 2°, da Lei n° 9.784/99.

368 "A lei do estado do Mato Grosso não exige a intimação pessoal do acusado em processo disciplinar para acompanhamento de diligências. Havendo intimação de procurador devidamente constituído, não há que se falar em prejuízo ou cerceamento de defesa." (STJ – RMS n° 14867/MT, 6ª Turma, julgamento em 25/06/2004, Dj, p. 283, 16. ago 2004).

7.4 CARTA PRECATÓRIA

A *carta precatória*, tal qual existente no CPP, não tem previsão na Lei nº 8.112/90, a qual assinala apenas, no art. 173, que, no caso de oitiva em local diverso da sede dos trabalhos da comissão processante, devem ser pagas diárias e transporte ao colegiado e ao agente público convocado, na condição de testemunha ou acusado. Porém, hodiernamente, em um contexto de restrição econômica perene do Estado, entende-se possível a plena utilização da carta precatória, mesmo porque se sabe que todo direito tem um custo e submete-se à reserva do possível. Em um país continental, a expedição de carta precatória revela-se como um meio econômico, razoável e eficiente para a Administração Pública.

7.5 DECRETAÇÃO DE REVELIA

Caso o agente público acusado, embora citado, não compareça ou não efetue qualquer comunicação, a comissão processante deve declarar a sua revelia nos autos.

Embora não se possa aplicar ao processo administrativo disciplinar exatamente os mesmos efeitos que a revelia gera no processo civil, a comissão disciplinar, após declarar formalmente (com a publicação do edital) o acusado revel, deve designar, de ofício, um agente público para atuar como defensor dativo, o qual deverá ser ocupante de cargo efetivo superior ou de mesmo nível, ou ter nível de escolaridade igual ou superior ao do acusado[369]. Ideal que seja um advogado ou, ao menos, um agente público com formação jurídica (superior), em prestígio à garantia da ampla defesa.

Caso o agente público processado, regularmente citado, e seu advogado deixem passar *in albis* o prazo para apresentar defesa es-

---

369   Cf. art. 164, §§ 1º e 2º, da Lei nº 8.112/90.

crita, sem motivo justo, há o entendimento de que essa omissão injustificada da defesa não precisa ser suprida com a designação de defensor dativo, notadamente após a orientação traçada na Súmula Vinculante nº 5 do STF.

De toda forma, recomenda-se à comissão disciplinar designar defensor dativo, aplicando-se, por analogia ao disposto no § 2º do art. 164 e no art. 153 Lei nº 8.112/90, preservando-se integralmente a ampla defesa (defesa técnica). Sem prejuízo, tendo advogado designado para acompanhar o processo e havendo a revelia, o fato deve ser comunicado à Subseção da OAB local, para medidas pertinentes em relação ao causídico faltante, que não cumpriu seu mister.

Tendo em vista os princípios da razoabilidade, da celeridade, da economia processual e as garantias processuais constitucionais, não gera qualquer nulidade a análise pela comissão processante da defesa escrita apresentada intempestivamente pelo advogado do acusado, até porque esta medida otimiza e acelera a tramitação processual, dispensando-se a designação de um defensor dativo devido ao atraso, o que demandaria mais tempo ao cumprir-se a literalidade da norma legal.

Por tal razão, não deve ser aplicada, no processo administrativo disciplinar, a regra do antigo Código de Processo Civil (art. 322), a qual enuncia que o acusado revel, que não tem patrono, recebe o processo no estado em que se encontra e não mais precisa ser intimado das comunicações processuais. Isso pode ser considerado válido apenas para os atos de instrução normal e oitiva de testemunhas, desde que declarada a revelia.

A aludida Súmula Vinculante nº 5 editada pelo Pretório Excelso, que afirma não ser obrigatória a presença de advogado no processo administrativo disciplinar, é aplicável ao agente público processado que responde e acompanha pessoalmente o feito ou já tenha advogado constituído nos autos.

O TRF da 1ª Região já decidiu que é nulo o procedimento administrativo disciplinar de que resulta aplicação de pena sem que se tenha nomeado defensor dativo ao funcionário revel[370]. Contudo, no caso de ausência do acusado ou de seu advogado, previamente intimado o primeiro, não é mais exigível designação de defensor *ad hoc*, nem sequer para a audiência, consoante teor da aludida Súmula Vinculante nº 5 do STF[371].

Importante destacar, ainda, que não deve a Comissão designar defensor dativo para atuar no processo administrativo disciplinar se o acusado tem advogado constituído nos autos, sob pena de nulidade do feito[372]. Por outro lado, segundo o STJ, se qualquer causídico, após reiteradas intimações (inclusive do agente público processado) para apresentar razões finais por escrito, omite-se em desincumbir-se de seu ônus, sem justificativa plausível, é cabível a nomeação de defensor *ad hoc* para este ato[373].

7.6 INSTRUÇÃO PROBATÓRIA

O processo administrativo disciplinar divide-se em 3 (três) fases: i) instauração, ii) inquérito administrativo e iii) julgamento[374]. A segunda fase é a etapa da instrução probatória, na qual a comissão promoverá a tomada de depoimentos, acareações, investigações e diligências cabíveis, objetivando a coleta de prova, recorrendo, quando necessário, a técnicos e peritos, de modo a permitir a completa elucidação dos fatos.

---

370 TRF-1ª Região: AMS nº 9301301857/BA, 1ª Turma Suplementar, decisão de 18/09/2001, Dj, p. 256, 8 out. 2001.

371 Súmula Vinculante 5 (STF): "A FALTA DE DEFESA TÉCNICA POR ADVOGADO NO PROCESSO ADMINISTRATIVO DISCIPLINAR NÃO OFENDE A CONSTITUIÇÃO".

372 TRF – 1ª Região: AMS nº 199701000068703/MA, 1ª Turma Suplementar, decisão de 20.08.2002, Dj, p. 94, 05 set. 2002.

373 Há diversas decisões neste sentido na área penal que, *a fortiori*, são plenamente aplicáveis ao processo administrativo disciplinar (STJ – HC nº 66.599-SP, julgado em 12/11/2007 – Precedentes citados: HC nº 57.849-SP, Dj 27 ago 2007; HC nº 38.924-PR, Dj 16 abr 2007; HC nº 51.560-SP, Dj 4 jun 2007).

374 Cf. art. 151 da Lei nº 8.112/90.

A prova tem o objetivo de refazer e esclarecer os fatos importantes para o deslinde justo de um processo. Pode-se dizer que a prova é o coração do processo. É da prova que será possível extrair a verdade real da autoria e da materialidade dos fatos. Na preciosa lição de Taruffo[375], *"os meios de prova conectam-se aos fatos em litígio através de uma relação instrumental: 'meio de prova' é qualquer elemento que possa ser utilizado para estabelecer a verdade dos fatos da causa".*

Pela análise e cotejo dos diversos tipos de prova, a comissão e a autoridade competente julgadora perseguem a *"verdade"*, a fim de precisar o que ocorreu em determinado tempo e lugar, para, ao final, formar sua convicção acerca da responsabilidade do acusado. Contemporaneamente, no campo filosófico ou judicial, diversas correntes criticam a ideia de busca da *"verdade real"* ou *"verdade absoluta"*, acentuando, algumas delas, que isso seria *"sem sentido"* ou que isso não pode ser estabelecido no âmbito de um processo[376].

Na lição de Taruffo, posição a que aderimos, *"existe a possibilidade de se descobrir, com métodos adequados confiáveis, a verdade referente a eventos do mundo externo"*, embora isso não se confunda com uma verdade considerada absoluta.

Seja como for, no processo administrativo disciplinar, o destinatário das provas, no primeiro momento, é a comissão processante e, em seguida, a autoridade julgadora. Estas formarão seu convencimento livremente, para elaboração de relatório final e decisão conclusiva, respectivamente, desde que apoiados apenas nos elementos probatórios carreados aos autos.

Vale ainda ressaltar que, no processo administrativo disciplinar, todos os meios de prova lícitos são admitidos, aplicando-se as regras do Novo Código de Processo Civil (arts. 369 a 484), por analogia, ou a própria Lei do Processo Administrativo de cada ente federativo, subsidiariamente. A comissão processante pode valer-se da produção de provas documentais (inclusive aquelas "emprestadas" da Justiça), periciais, testemunhais (orais) e de outras atípicas.

---

375   TARUFFO, 2014, p. 15.

376   TARUFFO, 2014, p. 15.

A Comissão é o verdadeiro juiz das provas e deve esclarecer todas as dúvidas relevantes, a fim de elaborar seu relatório final de acordo com aquilo que a instrução probatória demonstrou fielmente.

Incumbe à comissão disciplinar funcionar como a *"guardiã da prova"*, sem cercamentos para sua livre formação, a qual deverá ser inequívoca e suficiente para justificar o que foi proposto no relatório conclusivo. Além disso, compete à autoridade julgadora, como *"juiz revisor da prova"*, cotejar tais conclusões do colegiado com a realidade do que foi produzido no decorrer da instrução do processo administrativo disciplinar, a fim de aplicar, ou não, a punição adequada e razoável prevista em lei.

Sem provas válidas, a sanção disciplinar aplicada será nula, porque, no Estado Democrático de Direito, toda inflição de pena aos acusados deve estar adstrita à acusação e ao conjunto probatório coligido aos autos, sob pena de ofensa às garantias constitucionais da ampla defesa, do contraditório e do devido processo legal[377].

Bacellar Filho[378], nessa linha, esclarece que, ao final do processo administrativo disciplinar, a decisão do órgão julgador *"está adrede limitado pelos fatos debatidos pelos sujeitos processuais"*. E citando o saudoso Prof. José Carlos Barbosa Moreira, arremata que a sanção disciplinar *"não pode exceder os limites da conclusão (questões debatidas pelas partes), assim como devem ser levados em conta os elementos probatórios produzidos, segundo procedimento em que as partes hajam tido oportunidade real de participar"*[379].

7.6.1 Ônus probatório

Em respeito ao art. 5º, LV da CRFB/88, os estatutos funcionais[380] costumam prever que o agente público tem o direito de acom-

---

377 Cf. também, art. 38, § 1º, da Lei nº 9.784/99.

378 BACELLAR FILHO, *Processo Administrativo Disciplinar*, ob. cit., p. 292.

379 *Ibid.* p. 292.

380 Cf. art. 156 da Lei nº 8.112/90.

panhar o processo pessoalmente ou por intermédio de procurador, bem como produzir provas e contraprovas.

A comissão processante deve instruir os autos com todos os elementos probatórios necessários para esclarecer os fatos, objetivando comprovar, ou não, a existência material da infração administrativa disciplinar e sua autoria. Esse arcabouço produzido deverá ser o mais amplo possível, esgotando-se todos os meios de provas admissíveis e espancando-se quaisquer dúvidas ou obscuridades relevantes do processo, de modo a permitir que a autoridade competente possa decidir, de forma segura, para além da dúvida razoável, pela culpabilidade ou inocência do acusado.

Com efeito, sabe-se que, mediante impulso oficial e de ofício, a comissão processante deve realizar todas as atividades de instrução probatória, destinadas a comprovar ou não determinado fato ou circunstância relevante para o deslinde do processo.

Como assevera Costa[381], para se atingir o equilíbrio processual desejado pelo Direito, a comissão processante, que tem o poder e dever de fazer tudo – até porque o ônus de provar os fatos incumbe à Administração Pública-, deve oportunizar à defesa o direito de constituir todas as provas que repute relevantes, podendo assim *"requerer a realização das mais variadas diligências aceitáveis na ciência processualística, tais como: audiência de novas testemunhas, acareações, reconhecimentos, provas periciais, juntada de documentos etc."*.

7.6.2 Deferimento e denegação de pedidos de prova

O direito de o agente público processado propor provas não deve ser coarctado sem a adequada justificativa jurídica plausível e a devida fundamentação (art. 5º, LIV e LV, da CRFB/88). Prevê, por exemplo, o art. 36 da Lei nº 9.784/99: *"cabe ao interessado a prova dos fatos que tenha alegado, sem prejuízo do dever atribuído ao órgão competente para a instrução e do disposto no art. 37 desta Lei"*.

---

381   COSTA, 1981, p. 318.

PROCESSO ADMINISTRATIVO DISCIPLINAR ORDINÁRIO

O Superior Tribunal de Justiça[382], assim, não admite restrição infundada à produção probatória legitimamente requerida pela defesa:

> *O indeferimento do pedido de produção de prova testemunhal sem motivação, requerida tempestivamente pelo* Agente público *para a comprovação de compatibilidade de horários entre os cargos, caracteriza violação de seu direito constitucionalmente assegurado de ampla defesa e contraditório no processo administrativo disciplinar, mormente pelo fato de haver conclusões totalmente antagônicas sobre o tema, constando nos autos decisão da Justiça Federal acolhendo a questionada compatibilidade de horários.*

A jurisprudência dos tribunais pátrios é firme no sentido de que há cerceamento de defesa no indeferimento, de plano, da oitiva de testemunhas requerida pelo acusado, sob a única justificativa de que *"nada adiantaria, por ter havido confissão quanto à autoria de certos fatos"*[383]. Ou, ainda, porque se trataria de *"medida protelatória, sem qualquer fundamentação outra, escolhendo duas dentre as dez testemunhas arroladas"*[384]. Igualmente, entende-se incabível a recusa do depoimento de uma testemunha-chave do processo.[385]

Nada obstante, a Lei nº 8.112/90, em seu art. 156, § 1º, aduz, por exemplo, que *"o presidente da comissão poderá denegar pedidos considerados impertinentes, meramente protelatórios, ou de nenhum interesse para o esclarecimento dos fatos"*. E o § 2º do referido dispositivo legal complementa: *"Será indeferido o pedido de prova pe-*

---

382   STJ – MS nº 13083/DF, 3ª Seção, julgamento em 13/05/2009.

383   TRF – 2ª Região: AC – apelação cível nº 249596, 5ª Turma, decisão de 18/05/2004, Dju, p. 187, 24 maio de 2004.

384   STJ – MS nº 8431/DF, Rel. Min. Hamilton Carvalhido, 3ª Seção, Dj, p. 234, de 23 junº 2003.

385   "A testemunha-chave, devidamente apresentada pelo impetrante, deixou de ser ouvida, entendendo a administração de que se trataria de medida protelatória do impetrante, sem maiores argumentações, o que caracteriza, plenamente, o cerceamento de defesa." (STJ – MS nº 6900/DF, Rel. Min. José Arnaldo da Fonseca, 3ª Seção, Dj, p. 58, de 04 junº 2001).

ricial, quando a comprovação do fato independer de conhecimento especial de perito".

Indubitável que o colegiado tem de observar os princípios constitucionais da duração razoável do processo e da eficiência, bem como possui o dever de zelar pela condução mais célere possível do processo. Contudo, segundo o STJ, é dever da comissão fundamentar adequadamente qualquer decisão de indeferimento de produção de prova[386] requerida pelo acusado e seu patrono no processo administrativo disciplinar, sob pena de cerceamento do direito de defesa (art. 5º, LIV e LV, da CRFB/88)[387].

Por outro lado, o Tribunal da Cidadania, favoravelmente à Administração Pública, já julgou que *"o indeferimento de produção de prova pericial que se mostra impossível de ser realizada não configura afronta à ampla defesa"*[388]. Ademais, estabeleceu que compete ao acusado demonstrar a relevância dos fatos objeto da prova testemunhal requerida, para fins de justificar possível cerceamento de defe-

---

386 "1. Não ocorre cerceamento de defesa o indeferimento devidamente motivado de produção de prova testemunhal. 2. O oferecimento pelo agente público do rol de testemunhas deve se dar na fase instrutória do processo administrativo disciplinar, na qual é promovida a tomada de depoimentos, acareações, investigações e diligências cabíveis. [...] 4. Segurança denegada." (STJ – MS nº 8990/DF, processo nº 2003/0048840-6, Relator(a) Ministra MARIA THEREZA DE ASSIS MOURA, TERCEIRA SEÇÃO, Data do Julgamento: 14/05/2008, DJe 29/05/2008).

387 "A comissão processante tem o dever de indeferir a realização de diligências inúteis. Contudo, para fazê-lo, deve apresentar sólidos e concretos fundamentos, sob pena de caracterizar-se ato arbitrário, extremamente lesivo ao direito, constitucionalmente assegurado à ampla defesa." (STJ – ROMS nº 12016/PA, Rel. Min. Felix Fischer, 5ª Turma, Dj, p. 496, 20 ago. 2001).

388 STJ – MS nº 10783/DF, Rel. Min. Felix Fischer, 3ª Seção, julgamento em 24/05/2006.

sa[389], bem como ressaltou que o conjunto probatório dos autos pode tornar desnecessária a realização de certas provas[390].

Destarte, é sempre dever da comissão processante, ainda na fase de instrução, além de fundamentar devidamente sua decisão, em ata ou documento equivalente, comunicar, com a maior brevidade possível, à defesa o indeferimento do pedido de produção de provas requerido, a fim de que esta possa eventualmente apresentar pedido de reconsideração e, em seguida, recurso hierárquico, a fim de rever o ato administrativo questionado.

No âmbito do processo administrativo disciplinar, o princípio da *boa-fé e lealdade processual* se aplica, por exemplo, quanto ao indeferimento de requerimento alusivo à produção de provas considerados impertinentes, meramente protelatórios ou de nenhum interesse para o esclarecimento dos fatos[391].

Sobre a possibilidade de indeferimento da produção de provas por parte da comissão processante, o STJ editou a Tese 8, na edição n° 147 da Jurisprudência em teses, nestes termos:

> *8 - O indeferimento de produção de provas pela comissão processante, não causa nulidade do Processo Administrativo*

---

389 "A Comissão Processante ensejou ao requerente a apresentação das testemunhas, autoridades públicas, ante a evidência que nenhum subsídio poderia trazer à espécie, resultando daí a inexistência de cerceamento de defesa, eis que cientificado de tal decisão, o impetrante deixou de apresentar as suas testemunhas, bem como jamais trouxe ao conhecimento de quem quer que seja, como não o fez no presente *mandamus*, a que fatos se refeririam os tais depoimentos, tanto que não definiu os prejuízos que teriam resultado de sua falta à sua defesa." (STJ – MS n° 7066/DF, Rel. Min. Hamilton Carvalhido, 3ª Seção, Dj. p. 240, 16 dez 2002).

390 "O indeferimento motivado do pedido de acareação de testemunhas e de perícia grafotécnica não importa em cerceamento de defesa quando o conjunto probatório dos autos tornar desnecessária a produção de tais provas". (STJ – RMS n° 13.144/BA, Rel. Min. Arnaldo Esteves Lima, 5ª Turma, julgamento em 21/03/2006, Dj, p. 229, de 10 abr. 2006).

391 Trata-se de faculdade do presidente da comissão processante prevista no artigo 156, § 1°, da Lei n° 8.112/90.

Disciplinar - processo administrativo disciplinar, desde que motivado nos termos do art. 156, §§ 1º e 2º, da Lei nº 8.112/1990.

[...] é lícito ao agente público indiciado, no prazo de apresentação da defesa escrita, requerer a produção de algum meio de prova que for relevante para a sua defesa. Antes de apreciar tal requerimento, pode a comissão Disciplinar intimar o indiciado para justificar a pertinência de seu pedido.

Ao ser deferida a produção de prova requerida pelo agente público acusado, o prazo da apresentação de defesa escrita fica suspenso, até que ela seja produzida. A suspensão do prazo de defesa escrita beneficia a todos os agentes públicos indiciados, que, se já tiverem entregue suas defesas, poderão aditar novas razões.

Também haverá a suspensão do prazo da apresentação de defesa escrita, se a própria comissão Disciplinar tomar a iniciativa de realizar ato de instrução após ter indiciado o agente público.

Todavia, se o agente público indiciado, ao apresentar sua defesa escrita, requerer a produção de prova oral, é obrigação da comissão Disciplinar, analisar tal pleito e emitir um juízo de valor devidamente fundamentado e motivado, pois o simples indeferimento do requerimento, ao argumento de que as testemunhas não traiam maiores esclarecimentos para o deslinde da investigação, configura cerceamento de defesa, importando em declaração de nulidade do processo administrativo disciplinar, desde tal ato.

Nessa toada, sem motivo justo e razoável, não pode a comissão disciplinar coarctar a livre e ampla produção de provas pela defesa, seja de que espécie for. Elas são a essência e o fundamento principal da decisão final da autoridade disciplinar competente no processo administrativo disciplinar.

Segundo o art. 374 do novo CPC, aqui aplicável por analogia, não dependem de prova os seguintes fatos: I - notórios; II - afirmados por uma parte e confessados pela parte contrária; III - admitidos no processo como incontroversos; IV - em cujo favor milita presun-

PROCESSO ADMINISTRATIVO DISCIPLINAR ORDINÁRIO

ção legal de existência ou de veracidade. Em tese, o presidente da comissão pode indeferir requerimentos defensivos protelatórios que se enquadrem nesses incisos.

Na dúvida, o colegiado deverá ser sempre tolerante e fomentador do contraditório e da ampla defesa, deferindo a prova requerida pela defesa que não seja manifestamente irrelevante ou inútil. Caso contrário, tal postura seria caracterizada como autoritária e preconceituosa, totalmente incompatível com as garantias constitucionais contemporâneas.

Indeferida a produção de prova pericial, o acusado igualmente pode interpor pedido de reconsideração à comissão processante e, em seguida, recurso hierárquico à autoridade imediatamente superior, no prazo legal, a contar da ciência da decisão ou da publicação[392]. Caso a prova seja deferida, caberá à comissão notificar o interessado para acompanhar a produção, quando cabível[393].

7.6.3 Provas documentais

A prova documental é a representação física que visa corroborar o fato alegado pela parte. Quanto à sua autenticidade, seja ela fotografia, desenhos, escritos fiscais ou gravações, considera-se autêntica quando, após apresentada, não houver impugnação da parte contrária[394]. Ela demonstra a prática de um ato ou a ocorrência de um fato.

Com frequência são juntadas ao processo administrativo disciplinar as seguintes provas documentais: certidões, atestados, escrituras públicas e particular, folhas de assentamentos funcionais e de antecedentes criminais, extratos de sistemas informatizados, fotografias, mídias em CD ou *pen drives*, instruções de serviço etc. Não podem ser recusadas pela comissão processante, desde que tenham alguma

---

392 Cf. art. 108 da Lei nº 8.112/90.

393 TRF – 3ª Região: EAC – Embargos na apelação cível nº 8918, processo nº 89030301307/SP, 1ª Seção, decisão de 07/05/2003, Dju, p. 277, de 03 jun. 2003.

394 Art. 411, NCPC.

relevância ou pertinência para o esclarecimento ou a comprovação de um fato relativo ao objeto do processo administrativo disciplinar.

Por outro lado, o agente público acusado tem a possibilidade de requerer à comissão processante a exibição de documento ou coisa que se ache em poder da Administração Pública e cujo acesso lhe é negado[395].

Em síntese, toda prova documental deve ser produzida de forma lícita, isenta e imparcial. Caso haja suspeita quanto à sua veracidade, pode qualquer uma das partes arguir esse fato, na primeira oportunidade que tomar conhecimento, promovendo-se o devido incidente de falsidade documental[396]. Esse pleito deve ser resolvido como uma questão incidental, salvo se for a própria questão principal, objeto central do processo administrativo disciplinar.

Importante esclarecer, por fim, que, em regra, a prova que será utilizada pela comissão processante e pelo agente público acusado é aquela produzida no próprio processo disciplinar. No entanto, a admissão de uma *prova emprestada* – produzida em outro processo – pode ser justificada pela necessidade de otimização, racionalidade, duração razoável do feito e eficiência pela Administração Pública.

A jurisprudência do STJ[397] é pacífica quanto à possibilidade de utilizar provas emprestadas de inquérito policial e de processo criminal na instrução de processo administrativo disciplinar, desde que assegurados o contraditório e a ampla defesa.

Para o STJ, também é possível utilizar interceptação telefônica emprestada de processo penal no processo administrativo disciplinar, desde que devidamente autorizada pelo juízo criminal – responsável pela preservação do sigilo de tal prova –, além de observadas as diretrizes da Lei 9.296/1996[398].

---

395 Nos termos dos arts. 396 do NCPC, por analogia.

396 Nos termos do art. 430 do NCPC.

397 O entendimento está previsto na Súmula 591, aprovada em 2017.

398 STJ – MS 17535/DF, Rel. Ministro BENEDITO GONÇALVES, PRIMEI-RA SEÇÃO, julgado em 10/09/2014, DJe 15/09/2014; MS 17536/DF, Rel.

Ocorre que, quando essa prova é trasladada de outro processo judicial (normalmente criminal), ela ingressará como um documento no processo administrativo disciplinar. Por conseguinte, eventuais questionamentos quanto à sua autenticidade e validade jurídica devem ser discutidos no âmbito da própria ação originária de onde ela foi obtida, não podendo, em tese, a comissão disciplinar desconsiderar seu valor probatório com base em meras alegações defensivas que pretendem desconstituí-las sem nenhum elemento concreto.

Outras provas

Cumpre destacar, por fim, que, assim como no processo penal ou civil, e nos termos do art. 30 da Lei Federal nº 9.784/99 e art. 5º, LVI, da CRFB/88, são inadmissíveis no processo administrativo as *provas obtidas por meios ilícitos*. Para aprofundamento nesta temática, remetemos o leitor à Seção 7.7.

7.6.4 Provas testemunhais

A prova testemunhal, em que pese sua frágil disciplina no âmbito disciplinar[399], historicamente, sempre foi o método ordinário para apuração e demonstração de fatos, visando comprovar uma acusação formal do Estado[400].

Ministro MAURO CAMPBELL MARQUES, PRIMEIRA SEÇÃO, julgado em 13/04/2016, DJe 20/04/2016; MS 17534/DF, Rel. Ministro HUMBERTO MARTINS, PRIMEIRA SEÇÃO, julgado em 12/03/2014, DJe 20/03/2014; MS 21002/DF, Rel. Ministro OG FERNANDES, PRIMEIRA SEÇÃO, julgado em 24/06/2015, DJe 01/07/2015.

399 A prova testemunhal é disciplinada no âmbito da União pela Lei Federal nº 8.112/90 de forma incompleta nos artigos 157 e 158. Em razão dessa lacuna legal, pode haver no processo administrativo disciplinar a aplicação subsidiária da Lei Federal nº 9.784/99 e o uso da analogia aos arts. 202 a 225 do Código de Processo Penal e arts. 442 a 463 do Código de Processo Civil.

400 Tal a sua importância que o Código de Hamurabi, considerada a mais antiga codificação de leis, em seu Capítulo I, condenava à morte aquele que acusasse falsamente outra pessoa. A mesma sanção era prescrita no Direito romano para quem prestava falso testemunho, segundo a Lei das XII Tábuas (inciso XXII).

Pessoas que presenciaram ou tomaram conhecimento direto de um fato são ouvidas, pois, logicamente, elas poderiam retratar ao julgador de forma mais clara possível o que verdadeiramente ocorreu. Fux[401] leciona que *"o testemunho consiste na narração do que a testemunha viu ou ouviu, sentiu".*

Nada obstante, é inegável que o ser humano, dadas as suas próprias limitações físicas e psíquicas, embora agindo de boa-fé, possa ser enganado pelos próprios sentidos, sobretudo quando se trata de fato, por exemplo, ocorrido no período noturno, ou que tenha assistido a longa distância, ou em situações de perigo à própria vida ou a de outrem etc. Ademais, sabe-se que não é incomum pessoas de pouca evolução moral prestarem depoimentos em troca de recompensas, mesmo que não financeiras.

Walter P. A. Costa, citado por Carvalho[402], aduz que *"não são acordes os autores ao conceituar o testemunho, ora considerando-o a 'prostituta das provas' (Mittermaier), ora afirmando que as testemunhas são 'os olhos e os ouvidos da justiça' (Bentham)".*

Pois bem. A doutrina elenca os seguintes tipos de testemunha: a) *testemunha presencial:* aquela que presenciou o fato; b) *testemunha de referência:* aquela que soube do fato a partir do relato de terceira pessoa; c) *testemunha referida:* aquela cuja existência foi apurada a partir de outro depoimento; d) *testemunha judiciária:* aquela que relata em juízo o conhecimento do fato; e, por último, e) *testemunha instrumentária:* aquela que presenciou a assinatura do instrumento de ato jurídico e o firmou.

Em virtude das falibilidades humanas, a lei processual foi sábia ao prever que certas pessoas são incapazes, impedidas ou suspeitas para testemunhar[403]. Aqui, cabe uma ressalva, desde logo, porque

---

401 FUX, Luiz. *Curso de Direito Processual Civil.* 3. ed., Rio de Janeiro: Forense, 2005, p. 719.

402 CARVALHO, 2014, p. 646.

403 NCPC – "Art. 447. Podem depor como testemunhas todas as pessoas, exceto as incapazes, impedidas ou suspeitas.
§ 1º São incapazes:

as disposições do Código Civil foram expressamente revogadas pela Lei nº 13.146/2015, que estabeleceu o Estatuto da Pessoa com Deficiência, tendo sido acrescido, ainda, o § 2º ao art. 228, segundo o qual "*a pessoa com deficiência poderá testemunhar em igualdade de condições com as demais pessoas, sendo-lhe assegurados todos os recursos de tecnologia assistiva*".

Vale dizer que, apenas em virtude de sua deficiência, uma pessoa não pode mais ser excluída de testemunhar, devendo o Estado prover os recursos necessários para tanto, designando-se profissionais especializados de apoio para auxiliar nessa tarefa. E a comissão processante pode se valer das regras do art. 192, I a III, do CPP.

É essencial sublinhar, nos termos do art. 202 do Código de Processo Penal, que "*toda pessoa poderá ser testemunha*". Portanto deve ser distinguida a condição processual em que a testemunha depõe do valor a ser atribuído ao seu depoimento. Ainda que uma pessoa, processualmente, seja incapaz, impedida ou suspeita, caso queira prestar depoimento, a comissão disciplinar pode ouvi-la, sem o compromisso de dizer a verdade. Evidente que esse depoimento, em regra, terá reduzida ou distinta valia probatória, considerada tal

---

I - o interdito por enfermidade ou deficiência mental;

II - o que, acometido por enfermidade ou retardamento mental, ao tempo em que ocorreram os fatos, não podia discerni-los, ou, ao tempo em que deve depor, não está habilitado a transmitir as percepções;

III - o que tiver menos de 16 (dezesseis) anos;

IV - o cego e o surdo, quando a ciência do fato depender dos sentidos que lhes faltam.

§ 2º São impedidos:

I - o cônjuge, o companheiro, o ascendente e o descendente em qualquer grau e o colateral, até o terceiro grau, de alguma das partes, por consanguinidade ou afinidade, salvo se o exigir o interesse público ou, tratando-se de causa relativa ao estado da pessoa, não se puder obter de outro modo a prova que o juiz repute necessária ao julgamento do mérito;

II - o que é parte na causa;

III - o que intervém em nome de uma parte, como o tutor, o representante legal da pessoa jurídica, o juiz, o advogado e outros que assistam ou tenham assistido as partes.

§ 3º São suspeitos:

I - o inimigo da parte ou o seu amigo íntimo;

II - o que tiver interesse no litígio".

circunstância especial. O próprio NCPC aduz que cônjuges e alguns parentes da parte (acusado) podem depor se "o interesse público" exigir (art. 447, § 2º, I) ou no caso de testemunha menor, ainda que impedida ou suspeita (art. 447, § 4º).

Impende salientar que não há qualquer restrição que as pessoas relacionadas à parte acusada prestem depoimento à comissão processante. Porém, seus depoimentos devem evidentemente ser analisados à luz de sua vinculação com o agente público acusado. Nos casos de suspeição, impedimento ou contradita da testemunha, a comissão processante deve dispensá-la, podendo esta ser substituída por outra que não esteja nesta condição. No caso das pessoas que guardam sigilo profissional ou funcional, exceto se desobrigadas pelo acusado e desejarem prestar o depoimento, a comissão processante não poderá de qualquer modo constrangê-las para que revelem segredos ou informações sigilosas, sob pena de abuso de autoridade[404].

Marinoni[405] destaca que, se a testemunha declara que seu depoimento tem como base informações obtidas com ilicitude, ainda que por um terceiro, a oitiva deve automaticamente ser considerada prova ilícita.

No processo administrativo disciplinar, não há distinção entre testemunhas da defesa e da acusação, tal como ocorre no processo civil e no processo penal. Todas são consideradas testemunhas do processo, necessárias para o esclarecimento dos fatos investigados e na busca pela denominada "verdade material". Destarte, tanto a comissão disciplinar quanto o acusado podem arrolar testemunhas consideradas indispensáveis para o deslinde da causa.

Importa salientar que, em tese, desde a sua notificação até o encerramento da fase de instrução do processo, que ocorre com a

---

404 Cf. art. 15, *caput*, da Lei nº 13.689/2019.

405 MARINONI, Luiz Guilherme. Prova Ilícita. *In*: MARTINS, Ives Gandra da Silva; REZEK, Francisco (Org.). *Constituição Federal: avanços, contribuições e modificações no processo democrático brasileiro*. São Paulo: Revista dos Tribunais e Centro de Extensão Universitária, 2008, p. 208.

designação da data do interrogatório[406], o acusado pode apresentar requerimento com o rol de testemunhas que deseja ouvir[407].

Se o estatuto disciplinar, como é o caso da Lei Federal nº 8.112/90, não estabelece número mínimo ou máximo de testemunhas que podem ser requeridas, a comissão disciplinar poderá definir esse número, com fundamento no § 6º do art. 357 do Código de Processo Civil, de aplicação subsidiária e supletiva ao processo administrativo disciplinar (art. 15 do CPC), bem como com base nos princípios constitucionais da duração razoável do processo, razoabilidade, economicidade e da eficiência.

Quanto à intimação das testemunhas[408], a comissão deve respeitar o prazo mínimo de 3 (três) dias úteis de antecedência para intimação da testemunha, tempo que igualmente deve ser respeitado quanto ao acusado, que deve ser notificado, pois tem o direito de estar presente no ato processual para contraditar ou reinquirir o depoente[409]. Recomendável, ainda, a comunicação de tais medidas ao patrono do acusado e ao advogado da testemunha, se houver.

No caso de oitiva de autoridades, estas deverão ser inquiridas em local, dia e hora previamente ajustados entre eles e o presidente do colegiado, aplicando-se, por analogia, o disposto no art. 221 do Código de Processo Penal. Na mesma toada, o § 1º do aludido dispositivo legal prevê que o *"presidente e o vice-presidente da República, os presidentes do Senado Federal, da Câmara dos Deputados e do Supremo Tribunal Federal poderão optar pela prestação de depoimento por escrito, caso em que as perguntas, formuladas pelas partes e deferidas pelo juiz, lhes serão transmitidas por ofício"*.

Ainda na linha do que determina o CPP (art. 220), extensível ao processo administrativo disciplinar, por analogia, *"as pessoas impossibilitadas, por enfermidade ou por velhice, de comparecer para depor,*

---

406   Cf. art. 158 da Lei nº 8.112/90.

407   Cf. art. 156 da Lei nº 8.112/90.

408   Cf. art. 157 da Lei nº 8.112/90.

409   Cf. art. 26, § 2º, da Lei Federal nº 9.784/99.

serão inquiridas onde estiverem". Nesse caso, incumbe ao presidente da comissão solicitar aos seus superiores os recursos materiais e financeiros para tal providência, notificando-se sempre o acusado e seu patrono do local, hora e data dessa oitiva especial.

Não comparecendo a testemunha para depor apesar de regularmente intimada, o presidente da comissão deve aguardar, no mínimo, 30 (trinta) minutos, devendo o ocorrido ser registrado em termo ou ata própria. Será sempre cabível sua reintimação, com designação de nova data, caso seja do interesse do colegiado e/ou do acusado.

Não é possível a condução coercitiva de testemunhas, ainda que se trate de agente público, para prestar depoimento em processo administrativo disciplinar, por ausência de previsão legal, segundo entendimento jurisprudencial pacífico[410]. Não é cabível a utilização do art. 219 do CPP, por analogia, em razão da clara e direta restrição intensa a direito fundamental individual constitucional.

Inobstante, no processo administrativo disciplinar, é dever de todo o cidadão, na condição de testemunha, de comparecer à audiência[411]. Nada impede, inclusive, que um ente federativo edite uma lei, prevendo uma multa pecuniária, em caso de ausência injustificada.

Caso a testemunha faltante seja agente público, o seu não comparecimento pode ensejar sua responsabilização disciplinar pelo descumprimento do dever elencado no art. 116 da Lei nº 8.112/90.

Por fim, é pacífica a possibilidade de retirada do acusado da sala de inquirição, caso a testemunha se sinta amedrontada, constrangida ou humilhada, aplicando-se ao processo administrativo disciplinar, por analogia, a norma descrita no art. 217 do CPP.

---

410 *"[...] a Administração não tem poder de forçar o comparecimento de terceiros para prestar depoimento. A condução coercitiva é um instituto predominantemente processual, não sendo extensível ao processo administrativo disciplinar".* (STF, 1ª T, HC 107.644-SP, relator Min. Ricardo Lewandowski, julgado em 06/09/2011).

411 Cf. artigo 4º, IV, da Lei nº 9.784/99.

Com efeito, é dever do presidente da comissão zelar pela regularidade e eficiência dos trabalhos e, ao mesmo tempo, garantir a ampla defesa e o contraditório aos acusados.

Caso a comissão disciplinar verifique a possibilidade de ocorrer uma intimidação da testemunha, deverá se preocupar com o posicionamento das pessoas na sala de oitiva, colocando a testemunha para prestar seu depoimento sentada de frente para o trio processante, sem poder vislumbrar o semblante do acusado ou de seu advogado, que deverão ser posicionados atrás da testemunha na sala. Caso o acusado, de alguma forma, ainda assim busque coagir a testemunha, através de sua atitude, gestos ou insinuações, deve a comissão atuar conforme o disposto pelo artigo 217 do Código de Processo Penal, mandando retirá-lo da sala e registrando o incidente no termo de depoimento ou na ata.

Caso a audiência ocorra por meio de videoconferência – que, assim como no processo penal, passou a ser admitida no processo disciplinar[412] –, e o agente público processado, por qualquer meio, esteja intimidando a testemunha, incumbe ao presidente do colegiado, de imediato, determinar que seja desligada ou desativada a câmera do acusado[413].

---

412 Por exemplo, a CGU, no exercício das funções de órgão central do Sistema de Correição do Poder Executivo Federal, editou a Instrução Normativa CGU n° 12, de 1° de novembro de 2011, por meio da qual regulamentou a adoção de videoconferência na instrução de processos e procedimentos disciplinares. E na Instrução Normativa CGU n° 14/2018, no art. 33, § 11, não só reconheceu a videoconferência, como a estabeleceu como meio preferencial.
10.3.16.1. PROCEDIMENTO DA VIDEOCONFERÊNCIA
[...] Deverá ser oportunizada aos acusados a faculdade de acompanhar pessoalmente ou por meio de procurador a audiência realizada por videoconferência, seja na sala em que se encontrar a comissão ou no local onde se localizar a pessoa a ser ouvida. O acusado ou seu procurador terá a possibilidade de arguir o depoente, por intermédio do presidente da comissão, se assim desejar.

413 NOTA TÉCNICA N° 3107/2020/CGUNE/CRG (União):
"4.22. Embora o ambiente virtual não permita a disposição espelhada nos moldes da formatação de posicionamento do acusado em situação presencial, a utilização destes novos recursos tecnológicos para a tomada de depoimentos aponta para soluções que são aplicáveis e originadas justamente em razão do próprio meio existente, conforme se passa a demonstrar.

7.6.4.1 Formalidades da audiência de testemunhas

Diversos ritos são essenciais para a formalização válida e regular das audiências de testemunhas no processo administrativo disciplinar, sob pena de nulidade processual. A regra de ouro nessa seara – assim como existe no processo civil e no processo penal – está, por exemplo, prevista no art. 158, *caput* da Lei nº 8.112/90: *"O depoimento será prestado oralmente e reduzido a termo, não sendo lícito à testemunha trazê-lo por escrito".*

Essa medida visa preservar a maior fidedignidade e espontaneidade possíveis que devem revestir o depoimento de uma testemunha, o qual, portanto, não pode ser um produto teatral de articulação jurídica da defesa ou da acusação, ou, ainda, refletir qualquer espé-

---

4.23. Primeiro, em uma situação ordinária, caso até o momento do início da oitiva nenhuma situação de constrangimento seja mencionada pelo depoente, a audiência deve seguir normalmente com a visualização de todos os participantes. Todavia, excepcionalmente, de acordo com a situação tratada (como por exemplo de assédio), pode a comissão vir a perguntar à testemunha sobre a intimidação que a imagem do acusado ou de seu advogado venha a causar quando disponibilizada em sua tela de visualização, e, sendo a resposta positiva, requisitar que, no momento do seu depoimento, o acusado e seu representante desliguem suas câmeras (ou desligada a imagem pelo administrador se possível), mantendo aberta somente a comunicação por áudio – resta advertir, noutro giro, que, neste caso fica prejudicada a confirmação da presença real de ambos ou de um terceiro não autorizado no recinto filmado. Esta ação não traz prejuízos à defesa tendo em vista que ela poderá analisar os gestos e expressões da testemunha, sem deixar de fazer as mesmas intervenções orais que seriam cabíveis em uma situação presencial, mantendo-se, contudo, fora do campo de visão do depoente. 4.24. Segundo, pela existência de solução prática excepcionalíssima para a questão, que se fundamenta na razoabilidade e no formalismo moderado, reconhecidos como dois dos princípios orientadores da Administração Pública Federal. Neste caso, a depender da concordância do depoente, e levando-se em conta o tipo de sistema de videoconferência utilizado, naquelas situações de intimidação por contato visual com o acusado e seu advogado, a comissão poderia solicitar que o depoente procure um meio de ocultar a imagem que não deseja visualizar, isso, claro, dentro das possibilidades e meios existentes no local em que se encontre. Assegura-se, assim, o mesmo resultado pretendido com a desativação das câmeras. Cabe salientar que, por cautela, a efetivação dessa medida deve ser comunicada verbalmente à comissão para registro, de forma a evitar posteriores arguições ou contestações."

PROCESSO ADMINISTRATIVO DISCIPLINAR ORDINÁRIO

cie de conluio, visando favorecer a quem quer seja. Em razão disso, os §§ 1º e 2º do aludido art. 158 do Estatuto dos Agentes públicos Federais preconizam, ainda, que: *"as testemunhas serão inquiridas separadamente"*, e, *"na hipótese de depoimentos contraditórios ou que se infirmem, proceder-se-á à acareação entre os depoentes"*.

Nessa toada, mesmo antes de prestarem seus depoimentos, já no saguão de espera do órgão público onde funcione a Comissão Disciplinar, as testemunhas devem ficar afastadas uma das outras, não podendo se comunicar entre si acerca dos fatos sobre os quais irão depor. E, após testemunharem, devem deixar o local, a fim de não influir no testemunho das demais[414]. Incumbe à comissão, e demais eventuais agentes públicos da repartição, adotar as medidas necessárias, inclusive utilizando-se do poder de polícia, para resguardar a regularidade do feito antes, durante e depois do término das audiências.

Para prevenir ou cessar qualquer tumulto ou desordem, a comissão pode se utilizar de meios coercitivos quando for necessário, incumbindo-lhe inclusive retirar pessoas do recinto quando sua presença atrapalhar o bom andamento dos trabalhos[415].

Realizado o pregão e presentes as testemunhas, estas serão chamadas a depor de acordo com a ordem determinada pela comissão. Trata-se de ato discricionário, o qual, contudo, pode admitir ponderações da defesa ou dos vogais da comissão. Normalmente, em razão do interesse público, é conferida prioridade a agentes públicos que estejam em serviço no mesmo dia da audiência.

A primeira providência a ser adotada pela comissão disciplinar na audiência é a qualificação da testemunha, devendo colher seus dados pessoais, tais como o seu nome, endereço, estado civil, profissão, registro de identidade civil ou profissional, CPF, mediante a apresentação dos documentos próprios. Em seguida, deve ser regis-

---

414   Aplicável aqui o art. 210 e seu parágrafo único, do CPP, por analogia: *"Art. 210.*

415   COSTA, José Armando da. *Teoria e Prática do Processo Administrativo Disciplinar*, 6. ed. Brasília: Brasília Jurídica, 2011, p. 226.

trada a presença do acusado e de seu representante legal, caso estejam presentes.

A ausência injustificada da defesa (de um ou de ambos) não adia, de modo algum, o ato. E, segundo o teor da Súmula Vinculante nº 5 do STF, sequer há necessidade de nomeação de defensor *ad hoc*, salvo se a lei (estadual ou municipal, pois a Lei nº 8.112/90 não prevê) expressamente o exigir. Se a falta for devidamente justificada, ainda que emergencialmente, em regra, a comissão deve adiar a oitiva, sob pena de eventual nulidade do feito.

Qualificada a testemunha, é dever da comissão verificar se há alguma hipótese de impedimento ou suspeição, cabendo, desde logo, à defesa arguir eventuais ligações de amizade ou inimizade entre o depoente e autoridades ou agentes públicos, bem como em relação à vítima ou outros envolvidos no fato. A contradita deve ser consistente e provada de imediato, sob pena de indeferimento. Cumpre ressaltar que relações profissionais, decorrentes de trabalho cotidiano, não implicam amizade íntima ou inimizade da testemunha.

A comissão, em tese, pode ouvir a testemunha suspeita, impedida ou com contradita, na condição de informante, dispensando-a de prestar o compromisso legal de dizer a verdade (art. 203 do CPP). Evidente que esse depoimento, quando da futura valoração da prova, no relatório e no julgamento, deverá ter menor ou nenhuma valia. As testemunhas *proibidas, em razão de função, ministério, ofício ou profissão,* também podem depor, caso queiram e sejam desobrigadas pela parte interessada (art. 207, do CPP).

Ultrapassada essa etapa inicial de qualificação pessoal da testemunha e suas possíveis intercorrências processuais, a comissão deve adverti-la, formalmente, de que, se falsear ou calar a verdade, poderá responder por crime de falso testemunho (art. 342 do Código Penal). Em seguida, incumbe ao condutor do feito informá-la sobre o objeto do processo administrativo disciplinar. Não há norma legal que obrigue, contudo é recomendável a leitura da portaria do feito, notadamente caso esta descreva os fatos imputados ao agente público acusado, ou um resumo dos autos.

Na inquirição, portanto, a comissão disciplinar deve questionar a testemunha sobre os fatos e circunstâncias objeto do processo administrativo disciplinar, não devendo permitir que ela *manifeste suas apreciações pessoais, salvo quando inseparáveis da narrativa do fato* (art. 213 do CPP). Por outro lado, é essencial que cada resposta dada pela testemunha seja registrada da forma mais literal possível.[416].

Violadas tais regras, pode o advogado ou o próprio acusado, na mesma hora ou ao final da audiência – recomendável que seja de imediato –, pedir a palavra ("pela ordem, sr. presidente") e solicitar a retificação do que foi registrado no termo de depoimento. Caso o presidente indefira, pode o advogado pleitear que o fato seja consignado no referido documento, a fim de suscitar futuramente eventual nulidade do ato.

Importante registrar que, atualmente, com a informatização dos procedimentos e a gravação audiovisual das audiências em mídias eletrônicas, essa é uma questão que tende a desaparecer. No processo administrativo disciplinar, os depoimentos podem ser colhidos nesse formato digital, desde que exista suporte técnico adequado suficiente, até porque, além de promover maior celeridade e eficiência, retratam de forma mais fidedigna o testemunho. Ou seja, beneficiam ambas as partes, o acusado e a Administração Pública.

Nessas hipóteses, o registro audiovisual gerado e juntado aos autos dispensa a redução a termo.[417] Nesse caso, basta que a comissão assine a ata de audiência, na qual deverá constar, ao menos, a data, os locais e os participantes do ato.

Embora não possa ler um depoimento por escrito, a testemunha pode consultar breves apontamentos escritos ou consultar do-

---

416   Nesse sentido, incide no processo administrativo disciplinar, por analogia, a regra prevista no art. 215 do CPP: *"Na redação do depoimento, o juiz deverá cingir-se, tanto quanto possível, às expressões usadas pelas testemunhas, reproduzindo fielmente as suas frases"*.

417   Conforme estabelece o art. 7º da Instrução Normativa nº 12, de 1º de novembro de 2011, alterada pela Instrução Normativa nº 5, de 21 de fevereiro de 2020, ambas editadas pela Controladoria-Geral da União (CGU).

cumentos, a fim de que tenha condições de responder as perguntas que despertem dúvidas, consoante previsto no parágrafo único do art. 204 do CPP passível de ser aplicado por analogia.

No processo administrativo disciplinar, continua vigorando o sistema presidencialista, diversamente do processo penal, que foi alterado pela Lei nº 11.690/2008 e passou a adotar o modelo denominado *cross examination* (modelo de inquirição direta das testemunhas pelo advogado). Assim, todas as perguntas são feitas e respondidas ao presidente da comissão disciplinar, o qual, por sua vez, não poderá induzir as respostas e deve buscar traçar os pontos controvertidos que devem ser esclarecidos pelo depoente.

Aliás, incumbe a todo o trio colegiado processante atuar de maneira neutra e imparcial na condução dos trabalhos[418], evitando-se qualquer ação que resulte em intimidação ou coação à testemunha que está depondo.

Terminada a inquirição pelo presidente do feito, este deve dar a palavra aos vogais da comissão disciplinar, os quais, caso queiram, podem formular suas perguntas, visando à elucidação dos fatos e à formação de seu convencimento para elaborarem seus votos no relatório final. Em seguida, passa-se a palavra à defesa (advogado e acusado), para que esta, igualmente, possa formular seus questionamentos, visando embasar sua tese defensiva escrita ao final da instrução.

O presidente da comissão pode indeferir perguntas irrelevantes, repetitivas, impertinentes ou de nenhum interesse para o esclarecimento dos fatos, tantos aquelas formuladas pelo vogais quanto pela defesa do agente público processado[419]. Cabe ao condutor do feito ser extremamente ponderado, nesses casos, para não interferir na necessária ampla apuração dos ilícitos disciplinares – dever primário da Administração Pública –, bem como para evitar alegações futuras de cerceamento do direito de defesa. O indeferimento deve

---

418   Cf. art. 150, *caput*, da Lei nº 8.112/90.

419   Cf. art. 156, § 1º, da Lei nº 8.112/90.

ser motivado e devidamente consignado no termo de depoimento ou eventual assentada da audiência.

Após todas as perguntas feitas pela comissão e pela defesa, o presidente do feito deve questionar ao depoente se deseja acrescentar algo acerca do fato objeto do processo administrativo disciplinar, encerrando-se o depoimento, em seguida, se nada mais houver. Após a leitura desse documento, a testemunha, o acusado e seu patrono, bem como os demais presentes à audiência (servidores presentes, presidente, vogais, secretário e eventuais estagiários de direito) devem assinar o respectivo termo.

Consoante dispõe o art. 216 do CPP aplicável por analogia, *"se a testemunha não souber assinar, ou não puder fazê-lo, pedirá a alguém que o faça por ela, depois de lido na presença de ambos"*.

Se o acusado ou seu advogado não concordarem com os termos registrados (em depoimentos ou atas) e o presidente se recusar, arbitrariamente, em corrigir as inexatidões ou omissões apontadas, aqueles não deverão assiná-lo, sob pena de convalidar os defeitos e restringir eventual alegação futura de nulidade.

7.6.5 Provas periciais

Durante a instrução do processo administrativo disciplinar é possível que a defesa ou a própria comissão disciplinar necessitem produzir certos esclarecimentos que dependam de conhecimento técnico especializado. Nesse caso, será obrigatória a realização da prova pericial, que é aquela realizada por um *expert* (perito), para dirimir uma controvérsia relevante.

Assim como nos processos judiciais, são consideradas provas técnicas no feito disciplinar: exame grafotécnico, tradução juramentada, trabalho contábil, conferência de valores e inventário de bens, avaliações técnicas de equipamentos ou mercadorias, perícias de engenharia, exame econômico, perícia médica, avaliação psicológica etc.

Tanto a comissão processante quanto a defesa, objetivando a coleta das provas, podem e devem recorrer, quando necessário, a técnicos e peritos, de modo a permitir a completa elucidação dos fatos[420]. Contudo a comissão pode indeferir o pedido de prova pericial da defesa, quando a comprovação do fato independer de conhecimento especial de perito[421].

Nada obstante, será seu dever fundamentar a sua decisão, trazendo aos autos suas razões de fato e de direito, a fim de conferir à defesa o direito ao contraditório e à ampla defesa.

Deliberando pela necessidade de produzir a prova pericial, cumpre à comissão notificar o agente público processado ou seu procurador constituído nos autos, com antecedência mínima de 3 (três) dias úteis, sob pena de nulidade[422], mencionando-se eventual data, hora e local de realização da perícia[423], a fim de que a defesa possa eventualmente adotar duas medidas, caso queira: i) apresentar por escrito seus quesitos próprios; ii) nomear assistente técnico (se cabível).

Sob pena de cerceamento do direito de defesa, tanto a quesitação formulada pela comissão quanto a realizada pela defesa (e seu eventual assistente técnico) devem ser enviadas ao *expert*, para a elaboração do laudo oficial da perícia especializada.

A prova pericial no âmbito do processo administrativo disciplinar, em regra, não gera qualquer custo financeiro para o agente público acusado. Contudo, nada impede que este, às suas expensas, contrate um assistente técnico privado, com a finalidade de elaborar laudo especializado em favor da defesa, o qual deverá ser juntado aos autos e avaliado pela comissão processante no momento oportuno.

---

420   Cf. art. 156 da Lei nº 8.112/90.

421   Cf. art. 156, § 2º, da Lei nº 8.112/90.

422   *"Inexistindo, no processo disciplinar, intimação na pessoa do acusado ou na de seu advogado, de perícia médica pertinente à instrução dos autos, o ato torna-se viciado. Regras sobre a intimação em processo administrativo, constantes da Lei Federal nº 9.784/99, que exigem antecedência mínima de 3 (três) dias da realização do ato."* (STJ – MS nº 8700/DF, Rel. Min. Paulo Medina, 3ª Seção, julgamento de 27/10/2004, Dj, p. 221, de 29 nov. 2004).

423   Cf. art. 41 da Lei nº 9.784/99.

O laudo pericial materializa as conclusões do perito sobre a questão técnica levada a seu exame e responde aos quesitos da comissão e do acusado. Após acostar esse documento (prova pericial, propriamente dita), a comissão deve intimar o agente público processado ou seu patrono para que novamente exerçam o contraditório e a ampla defesa, eventualmente se insurgindo no tocante às conclusões do *expert*.

O agente público processado pode se recusar a realizar determinadas perícias, mesmo que instado pela comissão disciplinar, com fundamento na garantia constitucional de não se autoincriminar (*nemo tenetur se detegere*)[424]. Por exemplo, tem o direito de se recusar a fornecer, na hipótese de perícia grafotécnica, o material necessário para o reconhecimento da escrita, visando a comparação de padrões.

Importante frisar, de toda sorte, que o acusado não pode recusar a se submeter à perícia médica oficial do Estado, pois esse é um dever funcional de todo agente público, previsto em lei, para verificar suas condições orgânicas e funcionais laborativas. Ademais, a realização de laudo médico, a fim de avaliar as condições de saúde mental do processado, em tese, objetiva isentar ou reduzir a responsabilidade disciplinar do agente público processado em razão de determinada conduta ilícita investigada no processo administrativo disciplinar.

---

424 "[...] *1. É inconstitucional qualquer decisão contrária ao princípio* nemo tenetur se detegere, *o que decorre da inteligência do art. 5º, LXIII, da Constituição da República e art. 8º, § 2º, g, do Pacto de São José da Costa Rica. Precedentes. 2. Ocorre vício formal no processo administrativo disciplinar, por cerceamento de defesa, quando o* agente público *é obrigado a fazer prova contra si mesmo, implicando a possibilidade de invalidação da penalidade aplicada pelo Poder Judiciário, por meio de mandado de segurança.* 3. A embriaguez habitual no serviço, ao contrário da embriaguez eventual, trata-se de patologia, associada a distúrbios psicológicos e mentais de que sofre o agente público.4. O agente público acometido de dependência crônica de alcoolismo deve ser licenciado, mesmo compulsoriamente, para tratamento de saúde e, se for o caso, aposentado, por invalidez, mas, nunca, demitido, por ser titular de direito subjetivo à saúde e vítima do insucesso das políticas públicas sociais do Estado. 5. Recurso provido." (STJ – RMS 18.017/SP, Rel. Ministro PAULO MEDINA, SEXTA TURMA, julgado em 09/02/2006, DJ 02/05/2006, p. 390).

7.6.6 Diligências

As diligências são atos de instrução do processo administrativo disciplinar, realizadas diretamente pelos membros da comissão disciplinar, que se deslocam de sua sede para determinado lugar, a fim de elucidar determinado fato. Há "outros meios de prova" legalmente reconhecidos, cujo rito legal é aplicável, por analogia, ao processo administrativo disciplinar. É o caso, por exemplo, da reprodução simulada dos fatos e o reconhecimento de pessoas ou coisas, previsto nos arts. 7º e 226, respectivamente, do Código de Processo Penal[425].

Comparando-se com o processo civil, pode-se dizer que as diligências se assemelham à prova nominada de inspeção judicial, a qual, embora incomum na prática forense, está prevista no art. 481 do NCPC.

Na prática, as comissões disciplinares empregam a expressão "diligência" para se referir a quase todo ato processual que visa impulsionar o processo administrativo disciplinar. Costuma-se chamar de diligência os atos de juntada de peças aos autos ou o ato de oficiar a determinado órgão para obter certa informação. Tecnicamente, esses atos rotineiros não são as provas atípicas denominadas de "diligência" e, como não trazem prejuízo ao contraditório e à ampla defesa, podem ser realizados de ofício pela comissão e prescindem de certos formalismos, inclusive da notificação prévia do acusado.

Nada obstante, as "diligências" propriamente ditas devem ser, em todas as fases, devidamente registradas por escrito, por atas e termos próprios, pela comissão processante. Recomenda-se a formalização da realização de diligência adotando-se as seguintes providências: I - lavratura de ata de deliberação, por meio da qual os membros decidem pela realização do deslocamento; II - intimação do agente público o acusado, com antecedência mínima de três dias úteis à data de realização do deslocamento, para que este compareça ao ato, se assim o desejar; III - comunicação à chefia da referida unidade sobre a diligência; IV - realização de busca e apreensão de

---

425   CPP - Art. 7º
        Art. 226.

PROCESSO ADMINISTRATIVO DISCIPLINAR ORDINÁRIO

documentos; V - registro da realização da diligência em ata, assinada por todos os membros da comissão, com descrição fiel daquilo que ocorreu durante o deslocamento.

Importante destacar que, excepcionalmente, a comissão processante poderá realizar diligências sem a prévia notificação do interessado, quando o sigilo for absolutamente necessário para garantir o êxito da empreitada, o que não ofende a garantia do contraditório, uma vez que o acusado terá acesso posteriormente àqueles elementos probatórios constantes dos autos do processo.

É preciso, contudo, respeitar as garantias constitucionais da intimidade e vida privada (art. 5º, X da CRFB/88) do agente público processado. Não se mostra possível quebrar o sigilo de dados pessoais do agente público acusado, incluindo-se suas correspondências e comunicações[426].

A pesquisa por processos, registros de imóveis, contratos sociais, certidões e demais atos que não envolvam a quebra do sigilo fiscal ou bancário é lícita e poderá ser feita sem a presença do agente público. Contudo a comissão disciplinar deverá cientificar o agente público investigado.

Uma diligência pode ser requerida em qualquer fase do processo (art. 481 do NCPC), desde que seu objetivo seja esclarecer um fato relevante que interesse à decisão da causa. Contudo, sob pena de preclusão, o ideal é que a defesa solicite a produção de tal prova na primeira oportunidade possível, durante a instrução processual, até em homenagem aos deveres de lealdade e boa-fé processual.

7.6.7 Prova emprestada

Contemporaneamente, encontra-se pacificada a jurisprudência no sentido da possibilidade de utilização em procedimentos administrativos disciplinares das provas obtidas em processos civis e criminais, mesmo aqueles ainda não concluídos. Eis o teor da súmula nº 591 do STJ: *"É permitida a prova emprestada no processo ad-*

---

426   MATTOS, 2010, p. 728.

ministrativo disciplinar, desde que devidamente autorizada pelo juízo competente e respeitados o contraditório e a ampla defesa".

Assim, comissão deve solicitar, previamente, ao juízo cível ou criminal, autorização para utilizar no processo administrativo disciplinar a as provas produzidas naqueles autos judiciais como prova emprestada. Ideal inclusive que solicite o uso desses elementos probatórios para todos os procedimentos disciplinares em curso em desfavor de tal acusado. Inexistindo tal ordem judicial nos autos, essa prova há de ser considerada ilícita e desentranhada do feito disciplinar em curso.

Não menos importante asseverar que, compartilhada a prova, a comissão tem o dever de assegurar o seu sigilo, zelando para impedir sua divulgação a *terceiros que não integram o processo disciplinar*, sob pena de responsabilização administrativa, civil e penal de seus integrantes.

Todos os agentes públicos acusados no processo administrativo disciplinar devem ter acesso integral à prova emprestada oriundo do juízo, ainda que certos trechos não digam respeito diretamente às imputações que lhes são atribuídas. Há cerceamento do direito de defesa no fornecimento parcial de prova emprestada, porque isso restringiria o conhecimento amplo dos fatos, dificultando a montagem de estratégias defensivas para o agente público processado.

7.7 RESTRIÇÕES PROBATÓRIAS

Todos os meios de provas lícitos, bem como os moralmente legítimos, são admitidos no processo administrativo disciplinar[427].

A própria Constituição da República de 1988, no art. 5º, LVI é clara ao prescrever: *"São inadmissíveis, no processo, as provas obtidas por meios ilícitos".* Essa garantia constitucional abrange todos os pro-

---

427 Art. 155 da Lei nº 8.112/90
 Art. 5º, LVI, da Lei Maior.

cedimentos judiciais e *administrativos*. No mesmo sentido, dispõe por exemplo, o art. 30 da Lei Federal nº 9.784/99[428].

Recentemente, inclusive, a Lei Federal nº 13.689/2019, que trata de abuso de autoridade, passou a criminalizar a conduta de agentes públicos que atuem em procedimento de investigação ou fiscalização e que procedam à obtenção de prova por meio manifestamente ilícito, ou fazem uso de prova, em desfavor do investigado ou fiscalizado, com prévio conhecimento de sua ilicitude[429].

A doutrina processualista distingue as *provas ilícitas* das *provas ilegítimas*, as quais são consideradas espécies de *provas ilegais ou vedadas*[430]. As primeiras são aquelas produzidas com violação ao direito material, como, por exemplo: a) obtenção de informação mediante tortura ou maus-tratos; b) violação da garantia da privacidade (gravação clandestina de conversa sem conhecimento dos interlocutores); c) fotografia produzida com violação da intimidade; d) quebra de sigilo bancário sem autorização judicial. As segundas são aquelas que violam uma lei processual (*v.g.*, o uso de cartas particulares interceptadas ou obtidas de forma criminosa).

No âmbito administrativo disciplinar igualmente não pode ser admitida, produzida ou valorada no processo a prova ilícita ou a ilegítima, porque elas são obtidas com infração à Constituição ou às leis que protegem, *v.g.*, à inviolabilidade do domicílio e das comunicações, ou tutelam as liberdades públicas e os direitos da personalidade (intimidade, imagem e privacidade)[431]. Algumas nuances distintas da seara privada, contudo, devem ser observadas na relação entre agente público e Administração Pública.

---

428   Lei nº 9.784/99: Art. 30.

429   Lei nº 13.869/2019: Art. 25.

430   GRINOVER. Ada Pellegrini *et al. As Nulidades no Processo Penal*. 6. Ed., São Paulo: Editora Revista dos Tribunais, 1999, p. 130.

431   CRFB/88 – "Art. 5º. Todos são iguais perante a lei, sem distinção de qualquer natureza, garantindo-se aos brasileiros e aos estrangeiros residentes no País a inviolabilidade do direito à vida, à liberdade, à igualdade, à segurança e à propriedade, nos termos seguintes:
(...)

Segundo já decidiu o Superior Tribunal de Justiça[432], não há violação do direito à privacidade do agente público quando a autoridade competente na Administração Pública determina uma perícia em computador de propriedade da repartição, a fim de apurar possível ilícito funcional. Com relação ao uso de *e-mail* institucional pelo agente público, trata-se de uma ferramenta de trabalho disponibilizada pela Administração Pública que deveria ter seu uso restrito ao trabalho, sendo possível à Administração o acesso a ele ou o seu monitoramento, sem que seja necessária autorização judicial. Portanto também não constitui afronta ao art. 5º, XII, CRBF/88 o uso das informações contidas no *e-mail* institucional do agente público, não se justificando a alegação de preservação de intimidade.

Da mesma forma, as gravações ambientais em locais públicos (exemplo: rodovias, ruas, praças etc.)[433], acessíveis à população ou em partes comuns de prédios utilizados pela Administração Pública são admitidas para fins probatórios no processo penal[434]. Com muito mais razão, não podem ser excluídas de procedimentos administrativos disciplinares, devido ao evidente interesse público envolvido e ao dever estatal de preservar a moralidade administrativa.

X - são invioláveis a intimidade, a vida privada, a honra e a imagem das pessoas, assegurado o direito à indenização pelo dano material ou moral decorrente de sua violação;

XI - a casa é asilo inviolável do indivíduo, ninguém nela podendo penetrar sem consentimento do morador, salvo em caso de flagrante delito ou desastre, ou para prestar socorro, ou, durante o dia, por determinação judicial;

XII - é inviolável o sigilo da correspondência e das comunicações telegráficas, de dados e das comunicações telefônicas, salvo, no último caso, por ordem judicial, nas hipóteses e na forma que a lei estabelecer para fins de investigação criminal ou instrução processual penal".

432   "4. A análise em computador que compõe patrimônio público, determinada por agente público responsável, não configura apreensão ilícita. Proteção, *in casu*, do interesse público e do zelo pela moralidade administrativa." (STJ – MS nº 15285/DF, Rel. Min. Herman Benjamin, 1ª Seção, julgado em 14/03/2011, publicação: Dje de 19 maio de 2011).

433   STJ – RHC nº 108156-SP, Rel. Min. Luiz Fux.

434   LIMA, Renato Brasileiro de. *Manual de Processo Penal: volume único* – 4. ed., rev., ampl. e atual. – Salvador: Ed. Juspodivm, 2016, p. 621-622.

Não são válidas, contudo, no processo administrativo disciplinar, as provas derivadas das provas ilícitas, aplicando-se a denominada "teoria dos frutos da árvore envenenada" (*fruits of the poisonous tree*), que teve origem na jurisprudência da Suprema Corte Americana. Esta foi acolhida no âmbito do Supremo Tribunal Federal[435] e, posteriormente, incorporada ao processo penal brasileiro, nos termos do art. 157, §§ 1º e 2º.

> *Art. 157. [...]*
>
> *§ 1º. São também inadmissíveis as provas derivadas das ilícitas, salvo quando não evidenciado o nexo de causalidade entre umas e outras, ou quando as derivadas puderem ser obtidas por uma fonte independente das primeiras.*
>
> *§ 2º. Considera-se fonte independente aquela que por si só, seguindo os trâmites típicos e de praxe, próprios da investigação e da instrução criminal, seria capaz de conduzir ao fato.*

Ressalte-se que, segundo a própria lei, se não houver nexo de causalidade entre a prova ilícita e a derivada dela ou, ainda, se a prova surgir de uma fonte independente, ela passa a ser admitida no processo penal (prova secundária lícita). Essas disposições do Código de Processo Penal, pela mesma ordem de motivos supramencionados, devem ser aplicadas, por analogia, ao Direito Administrativo Disciplinar[436].

---

435   STF – HC 72.588/PB, Rel. Min. Maurício Correa, julgado em 12/6/1996 (informativo STF nº 35); HC 73.351/SP, Rel. Min. Ilmar Galvão, julgado em 09/05/1996.

436   No processo penal, como exceção à teoria dos frutos da árvore envenenada, a doutrina cita ainda a inevitable discovery exceptionº Como leciona Luiz Guilherme Marinoni: "Na exceção do descobrimento inevitável, admite-se que a segunda prova deriva da ilícita, porém se entende que não há razão para reputá-la nula ou ineficaz. Isso porque a descoberta por ela constatada ocorreria mais cedo ou mais tarde. A lógica do salvamento da segunda prova está em que não há motivo para retirar eficácia de uma prova que trouxe descoberta que muito provavelmente seria obtida. Dessa forma seria possível dizer que nem todos os frutos da árvore envenenada são proibidos, pois alguns podem ser aproveitados" (MARINONI, Luiz Guilherme. Prova Ilícita.

As provas ilegais ou vedadas devem ser desentranhadas do processo e seu uso, em regra, não ensejam a nulidade absoluta do procedimento, permanecendo válidas as demais provas lícitas e autônomas delas não decorrentes. Segundo a jurisprudência do Supremo Tribunal Federal[437], essa análise deve ser feita caso a caso, adotando-se as cautelas necessárias a fim de se identificar se realmente há a derivação de uma prova de outra tida como ilícita.

Importante frisar, ainda, que a jurisprudência pacífica dos Tribunais Superiores[438] admite, no processo penal, o uso da prova ilícita (*v.g.*, gravação de conversa telefônica por um dos interlocutores) como meio de defesa, nas hipóteses de excludente de ilicitude, ou seja, em casos de legítima defesa de direitos fundamentais, estado de necessidade, estrito cumprimento de dever legal e exercício regular de direito.

Não há dúvida de que o entendimento deve ser aplicado ao processo administrativo disciplinar, porque à Administração Pública incumbe o dever de observância aos princípios de legalidade, impessoalidade, moralidade, publicidade e eficiência, consagrados no art. 37 da CF[439].

In: MARTINS, Ives Gandra da Silva; REZEK, Francisco (Org.). Constituição Federal: avanços, contribuições e modificações no processo democrático brasileiro. São Paulo: Revista dos Tribunais e Centro de Extensão Universitária, 2008, p. 207-208). Não há razão para se excluir o uso dessa teoria na seara administrativa disciplinar. Sua aplicação demandará a análise das circunstâncias de cada caso concreto.

437 "Descabe concluir pela nulidade do processo quando o decreto condenatório repousa em outras provas que exsurgem independentes, ou seja, não vinculadas à que se aponta como ilícita." (STF – HC nº 75.892/RJ. Relator: Ministro Marco Aurélio, 2ª Turma, publicado em 17/4/1998). No mesmo sentido, STF – HC nº 76.231/RJ, Rel. Min. Nelson Jobim, decisão de 16/6/1998 – informativo STF nº 115, junº 1998, invocando como precedente o RHC nº 72.463/SP (DJU de 29/9/1995).

438 STF – HC nº 74.678-1/São Paulo, Rel. Min. Moreira Alves; STJ – HC nº 29174, Dj, 02 ago 2004.

439 MORAES, Alexandre de. *Direito Constitucional.* 7. Ed. São Paulo: Atlas, 2000, p. 122.

7.7.1 Produção de prova e perícias relativas a intercep-tações telefônicas oriundas de processo criminal

Questão bastante debatida nos procedimentos administrativos disciplinares, são os pedidos de produção de prova e perícias relativos a interceptações telefônicas oriundas de processo criminal.

No processo penal, após a edição da Lei nº 9.296/96, a defesa dos acusados amiúde solicitava acesso a todas as conversas interceptadas pela autoridade policial e exigiam a transcrição integral de todos os diálogos gravados durante o curso do procedimento de polícia judiciária, sob o argumento do exercício pleno da ampla defesa e do contraditório.

A tese não prosperou. Além de juridicamente insustentável, é, fisicamente, quase que impossível a transcrição integral de todas as conversas captadas em uma investigação policial. Isso porque a Polícia Civil ou a Federal gravam meses e meses de milhares de conversas telefônicas em operações. Evidente a inviabilidade material (recursos humanos e materiais) para degravação completa de escutas, medida que, sobretudo, seria inócua para a própria instrução processual.

A própria Lei Federal nº 9.296/96 que trata do regime das interceptações telefônicas em seu art. 6º, § 2º, preconiza: *"Cumprida a diligência, a autoridade policial encaminhará o resultado da interceptação ao juiz, acompanhado de auto circunstanciado, que deverá conter o resumo das operações realizadas".*

Como se vê, a legislação de regência é literal ao determinar que seja feito apenas um *resumo* das diligências. Não há por que se transcrever *todo* o conteúdo interceptado. A defesa deve ter acesso a todas as mídias nas quais se encontram gravadas as conversas, mas não pode exigir que estas sejam integralmente transcritas pelas autoridades. Se deseja incluir algo de seu interesse no processo criminal (e, posteriormente, ainda levá-lo para o administrativo), cabe a ela mesma produzir essa prova[440].

---

440 "Desnecessária a transcrição integral dos diálogos colhidos em interceptação telefônica, nos termos do art. 6º, § 2º, da Lei nº 9.296/96, que exige da

Ademais, a utilização das interceptações telefônicas tem que ocorrer nos limites da comprovação da efetiva participação do acusado. Assim, devem ser carreados aos autos apenas os *trechos imprescindíveis para a apreciação de sua culpabilidade*, visando a evitar a revelação de fatos que violem, sem justificativa constitucional, a intimidade de outros envolvidos ou de terceiros. Nessa linha, o entendimento do Superior Tribunal de Justiça[441] e do Supremo Tribunal Federal[442].

---

autoridade policial apenas a feitura de auto circunstanciado, com o resumo das operações realizadas." (Precedente do c. STF: Plenário, HC 83.615/ RS, Rel. Min. Nelson Jobim, DJ de 04/03/2005)." (STJ – MS 13.501/DF, Rel. Ministro FELIX FISCHER, TERCEIRA SEÇÃO, julgado em 10/12/2008, DJe 09/02/2009).

441 "Afirmam os impetrantes a ilicitude da produção de provas, insistindo no cerceamento de defesa e, consequentemente, na violação das garantias constitucionais do contraditório e da ampla defesa, corolários do devido processo legal, requerendo, ao final, liminarmente, o sobrestamento da ação penal. [...] Os autos circunstanciados, regularmente encaminhados, tanto ao juízo condutor do inquérito em Maceió, *ab ovo*, quanto a esta Relatora, posteriormente, são válidos em sua plenitude, não se furtando à documentação das operações realizadas, com o resumo das atividades encetadas. As principais conversas, que efetivamente interessam à investigação, foram degravadas. *A seleção prévia e a edição parcial do material colhido atende à necessidade de racionalização da prova e de preservação da intimidade dos envolvidos; além disso, os autos de inquérito acorrem somente elementos úteis e relacionados aos fatos, à autoridade policial competindo a indicação do material necessário*" (STJ – HC nº 037.227/SP, processo nº 2004/0106776. Relator(a) Ministro SÁLVIO DE FIGUEIREDO TEIXEIRA. Data da Publicação DJ 06/08/2004).

442 [...] *IV – O Plenário desta Corte já assentou não ser necessária a juntada do conteúdo integral das degravações de interceptações telefônicas realizadas, bastando que sejam degravados os trechos que serviram de base ao oferecimento da denúncia. Precedente.* V – Este Tribunal firmou o entendimento de que as interceptações telefônicas podem ser prorrogadas, por mais de uma vez, desde que devidamente fundamentadas pelo juízo competente quanto à necessidade do prosseguimento das investigações. Precedentes. VI – Recurso improvido".
(STF – RHC-117265/SE. RECURSO ORDINÁRIO EM HABEAS CORPUS. Relator(a):Minº RICARDO LEWANDOWSKI. Julgamento: 29/10/2013. Órgão Julgador: Segunda Turma).

Uma segunda questão relevante sobre o tema, em sede do processo administrativo disciplinar, é a possibilidade de perícia fonográfica (para confronto do padrão de voz) dos agentes públicos acusados, tendo como base as provas emprestadas oriundas de interceptações telefônicas do juízo criminal. Seria possível (re)discutir a validade e a veracidade dessa prova (emprestada) se não foi produzida no âmbito administrativo?

O questionamento sobre a autoria e autenticidade ou veracidade do conteúdo das interceptações telefônicas deve ser enfrentado pelo juízo criminal, destinatário direto dessas provas. É que no âmbito administrativo disciplinar há apenas um aproveitamento das *provas emprestadas*, as quais, em tese, devem ser debatidas e contraditadas pelo agente público processado na ação penal correlata. Vale dizer, tais provas ingressam como documentos prontos no processo administrativo sancionador, desde que tenha sido validamente produzida, e que tenha havido a participação do agente público acusado, com observância do contraditório, ampla defesa, devido processo legal etc[443].

Ou seja, o que deve ser transferido para o processo administrativo disciplinar são provas válidas e já admitidas como lícitas pelo juízo criminal. Caso contrário, corre-se o risco de produzir decisões contraditórias acerca da mesma prova entre as instâncias penal e administrativa.

Assim, é no processo penal que se deve discutir a veracidade ou a validade de tais interceptações telefônicas. O processo administrativo disciplinar pode até ser sobrestado[444], a fim de se aguardar a solução da controvérsia judicial – desde que não existam outras

---

443 MOREIRA, Egon Bockmann° *Processo administrativo: princípios constitucionais e a Lei 9.784/1999*. 4.ed. São Paulo: Malheiros, 2010, p. 362.

444 No estado do Rio de Janeiro, há dispositivo próprio sobre o sobrestamento (art. 68, § 2°, do Decreto-lei n° 220/75), o qual só pode ocorrer em caso de absoluta impossibilidade de prosseguimento do processo administrativo disciplinar. Se a decisão de mérito do feito, entretanto, depende exclusivamente da validade das provas emprestadas, é necessário aguardar esta decisão, que só pode ser tomada pelo Juízo Criminal, destinatário legal das interceptações telefônicas, nos termos do art. 1° da Lei Federal n° 9.296/96.

provas que possam ser produzidas pelo colegiado e que independam daquelas oriundas do juízo criminal.

Não é obrigatória, entretanto, a realização de perícia fonográfica, seja no processo criminal ou administrativo disciplinar. Sua ausência não implica nulidade do feito, segundo o Superior Tribunal de Justiça[445].

Na busca da "verdade material", o presidente da comissão disciplinar tem o poder de indeferir ou não – justificadamente, sob pena de nulidade do ato – pedidos da defesa do acusado, principalmente se forem reputados impertinentes, meramente protelatórios ou de nenhum interesse para o esclarecimento da causa[446].

7.7.2 Afastamento dos sigilos de dados cadastrais e telefônicos ("estáticos")

As comunicações telefônicas não podem ser violadas, nem mesmo com ordem judicial, para fins de investigação em sede de processo administrativo disciplinar, mas somente para instrução processual penal (preliminar ou principal) – Lei nº 9.296/96. Nesse caso, poderão ser cedidas como provas emprestadas para o processo administrativo disciplinar.

Entretanto, a Constituição da República não proíbe o acesso às demais informações relacionadas a dados "estáticos" cadastrais ou telefônicos de pessoas, com objetivo de instruir procedimento administrativo disciplinar, desde que evidentemente o Poder Judiciário previamente autorize tal obtenção.

A Carta Magna dispõe que são invioláveis a intimidade, a vida privada, a honra e a imagem das pessoas (art. 5º, X), a casa do indivíduo (art. 5º, XI) e o sigilo das correspondências e das comunica-

---

445   "A Lei nº 9.296/96, que trata da interceptação telefônica, nada dispõe acerca da necessidade de submissão da prova a qualquer perícia, sequer a fonográfica, razão pela qual não se vislumbra qualquer nulidade na espécie. [...]" (STJ – HC nº 42.733-RJ. Rel. Min. LAURITA VAZ, Quinta Turma, julgado em 11/09/2007).

446   Lei nº 8.112/90 - Art. 156, § 1º.

ções telegráficas, de dados e das comunicações telefônicas (art. 5°, XII, primeira parte).

Tais garantias fundamentais do cidadão, contudo, podem sofrer restrições em certas situações para atender a outros interesses constitucionais. É consenso na doutrina constitucionalista contemporânea que, em nosso sistema jurídico, não existem direitos que se revistam de caráter absoluto. Por meio do método da ponderação, devem ser solucionados os conflitos entre princípios ou princípios e regras, igualmente contemplados na Constituição da República. Segundo esclarece o professor Luiz Roberto Barroso, "*a estrutura interna do raciocínio ponderativo ainda não é bem conhecida, embora esteja sempre associada às noções difusas de balanceamento e sopesamento de interesses, bens, valores ou normas*"[447].

Coerente com essa nova concepção, não se vislumbra óbice jurídico no fato de as comissões de processos administrativos disciplinares requererem ao Poder Judiciário o afastamento do sigilo de informações privadas[448], desde que comprovada sua imprescindibilidade para instruir o processo administrativo disciplinar, em busca da "verdade material". Essa atuação, além de amparada no conhecido princípio administrativo do interesse público primário (coletivo), está sustentada nos princípios republicano, da legalidade, da moralidade e da eficiência, previstos no Texto Constitucional (art. 37, *caput*).

É possível, assim, a quebra de sigilo de dados cadastrais ou telefônicos ("estáticos") para instrução do processo administrativo disciplinar. Deverá o juiz ponderar entre o valor da intimidade/vida privada *versus* o interesse público primário do Estado na persecução de ilícitos funcionais graves, visando ao resguardo da legalidade e moralidade pública.

---

447 BARROSO, 2003, p. 346-348.

448 O sigilo das comunicações telefônicas, conforme visto, só pode ser violado para fins de investigação penal (art. 5., XII, 2° parte, CRFB e art. 1° da Lei n° 9.296/1996).

Já vimos que a Constituição Federal (art. 5°, XII) e a Lei n° 9.296/96 (art. 1°) só permitem a interceptação telefônica para fins de investigação criminal ou para instrução processual penal. O conteúdo desses diálogos interceptados só pode ser trazido para a seara administrativa disciplinar como prova emprestada oriunda do processo criminal. O mesmo não se pode dizer em relação aos chamados dados cadastrais e telefônicos (estáticos).

Nesse caso, na impossibilidade de se obterem esses dados da seara penal como prova emprestada (*v.g.*, inexiste ação penal correlata em curso), nada impede que a comissão de processo disciplinar solicite ao Poder Judiciário – por meio da Advocacia-Geral da União, da Procuradoria-Geral dos estados ou equivalentes nos municípios, os quais têm capacidade postulatória – a quebra dos *dados cadastrais e telefônicos ("estanques")*, armazenados em empresas públicas ou privadas, para fins de instruir o procedimento disciplinar.

Dados são informações codificadas, existentes em sistemas eletrônicos, e que são passíveis de transmissão, independentemente de autorização de seu titular[449]. Na doutrina processual, debateu-se, logo após a Constituição de 1988, se a proteção constitucional era restrita à comunicação de dados entre computadores ou também alcançaria os dados armazenados.

Grandinetti C. de Carvalho, citando Geraldo Prado, William Douglas e Luiz Flávio Gomes, defendia que os dados armazenados ou estanques – que não estão sendo transmitidos – podem ser apreendidos como os documentos em geral, nos termos do art. 234 e 240, § 1°, letras "e" e "h" do Código de Processo Penal. Portanto os dados armazenados não estão protegidos pelo inciso XII do art. 5° da Constituição, mas pelo inciso X, do mesmo artigo[450].

Assim, a disponibilização do registro histórico das ligações (originadas ou recebidas) de uma linha telefônica e o registro dos dados (proprietários e seu respectivo endereço), de horários e de du-

---

449 CARVALHO, Luis G. Grandinetti Castanho de. *Processo Penal e Constituição*. 4 ed., Lumen Juris, Rio de Janeiro, 2006, p. 76.

450 CARVALHO, 2006, p. 76-77.

ração das chamadas, fornecidas pelas operadoras de telefonia, não se confundem com as *comunicações telefônicas* e não estão incluídos nos permissivos do inciso XII do art. 5º da CF e na Lei nº 9.296/96. Nessa linha, o entendimento do Superior Tribunal de Justiça[451].

Contudo, esses dados estão protegidos pelo inciso X do citado artigo 5º da CRFB/88 (que assegura o direito à intimidade e vida privada), e, assim, sua disponibilização para o processo administrativo disciplinar depende de autorização judicial.

Tais dados podem servir, sem dúvida, como elemento essencial de convicção ao colegiado para esclarecimento dos fatos e para o julgamento da causa. Mas só deverão ser solicitados se for impossível trazê-los ao processo administrativo disciplinar como prova emprestada oriunda do feito criminal ou por intermédio de outros órgãos estatais.

Importante ressaltar que a lei que define organização criminosa (Lei nº 12.850/2013) dispõe em seu art. 15 que "*o delegado de polícia e o Ministério Público terão acesso, independentemente de autorização judicial, apenas aos dados cadastrais do investigado que informem exclusivamente a qualificação pessoal, a filiação e o endereço mantidos pela Justiça Eleitoral, empresas telefônicas, instituições financeiras, provedores de internet e administradoras de cartão de crédito*".

Na mesma senda, a Lei nº 13.344, de 6 de outubro de 2016 (dispõe sobre a prevenção e repressão ao tráfico interno e internacional de pessoas e sobre medidas de atenção às vítimas), alterou o Código de Processo Penal, criando os arts. 13-A e 13-B, dispositivos seme-

---

451 "VIII - A quebra do sigilo dos dados telefônicos contendo os dias, os horários, a duração e o números das linhas chamadas e recebidas, não se submete à disciplina das interceptações telefônicas regidas pela Lei nº 9.296/96 (que regulamentou o inciso XII do art. 5º da Constituição Federal) e ressalvadas constitucionalmente tão somente na investigação criminal ou instrução processual penal. (...) XII - Embargos de declaração rejeitados."
(STJ – EDcl no RMS 17.732/MT, Rel. Ministro GILSON DIPP, QUINTA TURMA, julgado em 23/08/2005, DJ 19/09/2005, p. 353).

lhantes, que permitem acesso direto aos dados estanques, em investigação criminal, pelas autoridades administrativas[452].

Destarte, havendo em curso inquérito policial ou civil (neste caso apurando improbidade administrativa), pode a comissão processante solicitar tais informações diretamente ao Delegado de Polícia ou ao Ministério Público, para instruir o processo administrativo disciplinar, em razão do interesse público primário na solução deste.

Impende frisar que, no caso de telefone celular funcional (cedido ao agente público) ou de propriedade da Administração, não há que se falar em sigilo dos dados telefônicos, uma vez que se trata de instrumento de trabalho. Portanto a comissão poderá solicitar ao setor público responsável os extratos das contas telefônicas, independente de autorização judicial[453]. Nesses casos, não será obtido o conteúdo dos diálogos – cujo sigilo nos termos da Lei nº 9.296/96 e da Carta Magna só pode ser afastado para fins penais –, mas apenas os registros das ligações realizadas.

7.7.3 Uso de gravação clandestina e de gravação ambiental

Antes de analisar a possibilidade do uso de gravação clandestina e ambiental no processo administrativo disciplinar, mister é distingui-las da interceptação telefônica, regulamentada pela Lei Federal nº 9.296/96.

Interceptação é a intromissão de um terceiro na comunicação telefônica, sem conhecimento dos interlocutores. Se um dos interlocutores ou pessoa com sua autorização grava a conserva, isso se chama *gravação clandestina ou escuta telefônica*. Já na *gravação ambiental*, um dos interlocutores ou terceiro grava uma conversa travada sem o uso do sistema telefônico[454].

---

452 CPP - Art. 13-A.

453 Manual de processo administrativo disciplinar da CGU, op. cit., p. 174.

454 Cf. CARVALHO, Luiz G. Grandinetti Castanho de.*Processo Penal e Constituição*. 4 ed., 2006, Editora Lumen Juris, p.70.

As gravações clandestina e ambiental, em princípio, afrontam o inciso X do art. 5º da CF (direito à intimidade e a vida privada). Já a interceptação da comunicação telefônica realizada sem observância dos preceitos legais afronta diretamente o inciso XII do art. 5º da CF e pode constituir, inclusive, o crime descrito no art. 10 da Lei nº 9.296/96. Ademais, o Código Penal tipifica alguns delitos relacionados a esse tipo de ação (artigos 151 e 153).

A *interceptação das comunicações telefônicas,* dentro da lei, enseja a degravação dos diálogos, os quais podem ser utilizados no processo administrativo disciplinar como prova emprestada do processo criminal, com a devida autorização judicial prévia.

A *gravação clandestina* não tipifica o crime do art. 151, § 1º, II do CP, pois se dá entre presentes (ou com autorização de um destes), e o tipo descreve "entre outras pessoas". Além disso, havendo justa causa, também não configura o delito descrito no art. 153 do CP. Grinover, Fernandes e Gomes Filho[455] informam que a doutrina processualista internacional admite como lícita a gravação.

Castanho de Carvalho[456] também a admite, mas pondera:

> *Tanto para o réu que a grava para defender-se em processo criminal, como daquele interlocutor que a grava para incriminar, desde que sua ação seja circunscrita ao âmbito do razoável direito de defesa em sentido amplo. Por exemplo, aquele que está sendo ameaçado pode perfeitamente gravar a ameaça e entregá-la às autoridades, porque o direito de defesa, no caso, deve ser entendido em sentido mais amplo do que a mera defesa em processo criminal. Isto porque não se deve impedir o ofendido de utilizar-se dos meios de defesa concreta que estão à sua disposição para evitar a consumação de ameaça.*

---

455   GRINOVER; FERNANDES, GOMES FILHO. 1999, p. 154.

456   CARVALHO, 2006, p. 81.

O Supremo Tribunal Federal apesar de já ter considerado ilícita a gravação clandestina[457], posteriormente, em julgados das turmas, passou a admiti-la quando esta se ampara em excludente de antijuridicidade, ou seja, para legítima defesa de direitos fundamentais[458]. Igualmente na hipótese de gravações entre presentes (ambientais), em hipóteses específicas[459].

O Superior Tribunal de Justiça, na mesma toada, considera *lícita* a gravação clandestina também nesses casos[460]. Inclusive já decidiu que a gravação de vídeo em área pública não configura prova ilícita[461].

Pela mesma lógica acima, deve-se admitir o uso de *gravação clandestina* no processo administrativo disciplinar em hipóteses semelhantes: a) para a defesa do agente público acusado, que deve ser encarada em seu sentido amplo; b) para a Administração Pública, quando alguém, a fim de resguardar seus direitos, apresenta tal gravação para comprovar que sofreu ação ilícita do agente público processado (exemplos: casos de corrupção, concussão etc.).

Quanto à *gravação ambiental*, é preciso distinguir se esta ocorreu em ambiente público ou privado. No ambiente privado, o mesmo

---

457   STF – Ação Penal nº 307-DF, Plenário, DJU 13/10/95, relator Min. Ilmar Galvão.

458   STF – HC 74.678-SP, 1ª. Turma, DJU 15/08/97, Min. Moreira Alves; HC 75.332-RJ, DJU 25/09/98, Min. Nelson Jobim.

459   *"[...] I. - A gravação de conversa entre dois interlocutores, feita por um deles, sem conhecimento do outro, com a finalidade de documentá-la, futuramente, em caso de negativa, nada tem de ilícita, principalmente quando constitui exercício de defesa."* (STF – AI 503617AgR/PR – Relator: Min. Carlos Velloso – Julgamento: 01/02/2005.)
"Captação, por meio de fita magnética, de conversa entre presentes, ou seja, a chamada gravação ambiental, autorizada por um dos interlocutores, vítima de concussão, sem o conhecimento dos demais. Ilicitude da prova excluída por caracterizar-se o exercício de legítima defesa de quem a produziu. Precedentes do Supremo Tribunal Federal HC 74.678, DJ de 15-8-97 e HC 75.261, Sessão de 24-6-97, ambos da Primeira Turma." (STF – RE 212081/RO – Relator: Min. OCTAVIO GALLOTTI – Julgamento: 05/12/1997).

460   STJ, RHC, 10.429, 5ª.Turma, DJU 20/08/2001, Min. Jorge Scartezzini.

461   STJ – RHC nº 108.156-SP, Rel. Min. Luiz Fux.

raciocínio acima há de ser aplicado: admite-se a gravação ambiental somente no uso razoável do direito de defesa, ou em caso de flagrante delito, demonstrando-se justa causa para a medida, em razão da proibição constitucional de violação do domicílio (art. 5°, XI).

Em ambiente público (ruas, praças e interior de repartições públicas), pode-se dizer que a regra é a licitude da gravação ambiental[462], principalmente quando se trata de agentes públicos agindo nessa qualidade perante particulares ou apresentando desvios de conduta funcional.

Segundo Castanho de Carvalho[463], nesses casos, é legítima não só a gravação ambiental, como também a gravação clandestina e a captação de imagens. Lima[464] acentua:

> [...] têm sido consideradas válidas gravações feitas por câmeras de segurança instaladas como mecanismos de vigilância em estabelecimentos bancários, postos de combustíveis, supermercados, shopping centers, vias públicas, etc. (...) Nesses casos, por mais que não haja prévia autorização judicial para a captação das imagens, não há falar em violação ao direito à intimidade. Afinal de contas, as gravações foram efetuadas em local público como forma de segurança, sendo inviável que a pessoa que praticou delito em local público invoque a proteção ao direito à intimidade.

Cumpre destacar que não há dúvidas de que uma investigação jornalística em locais públicos ou de acesso ao público, bem como ações de acompanhamento ou vigilância e de filmagem de atividades ilícitas de agentes públicos investigados pelas próprias corregedorias das instituições públicas, nesses mesmos locais, têm inteiro amparo legal e constitucional.

---

462   STF, HC 74.356-SP, 1ª. Turma, DJU 25/04/97, Min. Octávio Gallotti.

463   *Ibid.* p. 249.

464   LIMA, Renato Brasileiro de. *Manual de Processo Penal: volume único* – 4. ed., rev., ampl. e atual. – Salvador: Ed. Juspodivm, 2016, p. 621-622.

No primeiro caso, o amparo jurídico finca-se, ainda, no direito à informação da sociedade e no interesse público na divulgação da matéria. No segundo, a legitimidade ocorre porque, entre outros, a Administração Pública é regida pelos princípios da legalidade, moralidade e publicidade, insculpidos no art. 37, *caput*, da Carta da República.

Por derradeiro, Castanho de Carvalho[465], em brilhante passagem, advertiu:

> [...] *os direitos fundamentais são direitos dos cidadãos; não são direitos da administração pública, nem de seus ocupantes enquanto agirem enquanto tal. Que intimidade pode haver quando um funcionário público ou um agente político do estado trata de assuntos de seu ofício, mesmo com pessoas particulares ou fora do espaço público? Que intimidade restará a ocupantes de cargos públicos quando conversam assuntos que não dizem respeito à sua vida estritamente privada? Especialmente, que intimidade haverá quando agentes públicos conversarem sobre como burlar a própria administração pública [...]*
>
> *O Órgão Especial do Tribunal de Justiça do nosso Estado, em ementa de decisão de 1996, estatuiu que "O conceito de privacidade, no sentido da proteção constitucional, não acoberta, em caso algum, ato executório de crime [...]*
>
> *Acórdão do TJ/SP, em 1995, concluiu que "Nenhum dos direitos individuais e coletivos garantidos pela Constituição Federal pode servir para acobertar a prática de ilícitos civis ou penais.*

Em conclusão, segundo a doutrina e jurisprudência pátrias, em determinadas hipóteses específicas, é lícito o uso de gravações clandestinas (escutas) e ambientais, as quais podem ser utilizadas no âmbito do processo administrativo disciplinar, seja em favor do acusado ou pela própria Administração Pública.

---

465 CARVALHO, 2006, p. 258.

7.8 INTERROGATÓRIO

O interrogatório é, segundo a doutrina clássica, o meio por excelência de autodefesa do acusado. Juntamente com a defesa técnica, constituem a garantia constitucional da ampla defesa[466]. É a oportunidade, portanto, do agente público processado ser ouvido, de viva voz, pela comissão disciplinar e influir em seu convencimento, apresentando sua versão dos fatos, buscando comprovar sua inocência ou atenuar sua responsabilidade.

A legislação disciplinar normalmente trata timidamente o instituto do interrogatório. Em razão disso, a doutrina entende aplicável subsidiariamente o disposto nos arts. 186 a 196 do Código de Processo Penal. Impende frisar que, com a entrada em vigor da Lei nº 13.105/2015 (Novo Código de Processo Civil), seu art. 15 determina a aplicação das normas do referido diploma, de modo supletivo e subsidiário, aos processos administrativos, em tese, incluindo-se o processo administrativo disciplinar (PAD).

O interrogatório é ato personalíssimo, não cabendo a substituição do acusado por outra pessoa, com procuração, ou seu advogado. Ele constitui o último ato da instrução processual, valendo como meio de defesa. Portanto, é direito do agente público processado ser ouvido após ter conhecimento de todos os testemunhos e provas acerca dos fatos que lhe são imputados, afastando-se possível cerceamento das garantias constitucionais processuais[467]. Nessa toada, o Supremo Tribunal Federal já decidiu que o interrogatório do acusado pouco tempo depois de sua citação inicial pode caracterizar ofensa à ampla defesa[468].

Nada impede que a comissão ouça o agente público processado no início do processo ou antes das testemunhas, caso repute neces-

---

466   GRINOVER., 1999, p. 74-86.

467   STJ – MS nº 7736/DF, 3ª Seção, Dj, p. 277, 04 fev. 2022.

468   STF – HC nº 84.373/BA, Rel. Min. Cezar Peluso. Trata-se de julgado referente a processo criminal, contudo inteiramente aplicável ao processo administrativo disciplinar, em razão do art. 5º, LV, da CRFB/88.

sário. Contudo, nesse caso, deverá ouvi-lo novamente ao final da fase instrutória, segundo entendimento pacífico do STJ, sob pena de nulidade do feito[469].

No caso de mais de um acusado, cada um deles será ouvido separadamente, e sempre que divergirem em suas declarações sobre fatos ou circunstâncias, será promovida a acareação entre eles[470].

Importa salientar que não faz sentido submeter o agente público processado a uma acareação com outro acusado ou testemunha, porque o direito ao silêncio é uma garantia individual constitucional, com o objetivo de não autoincriminação, com fundamento no art. art. 5º, LXIII, da Constituição da República[471].

Inclusive, caso o acusado, regularmente intimado, deixe de comparecer ao seu ato de interrogatório sem justa causa, deve a

---

469   "IV. A oitiva do acusado antes das testemunhas, por si só, não vicia o processo disciplinar, bastando, para atender à exigência do art. 159 da Lei nº 8.112/90, que o agente público seja ouvido também ao final da fase instrutória." (STJ – MS nº 7736/DF – 2001/0082331-0. Relator: Ministro Felix Fischer, julgado em 24/10/2001, publicado em 04/02/2002).

470   Cf. § 1º do art. 159 da Lei Federal nº 8.112/90.

471   *"2. De outra parte, no caso em comento, a* agente pública*a foi interrogada por duas vezes durante o processo administrativo disciplinar, e, em ambas as oportunidades, ela se comprometeu "a dizer a verdade das perguntas formuladas". 3. Ao assim proceder, a comissão processante feriu de morte a regra do art. 5º, LXIII, da CF/88, que confere aos acusados o privilégio contra a autoincriminação, bem como as garantias do devido processo legal e da ampla defesa. Com efeito, em vez de constranger a* agente pública*a a falar apenas a verdade, deveria ter-lhe avisado do direito de ficar em silêncio. 4. Os interrogatórios da* agente pública*a investigada, destarte, são nulos e, por isso, não poderiam embasar a aplicação da pena de demissão, pois deles não pode advir qualquer efeito. Como, na hipótese em comento, o relatório final da comissão processante que sugeriu a demissão e a manifestação da autoridade coatora que decidiu pela imposição dessa reprimenda se valeram das evidências contidas nos interrogatórios, restaram contaminados de nulidades, motivo pelo qual também não podem subsistir. 5. Recurso ordinário provido. Segurança concedida, em ordem a anular o processo administrativo disciplinar desde a citação."* (STJ – RMS 14.901/TO, Rel. Ministra MARIA THEREZA DE ASSIS MOURA, 6ª TURMA, julgado em 21/10/2008, DJe 10/11/2008) .

comissão disciplinar determinar o curso normal do processo administrativo disciplinar, passando-se à fase do indiciamento. Dessa ausência, entretanto, não se pode extrair qualquer conclusão adversa ao agente público processado[472].

No caso de ausência do acusado ao interrogatório, a doutrina recomenda ao colegiado aguardar por 30 (trinta) minutos, registrando-se o incidente em termo próprio. Se for do interesse da comissão processante, nada impede que designe nova data para o ato. Contudo, não havendo um motivo de força maior, tal como uma grave enfermidade ou mal súbito, o processo administrativo disciplinar não pode ficar sobrestado até que o acusado decida prestar suas declarações.

Quando o agente público processado estiver enfermo ou impossibilitado de locomoção até a sede da repartição onde funciona a comissão processante, por analogia, aplica-se a regra prevista no art. 220 do Código de Processo Penal: "*As pessoas impossibilitadas, por enfermidade ou por velhice, de comparecer para depor, serão inquiridas onde estiverem*".

A Lei Federal nº 8.112/90 (art. 173, II) inclusive prevê pagamento de diárias e transporte aos membros da comissão nestas hipóteses, cabendo ao presidente atuar com serenidade, razoabilidade e respeito ao princípio da dignidade da pessoa humana. Tal medida deve ser adotada excepcionalmente, apenas em último caso, verificando-se sempre a possibilidade de remarcar o ato, em homenagem às garantias constitucionais do contraditório e ampla defesa.

Quanto ao procedimento da audiência do interrogatório, aplica-se, analogicamente, o disposto no art. 186, *caput* e seu parágrafo único, do Código de Processo Penal[473]. Assim, o acusado e seu advogado devem ser intimados pela comissão no prazo hábil de

---

472   Cf. art. 29 da Lei nº 9.784/99.

473   CPP: "Art. 186. Depois de devidamente qualificado e cientificado do inteiro teor da acusação, o acusado será informado pelo juiz, antes de iniciar o interrogatório, do seu direito de permanecer calado e de não responder perguntas que lhe forem formuladas.

três dias úteis antes da realização do interrogatório (art. 41 da Lei nº 9.784/99). Não há necessidade de intimação pessoal, sendo possível que a intimação ocorra por e-mail ou aplicativo de mensagem instantânea, desde que conste nos autos o respectivo aviso de leitura. Após a identificação do acusado, a Comissão deverá registrar, se for o caso, a presença do advogado. Em seguida, a Comissão deverá informar ao acusado do seu direito de ficar em silêncio, não tendo obrigação de responder às perguntas que lhe forem dirigidas. E, sendo essa a intenção do acusado, o ato deverá ser encerrado, com o registro do exercício do direito ao silêncio no termo e assinatura deste pelos presentes. O Manual de processo administrativo disciplinar da Controladoria-Geral da União[474] recomenda a adoção das seguintes medidas antes e durante os interrogatórios:

> *Nos termos do art. 41 da Lei nº 9.784/99, o acusado deve ser intimado pela comissão no prazo hábil de três dias úteis antes da realização do interrogatório, lembrando que, caso o seu procurador seja um advogado, este também deverá ser intimado acerca do interrogatório. Nessa oportunidade, é recomendável que a intimação seja entregue juntamente com a indicação do endereço eletrônico de acesso aos autos ou da cópia do processo, ou parte necessária a complementar as outras já entregues durante o seu curso.*
>
> *Insta destacar que, conforme a redação do Enunciado nº 10 da CGU (vide item 10.1.2) e da Instrução Normativa nº 9/2020, basta que a intimação seja feita por escrito e com a comprovação da ciência por parte do interessado para que possa ser considerada válida. Não há necessidade de seja entregue pessoalmente. Deste modo, é possível, inclusive, que a intimação ocorra por e-mail ou aplicativo de mensagem*

Parágrafo único. O silêncio, que não importará em confissão, não poderá ser interpretado em prejuízo da defesa" (Incluído pela Lei nº 10.792, de 01/12/2003).

474 CONTROLADORIA-GERAL DA UNIÃO/PRESIDÊNCIA DA REPÚBLICA FEDERATIVA DO BRASIL. *Manual de Processo Administrativo Disciplinar*, Brasília, 2022, p. 154.

instantânea, desde que conste nos autos o respectivo aviso de leitura. [...]

Após o início dos trabalhos, o presidente da comissão realizará a identificação do acusado, por meio de dados como nome, filiação, estado civil, endereço, naturalidade, RG, CPF, data de nascimento, cargo e lugar onde exerce a sua atividade. Sendo o caso, registrar ainda a presença de seu procurador.

Na sequência, a comissão cientificará o acusado do teor da acusação que pesa contra si, informando-o do direito de ficar calado, não tendo obrigação de responder às perguntas que lhe forem dirigidas. Caso seja manifestada pelo acusado a intenção de permanecer em silêncio durante o interrogatório, ou seja, não responder às perguntas da comissão, o ato deverá ser encerrado, com o registro do exercício do direito ao silêncio no termo e assinatura deste pelos presentes.

A comissão disciplinar tem o dever de manter a imparcialidade e a independência no interrogatório, não podendo haver qualquer tipo de coação ou pressão sobre o agente público processado, inclusive sob pena de incorrer em crime, conforme nova Lei de Abuso de Autoridade (Lei nº 13.869/2019).[475] Esse é o momento em que o acusado pode esclarecer os fatos e circunstâncias que sejam importantes para o deslinde da causa. É seu direito negar-se a responder parcialmente as perguntas, julgadas impertinentes ou que irão comprometê-lo, sem que isso importe em confissão dos fatos ou certas circunstâncias objeto do processo administrativo disciplinar[476].

Inobstante, qualquer agente público processado pode confessar os fatos por vontade própria ou, ainda, como eventual estratégia de defesa, visando, por exemplo, atenuar a pena. Nesse caso, incumbe à

---

475 Constitui crime de abuso de autoridade prosseguir com o interrogatório de pessoa que tenha decidido exercer o direito ao silêncio (art. 15, parágrafo único, inciso I, da Lei nº 13.869/2019).

476 MATTOS. 2010, ob. cit., p. 750.

Comissão, por analogia, seguir o procedimento descrito no Código de Processo Penal[477] (artigos 190, 197, 199 e 200).

Importante ressaltar que a confissão, outrora considerada a rainha das provas, modernamente tem valor relativo, devendo o colegiado, portanto, confrontá-la com outros elementos probatórios carreados ao processo disciplinar, a fim de formar seu convencimento, não estando a autoridade competente, portanto, vinculada a qualquer tipo de prova, dado o princípio do livre convencimento e da persuasão racional, quando do julgamento.

A Lei nº 8.112/90, seguida pela maioria das normas disciplinares dos entes federativos, adotou o sistema presidencialista e, assim, o procurador do agente público processado poderá assistir ao interrogatório, mas lhe é vedado interferir diretamente nas perguntas e respostas (art. 159, § 2º). Faculta-se-lhe, porém, reinquirir o acusado, por intermédio do presidente da comissão, ao final das perguntas feitas por este e pelos Vogais, preservando-se, assim, a garantia da ampla defesa.

Ressalte-se que o advogado do acusado tem o direito de participar do interrogatório de outro coacusado nos mesmos autos, conforme já decidiu o Supremo Tribunal Federal, no âmbito do julgamento de ação penal, cujos fundamentos são inteiramente aplicáveis ao Direito Administrativo Disciplinar, dada a idêntica matriz constitucional[478]. O Novo CPC, no art. 385, § 2º, prevê que *"é vedado a quem*

---

477 CPP: "Art. 190. Se confessar a autoria, será perguntado sobre os motivos e circunstâncias do fato e se outras pessoas concorreram para a infração, e quais sejam.
Art. 197. O valor da confissão se aferirá pelos critérios adotados para os outros elementos de prova, e para a sua apreciação o juiz deverá confrontá-la com as demais provas do processo, verificando se entre ela e estas existe compatibilidade ou concordância.
Art. 199. A confissão, quando feita fora do interrogatório, será tomada por termo nos autos, observado o disposto no art. 195.
Art. 200. A confissão será divisível e retratável, sem prejuízo do livre convencimento do juiz, fundado no exame das provas em conjunto".

478 STF – HC nº 94601 MC/CE, Rel. Min. Celso de Mello, julgamento em 24 out. 2008, Dje de 31 out. 2008.

ainda não depôs assistir ao interrogatório da outra parte". Contudo, em razão da necessidade de observância ao princípio da isonomia, entende-se cabível o acompanhamento da audiência tanto pelo advogado quanto pelo próprio agente público processado[479].

Quando do interrogatório, nada impede inclusive o deslocamento da comissão processante até a residência ou centro hospitalar em que esteja internado o paciente para a prática do ato, desde que, evidentemente, haja urgência e exista autorização médica quanto à ausência de riscos de agravamento do estado de saúde do agente público acusado. Inobstante, em homenagem ao princípio da ampla defesa e contraditório, se o agente público processado está acometido de uma doença temporariamente, é recomendável à comissão remarcar as audiências nesse período, caso a defesa requeira, em tempo oportuno, aguardando-se o tempo razoável para a convalescença do acusado, desde que a medida não prejudique a conclusão dos trabalhos e acarrete a prescrição da pretensão punitiva estatal. Ambas as partes devem agir com bom senso, lealdade e boa-fé processual nessas hipóteses.

É possível que, mesmo após o indiciamento, a comissão entenda ser o caso de deferir a produção das provas pretendidas pelo acusado. Assim, a instrução reabre-se, havendo a coleta de novos

---

479 *"[...] o interrogatório, no processo disciplinar, não é meramente um meio de prova, mas também, e principalmente, um meio de defesa, por ser a oportunidade de verbalizar a versão particular acerca dos fatos investigados.*
Assim, aplicar a literalidade do dispositivo legal em tela, implicaria em que o acusado a ser ouvido por último, de acordo com a agenda da comissão, somente poderia participar dos interrogatórios anteriores se constituísse procurador. Tal, contudo, repise-se, não é obrigatório e, em razão disso, a aplicação literal poderia resultar, no caso concreto, em cerceamento de defesa, por tratamento não isonômico entre os acusados que acompanham o processo pessoalmente e aqueles que se fazem representar.
Desta forma, assenta-se que, no caso de mais de um acusado, todos poderão assistir aos interrogatórios, por si ou por seus procuradores, independentemente da cronologia dos atos e, caso se façam presentes, poderão, por meio da comissão, fazer as perguntas que julgarem oportunas, as quais estarão sujeitas ao juízo do colegiado, no que diz respeito à possibilidade de indeferimento de provas prevista no art. 156, § 1º da Lei nº 8.112/90." (Manual de processo administrativo disciplinar da Controladoria-Geral da União, ob. cit., p. 157).

elementos. Em razão disso, pode ser necessário inclusive a marcação de reinterrogatório do agente público processado e/ou de novo ato de indiciamento, se houver alteração substancial ou circunstancial do apurado. Tais medidas visam assegurar plenamente as garantias da ampla defesa e do contraditório.

7.9 INCIDENTES PROCESSUAIS

Durante o curso do processo administrativo disciplinar é possível que sejam suscitados, de ofício, pela comissão disciplinar, ou a requerimento da defesa, alguns incidentes processuais. Entre os mais comuns, podemos destacar o incidente de insanidade mental do acusado e o sobrestamento do feito, a fim de aguardar o desfecho de ação penal correlata ou cível, em razão da íntima prejudicialidade entre as causas.

7.9.1 Incidente de insanidade mental

Infelizmente, hoje é cada vez mais frequente o número de pessoas com problemas físicos e psíquicos diante do contexto social e econômico, no Brasil e no mundo. Não é incomum ouvir diagnósticos de trabalhadores que sofrem de síndrome do pânico, depressão, transtorno bipolar, dependência química, alcoolismo, anorexia, bulimia, esquizofrenia, assédio moral etc. E o moderno conceito de saúde contempla não só o estado fisiológico do homem, mas também o seu estado interior, a higidez de seu estado anímico. Daí a importância de a comissão processante ter de agir livre de preconceitos, buscando uma visão sistêmica dos fatos, baseada não só no conjunto normativo, mas na sensibilidade, para, quem sabe, identificar uma doença, em que se aponta uma desídia na conduta.

Com efeito, o cotidiano tem demonstrado um número crescente de agentes públicos enfrentando complexos problemas que envolvem sua saúde física e mental. Assim, recomenda-se aos membros de comissões um estudo básico das psicopatologias, pois esse conhecimento será importante para avaliação do comportamento do acusado.

PROCESSO ADMINISTRATIVO DISCIPLINAR ORDINÁRIO

Importante frisar que a doença mental do acusado, que irá redundar em um incidente processual, não se confunde com o afastamento por enfermidades comuns, ainda que de natureza psíquica e acerca da qual tenha sido concedida licença médica ao agente público processado por certo período de tempo.

Assim, conforme jurisprudência dos Tribunais Superiores, a mera licença médica concedida ao agente público processado, por si só, não impede o desenvolvimento e a conclusão do processo administrativo disciplinar[480].

Nada obstante, como determina, por exemplo, o art. 160 da Lei nº 8.112/90, *"quando houver dúvida sobre a sanidade mental do acusado, a comissão proporá à autoridade competente que ele seja submetido a exame por junta médica oficial, da qual participe pelo menos um médico psiquiatra"*. Em casos como esse, deve ser deflagrado o incidente de insanidade mental, o qual deverá ser autuado em apartado e apenso ao processo disciplinar principal[481], o qual, a critério da comissão, dependendo do tempo para realização da perícia, poderá ser sobrestado e ter seu curso suspenso.

---

480   4. O fato da impetrante encontrar-se em licença para tratamento de saúde, quando da instauração do processo administrativo disciplinar, por si só, não enseja a sua nulidade, por ofensa ao princípio do contraditório e da ampla defesa. 5. Ordem denegada." (STJ – MS nº 8102/DF, Rel. Min. Hamilton Carvalhido, 3ª Seção, DJ de 24 fev. 2003, p. 181).
ANHÃO. ILEGALIDADE. INEXISTÊNCIA. RECURSO IMPROVIDO. *1. A circunstância de se encontrar o agente público em licença médica no curso do processo disciplinar não constitui, por si só, óbice à aplicação da penalidade administrativa.[...]."* (STJ –RMS nº 22428/MA, Rel. Min. Arnaldo Esteves Lima, 5ª Turma, DJe de 19/05/2008).
Impossibilidade de apreciar-se, em mandado de segurança, alegação de falsidade da prova testemunhal e de cerceamento de defesa, não comprovada de plano. [...] *A circunstância de encontrar-se o impetrante no gozo de licença para tratamento de saúde e em vias de aposentar-se por invalidez não constituía óbice à demissão, como não constituiria a própria aposentadoria que, para tanto, estaria sujeita à cassação, na forma do art. 234 da Lei nº 8.112/90."* (STF – MS 22656, Relator(a): Minº ILMAR GALVÃO, Tribunal Pleno, julgado em 30/06/1997, DJ de 05-09-1997).

481   Lei nº 8.112/90, art. 160, parágrafo único.

O Superior Tribunal de Justiça entende, de forma pacífica, que presente a dúvida razoável quanto à higidez mental do agente público, incumbe à comissão processante, de ofício, propor a realização do exame médico à autoridade competente (instauradora do processo administrativo disciplinar, em regra), sob pena de nulidade[482].

Nesse caso, compete à comissão processante encaminhar o acusado ao órgão oficial de perícia médica do ente federativo. Importante frisar que é dever do agente público processado comparecer ao local marcado e colaborar com a coleta da prova quanto ao exame de insanidade mental, a fim de não sofrer as consequências jurídicas de sua ausência, conforme entendimento jurisprudencial[483].

Nessa linha, ainda, segundo decidiu o Superior Tribunal de Justiça, não se pode imputar à comissão disciplinar a não realização do incidente de insanidade mental se a própria defesa não o requereu em tempo oportuno e se não havia nos autos elementos para determinar, de ofício, a aludida perícia, considerando o comportamento do acusado durante o curso do processo disciplinar[484].

Os médicos da junta oficial, para fundamentarem devidamente o laudo pericial, deverão ser informados pela comissão disciplinar sobre todas as circunstâncias envolvendo o fato e devem basear-se, no ato do exame, em quesitos formulados pelo colegiado, após o crivo da defesa, a qual igualmente poderá elaborar sua própria quesitação.

Ressalte-se que os membros da comissão disciplinar, de acordo com o princípio do livre convencimento, não estão adstritos ao

---

482 STJ – MS nº 6974/DF, Rel. Min. Fernando Gonçalves, 3ª Seção, Dj, p. 55, 21 maio de 2001; STJ – MS nº 7291/DF, Rel. Min. Felix Fischer, 3ª Seção, Dj p. 117, de 23 de abril de 2001.

483 *"01. A prova pericial de insanidade mental requerida não foi realizada por culpa exclusiva do autor, tendo em vista que, todas as vezes que foi notificado para comparecer para a sua realização, inclusive com a advertência de não fazer uso de medicamentos com dois dias de antecedência, sempre comparecia sob seus efeitos, o que inviabilizou a realização do exame."* (TJ/DF – Processo nº 20060110538426 APC DF, 5ª Turma Cível, julgamento em 07/05/2008).

484 STJ – MS nº 16.038/DF, Rel. Min. Mauro Campbell Marques, Primeira Seção, data do julgamento em 09/11/2011, DJe de 18 nov. 2011.

entendimento constante do laudo técnico, podendo, inclusive, motivadamente, de acordo com a prova dos autos, solicitar aos peritos outros esclarecimentos que julgar necessários ou até mesmo determinar a realização de nova perícia (arts. 371 e 479 do Novo Código de Processo Civil e art. 182 do Código de Processo Penal[485]).

O Tribunal Regional Federal da 1ª Região já decidiu que a insanidade mental deve existir quando do cometimento da infração disciplinar, não beneficiando ao acusado quando constatado que a patologia desenvolveu-se após o ilícito administrativo[486].

Segundo Alves[487], contudo, constatado que a insanidade mental do acusado sobreveio à infração, o processo deverá ser suspenso, nos termos do art. 152 do Código de Processo Penal[488]. Verificado, por outro lado, que o agente público era, à época dos fatos, incapaz de compreender a ação, será declarado inimputável,

---

485 CPP: "Art. 182. O juiz não ficará adstrito ao laudo, podendo aceitá-lo ou rejeitá-lo, no todo ou em parte".

486 *3. Não noticiam os autos qualquer evidência de que antes de instaurado o processo administrativo disciplinar, apresentasse qualquer indício de ser incapaz para o serviço público. Não se verifica qualquer informação acerca de eventual licença para tratamento de saúde, nem de qualquer ato que desqualificasse sua atuação funcional na condição de Auditor Fiscal, por eventual irregularidade formal que fosse. 4. Todos os elementos evidenciadores de ser o Autor portador da doença que motivou a sua aposentadoria referem a datas posteriores à aquela em que praticado o ato ilícito pelo qual foi penalizado, não podendo concluir pela existência de sua inimputabilidade como causa eficiente à exclusão de penalidade a ele imposta.* (TRF-1ª Região: AC - Apelação Cível nº 200101000339707, 1ª Turma, decisão de 25/02/2008).

487 ALVES, Léo da Silva. *Prática de Processo Disciplinar*. Ed. Brasília Jurídica, 2001, p. 378.

488 CPP: "Art. 152. Se se verificar que a doença mental sobreveio à infração o processo continuará suspenso até que o acusado se restabeleça, observado o § 2º do art. 149".

como prevê o art. 26 do Código Penal[489], aplicável por analogia ao Direito Administrativo Disciplinar.

Afastada a responsabilidade disciplinar do agente público processado em razão de doença física ou mental, cabe à Administração Pública dispensar-lhe um tratamento digno por meio do serviço médico e de recursos humanos. Havendo possibilidade de tratamento da doença, o agente público deve ser afastado até o seu total restabelecimento e reintegração às suas funções públicas. Caso contrário, deverá ser aposentado, por invalidez, nas hipóteses descritas em lei.

7.9.2 Sobrestamento

O sobrestamento consiste na suspensão do processo administrativo disciplinar, a fim de se aguardar o deslinde de uma questão prejudicial suscitada pelo acusado ou pela própria comissão disciplinar. Trata-se de um incidente processual dilatório porque não põe termo ao processo, distinguindo-se dos incidentes peremptórios e neutros.

Tanto o incidente de insanidade mental quanto a paralisação do processo administrativo disciplinar para aguardar uma decisão judicial criminal ou cível podem ensejar o denominado *sobrestamento* do processo administrativo disciplinar.

No âmbito da União, essa suspensão não interrompe a prescrição, que só ocorre uma vez, com a abertura da sindicância punitiva ou do processo administrativo disciplinar, nos termos do art. 142, § 3º, da Lei nº 8.112/90[490]. Há, contudo, uma exceção a essa regra: o prazo prescricional do processo administrativo disciplinar pode ser

---

489   Código Penal: "Art. 26 - É isento de pena o agente que, por doença mental ou desenvolvimento mental incompleto ou retardado, era, ao tempo da ação ou da omissão, inteiramente incapaz de entender o caráter ilícito do fato ou de determinar-se de acordo com esse entendimento".

490   Lei nº 8.112/90: "Art. 142. A ação disciplinar prescreverá:
[...]
§ 3º A abertura de sindicância ou a instauração de processo disciplinar interrompe a prescrição, até a decisão final proferida por autoridade competente".

suspenso por decisão expressa do Poder Judiciário, em caso de concessão de liminar judicial, consoante já decidiu o STJ[491].

Contudo, nada obsta a previsão legal de suspensão da prescrição em dispositivo próprio no âmbito dos demais entes federativos. É o caso, por exemplo, do Estatuto dos Policiais Civis do Estado do Rio de Janeiro, o qual preconiza que o curso da prescrição não corre *"enquanto sobrestados a sindicância ou o processo administrativo disciplinar para aguardar decisão judicial"*[492]. Portanto, caso o estado ou município discipline a matéria, não haverá inconstitucionalidade da lei ao se determinar a suspensão do curso da prescrição do processo administrativo disciplinar para se aguardar o término do feito criminal correlato.

A Lei n° 8.112/90 não cuida propriamente do instituto do sobrestamento. Na órbita federal, a questão era regulamentada por meio da Formulação n° 128 do extinto Departamento Administrativo do Serviço Público (DASP), no período anterior à Constituição de 1988, no qual se entendia que a Administração Pública deveria aguardar o julgamento do processo criminal para concluir o processo administrativo disciplinar, caso o fato, em tese, também constituísse crime[493].

---

491   *"I - O deferimento de provimento judicial liminar que determina a autoridade administrativa que se abstenha de concluir procedimento administrativo disciplinar suspende o curso do prazo prescricional da pretensão punitiva administrativa.* II - Na espécie, o processo administrativo disciplinar teve início em 15/02/2002. Considerada a suspensão de 140 (cento e quarenta) dias para sua conclusão, o termo a quo deu-se em 05/07/2002. A penalidade demissional foi aplicada em 05/11/2002, ou seja, aproximadamente 4 (quatro) meses após o prazo prescricional de 5 (cinco) anos, previsto no artigo 142, inciso I, da Lei n° 8.112/90. Todavia, no curso do procedimento disciplinar vigorou, por mais de um ano, decisão judicial liminar que impediu a autoridade administrativa de concluir e dar publicidade à decisão final deste procedimento, circunstância que afasta a ocorrência da alegada prescrição." (STJ – MS n° 13385/DF. Relator: Ministro Felix Fisher, publicado em 24/06/2009).

492   Decreto-lei n° 218/75, art. 24, § 3°, I.

493   QUEIROZ, Carlos Alberto Marchi de. *O sobrestamento do processo administrativo disciplinar.* São Paulo: Iglu, 1998, p. 32-33.

Todavia, contemporaneamente, segundo entendimento pacífico dos tribunais superiores, em virtude do consagrado princípio da independência relativa entre as instâncias penal e administrativa, não se determina o sobrestamento de procedimento administrativo disciplinar para fins de aguardar a conclusão de processo penal correlato[494].

Cabe à comissão processante, portanto, sempre produzir todas as provas necessárias para que a Administração forme seu convencimento acerca das irregularidades aventadas, independentemente do curso de procedimento policial ou de processo penal correlato. Eventuais consequências da decisão emanada pelo Poder Judiciário deverão ser avaliadas futuramente pela Administração, consoante pacífica lição doutrinária contemporânea[495].

Ressalte-se que inexiste dever de a autoridade competente sobrestar o processo administrativo disciplinar para aguardar a conclusão do feito criminal correlato. O Supremo Tribunal Federal inclusive reconheceu repercussão geral nesta matéria, conforme julgado abaixo colacionado:

---

494 *"O exercício do poder disciplinar pelo Estado não está sujeito ao prévio encerramento da "persecutio criminis" que venha a ser instaurada perante órgão competente do Poder Judiciário nem se deixa influenciar por eventual sentença penal absolutória,* exceto se, nesta última hipótese, a absolvição judicial resultar do reconhecimento categórico (a) da inexistência de autoria do fato, (b) da inocorrência material do próprio evento ou, ainda, (c) da presença de qualquer das causas de justificação penal. Hipótese em que a absolvição penal dos impetrantes se deu em razão de insuficiência da prova produzida pelo Ministério Público. Consequente ausência, no caso, de repercussão da coisa julgada penal na esfera administrativo-disciplinar. Doutrina. Precedentes." (STF – MS 23190 / RJ - RIO DE JANEIRO. MANDADO DE SEGURANÇA Relator(a): Min° CELSO DE MELLO – Julgamento: 28/06/2013) .

495 *"Em virtude da independência das responsabilidades e, em consequência, das respectivas instâncias, é que o STF já decidiu, acertadamente, que pode a Administração aplicar ao agente público a pena de demissão em processo disciplinar, mesmo se ainda em curso ação penal a que responde pelo mesmo fato. Pode até mesmo ocorrer que a decisão penal influa na esfera administrativa, mas isso a posteriori. O certo é que a realização do procedimento administrativo não se sujeita ao pressuposto de haver prévia definição sobre o fato firmada na esfera judicial."* (CARVALHO FILHO, José dos Santos. *Manual de Direito Administrativo.* 10. ed., Rio de Janeiro: Lumen Juris, 2000, p. 581).

> *Agente público. Policial Militar. Processo administrativo. Falta disciplinar. Exclusão da corporação. Ação penal em curso, para apurar a mesma conduta. Possibilidade. Independência relativa das instâncias jurisdicional e administrativa. Precedentes do Pleno do STF. Repercussão geral reconhecida. Jurisprudência reafirmada. Recurso extraordinário a que se nega provimento. Apresenta repercussão geral o recurso que versa sobre a possibilidade de exclusão, em processo administrativo, de policial militar que comete faltas disciplinares, independentemente do curso de ação penal instaurada em razão da mesma conduta. (STF – REPERCUSSÃO GERAL NO RECURSO EXTRAORDINÁRIO COM AGRAVO 691.306/MATO GROSSO DO SUL. RELATOR: Min. CEZAR PELUSO, julgado em 23/08/2012, PLENÁRIO).*

No Estado do Rio de Janeiro, *v.g.*, a própria lei (art. 68, § 2º, do Decreto-Lei nº 220/75 – Estatuto dos Agentes públicos Civis do Estado do Rio de Janeiro) determina que o sobrestamento do processo administrativo disciplinar só poderá ocorrer em caso de *absoluta impossibilidade de prosseguimento*[496].

Portanto o sobrestamento do procedimento administrativo disciplinar só deverá ocorrer em hipóteses excepcionais, nas quais, por exemplo, há impossibilidade de se compartilhar provas judiciais e as testemunhas e/ou vítimas deixaram de comparecer aos atos processuais do processo administrativo disciplinar. Aqui, face à carência de produção probatória, seria temerário e ineficiente à autoridade competente deliberar sobre o mérito da causa.

Como exemplo, poderíamos citar, ainda, o caso de crimes julgados pelo Tribunal do Júri, no qual o agente público acusado alega ter agido em legítima defesa, própria ou de terceiros, e há fundado conflito entre as versões de fato apresentadas no processo administrativo disciplinar. Nesse caso, caso não seja evidenciada de plano nenhuma falta funcional residual – a qual deve ser apreciada inde-

---

496 Decreto-lei nº 220/75: "Art. 68. (...)
§ 2º - O sobrestamento de inquérito administrativo só ocorrerá em caso de absoluta impossibilidade de prosseguimento, a juízo do Secretário de Estado de Administração".

pendentemente da instância criminal, consoante a clássica Súmula nº 18 do STF[497] –, em regra, costuma-se prestigiar-se a soberania dos veredictos, nos termos do art. 5º, XXXVIII, "c" da CRFB/88, aguardando-se o julgamento da ação penal.

Quando o feito disciplinar já estiver sobrestado pela autoridade competente, não é necessário aguardar o trânsito em julgado da correlata ação penal para cessar o sobrestamento do processo administrativo disciplinar. A edição da sentença (1º grau) ou do acórdão (2º grau) do feito criminal permite a cessação do sobrestamento. É que, sendo dever da Administração Pública apurar toda e qualquer irregularidade no serviço público, incumbe à autoridade competente, ao ser prolatada uma decisão judicial de mérito sobre os mesmos fatos que estão sendo apurados em sede administrativa disciplinar, promover uma reanálise do conjunto probatório, cotejando-se para os fundamentos utilizados na instância judicial. Nesse caso, o Estado estará apenas restabelecendo o princípio da legalidade, da probidade e responsabilidade no serviço público.

Nada obsta, entretanto, que, mesmo havendo sentença ou acórdão condenatórios, a autoridade administrativa competente repute insuficientes as provas até o momento colhidas para determinar a cessação do sobrestamento e decidir o mérito do procedimento administrativo disciplinar. A Administração pode, fundamentadamente, manter sobrestado o feito administrativo para aguardar o trânsito em julgado da ação penal (princípio da separação dos poderes – art. 2º, CRFB/88).

Por outro lado, é evidente que, com a condenação judicial criminal definitiva em última instância, o Estado-Administração não pode questionar ou ignorar a ilicitude da conduta do agente público acusado (reconhecida pelo Poder Judiciário, após o devido processo legal) e terá, necessariamente, que prosseguir no procedimento administrativo sobrestado, aplicando-se a pena disciplinar respectiva, caso prevista em lei.

---

497 STF – Súmula 18: "Pela falta residual, não compreendida na absolvição pelo juízo criminal, é admissível a punição administrativa do agente público."

PROCESSO ADMINISTRATIVO DISCIPLINAR ORDINÁRIO

Caso já tenha sido decretada judicialmente a perda do cargo público, com o trânsito em julgado, incumbirá a Administração Pública apenas determinar o cumprimento da decisão judicial, por meio de simples expediente administrativo, normalmente dirigido ao chefe maior do Executivo, sem a necessidade de deflagração de processo administrativo disciplinar próprio (ou seu prosseguimento) para implementar a medida. Trata-se da ação administrativa mais célere, econômica e eficiente para se efetivar os efeitos secundários da condenação penal, podendo haver, em tese, perda superveniente de objeto do feito administrativo disciplinar.

7.10 INDICIAÇÃO

Encerrada a fase instrutória, com a coleta dos depoimentos, diligências, perícias, interrogatório do imputado e demais providências julgadas pertinentes, a comissão disciplinar deverá analisar as provas produzidas e, se for o caso, expedir despacho de *"ultimação da instrução e indiciação"*, que deverá a ser anexado à citação do acusado para apresentar defesa escrita.

Adriana Menezes de Rezende[498] pontifica que, após o despacho exarado pela comissão processante (ou pelo presidente da SAD – acrescente-se), o agente público imputado passa à categoria de indiciado, conceito técnico-jurídico que, no processo disciplinar, teria condição mais grave que a de acusado. A indiciação, relacionando as provas contra o indiciado, delimita processualmente a acusação, não sendo permitido que, posteriormente, no relatório ou no julgamento, sejam considerados fatos nela não discriminados, sob pena de ofensa às garantias da ampla defesa e do contraditório.

Reis[499], nessa toada, esclarece que a *"indiciação é um despacho da comissão, determinando a citação do acusado ou acusados,*

---

498 REZENDE, Adriana Menezes de. *Do processo administrativo disciplinar e da sindicância*. Rio de Janeiro: Lumen Juris, 2000, p. 47.

499 REIS, Antônio Carlos Palhares Moreira. *Processo disciplinar*. Brasília: Consulex, 1999, p. 156-157.

devidamente circunstanciado, com o estabelecimento da relação de causa e efeito entre os fatos, suas provas e sua autoria". O art. 161 da Lei nº 8.112/90 estabelece que: *"tipificada a infração disciplinar, será formulada a indiciação do agente público, com a especificação dos fatos a ele imputados e das respectivas provas".*

Portanto, a rigor, como adverte Chaves[500], somente a partir do indiciamento é que o agente público processado, de fato, passa a ser *"acusado de alguma conduta no bojo do expediente disciplinar, já que antes se defendia de fatos não delimitados que podem implicar em variadas tipificações dentro da Lei nº 8.112/90".*

O termo de indiciação no processo administrativo disciplinar, assim, é a peça mais importante e essencial para o agente público processado, o qual, com a delimitação completa da imputação, poderá exercer integralmente o exercício da ampla defesa e do contraditório de forma irrestrita.

Deve ser destacado que, embora não seja comum, o ato de indiciamento pode ser retratado (integralmente) ou rerratificado (em parte) posteriormente pela comissão processante, apresentando caráter provisório, nesse caso, até porque seu escopo é dar conhecimento ao acusado do conteúdo probatório indicativo de sua culpabilidade. Como salienta Carvalho[501]:

> *O juízo acusatório formulado na indiciação pode ser reapreciado em face do teor dos termos de defesa escrita apresentada, de novas provas juntadas na peça defensória pelo acusado ou ainda diante dos móveis elementos instrutórios reunidos, após o deferimento de iniciativa probatória requerida pelo agente público, vindo a comissão a aditar/reformular nova*

---

500 CHAVES, Rodrigo Fernando Machado. Do loop no processo administrativo disciplinar. Reflexões e propostas de aperfeiçoamento do controle interno da Administração Pública Federal. *In: Coleção de Direito Administrativo Sancionador, v. 2.* Ana Maria Rodrigues Barata, Danielly Cristina Araújo Gontijo e Flávio Henrique Unes Pereira (Coordenadores). - Rio de Janeiro: CEEJ, 2021, p. 527.

501 CARVALHO, 2012, p. 714.

peça de indiciação ou mesmo a inocentar o funcionário no relatório final.

Importante registrar que a indiciação é fruto da livre convicção motivada da comissão disciplinar acerca de possível responsabilidade do agente público processado, não cabendo, neste momento, realizar juízos conclusivos de mérito, o que só deve ocorrer quando da elaboração do relatório final.

Por outro lado, é dever dos membros da comissão atuar com imparcialidade e honestidade, promovendo-se isento e objetivo cotejo das provas para formular a indiciação, devendo haver correspondência lógica e harmônica da imputação com o conjunto probatório carreado aos autos. Como salienta Bacellar Filho[502], é o mesmo dever que incumbe ao Ministério Público: dever de objetividade. Não interessa à sociedade absolver um culpado e menos ainda punir um inocente.

Nada obstante, nessa fase do processo administrativo disciplinar, vige o princípio do *in dubio pro societate*, de modo que, se não houver, de forma absolutamente clara e flagrante, comprovada a inocência do acusado ou a inexistência do fato, a Comissão deve promover o indiciamento do acusado[503], até porque ela não é a autoridade competente para emitir o julgamento final sobre os fatos.

Costa[504] defende que ainda que a comissão disciplinar conclua que as transgressões disciplinares acoimadas ao imputado já se encontram prescritas, mesmo assim, deverá ser ele indiciado.

Contudo, conforme dispõe o art. 112 da Lei Federal nº 8.112/90[505], aqui aplicável por analogia[506], a prescrição é matéria de

---

502 BACELLAR FILHO, *Processo Administrativo Disciplinar*, 2011, p. 410.

503 STJ – MS nº 14045/DF; RMS nº 24536.

504 COSTA, José Armando da. *Teoria e prática do processo administrativo disciplinar*. Brasília: Brasília Jurídica, 1999, p. 29.

505 Lei nº 8.112/90: "Art. 112.

506 STJ: RMS 60493/PR, AgInt no RMS 54617/SP e AgRg no RMS 26095/BA

ordem pública, não podendo ser relevada pela Administração Pública. Havendo dúvidas sobre a incidência da causa extintiva da punibilidade, recomenda-se o indiciamento pela comissão. E nada obsta que a autoridade competente submeta, nesse caso, o processo administrativo disciplinar à assessoria jurídica do órgão, a fim de dirimir tal questão relevante.

Por fim, se a comissão processante chegar à conclusão de que as provas dos autos mostram que o ilícito administrativo foi praticado por outro agente público e não pelo acusado, deverá elaborar desde logo relatório fundamentado, fazendo os autos conclusos à autoridade instauradora, com a sugestão de arquivamento do feito e instauração de novo processo administrativo, para a responsabilização do agente apontado como autor das irregularidades administrativas.

7.10.1 Termo de ultimação, indiciamento e citação

No processo administrativo disciplinar, o termo de ultimação e indiciação, ao final da instrução, é a peça acusatória fundamental, que deve possibilitar sem restrições o exercício pleno das garantias constitucionais da ampla defesa e do contraditório.

O termo de indiciação, destarte, deve qualificar o agente público, descrever minuciosamente o fato apurado e a imputação, com a respectiva tipificação legal da transgressão administrativa disciplinar tida como violada, bem como apontar as provas correspondentes que embasam tal acusação formal estatal.

Evidentemente, não há necessidade de reproduzir a íntegra dos termos de depoimentos, de diligências ou de interrogatórios, laudos etc. Basta que haja apenas a reprodução da passagem considerada relevante. Esse ato guarda, assim, forte semelhança com a denúncia do processo penal, em que o art. 41 assim dispõe: "*A denúncia ou queixa conterá a exposição do fato criminoso, com todas as suas circunstâncias, a qualificação do acusado ou esclarecimentos pelos quais se possa identificá-lo, a classificação do crime e, quando necessário, o rol das testemunhas*".

Com efeito, a comissão no indiciamento deve descrever os fatos de forma clara e detalhada. Contudo o ato deve ser objetivo e conciso, não cabendo remissão a todas as provas dos autos (como um relatório-índice) e a exposição de circunstâncias não relevantes para o deslinde da causa, sob pena de até mesmo inviabilizar o exercício da ampla defesa e contraditório[507].

Abalizada doutrina esclarece (lição oriunda do processo penal inteiramente aplicável ao Direito Administrativo Disciplinar, nessa temática), que, para não se construir uma imputação omissa ou deficiente, a acusação deve narrar os fatos, com todas as circunstâncias, cabendo esclarecer: *"não só ação transitiva, como a pessoa que a praticou (quis), os meios que empregou (quibus auxiliis), o malefício que produziu (quid), os motivos que a determinaram a isso (cur), a maneira por que a praticou (quomodo), o lugar onde a praticou (ubi), o tempo (quando)"*[508].

A narrativa obscura ou omissa, que não especifica nem descreve, ainda que sucintamente, os fatos ilícitos atribuídos ao acusado, impedindo ou dificultando o exercício da defesa, ensejará a nulidade absoluta[509] do processo administrativo disciplinar, tal como ocorre no processo penal.

A peça de indiciação, assim, deve começar descrevendo quando, onde, quem e de que modo ocorreram os fatos. Em seguida,

---

507 *"2. O delineamento fático das irregularidades na indiciação em processo administrativo disciplinar, fase em que há a especificação das provas, deve ser pormenorizado e extremamente claro, de modo a permitir que o agente público acusado se defenda adequadamente. Apresenta-se inaceitável a defesa a partir de uma conjunção de fatos extraídos dos autos. [...]* 4. Assim, há flagrante cerceamento de defesa e, portanto, violação ao devido processo legal e aos princípios da ampla defesa e do contraditório, em razão da circunstância de que a iminente pena de demissão pode vir a ser aplicada ao impetrante pela suposta prática de acusações em relação às quais não lhe foi dada oportunidade de se defender." (STJ – MS nº 13110/DF – 2007/0226688-6. Relator: Ministro Arnaldo Esteves Lima, julgado em 14/05/2008, publicado em 17/06/2008).

508 GRINOVER *et al.*, 1999, p. 95.

509 STF – RTJ 57/389.

registrar os meios utilizados para a prática do ilícito disciplinar apurado, os possíveis motivos que moveram o acusado e os eventuais danos causados à Administração Pública. Por fim, cumpre apontar as provas, sem descrição extensa de seu conteúdo, que embasam esse entendimento, e a indicação dos tipos administrativo-disciplinares violados (tipificação jurídica prevista no respectivo estatuto), determinando-se a citação do agente público processado.

A acusação tem que ser certa e delimitada, não podendo ser ampliada posteriormente pela comissão. Identificados novos fatos durante a instrução, os quais não foram estipulados na portaria, a comissão processante deverá sugerir à autoridade instauradora a extensão de poderes para investigar eventos diversos conexos ou a deflagração de novo processo administrativo disciplinar[510].

Elaborado o termo de indiciação com todas as formalidades legais citadas, o agente público processado deve ser citado por mandado expedido pelo presidente da comissão disciplinar, para apresentar a sua defesa escrita[511].

7.10.2 Enquadramento equivocado das infrações disciplinares na portaria

Após o curso da instrução do processo administrativo disciplinar, na fase de indiciamento, é possível que a comissão processante entenda que algumas das faltas funcionais apontadas na portaria não correspondem aos fatos apurados e que outras deveriam ter sido ali incluídas. Nessa hipótese, *se os fatos forem os mesmos*, a comissão disciplinar pode indiciar o acusado em outros dispositivos não descritos na peça inaugural do processo administrativo disciplinar e, ainda, excluir certos tipos administrativos, os quais entenda que não foram caracterizados, segundo a prova coligida aos autos.

O acusado se defende dos fatos e não da respectiva capitulação jurídica apontada inicialmente na portaria ou no próprio termo de

---

510   Art. 143 da Lei nº 8.112/90.

511   Cfr. Lei n. 8112/90, art. 161, §§ 1º, 2º e 3º; e art. 162.

indiciamento[512]. Nessa toada, a Advocacia-Geral da União, por meio do Parecer AGU nº GQ-121, não vinculante, estabeleceu que *"[...] a omissão ou substituição de dispositivo, com vistas ao enquadramento e punição da falta praticada, não implica dano para a defesa, advindo nulidade processual, em consequência".*

Recentemente, a Primeira Seção do Superior Tribunal de Justiça (STJ), especializada em Direito Público, aprovou, em 12 de setembro de 2024, o Enunciado Sumular nº 672, com o seguinte teor: *"A alteração da capitulação legal da conduta do agente público, por si só, não enseja a nulidade do processo administrativo disciplinar".*

Lessa[513], contudo, enfatiza que apesar de o acusado defender-se dos fatos e não da capitulação jurídica, nas hipóteses de *emendatio libelli*, deve sempre ser *"observada absoluta correspondência entre o fato imputado e o contraditado e a punição aplicada".*

Em certos casos, as diversas ações do agente público processado podem enquadrar-se em mais de um dos tipos administrativos previstos na lei. Pode-se operar, assim, o cúmulo material de infrações. Se o acusado por meio de uma única ação viola mais de uma das hipóteses previstas na norma como infração, ocorre o concurso formal de infrações.

Em ambos os casos de concurso de faltas funcionais, considerando tal circunstância, a autoridade competente pode aplicar uma única pena, que cabe ser majorada, utilizando-se a infração mais grave verificada e a respectiva sanção desta prevista em lei.

---

512   1. *"O indiciado se defende dos fatos que lhe são imputados e não de sua classificação legal, de sorte que a posterior alteração da capitulação legal da conduta, não tem o condão de inquinar de nulidade o Processo Administrativo Disciplinar; a descrição dos fatos ocorridos, desde que feita de modo a viabilizar a defesa do acusado, afasta a alegação de ofensa ao princípio da ampla defesa."* (STJ – MS 14.045/DF, Rel. Min. NAPOLEÃO NUNES MAIA FILHO, Terceira Seção, DJe 29/4/10).
2. (...)
(STJ – RMS 41.562, Rel. Min. ARNALDO ESTEVES LIMA, DJe 04/12/2013).

513   *Apud* Antônio Carlos Alencar CARVALHO, ob. cit., p. 724.

7.10.3 Extensão de poderes à comissão processante e aditamento à portaria (fatos novos)

Pode ser que a comissão, quando do ato de indiciamento, verifique que durante a instrução probatória *surgiram fatos novos*, não contidos na portaria e/ou nas peças que originariamente formalizaram o processo administrativo disciplinar. Nesse caso, incumbe a comissão disciplinar elaborar ata relatando o ocorrido, alvitrando à autoridade instauradora a extensão de poderes a ela, visando ampliar o raio acusatório, se o novo evento identificado tiver conexão com o objeto original do feito.

Acolhida a sugestão da comissão, a autoridade instauradora deverá promover o aditamento à portaria, para incluir os novos fatos identificados, prosseguindo-se a apuração no mesmo processo. Conforme salienta Mattos[514]:

> [...] a comissão disciplinar, no ato de indiciação não poderá se desviar dos elementos probatórios coletados no decorrer da instrução e alterar o escopo da acusação, para tipificar em outra infração disciplinar a conduta do agente público acusado, face a descoberta de novos fatos.
>
> Ao constatar a prática de novas infrações disciplinares por parte do agente público acusado, até então desconhecidas, a comissão disciplinar não poderá levar a efeito um aditamento aos fatos investigados e que serviram de base para a produção de todos os meios de prova admitidos e necessários, no processo administrativo disciplinar. (...)
>
> (...) Caso a autoridade administrativa determine, através de aditamento à portaria inaugural do processo administrativo disciplinar, que esses novos fatos ilícitos sejam apurados no mesmo processo, a comissão disciplinar terá que reabrir a fase de instrução, para que não ocorra o cerceamento de defesa do acusado, bem como violação ao devido processo legal.

---

514 MATTOS, 2010, p. 779.

PROCESSO ADMINISTRATIVO DISCIPLINAR ORDINÁRIO

Por outro lado, se esses novos fatos ilícitos, identificados pela comissão processante, não tiverem nenhuma conexão com o episódio objeto do processo administrativo disciplinar, deverá ser sugerido à autoridade competente instauradora que seja deflagrado um novo processo administrativo disciplinar ou até mesmo uma sindicância[515].

Nesse caso, incumbe à autoridade instauradora elaborar ato de ratificação da portaria inaugural, objetivando excluir o(s) fato(s) inédito(s) que não guarda(m) relação com o objeto do processo administrativo disciplinar, registrando-se que a peça inicial destina-se a apuração apenas dos eventos que originaram o procedimento.

Esse episódio novo pode ser apurado em sede de sindicância ou processo administrativo disciplinar, conforme a gravidade do fato, identificação de autoria e o conteúdo probatório já coletado. A autoridade instauradora, após essa análise qualitativa e quantitativa das provas, determinará a abertura do procedimento cabível, se competente, ou, eventualmente, remeterá cópias do feito a quem o seja.

7.10.4 Desmembramento

Durante o curso da instrução probatória, havendo ou não qualquer tipo de conexão entre os fatos, caso sejam identificados diversos ilícitos disciplinares praticados em circunstâncias de tempo ou de lugar diferentes, ou, havendo excessivo número de acusados, é cabível que o colegiado processante suscite à autoridade instauradora o desmembramento do processo administrativo disciplinar, aplicando-se analogicamente o disposto no art. 80 do Código de Processo Penal.[516]

A comissão disciplinar, no curso da perscrutação administrativa de todos os fatos contidos em um único procedimento, por vezes, identifica que a autoridade competente reuniu eventos que não eram conexos ou, mesmo que sejam, ocorreram em períodos de tempo

---

515 Cf. art. 143 da Lei nº 8.112/90.

516 CPP: "Art. 80. Será facultativa a separação dos processos quando as infrações tiverem sido praticadas em circunstâncias de tempo ou de lugar diferentes, ou, quando pelo excessivo número de acusados e para não lhes prolongar a prisão provisória, ou por outro motivo relevante, o juiz reputar conveniente a separação".

e/ou em locais distintos. Não é incomum, ainda, que um mesmo evento tenha sido praticado por um elevado número de agentes públicos. Em todas estas hipóteses, os membros da comissão ou a própria defesa do acusado, podem solicitar o desmembramento do processo administrativo disciplinar à autoridade instauradora.

Trata-se de medida processual adequada a fim de se formatar um processo justo, porque delimita e individualiza melhor a apuração, promovendo economia processual, eficiência administrativa, sem qualquer prejuízo às garantias da ampla defesa, do contraditório e do devido processo legal. Pelo contrário, com o desmembramento, normalmente uma nova fase de instrução será reaberta, conferindo-se maiores oportunidades para o agente público acusado se defender, inclusive conferindo-lhe direito a um interrogatório para cada episódio.

Aliás, amiúde, em caso de apuração de ilícitos envolvendo organizações criminosas (ORCRIM), associação criminosa ou delitos societários não é incomum o próprio juízo penal determinar tal medida, podendo a comissão propor, caso repute conveniente e oportuno, que o processo administrativo disciplinar correlato seja desmembrado de forma semelhante a que ocorreu no feito judicial.

Aceita a proposta da comissão, ou o pedido da defesa, quanto ao desmembramento, a autoridade instauradora deverá elaborar ato de rerratificação da portaria, esclarecendo que fatos e/ou pessoas prosseguirão como objeto do processo administrativo disciplinar principal e que eventos deverão ser perquiridos, a partir daquele momento, no novo feito disciplinar a ser desmembrado.

Nada obsta que se traslade para esse(s) procedimento(s) disciplinar(es) criado(s) cópia integral do processo administrativo disciplinar principal. Contudo, por medida de economicidade, economia processual e eficiência administrativa, é recomendável o traslado apenas das peças pertinentes ao novo evento a ser investigado em caderno investigativo próprio.

7.11 DEFESA

O direito de defesa do agente público processado – na verdade, ampla defesa (pessoal e técnica) - é uma garantia individual fundamental incidente nos processos judiciais e administrativos, consagrada na Carta da República de 1988 (art. 5º, LV, da CRFB). Diversos bônus em favor do acusado e ônus em relação à Administração Pública espraiam-se dessa cláusula pétrea no âmbito dos feitos administrativos disciplinares, conforme pontuado nas seções 2.8 e 7.3 a 7.7, e consoante veremos a seguir.

7.11.1 Citação e amplo acesso aos autos

Segundo dispõe o art. 161 e seus parágrafos da Lei nº 8.112/90, após lavrado o termo de ultimação e indiciação, o presidente da comissão disciplinar deverá expedir mandado de citação do acusado, para apresentar defesa escrita[517].

A citação é pessoal e individual, devendo ser entregue diretamente ao indiciado mediante recibo em cópia do original. O § 4º do referido art. 161 da Lei nº 8.112/90, prevê, em âmbito federal, que, no caso no caso de recusa do indiciado em apor o ciente na cópia da citação, *"o prazo para defesa contar-se-á da data declarada, em termo próprio, pelo membro da comissão que fez a citação, com a assinatura de (2) duas testemunhas"*.

O acusado e seu advogado já têm, durante o curso do processo administrativo disciplinar, acesso a todas as peças processuais produzidas. Contudo, após a citação, é assegurada vista do processo na repartição. A defesa pode solicitar cópia de todo o procedimento disciplinar, sem exceção, inclusive de documentos sigilosos, tais como fiscais e bancários ou oriundos de interceptação telefônica do feito criminal correlato, ainda que relacionada a outros acusados[518].

---

517 Cfr. Lei nº 8.112/90, art. 161 e parágrafos.

518 A Controladoria-Geral da União inclusive editou o Enunciado nº 19 sobre este tema: *"Havendo conexão a justificar a instauração de procedimento correcional com mais de um acusado, a todos eles será garantido o acesso inte-*

Na prática contemporânea, normalmente ocorre a digitalização dos autos, de modo que basta a entrega ao advogado do acusado a cópia digitalizada dos autos em arquivo digital a ser fornecido por qualquer mídia (pen drive, CD-ROM, e-mail etc.) do conteúdo integral do processo administrativo disciplinar, o que dispensa a entrega dos autos físicos. Em verdade, hoje, com a implantação do processo eletrônico, por meio do SEI (Sistema Eletrônico de Informações), no âmbito da União e de diversos entes federativos, para determinadas carreiras, o causídico, por meio de senha cadastrada, tem acesso a todas as peças do feito em tempo real, tão logo carregadas e inseridas no sistema.

Consoante art. 7º, XV e § 10º da Lei nº 8.906/1994 (Estatuto da Advocacia), o advogado deve ter inteiro acesso aos autos físicos na repartição competente, desde que esteja constituído nos autos pelo acusado, aplicando-se, por analogia, o teor da Súmula Vinculante nº 14 do STF[519].

A publicidade em relação aos atos do poder público é a regra, segundo a Constituição da República (art. 37, *caput*). Contudo o processo administrativo disciplinar pode sofrer restrições quanto ao acesso, notadamente em relação a terceiros[520], e considerando o teor da própria Lei de Acesso à Informação (LAI)[521]. A questão, inclusive, ensejou a elaboração do Enunciado CGU nº 14[522]. Porém,

---

gral aos documentos autuados" (Enunciado nº 19, de 10 de outubro de 2017 (DOU em 11/10/17)).

519 Súmula vinculante nº 14 do STF: "*É direito do defensor, no interesse do representado, ter acesso amplo aos elementos de prova que, já documentados em procedimento investigatório realizado por órgão com competência de polícia judiciária, digam respeito ao exercício do direito de defesa*".

520 Lei nº 8.112/90: Art. 150.

521 Lei Federal nº 12.527/2011.

522 "RESTRIÇÃO DE ACESSO DOS PROCEDIMENTOS DISCIPLINARES. Os procedimentos disciplinares têm acesso restrito para terceiros até o julgamento, nos termos do art. 7º, parágrafo 3º, da Lei nº 12.527/2011, regulamentado pelo art. 20, *caput*, do Decreto nº 7.724/2012, sem prejuízo das demais hipóteses legais sobre informações sigilosas." (Enunciado CGU nº 14, publi-

após concluído, passa a ser acessível a terceiros, com exclusão dos dados protegidos por sigilo (fiscal, bancário, imagem/honra).

7.11.2 Defesa escrita final (processual e mérito)

Em respeito à incidência dos princípios constitucionais da ampla defesa e do contraditório no processo administrativo disciplinar, devem ser asseguradas ao agente público acusado e ao seu advogado, como meios de defesa, o direito de acompanhamento e participação na instrução do processo, podendo requerer a produção de provas, pronunciar-se sobre elementos instrutórios juntados aos autos, estar presente nas audiências, arrolar e reinquirir (se pertinente) testemunhas, produzir provas e contraprovas e formular quesitos, bem como o privilégio contra a autoincriminação, vale dizer, não ser obrigado a produzir prova contra si próprio (*nemo tenetur se detegere*), com fundamento no art. 5º, LXIII da CRFB/88. Mas o meio de defesa mais importante é a apresentação de razões de defesa escrita. Por isso, incumbe ao patrono do acusado formular neste documento todas as matérias de defesa cabíveis (processuais e de mérito).

Superada a instrução processual, o interrogatório e promovido o indiciamento do servidor processado, este deve ser citado formalmente, a fim de apresentar sua defesa escrita ("memoriais"), por meio de seu advogado constituído ou defensor dativo.[523]

A *defesa processual*, denominada formal ou indireta, é aquela que gravita em torno de tudo que não é relativo ao *meritum causae*. Podem ser citados como exemplos: i) a prescrição; ii) a superveniência de sentença penal absolutória vinculante da instância administrativa; iii) as nulidades procedimentais decorrentes de falhas na instrução processual; iv) cerceamento do direito de defesa, em virtude do indeferimento, infundado ou não motivado, de produção de

---

cado no DOU de 01/06/2016, seção 1, página 48). Nesse sentido, vide a nota técnica 1869/2024/CGUNE/DICOR/CRG da Controladoria Geral da União.

523 BARATA, Ana Maria Rodrigues. Alegações Finais no Processo Administrativo Disciplinar. *In: Coleção de Direito Administrativo Sancionador, v. 2.* Ana Maria Rodrigues Barata, Danielly Cristina Araújo Gontijo e Flávio Henrique Unes Pereira (Coordenadores). - Rio de Janeiro: CEEJ, 2021, p. 92-119.

provas ou de diligências requeridas pelo advogado; v) não realização de exame pericial de insanidade mental, no caso de dúvida relevante sobre a higidez mental do acusado[524]; vi) publicação de lei nova que tornou o fato atípico na seara disciplinar (semelhante a *abolitio criminis*, do direito penal) ou a irretroatividade da lei mais benigna, salvo para beneficiar; vii) suspeição ou impedimento do Colegiado, inclusive a falta de qualificação de um de seus membros[525]; viii) incompetência da autoridade instauradora do processo administrativo disciplinar; ix) outras questões suscitáveis.

A defesa deve, desde logo, sob pena de eventual preclusão, abordar todas as questões processuais possíveis e pertinentes, surgidas antes ou durante a instrução processual. Importante destacar a necessidade de apontar o prejuízo concreto sofrido pela defesa, com a nulidade ou a falha procedimental suscitada, em virtude da jurisprudência pacífica no âmbito do STJ, que acolhe, na seara administrativa disciplinar, com rigor, o princípio *pas de nullité sans grief*[526].

Ultrapassada a defesa indireta, incumbe ao advogado do agente público processado enfrentar todas as *questões de mérito*, focando-se na acusação formulada no indiciamento e na portaria inaugural (caso eventualmente tenha sido detalhada e delimitada), atentando-se se essas peças transbordam aos fatos objeto do processo administrativo disciplinar.

---

524 Art. 149, *caput*, da Lei nº 8.112/90

525 Art. 149, *caput*, da Lei nº 8.112/90

526 "[...] *III - Aplicável o princípio do* "pas de nullité sans grief", *pois a nulidade de ato processual exige a respectiva comprovação de prejuízo.* In casu, o agente público teve pleno conhecimento dos motivos ensejadores da instauração do processo disciplinar. Houve, também, farta comprovação do respeito aos princípios constitucionais do devido processo legal, contraditório e ampla defesa, sendo certo que foi oportunizada ao indiciado vistas dos autos, indicação de testemunhas e apresentação de defesa." (STJ – MS 8297/DF MANDADO DE SEGURANÇA 2002/0043543-7 Relator(a) Ministro GILSON DIPP, TERCEIRA SEÇÃO, Data do Julgamento 10/12/2003, Data da Publicação/Fonte DJ 16/02/2004, p. 201) .

Na defesa de mérito, em primeiro lugar, em regra, busca-se provar a inocência plena do acusado (negativa de autoria ou a não participação ou envolvimento do acusado nos fatos, inclusive com a imputação da responsabilidade a terceiros, não identificados ou que não sejam agentes públicos). Subsidiariamente, caso isso não convença a comissão processante e a autoridade julgadora, é comum suscitar-se o argumento de menor gravidade da conduta perpetrada pelo agente público, visando a maior redução possível do *quantum* da pena (dosimetria).

Em seguida, pode-se suscitar a atipicidade da conduta na esfera administrativa disciplinar, por exemplo, por ausência de dolo ou culpa. A desclassificação da imputação constante do indiciamento, com a tipificação dos fatos em uma transgressão administrativa disciplinar mais leve, também pode ser uma estratégia defensiva importante, considerando que, no âmbito disciplinar, existem inclusive sanções apenas de advertência, repreensão ou suspensão de 1 (um) a 90 (noventa) dias.

Outros argumentos essenciais, caso pertinentes, na defesa escrita, são as hipóteses de excludentes de ilicitude ou de culpabilidade, ressaltando-se que, consoante entendimento majoritário na doutrina contemporânea, no Estado Democrático de Direito, uma sanção disciplinar só pode ser aplicada se a acusação descrever e provar todos os elementos do agir culpável, *lato sensu*, por parte do acusado, quais sejam: a) inimputabilidade ou incapacidade de culpabilidade; b) inevitável desconhecimento da proibição; c) inexigibilidade de conduta diversa legal ou supralegal[527].

Na defesa de mérito, fundamental apontar, ainda, que os fatos ilícitos imputados ao agente público processado devem estar satisfatoriamente demonstrados e comprovados nos autos, não podendo o

---

527   Entre outros, cabe citar: MELLO, Rafael Munhoz de. Sanção Administrativa e o princípio da culpabilidade. *In: A&C Revista de Direito Administrativo e Constitucional.* ano 3, nº 11, jan./mar. 2003. Belo Horizonte: Fórum, 2003; MARTINS, Ricardo Marcondes. Pressupostos da Responsabilização Disciplinar. *In: Coleção de direito administrativo sancionador, v. 2.* Ana Maria Rodrigues Barata, Danielly Cristina Araújo Gontijo e Flávio Henrique Unes Pereira (Coordenadores). Rio de Janeiro: CEEJ, 2021.

colegiado valer-se de meras ilações, conjecturas ou presunções injustificadas para concluir pela culpa do acusado.

Nessa toada, é possível destacar que as provas aduzidas no ato de indiciamento, notadamente a prova oral, foram, frontalmente ou parcialmente, contrariadas pelos elementos probatórios apresentados pela defesa, citando-se as respectivas páginas dos autos.

Quando da apresentação da defesa escrita, o advogado pode anexar na peça qualquer documento que possa comprovar suas teses defensivas, seja de inocência plena ou apenas aquelas sopesadas na dosimetria da pena – visando redução ou sua fixação no mínimo legal. Cabe, portanto, a juntada de elogios constantes das folhas de assentamento funcionais do acusado, publicadas em boletim interno da corporação, declaração de boa conduta de chefes anteriores, medalhas e comendas recebidas decorrentes da atividade pública, diplomas ou cursos de aperfeiçoamento profissional realizados etc.

Quanto à forma de apresentação, a defesa escrita deve ser formulada por meio de petição única, dirigida à comissão disciplinar. Não se admite, como em alguns recursos previstos no Código de Processo Penal, interposição oral ou por termo nos autos, com posterior apresentação de razões da defesa. Atualmente, com a certificação digital de assinatura, não há óbice inclusive que o colegiado receba tal peça por qualquer meio eletrônico, tal como *e-mail.*

Por fim, cabe destacar que o prazo para defesa é em dobro (e comum) se houver mais de um agente público processado, cabendo ainda prorrogar-se tais prazos para cumprimento de diligências reputadas essenciais para o deslinde da causa.

7.11.3 Complementação de defesa

É possível que, com o ato de indiciamento, a defesa tenha necessidade de produzir ou contrapor provas, as quais a comissão processante, durante a instrução do processo administrativo disciplinar, passou ao largo ou não se atentou. Nesse caso, formulado requerimento pelo advogado do acusado de novas provas ou refazimento de atos instrutórios, a comissão deverá verificar a relevância delas para o objeto da apuração.

Caso a prova seja irrelevante, impertinente ou protelatória, a comissão tem o poder legal de indeferir o pleito da defesa[528]. Caso contrário, se a prova ou a questão suscitada for relevante para a elucidação dos fatos, a comissão terá que admiti-la ou refazê-la, devendo, em seguida, oportunizar ao acusado a realização de um novo interrogatório, caso queira. Eventualmente, se houver alteração substancial nos fatos apurados, pode haver necessidade, ainda, de novo indiciamento, abrindo-se *"novo ciclo de forma indeterminada"*[529].

Seja como for, havendo ou não outro indiciamento, se forem produzidas novas provas no processo administrativo disciplinar, em observância às garantias constitucionais processuais de todo o acusado, é direito do agente público processado e seu patrono apresentarem nova peça escrita de defesa, ou seja, uma "complementação de defesa escrita".

Tendo em vista o dever de eficiência, economia processual, de cooperação e de boa-fé processual, caso não tenha ocorrido um novo indiciamento, ou seja, sem alteração substancial do panorama probatório existente, a comissão pode determinar que o advogado do acusado limite-se a complementar os aspectos que não foram enfrentados na primeira peça de defesa escrita e, eventualmente, reforce os argumentos anteriores expendidos.

---

528 Cf. art. 156, § 1º, da Lei nº 8.112/90.

529 Como salienta Chaves: *"Tecnicamente, não existe limite para o fechamento desse loop já que o indeferimento de provas relevantes para a elucidação dos fatos pode caracterizar cerceamento de defesa, de forma que apenas o abuso de direito, como no caso de pedido de oitivas de um número exorbitante de testemunhas ou o apontamento daquelas que tem conhecimento apenas do perfil do agente público e não dos fatos que estão sendo tratados poderiam ser rechaçados pela Comissão".* (CHAVES, Rodrigo Fernando Machado. Do loop no processo administrativo disciplinar. Reflexões e propostas de aperfeiçoamento do controle interno da Administração Pública Federal. *In: Coleção de Direito Administrativo Sancionador, v. 2.* Ana Maria Rodrigues Barata, Danielly Cristina Araújo Gontijo e Flávio Henrique Unes Pereira (Coordenadores). Rio de Janeiro: CEEJ, 2021, p. 529-530).

Indubitável, contudo, que o acusado – trata-se de desdobramento da garantia constitucional da ampla defesa –, mesmo após já ter apresentado defesa escrita, tem o direito de apresentar defesa complementar ou de manifestar-se novamente, caso sejam produzidas novas provas no processo, mesmo que apenas, por exemplo, tenham sido juntadas peças de informação, pareceres ou outra prova documental, consoante já decidiu o Superior Tribunal de Justiça[530].

Essa nova instrução deve ser realizada dentro do prazo de validade de conclusão do processo administrativo disciplinar e não pode ser feita pela autoridade julgadora, por ausência de competência legal. Nessa linha, em âmbito federal, a própria Lei nº 8.112/90 (art. 161, § 3º) preconiza que: *"O prazo de defesa poderá ser prorrogado pelo dobro, para diligências reputadas indispensáveis".*

Evidente, como dito, que a produção de novas provas requeridas pela defesa só devem ser deferidas se efetivamente necessárias ao esclarecimento dos fatos[531]; todavia, caso admitidas pela comissão processante, elas aproveitam aos demais acusados. Destarte, esses terão o direito de formular novas razões de defesa e outras diligências probatórias, sob pena de cerceamento do direito de defesa.

7.12 RELATÓRIO

O relatório final encerra a segunda fase do processo administrativo disciplinar[532]. A elaboração dessa peça processual constituiu o último ato da comissão processante, a qual deve ser dirigida à autoridade instauradora, que pode ser ou não competente para aplicação da sanção administrativa.

---

530 STJ – RMS nº 16850/BA, Rel. Min. José Arnaldo da Fonseca, 5ª Turma, julgamento em 13/04/2004, Dj, p. 307, de 10/05/2004.

531 Cf. art. 156, § 1º, da Lei nº 8.112/90.

532 Cf. art. 151, II, da Lei nº 8.112/90.

PROCESSO ADMINISTRATIVO DISCIPLINAR ORDINÁRIO

Carvalho[533] leciona que o relatório final é a *"peça decisiva dos trabalhos consumados pelo colegiado processante"* e o documento da *"mais alta relevância para a decisão do processo disciplinar"*:

> *[...] a finalidade legal é a de que ele espelhe a confiável e sólida apreciação de todo o conteúdo dos autos, o relato imparcial e objetivo do que se apurava, do quanto se confirmou, ou não, acerca das irregularidades atribuídas ao agente público, a fiel descrição do teor das provas coletadas e o cotejo delas com as alegações de defesa e contraprovas realizadas pelo acusado, em vista do juízo conclusivo em torno do cometimento das infrações pelo funcionário processado, com o correto enquadramento legal da previsão da conduta inquestionavelmente praticada pelo agente público, a exposição das circunstâncias pertinentes ao fato, juntamente com os antecedentes funcionais e mais questões de relevo para o final julgamento do feito apenador.*

O relatório final é elaborado por todos os membros da comissão disciplinar, em comum acordo, os quais devem debater, expor suas razões e obrigatoriamente assinar o documento, ao final, sob pena de nulidade. Havendo discordância, aquele que divergir deve redigir seu voto em separado[534]. Não há necessidade de elaboração de uma ata específica sobre os debates e a confecção do relatório.

A própria Lei nº 8.112/90, em seu art. 150, é a título de exemplo, bem clara em assegurar a independência e autonomia aos membros da comissão quanto às suas conclusões, cabendo a estes formar sua livre convicção sobre as provas, mas sempre de forma motivada – princípio da livre convicção acoplado à persuasão racional, que igualmente rege os processos civis e penais.

A comissão tem um dever ímpar, porque constitui, ao mesmo tempo, um órgão instrutor e acusador (promove o indiciamento), cabendo-lhe, ao final, opinar pela inocência ou culpabilidade do

---

533 CARVALHO, 2012, p. 789.

534 COSTA, 1999, p. 337.

agente público acusado e apontar a sanção disciplinar mais apropriada neste caso. O relatório final pode ser rejeitado ou acolhido, parcial ou integralmente, pela autoridade julgadora.

Portanto os membros da comissão devem ter alto grau de responsabilidade na condução dos trabalhos e, sobretudo, na confecção do relatório final, imprimindo a necessária objetividade e isenção na apreciação dos fatos, bem como fundamentando devidamente todas as linhas de argumentação utilizadas para chegar a certa conclusão.

A comissão disciplinar, com base em sua independência, pode concluir pela inocência do acusado no relatório final, pois todo o processo administrativo disciplinar tem a missão de produzir uma decisão administrativa final justa. Nesse momento processual, figura o brocardo jurídico *in dubio pro reo* ou *in dubio pro* agente público. Como esclarece Costa[535]: "*A acentuada dúvida quanto à existência do ilícito e sua autoria favorecerá, incontestavelmente, o acusado*".

Nada obstante, ao final da instrução, caso esteja robustamente comprovada a inocência do agente público processado, a comissão processante não está obrigada sequer a promover o indiciamento do acusado – não olvidando que aqui ainda vige a máxima *in dubio pro societate*. Vale dizer, se a comissão está segura que o agente público não deve ser punido, pode elaborar, desde logo, o relatório final conclusivo, recomendando o arquivamento do processo administrativo disciplinar.

A comissão disciplinar deve manifestar-se conclusivamente a respeito de eventual incidência de qualquer das causas excludentes da tipicidade, da ilicitude ou da culpabilidade no relatório final do processo administrativo disciplinar, propondo-se a decretação da inocência do agente público processado, caso comprovada. Não cabe à comissão apenas mencionar tal fato e submetê-lo à decisão da autoridade julgadora, embora seu teor seja opinativo.

Elaborado o relatório final, com sua juntada aos autos pelo secretário, inexiste norma legal que determine à comissão processante que intime o agente público processado (ou seu advogado) pessoal-

---

535   *COSTA, 1999*, p. 341.

PROCESSO ADMINISTRATIVO DISCIPLINAR ORDINÁRIO

mente para ciência do relatório final, o qual apenas deve ser encaminhado à autoridade instauradora, para deliberação[536]. Nessa linha, a jurisprudência pacífica dos tribunais superiores[537].

Embora parte da doutrina defenda que o relatório final devesse ser contraditado pelo agente público acusado (tal como as alegações finais defensivas do CPP) antes de enviado à autoridade julgadora, em homenagem aos princípios da ampla defesa e contraditório[538], não há previsão em lei e a jurisprudência não acolhe tal entendimento.

Em verdade, como a comissão não tem atribuição exclusivamente de acusação no processo administrativo disciplinar, pois deve instruí-lo em busca da "verdade real" (função híbrida: acusador e julgador), não se mostra razoável essa medida, a qual teria apenas o condão de protelar o julgamento, em desprestígio ao princípio da eficiência administrativa e à garantia constitucional da duração razoável do processo.

---

536   Lei nº 8.112/90: Art. 166.

537   "(...) 2. Não há falar em ofensa aos princípios da ampla defesa e do contraditório pela ausência de manifestação do impetrante após a apresentação de sua defesa escrita, uma vez que, de acordo com o Estatuto dos Agentes públicos Federais, logo após a defesa do impetrante, posterior à instrução, cabe à Comissão Processante a elaboração do seu relatório final, que será remetido para julgamento. 3. A Terceira Seção do Superior Tribunal de Justiça possui entendimento de que no processo administrativo disciplinar regido pela Lei nº 8.112/90 não há a previsão para a apresentação, pela defesa, de alegações após o relatório final da Comissão Processante, não havendo falar em aplicação subsidiária da Lei nº 9.784/99" (STJ – MS nº 13.279/DF – 2007/0308636-5. Relatora: Ministra Maria Thereza de Assis Moura, julgado em 20/05/2010)
"(...) 4. Não há preceito legal que imponha a intimação pessoal dos acusados, ou permita a impugnação do relatório da Comissão processante, devendo os autos serem imediatamente remetidos à autoridade competente para julgamento (arts. 165 e 166 da Lei nº 8.112/90)." (STF – RMS nº 24.526/DF. Relator: Ministro Eros Grau, julgado em 03/06/2008).

538   Por todos, vide MATTOS, 2010, p. 821-828.

7.12.1 Elementos essenciais

Os elementos essenciais do relatório final do processo administrativo disciplinar, *modus in rebus*, são bem semelhantes aos de uma sentença judicial[539], a qual tem três partes: relatório, fundamentação e dispositivo.

Não há lei que determine a elaboração de ementa no introito do relatório final do processo administrativo disciplinar. Contudo, trata-se de medida recomendável, posto que, além de facilitar, de plano, a compreensão do fato e a conclusão alcançada pela comissão disciplinar, permite formar um banco de jurisprudência administrativa, visando consultas futuras, fomentando-se a cultura de observância de precedentes, visando maior coerência, integridade e segurança jurídica nas decisões da autoridade julgadora[540].

Na primeira parte do relatório final do processo administrativo disciplinar, incumbe ao membro relator elaborar um histórico relevante do processo, com a descrição das peças importantes constantes dos autos e as principais intercorrências verificadas na instrução.

Na segunda parte ("fundamentação"), impõe-se à comissão cotejar todas as provas produzidas no processo disciplinar e definir quanto à responsabilidade ou inocência do agente público processado, devendo rechaçar, fundamentadamente, as teses defensivas que infirmam sua conclusão. Tanto as questões meramente processuais quanto as de mérito devem ser enfrentadas, em observância à garantia constitucional da ampla defesa e seus desdobramentos. Desde logo deve ser elaborado o enquadramento jurídico, com a dosimetria da pena, apontando-se a sanção disciplinar pertinente ao caso.

---

539 NCPC: "Art. 489. São elementos essenciais da sentença: I - o relatório, que conterá os nomes das partes, a identificação do caso, com a suma do pedido e da contestação, e o registro das principais ocorrências havidas no andamento do processo; II - os fundamentos, em que o juiz analisará as questões de fato e de direito; III - o dispositivo, em que o juiz resolverá as questões principais que as partes lhe submeterem".

540 NEVES, 2018, p. 1389 e §§.

A comissão não está obrigada a debater e rejeitar todas as alegações suscitadas na defesa escrita do acusado. Todavia, no relatório final, é dever do relator enfrentar as questões da peça de bloqueio capazes de infirmar a conclusão alcançada em seu voto. Aplicável aqui, por analogia, o art. 489, § 1º, IV do CPC[541], o qual cristalizou a jurisprudência do Superior Tribunal de Justiça acerca desse tema[542].

Na parte final da peça processual ("conclusão"), a comissão delibera, em conjunto, pela culpabilidade, ou não, do acusado. Caso conclua pela responsabilização do agente público, deve descrever seu nome, cargo e matrícula, apontando a falta funcional cometida (o dispositivo legal) e todas as eventuais circunstâncias agravantes ou atenuantes que incidirem no caso. Conclui-se o ato propondo-se a espécie (advertência, repreensão, suspensão, demissão ou cassação de aposentadoria) e o *quantum* da sanção disciplinar a ser aplicada. Ou o arquivamento do feito. Por fim, determina-se a remessa dos autos à autoridade instauradora do processo administrativo disciplinar, para julgamento[543].

Embora a comissão processante deva guardar uniformidade e coerência nas suas decisões durante todo o processo, objetivando fortalecer os trabalhos e sua conclusão, na hipótese de discordância entre alguns dos seus membros, sem solução interna, o dissidente poderá votar em separado, fundamentadamente[544].

---

541 Lei nº 13.105/2015 (NCPC): "Art. 489.
§ 1º Não se considera fundamentada qualquer decisão judicial, seja ela interlocutória, sentença ou acórdão, que:
[...]
IV - não enfrentar todos os argumentos deduzidos no processo capazes de, em tese, infirmar a conclusão adotada pelo julgador;".

542 STJ – AgInt no REsp 1920967/SP, Rel. Ministro MARCO AURÉLIO BELLIZZE, TERCEIRA TURMA, julgado em 03/05/2021, DJe 05/05/2021; STJ – AgInt no AREsp 1382885/SP, Rel. Ministro FRANCISCO FALCÃO, SEGUNDA TURMA, julgado em 26/04/2021, DJe 29/04/2021.

543 Cf. art. 166 da Lei nº 8.112/90.

544 A Instrução Normativa CGU nº 14/2018, em seu art. 35, descreve todos os itens que devem compor o relatório final do processo administrativo disciplinar, encarecendo que, caso seja vislumbrado indício de ato de improbidade

Na parte argumentativa do relatório, essencial é que se aponte se a conduta adotada pelo acusado no episódio apurado é culpável, indicando seu reflexo na esfera administrativa disciplinar, com o respectivo enquadramento jurídico. Na União, o Parecer-AGU n° GM-3, não vinculante, nessa linha, ressalta "[...] *incumbe à administração apurar as irregularidades verificadas no serviço público e demonstrar a culpabilidade do agente público, proporcionando seguro juízo de valor sobre a verdade dos fatos*".

Caso se vislumbre, por exemplo, culpa (*stricto sensu*) no proceder do agente público processado, é fundamental descrever a respectiva modalidade. Se houver concurso formal ou material de infrações administrativas disciplinares, bem como conflito aparente de normas, o colegiado pode valer-se, por analogia, dos princípios que regem o direito penal nesta matéria.

Quando houver dois ou mais agentes públicos processados, é recomendável a comissão disciplinar, no relatório final, analisar individualmente a conduta supostamente ilícita de cada acusado (ideal inclusive que seja em tópico próprio), com o devido cotejo das provas dos autos e todas as circunstâncias objetivas e subjetivas pertinentes ao caso. Como salienta Bacellar Filho[545], essa medida é mera decorrência das garantias constitucionais da ampla defesa (e seus desdobramentos), da presunção de inocência dos acusados e da individualização da pena.

Por fim, importante frisar que o relatório final tem caráter meramente opinativo, cabendo a decisão final à autoridade julgadora competente, que pode discordar, no todo ou em parte, fundamentadamente, da conclusão constante do referido documento[546].

---

administrativa ou crime, é dever da comissão informar e recomendar os encaminhamentos cabíveis à autoridade instauradora, para deliberação.

545 BACELLAR FILHO, 2011, p. 297-387.

546 Cf. art. 168 da Lei n° 8.112/90.

7.12.2 Alteração do enquadramento legal

A comissão disciplinar, no relatório final do processo administrativo disciplinar, pode, modificar o enquadramento legal constante da portaria e do indiciamento, porque o acusado se defende dos fatos, e não da capitulação jurídica legal, segundo entendimento do Superior Tribunal de Justiça[547].

Não há óbice em se alterar o enquadramento legal no relatório final, inclusive em relação à tipificação dada no ato de indiciamento, podendo ser citado, nesta linha, o Parecer GQ-21, não vinculante, da Advocacia-Geral da União:

> *10. (...) A omissão ou substituição de dispositivo, com vistas ao enquadramento e punição da falta praticada, não implica dano para a defesa, advindo nulidade processual, em consequência. A este aspecto encontrava-se atento o legislador ao determinar que os preceitos transgredidos devem ser especificados no relatório, sem adstringir esse comando à elaboração da peça instrutória. No entanto, o zelo demonstrado pela c.i, quando indica, na indiciação, os preceitos desrespeitados não desmerecem a execução dos seus trabalhos.*

Importante frisar que, após o ato de indiciamento, caso surjam *fatos novos* conexos ao objeto de apuração do processo administrativo disciplinar em curso, é dever da comissão processante solicitar extensão de poderes à autoridade instauradora, com refazimento da instrução, em parte ou no todo – permeando-se sempre a possibilidade do exercício da ampla defesa e do contraditório –, realização de

---

547 "1. O indiciado se defende dos fatos que lhe são imputados e não de sua classificação legal, de sorte que a posterior alteração da capitulação legal da conduta, não tem o condão de inquinar de nulidade o Processo Administrativo Disciplinar; a descrição dos fatos ocorridos, desde que feita de modo a viabilizar a defesa do acusado, afasta a alegação de ofensa ao princípio da ampla defesa. [...] 7. Ordem denegada, com ressalva das vias ordinárias." (STJ – MS 19.726/DF, Rel. Ministro NAPOLEÃO NUNES MAIA FILHO, PRIMEIRA SEÇÃO, julgado em 13/12/2017, DJe 18/12/2017).

novo ato de indiciamento e a apresentação de defesa complementar escrita, antes do relatório final.

Por fim, vale frisar que é ato discricionário da autoridade instauradora determinar a deflagração de novo processo administrativo disciplinar ou conferir extensão de poderes ao colegiado para apuração conjunta de novos fatos não contidos na portaria, ainda que conexos.

7.12.3 Possibilidade de apresentação de petição defensiva após o relatório

Caso eventualmente haja inovação da imputação jurídica no relatório final, sem alteração dos fatos apurados durante o processo administrativo disciplinar e já submetida ao contraditório toda a prova dos autos, Lessa[548] defende a possibilidade da autoridade julgadora permitir o manejo de memoriais escritos pela defesa ou requerimentos de contraprova necessárias, antes de se prolatar a decisão final.

Embora inexista o dever legal de intimar o acusado da confecção e juntada do relatório final ao processo administrativo disciplinar, boa parte da doutrina contemporânea defende, com fundamento na garantia constitucional da ampla defesa (art. 5º, LV) e no direito fundamental de petição (art. 5º, XXXIV, "a", CRFB/88), que o acusado possa apresentar memoriais perante os órgãos de consultoria ou de decisão final da Administração Pública[549].

Invoca-se, ademais, como base legal de tal pleito, o disposto nos art. 2º, § único, X, art. 3º, III, e art. 38, todos da Lei Federal nº 9.784/99 (que disciplina o processo administrativo em geral da União), aplicável subsidiariamente aos feitos disciplinares[550]. Ba-

---

548 LESSA, Sebastião José. *Direito administrativo disciplinar interpretado pelos tribunais*. Belo Horizonte: Fórum, 2008, p. 145.

549 MATTOS, 2010, p. 821-828; ALVES, 2001, p. 232; COSTA, 1999, p. 377-381.

550 "Art. 2º A Administração Pública obedecerá, dentre outros, aos princípios da legalidade, finalidade, motivação, razoabilidade, proporcionalidade,

cellar Filho[551] chega a sustentar a inconstitucionalidade do art. 166 da Lei nº 8.112/90, porque entende que o relatório final constitui as alegações finais do órgão estatal, que é instrutor e acusador. Assim, como a defesa teria sempre a prerrogativa de falar por último, cabível sua manifestação após o relatório final.

Para o aludido autor, *"por força do princípio da máxima efetividade, orientador da hermenêutica constitucional"*, a garantia constitucional do art. 5º, LV da CRFB/88, no processo administrativo disciplinar deve ser interpretada *"de modo potencializado"*[552].

É razoável, em homenagem à ampla defesa e ao direito de petição, a juntada de tais peças defensivas ao processo administrativo disciplinar, ainda que de forma extemporânea. Contudo, se a lei não prever tal rito – o devido processo legal (Lei nº 8.112/90) –, se não houver um elemento fático ou probatório novo muito relevante (que denote, *v.g.*, uma injustiça flagrante, no caso), em tese, a autoridade julgadora não está obrigada a rechaçar as novas alegações constantes

---

moralidade, ampla defesa, contraditório, segurança jurídica, interesse público e eficiência.
Parágrafo único. Nos processos administrativos serão observados, entre outros, os critérios de:
[...]
X - garantia dos direitos à comunicação, à apresentação de alegações finais, à produção de provas e à interposição de recursos, nos processos de que possam resultar sanções e nas situações de litígio;
[...]
Art. 3º O administrado tem os seguintes direitos perante a Administração, sem prejuízo de outros que lhe sejam assegurados:
[...]
III - formular alegações e apresentar documentos antes da decisão, os quais serão objeto de consideração pelo órgão competente;
[...]
Art. 38. O interessado poderá, na fase instrutória e antes da tomada da decisão, juntar documentos e pareceres, requerer diligências e perícias, bem como aduzir alegações referentes à matéria objeto do processo." .

551 BACELLAR FILHO, 1998, p. 377-381. O art. 166 da Lei nº 8.112/90 determina a remessa do processo administrativo disciplinar diretamente à autoridade instauradora para julgamento, após o relatório final ser apresentado.

552 BACELLAR FILHO, 2011, p. 324.

dos memoriais posteriores. Até porque, ela pode acatar o relatório final integralmente, utilizando-se os fundamentos deste como razões de decidir[553]. Vale dizer, a princípio, não haveria nulidade na decisão final que considerasse preclusos os argumentos da petição apresentada após o relatório conclusivo.

Segundo interpretação constitucional contemporânea, nenhum direito fundamental é absoluto, devendo haver o sopesamento, em caso de conflitos. A ampla defesa pode ser exercida de forma plena no curso do processo administrativo disciplinar até o relatório final. A comissão disciplinar, durante a confecção desse ato administrativo opinativo, deve investir-se de órgão julgador, e não de acusador. Destarte, a superampliação da garantia constitucional citada precisa ser ponderada com outros valores essenciais para a sociedade, tais como a legalidade, o devido processo legal, a eficiência administrativa, a economicidade, a duração razoável do processo e a própria segurança jurídica.

7.13   JULGAMENTO

Elaborado o relatório final pela comissão processante, é seu dever *imediatamente* providenciar a remessa dos autos à autoridade instauradora, para deliberação[554]. Após a instrução probatória e a defesa finalizadas, a comissão terá concluído definitivamente seu mister público e terá início a terceira e última fase do processo administrativo disciplinar: o julgamento.

Recebido o feito disciplinar, a autoridade administrativa deve, no prazo previsto em lei, proferir sua decisão[555]. Trata-se de prazo impróprio, não importando, assim, em nulidade do feito o julgamento

---

553   Lei nº 8.112/90: Art. 168.

554   Cf. art. 166 da Lei nº 8.112/90.

555   Cf. art. 167 da Lei nº 8.112/90.

extemporâneo, sem prejuízo da responsabilização do julgador que der eventualmente causa à prescrição[556].

A autoridade competente, de posse do feito disciplinar devidamente instruído e relatado, guiado pelos princípios probatórios do livre convencimento e persuasão racional[557], nesse momento, tem a missão – a mais importante da vida de um processo administrativo disciplinar – de julgar o acusado, devendo verificar a existência do possível cometimento de uma transgressão administrativa disciplinar e concluir pela inocência ou pela culpabilidade do agente público.

Para se desincumbir de tal responsabilidade, em um primeiro olhar, dois aspectos distintos devem ser avaliados em relação a todo o curso do processo administrativo disciplinar: i) processual (ou formal), que abrange a análise quanto a eventuais vícios e nulidades procedimentais; ii) mérito (ou material), que é o exame, preliminarmente, da ocorrência da prescrição e, em seguida, da verificação da existência da infração disciplinar e possíveis causas excludentes desta.

Constatado o vício formal, conforme a sua natureza, deverá ser decretada a anulação do processo, no todo ou em parte, com sua consequente reinstauração *ab initio* ou seu refazimento a partir de certo momento processual[558].

A autoridade competente, antes do julgamento, para amparar sua decisão, pode remeter os autos ao órgão de assessoramento jurídico, objetivando a emissão de parecer acerca da regularidade e higidez formal do processo administrativo disciplinar. No âmbito da União, por exemplo, em caso da aplicação das penalidades máximas (demissão e cassação de aposentadoria), essa avaliação é obrigatória

---

556   É o que dispõe o próprio art. 169, §§ 1º e 2º da Lei nº 8.112/90.

557   CPP: "Art. 155. O juiz formará sua convicção pela livre apreciação da prova produzida em contraditório judicial, não podendo fundamentar sua decisão exclusivamente nos elementos informativos colhidos na investigação, ressalvadas as provas cautelares, não repetíveis e antecipadas."

558   Lei nº 8.112/90: "Art. 169. Verificada a ocorrência de vício insanável, a autoridade que determinou a instauração do processo ou outra de hierarquia superior declarará a sua nulidade, total ou parcial, e ordenará, no mesmo ato, a constituição de outra comissão para instauração do novo processo".

e está prevista no Decreto Federal nº 3.035/99, sob pena de nulidade, se comprovado o prejuízo à defesa.

Contudo, nos demais entes federativos, nem sempre há previsão legal quanto à necessidade de manifestação de assessorias jurídicas ou de órgãos das Procuradorias do Estado ou do Município. Assim, a autoridade julgadora competente pode elaborar sua decisão à vista apenas do relatório final da comissão disciplinar. Não é o mais comum e nem o mais recomendável, tendo em vista a natureza eminentemente técnica e complexa do julgamento do processo administrativo disciplinar, com todas as suas nuances jurídicas.

Inobstante, ainda que inexista normal legal que assim discipline, não ofende o princípio do devido processo legal o fato de a autoridade competente valer-se do órgão de assessoramento jurídico ou técnico, de menor hierarquia, para embasar seu ato decisório, inclusive utilizando-se de seus argumentos, juntamente com o teor do relatório final, como razões de decidir, consoante entendimento pacificado no STF[559].

Os órgãos de assessoramento jurídico ou técnico podem, inclusive, proceder análise quanto à prova e sua (in)suficiência para a

---

559   1. Não há ilegalidade na ampliação da acusação a agente público, se durante o processo administrativo forem apurados fatos novos que constituam infração disciplinar. O princípio do contraditório e da ampla defesa deve ser rigorosamente observado. 2. É permitido ao agente administrativo, para complementar suas razões, encampar os termos de parecer exarado por autoridade de menor hierarquia. A autoridade julgadora não está vinculada às conclusões da comissão processante. Precedentes: [MS nº 23.201, Relatora a Ministra ELLEN GRACIE, DJ de 19/08/2005 e MS nº 21.280, Relator o Ministro OCTAVIO GALLOTTI, DJ de 20.03.92]. 3. Não houve, no presente caso, ofensa ao art. 28 da lei nº 9.784/98, eis que os ora recorrentes tiveram pleno conhecimento da publicação oficial do ato que determinou suas demissões em tempo hábil para utilizar os recursos administrativos cabíveis. 4. Não há preceito legal que imponha a intimação pessoal dos acusados, ou permita a impugnação do relatório da Comissão processante, devendo os autos serem imediatamente remetidos à autoridade competente para julgamento [arts. 165 e 166 da Lei nº 8.112/90]. Precedente: [MS nº 23.268, Relatora a Ministra ELLEN GRACIE, DJ de 07/06/2002]. Nego provimento ao recurso ordinário." (STF – RMS 24526, Rel. Min. Eros Grau, Primeira Turma, DJe 15/08/2008).

PROCESSO ADMINISTRATIVO DISCIPLINAR ORDINÁRIO

responsabilização do agente público acusado, bem como em relação à proporcionalidade da sanção disciplinar sugerida pelo Colegiado, ressaltando-se que o próprio estatuto funcional estabelece critérios objetivos para a dosimetria da pena[560].

Portanto, não se trata apenas de verificação quanto aos aspectos formais do processo administrativo disciplinar. A autoridade julgadora deve estar completamente informada e amparada de dados (notadamente ações judiciais correlatas) e de todas as circunstâncias (formais e materiais) que envolvem o fato apurado, para decidir de forma mais justa possível, até porque essa deliberação pode resultar em drásticos reflexos na carreira funcional e até na vida de um agente público.

Cumpre enfatizar que a decisão da autoridade competente (julgamento), se o agente público for reputado culpado, deve prever, concomitantemente, ao final, a aplicação da respectiva penalidade disciplinar. Elabora-se, portanto, um único ato administrativo decisório, que pode apenas acolher a manifestação do órgão de assessoramento jurídico ou técnico e aplicar a sanção disciplinar sugerida. Extrato desse ato, como nome, cargo e matrícula do agente público punido deve ser publicado no diário oficial do ente federativo ou em boletim interno da instituição ou órgão público. Somente com a publicação oficial o ato administrativo punitivo goza de existência jurídica e está apto a produzir seus efeitos.

Se a autoridade julgadora decidir pelo arquivamento ou sobrestamento do processo administrativo disciplinar, igualmente o ato deve ser publicado em diário oficial ou boletim interno. Na primeira hipótese, o órgão de pessoal deve providenciar automaticamente as anotações pertinentes na folha de assentamento funcionais do agente público, cessando todas as consequências jurídicas deriva-

---

560 Lei nº 8.112/90: "Art. 128. Na aplicação das penalidades serão consideradas a natureza e a gravidade da infração cometida, os danos que dela provierem para o serviço público, as circunstâncias agravantes ou atenuantes e os antecedentes funcionais.
Parágrafo único. O ato de imposição da penalidade mencionará sempre o fundamento legal e a causa da sanção disciplinar".

das eventualmente da deflagração do feito disciplinar. Por exemplo: o afastamento preventivo do agente público de sua atividade fim, com sua lotação em órgão de pessoal, salvo se ainda houver ordem judicial neste sentido.

7.13.1 Competência

A garantia constitucional do juiz natural (art. 5º, LIII, da CRFB/88) é aplicável ao processo administrativo disciplinar. Desse modo, é muito nítido que o ato punitivo exarado por autoridade administrativa incompetente é nulo de pleno direito, não produz efeitos válidos, devendo o vício ser reconhecido e declarado de ofício pela Administração Pública.

Assim sendo, deve o estatuto funcional estabelecer a competência para autoridade praticar o ato de imposição das penalidades disciplinares[561]. Quando houver mais de um acusado e forem sugeridas penas diversas, o processo administrativo disciplinar pode ser julgado pela autoridade competente para a imposição da pena mais grave[562]. Trata-se da aplicação na Administração Pública do princípio jurídico hermenêutico *"quem pode o mais, pode o menos"*, sendo incorreta a recíproca, conforme alerta Costa[563]. Nada obsta,

---

561 Cf. art. 141 da Lei nº 8.112/90. Importante frisar que, consoante o art. 2º do Decreto Federal nº 11.123, de 07 de julho de 2022, o Presidente da República delegou competência aos ministros de estados e ao presidente do Banco Central do Brasil para julgar processos e impor a penalidade de demissão ou cassação de aposentadoria ou disponibilidade de agentes públicos (penas máximas). De acordo com o aludido ato normativo federal, pode haver inclusive subdelegação a autoridades ocupantes de cargo de comissão de certo nível e aos dirigentes máximos singulares das autarquias e fundações, se houver unidade correcional instituída na respectiva entidade, consoante dispõe o art. 2º do referido decreto presidencial. Nos outros entes federativos, as delegações e subdelegações de competência igualmente podem ser previstas nas suas legislações específicas. Destarte, é cabível ao governador ou ao prefeito delegar competência, por meio de decreto, para prática de atos do processo disciplinar, inclusive aplicação de sanções, para seus respectivos Secretários ou congêneres.

562 Cf. § 2º do art. 167 da Lei nº 8.112/90.

563 COSTA, 1999, p. 236.

contudo, que a autoridade de menor hierarquia julgue um ou alguns dos agentes públicos processados, no âmbito de sua competência legal, e decida remeter os autos para a autoridade superior julgar apenas o acusado a quem fora alvitrada a aplicação das penas máximas (demissão ou cassação de aposentadoria – normalmente atos da competência do Presidente da República/Ministros de Estado, Governador/Secretário de Estado ou Prefeitos/Secretários).

É possível que a competência seja delegada a um órgão central. A Controladoria-Geral da União tem, por exemplo, competências próprias tanto para conduzir quanto para julgar processos disciplinares em desfavor de agentes públicos e empregados do Poder Executivo Federal, inclusive dirigentes máximos das entidades vinculadas, conforme previsto na Lei nº 13.844/2019, regulamentada pelo Decreto nº 5.480/2005.

Nessa linha, não se pode olvidar que a competência para julgamento também pode ser modificada por meio de avocação pela autoridade hierarquicamente superior, embora tal medida não seja comum no âmbito da Administração Pública. Evidente que, nesse caso, o ato avocatório, que é uma excepcionalidade, deve ser devidamente fundamentado, sob pena de nulidade[564].

Por fim, no caso de alteração do local de trabalho do acusado durante o curso da instrução, a competência para julgar e aplicar penalidades passa a ser da autoridade competente da unidade de lotação do agente público à época do julgamento, ainda que as irregularidades tenham sido cometidas fora dessa sua unidade de lotação ou antes de eventual remoção ou investidura em novo cargo.

7.13.2 Acolhimento e rejeição do relatório

A autoridade administrativa competente para julgar, após receber os autos devidamente instruído, irá proferir sua decisão, podendo acatar integralmente o relatório final da comissão disciplinar (e

---

564 Lei nº 9.784/99: "Art. 15. Será permitida, em caráter excepcional e por motivos relevantes devidamente justificados, a avocação temporária de competência atribuída a órgão hierarquicamente inferior".

a manifestação do órgão de assessoramento jurídico ou técnico, se houver), inclusive utilizando os fundamentos elencados nestas peças processuais como razões de decidir, segundo entendimento do STF[565].

O julgador também poderá discordar, integral ou parcialmente, do relatório do colegiado, caso este se apresente contrário à prova dos autos[566]. Essa discordância será total quando aquele decide inocentar o agente público acusado e arquivar o processo administrativo disciplinar, apesar de ter sido proposta a aplicação de uma punição. Será parcial, se a autoridade competente agrava ou reduz o *quantum* da pena, valendo-se de parte dos argumentos constantes do documento conclusivo da comissão.

No Estado Democrático de Direito, para que se estabeleça uma decisão administrativa no âmbito de um processo justo, é essencial ainda que a autoridade competente respeite as garantias constitucionais processuais e não exceda aos limites das questões debatidas no âmbito do processo administrativo disciplinar. Bacellar Filho[567] destaca que, no julgamento, só devem ser levados em conta "*os elementos probatórios produzidos, segundo procedimento em que as partes hajam tido oportunidade real de participar*".

Nessa toada, é essencial que o julgador observe o teor da acusação levada a efeito durante o processo, notadamente o contido na portaria e no ato de indiciamento. Proferida uma decisão *extra* ou *ultra petita*, esta será nula de pleno direito, por ofensa aos princípios constitucionais da ampla defesa, do contraditório e do devido processo legal[568].

Havendo provas de um fato ilícito não contido expressamente na imputação formulada nos autos, deve a autoridade competente

---

565 STF – RMS 24526, Rel. Min. Eros Grau, Primeira Turma, DJe 15/08/2008. BACELLAR FILHO diverge e defende que o ato decisório deve ser fundamentado pela própria autoridade julgadora integralmente em qualquer hipótese (2011, p. 293).

566 Art. 168, caput, da Lei nº 8.112/90

567 BACELLAR FILHO, 2011, p. 292.

568 MATTOS, 2010, p. 842.

PROCESSO ADMINISTRATIVO DISCIPLINAR ORDINÁRIO

determinar a abertura de novo processo disciplinar para apurá-lo, caso não esteja prescrito. Não pode haver *mutatio libelli* na fase de julgamento sem a abertura de novo prazo para especificação de provas e apresentação de defesa[569].

Outro ponto fundamental no julgamento é verificar a higidez processual e constitucional da prova coligida. Nessa linha, Mattos esclarece que incumbe à autoridade competente ao decidir o processo administrativo disciplinar atentar-se para os seguintes pressupostos: i) que ela existiu, ou seja, tenha sido produzida no decorrer da fase de instrução; ii) que ela tenha sido legalmente obtida, não devendo ser ilegítima, irregular ou ilícita; iii) que se produza e se desenvolva com observância do devido processo legal; iv) que seja obtida e submetida sob o crivo do contraditório, inclusive em caso de prova emprestada, em relação a qual devem estar presentes determinados requisitos para que tenha absoluta eficácia; v) que ela seja suficiente para elucidar os fatos apurados[570].

Cumpre reiterar que o órgão julgador administrativo, em todas as instâncias, deve valer-se do sistema da livre apreciação das provas para as decisões de mérito do processo administrativo disciplinar. Como leciona Carvalho, a persuasão da autoridade deve ser racio-

---

569 *"1. Em conformidade com a jurisprudência desta Corte, a indiciação pela comissão processante é o momento processual que especifica os fatos imputados contra o agente público e contra os quais este apresenta defesa, no processo disciplinar. 2. O art. 168, 'caput' e seu parágrafo único, da Lei nº 8.112/90, possibilita, tão somente, à autoridade pública discordar, de maneira motivada, da pena sugerida pela comissão mas, nunca, alterar a indiciação do agente público. 3. Embora a autoridade administrativa não tenha que acatar a capitulação da infração realizada pelos órgãos e agentes auxiliares, no processo disciplinar, encontra-se vinculada aos fatos apurados e indiciados pela comissão processante, durante a fase de julgamento. Precedentes. 4. Por outro lado, resta comprovado o prejuízo dos Recorrentes, com a "mutatio libelli", haja vista que a imputação do fato segundo o qual agiram no exercício de função pública é circunstância essencial para a tipicidade dos ilícitos administrativos e, consequentemente, de aplicação da pena de demissão. 5. O processo administrativo disciplinar encontra-se eivado do vício da inobservância do contraditório e da ampla defesa. 6. Recurso provido."* (STJ – Resp nº 917103/ PR, Rel. Min. Paulo Medina, 6ª Turma, Dj. de 22 mai. 2006, p. 255).

570 MATTOS, 2010, p. 840.

nal e motivada, *"de modo que haja congruência entre as conclusões adotadas como motivo para imposição da pena disciplinar, e as provas e fatos coletados nos autos, como resultado de um juízo objetivo e claro, não contraditório"*[571].

Quanto à motivação do ato decisório, sabe-se que esse é um princípio básico regedor de toda a Administração Pública. Além disso, é uma garantia fundamental para os acusados para o pleno exercício da ampla defesa, em todas as fases, bem como possibilita o posterior controle judicial da legalidade, nos termos do art. 5º, XXXV, da CRFB/88.

Inobstante, é majoritário na doutrina e jurisprudência que a autoridade competente julgadora não está obrigada a declinar novas razões decisórias, podendo integralmente acolher o teor do relatório final e dos pareceres ou manifestações subsequentes dos órgãos jurídicos ou técnicos de assessoramento[572]. Trata-se da denominada "motivação *per relationem*", que encontra fundamento legal no art. 50, § 1º, da Lei do Processo Administrativo em geral[573].

Essencial, nesse tópico, é que exista congruência lógica na fundamentação do relatório final e compatibilidade entre sua ideia e o ato decisório, sob pena de nulidade deste[574]. Por isso, incumbe ao colegiado promover minucioso cotejo dos argumentos de defesa, pois é direito do acusado *"ver seus argumentos contemplados pelo órgão*

---

571 CARVALHO, 2014, p. 870.

572 STJ – MS nº 10.470/ DF; Resp nº 585.156-RN, 6ª Turma, julgamento em 02/10/2008.

573 Lei nº 9.784/99: "Art. 50. Os atos administrativos deverão ser motivados, com indicação dos fatos e dos fundamentos jurídicos, quando:
[...]
§ 1º A motivação deve ser explícita, clara e congruente, podendo consistir em declaração de concordância com fundamentos de anteriores pareceres, informações, decisões ou propostas, que, neste caso, serão parte integrante do ato".

574 STJ – MS nº 7706/DF, Rel. Paulo Medina, 3ª Seção, julgamento em 24./03/2004.

julgador"[575], sob pena de se permitir uma punição ao agente público de maneira desmotivada e arbitrária.

Por fim, não menos importante pontuar que a autoridade julgadora só pode aplicar uma punição disciplinar, qualquer que seja sua natureza, se amparado em juízo de certeza ou, no mínimo, que a culpabilidade do agente público processado esteja demonstrada *"além de toda dúvida razoável"*[576]. Bacellar Filho[577] aduz que o princípio da presunção de inocência exerce *"o papel de horizonte interpretativo"*, de modo que o julgador, tanto nas questões de fato quanto de direito,

---

575 STF – RMS n° 24536/DF, Rel. Min. Gilmar Mendes, julgamento em 02/12/2003.

576 "Sobre o tema, Jordi Nieva Fenoll, professor catedrático da Universidade de Barcelona, preleciona que no processo penal a exigência do *standard* de prova é muito mais alto que no processo civil, pois se exige que a culpabilidade do réu esteja demonstrada "mais além de toda a dúvida razoável". Essa expressão diz ao julgador que a probabilidade de o acusado ser responsável pelos fatos deve ser valorada como muito alta para que seja declarado culpado. Assim, reconhece não ser possível se chegar praticamente nunca à completa certeza (certeza absoluta). E acrescenta, ainda, que exigir essa certeza plena provocaria um aumento irracional do número de absolvições. No Brasil, o Supremo Tribunal Federal já faz menção a tal *standard* desde o ano de 1996 (vide, por exemplo, HC 73.338/RJ, relator Min. Celso de Mello, DJ de 19/12/1996). Esta corte, também, citou-o no emblemático "caso do mensalão" (APN 470/MG, rel. Min. Joaquim Barbosa, Tribunal Pleno, Dje de 22/04/2013), ocasião em que o ministro Luiz Fux consignou, com bastante propriedade, que "o critério de que a condenação tenha que provir de uma convicção formada para 'além da dúvida do razoável' não impõe que qualquer mínima ou remota possibilidade aventada pelo acusado já impeça que se chegue a um juízo condenatório". (REIS, André Wagner Melgaço. *Uma necessária releitura do princípio "in dubio pro reo"*, publicado no suplemento Direito & Justiça do jornal *Correio Braziliense*, em 28/05/2018, e no site do jornal *Carta Forense*, em 24/7/2018, http://www.cartaforense.com.br/conteudo/artigos/uma-necessaria-releitura-do-principio-in-dubio-pro-reo/18247); BORGES DE SOUZA FILHO, A. (2022). Presunção de inocência e a doutrina da prova além da dúvida razoável na jurisdição constitucional. *Revista Brasileira de Direito Processual Penal, 8*(1), disponível em: <https://doi.org/10.22197/rbdpp.v8i1.685>, acesso em 21/09/2023; Vide, ainda, TARUFFO, Michele. *A Prova*. Tradução de João Gabriel Couto. 1. ed. São Paulo: Marcial Pons, 2014, p. 15-26.

577 BACELLAR FILHO, 2011, p. 378.

caso se depare *"com mais de uma interpretação possível em relação às circunstâncias do processo, deverá necessariamente adotar a mais favorável ao acusado, sob pena de violação da Constituição Federal".*

Para o aludido publicista, *"a presunção de inocência revela-se como um valor ínsito ao estado democrático de direito"* (art. 5º, LVII, CRFB/88), irradiando o seu conteúdo valorativo a todo o ordenamento jurídico constitucional e infraconstitucional e funcionando como *"filtro para aplicação do direito".* Por conseguinte, as questões jurídicas do processo administrativo disciplinar, inclusive a dosimetria da pena, deverão, *"em caso de dúvida, ser interpretadas em benefício do acusado"*[578].

7.13.3 Agravamento e isenção de responsabilidade do acusado

A autoridade julgadora, discordando do relatório final, motivadamente, pode agravar ou abrandar a pena sugerida, bem como inocentar o agente público acusado[579]. Evidente que, nesse caso, ao divergir do entendimento da comissão disciplinar, tem o dever de motivar, de forma clara, congruente e explícita, lastreando-se nos fatos e nas provas produzidas na fase de instrução do processo administrativo disciplinar, sob pena de nulidade do feito.

Para o STJ, o julgador, se assim entender, pode inclusive enquadrar os fatos em capitulação legal diferente daquela feita pela comissão, ainda que para aplicar penalidade mais grave e sem nova manifestação da defesa[580]. No mesmo sentido, dispõe o Enunciado nº 21/2008 da CGU[581].

---

578 BACELLAR FILHO, 2011, p. 378-379.

579 Cf. art. 168, parágrafo único, da Lei nº 8.112/90.

580 STJ – RMS 41.562, Rel. Min. ARNALDO ESTEVES LIMA, DJe 04/12/2013.

581 A autoridade julgadora poderá, motivadamente, agravar a penalidade proposta, sendo desnecessária a abertura de novo prazo para a apresentação de defesa."(Enunciado CGU nº 21, publicado no DOU de 28 de fevereiro de 2018, seção 1, p. 81).

O STJ também já decidiu que o julgador não se vincula ao relatório final e às manifestações proferidas por órgãos de assessoramento jurídico ou técnico auxiliares, desde que fundamente seu entendimento[582]. Ademais, pode, ainda, discordar da proposta de julgamento do colegiado processante e acolher apenas, integral ou parcialmente, o parecer da consultoria ou assessoria jurídica, mesmo que venha majorar a penalidade[583].

Na aplicação das sanções administrativas disciplinares a autoridade competente julgadora deve estar atenta, sobretudo, à natureza e a gravidade da infração cometida, aos danos que dela provierem para o serviço público, às circunstâncias agravantes ou atenuantes e aos antecedentes funcionais[584].

O princípio da proporcionalidade deve ser outro guia essencial do julgador durante a formulação da dosimetria da pena, não se admitindo punições desnecessárias, exageradas ou arbitrárias, nos termos do que dispõe art. 2º, *caput* e parágrafo único, VI, da Lei nº 9.784/99.

Costa[585], sobre a obrigatória incidência do referido princípio na seara administrativa disciplinar, esclarece:

> *As sanções disciplinares, como qualquer outro tipo de inflição imposta ao cidadão pelo poder público, por uma questão de moral e de justiça, devem guardar conotação de conformidade com a falta funcional que lhe deu causa. Isto é, a reprimenda infligida deve ter o mesmo peso da transgressão cometida. [...]*
>
> *Saliente-se, desde logo, que o critério da razoabilidade – conquanto se fundamente em valores éticos e morais – encontra-se, na atualidade, estruturado no nosso direito positivo, donde inferir-se que ele é dotado de ponderável carga normativa, repercutindo de modo por demais fecundo na seara do nosso direito*

---

582   STJ – MS nº 9201/DF, Rel. Min. Laurita Vaz, 3ª Seção, julgamento em 24/11/2004.

583   STJ – MS nº 7347/DF, Rel. Min. Vicente Leal, 3ª Seção, DJ, p. 260, de 25 ago. 2003.

584   Art. 128 da Lei nº 8.112/90.

585   COSTA, 2009, p. 109-110.

> *disciplinar substantivo. Por conseguinte, deve o ato disciplinar, sob pena de nulidade, observar os elementos clássicos de sua composição (competência, forma objeto, motivo e finalidade) e mais o aspecto da razoabilidade ou da proporcionalidade.*

Na jurisprudência, o STJ sempre destacou a importância dos princípios da proporcionalidade e da individualização da pena[586] no processo de dosimetria das sanções disciplinares, mormente nos casos de aplicação da pena máxima (demissão ou cassação de aposentadoria ou de disponibilidade)[587].

Inobstante, nos últimos anos, o STJ tem firmado nova orientação, no sentido de que ao Administrador Público não cabe aplicar pena de natureza menos grave quando a conduta do acusado se amolda às hipóteses legais de demissão, consoante registrado na tese 31 da publicação Jurisprudência em Teses (edição nº 154, de 21/08/2020)[588].

---

586 "[...]1. A aplicação de penalidades, ainda que na esfera administrativa, deve observar os princípios da proporcionalidade e da individualização da pena, isto é, a fixação da punição deve ater-se às circunstâncias objetivas do fato (natureza da infração e o dano que dela provir à Administração), e subjetivas do infrator (atenuantes e antecedentes funcionais). A sanção não pode, em hipótese alguma, ultrapassar em espécie ou quantidade o limite da culpabilidade do autor do fato." (STJ – RMS nº 20.665, Rel. Ministra Laurita Vaz, 5ª Turma, julgamento em novembro de 2009) .

587 1. Na aplicação de penalidade, a par da estrita observância ao princípio da proporcionalidade, ou seja, a devida correlação na qualidade e quantidade da sanção, com a grandeza da falta e o grau de responsabilidade do agente público, impõe-se à autoridade administrativa, em decorrência dos comandos insertos na Lei nº 8.112/90, máxime em se tratando de demissão, a verificação da natureza da infração, os danos para o serviço público, as circunstâncias atenuantes ou agravantes e os antecedentes funcionais do agente público.
2. De outro modo, deve a autoridade levar em conta as sugestões contidas no relatório da comissão de inquérito, salvo no caso de discrepância com o contexto probatório. Não há, entretanto, vinculação para a autoridade administrativa com as conclusões daquela peça, mas, na aplicação de outra penalidade, máxime se mais grave que a sugerida, é necessário seja a decisão fundamentada. 3. Segurança concedida." (STJ – MS nº6663/DF, Rel. Min. Fernando Gonçalves, 3ª Seção, DJ 02/10/2000).

588 "31) A Administração Pública, quando se depara com situação em que a conduta do investigado se amolda às hipóteses de demissão ou de cassação de aposentadoria, não dispõe de discricionariedade para aplicar pena me-

Vale dizer, passou-se a se conceber a aplicação da penalidade de demissão ou de cassação de aposentadoria como um *ato vinculado*, caso ocorra o enquadramento legal da conduta do acusado nos tipos administrativos com previsão destas modalidades de sanção disciplinar.

O entendimento, *permissa venia*, é questionável, porque, em verdade, termina por desconsiderar, de certa forma, a proporcionalidade, a individualização da pena e a culpabilidade do agente, que deve ser investigada, conforme o teor do próprio art. 128 da Lei nº 8.112/90. Aliás, o próprio STJ já sustentou que o art. 5º, XLVI, da CRFB/88 estende-se ao processo administrativo disciplinar, tendo inclusive defendido que "*a substituição da pena disciplinar de demissão pela de suspensão é um direito subjetivo do indiciado, desde que presentes os requisitos subjetivos exigidos na dosimetria da aplicação das penalidades*"[589].

O princípio da individualização da pena certamente não impede que um agente público mesmo sem antecedentes negativos (nenhuma sanção disciplinar anterior), contando com diversos elogios funcionais em sua folha e com longo tempo de serviço público prestado (gozando, *v.g.*, de abono permanência) possa sofrer a sanção

---

nos gravosa por se tratar de ato vinculado". (Julgados: MS 17054/DF, Rel. Ministra REGINA HELENA COSTA, PRIMEIRA SEÇÃO, julgado em 11/12/2019, DJe 13/12/2019; MS 21937/DF, Rel. Ministro NAPOLEÃO NUNES MAIA FILHO, Rel. p/ Acórdão Ministra ASSUSETE MAGALHÃES, PRIMEIRA SEÇÃO, julgado em 28/08/2019, DJe 23/10/2019; MS 19517/DF, Rel. Ministro NAPOLEÃO NUNES MAIA FILHO, Rel. p/ Acórdão Ministro HERMAN BENJAMIN, PRIMEIRA SEÇÃO, julgado em 24/04/2019, DJe 16/10/2019; AgInt no REsp 1517516/PR, Rel. Ministro BENEDITO GONÇALVES, PRIMEIRA TURMA, julgado em 17/06/2019, DJe 25/06/2019; AgInt no RMS 54617/SP, Rel. Ministro MAURO CAMPBELL MARQUES, SEGUNDA TURMA, julgado em 06/03/2018, DJe 12/03/2018; MS 20428/DF, Rel. Ministro NAPOLEÃO NUNES MAIA FILHO, Rel. p/ Acórdão Ministro SÉRGIO KUKINA, PRIMEIRA SEÇÃO, julgado em 09/08/2017, DJe 24/08/2017. (STJ – Informativo de Jurisprudência nº 526 e vide, ainda, Jurisprudência em Teses Nº 141 - TEMA 4)".

589 STJ – ROMS nº 10.316/SP, Rel. Min. Vicente Legal, Dj, 22 maio 2000.

disciplinar máxima, caso tenha perpetrado uma conduta ilícita grave, incompatível com a sua permanência no serviço público.

Contudo, é direito de todo acusado, no Estado Democrático de Direito, responder na medida de sua culpabilidade, devendo a autoridade competente, quando do julgamento, individualizar condutas e observar o princípio da proporcionalidade, bem como todas as circunstâncias objetivas e subjetivas, consoante registrado em diversas decisões do próprio STJ[590].

7.14 REEXAME DO PROCESSO ADMINISTRATIVO DISCIPLINAR

Após a elaboração do relatório final, a comissão processante remete o processo à autoridade competente para julgamento. Contudo pode ocorrer que esta entenda que o feito disciplinar não tenha sido devidamente instruído, carecendo da coleta de outras provas, necessárias para a deliberação final justa. Mesmo não havendo previsão legal, Carvalho[591] aduz que se a autoridade administrativa julgadora

---

590   [...] 5. Embora as sanções administrativas disciplinares aplicáveis ao Agente público sejam legalmente fixadas em razão da própria infração - e não entre um mínimo e máximo de pena, como ocorre na seara criminal - não está a Administração isenta da demonstração da proporcionalidade da medida (adequação entre a infração e a sanção), eis que deverá observar os parâmetros do art. 128 da Lei nº 8.112/90 (natureza e gravidade da infração, danos dela decorrentes e suportados pelo Serviço Público, circunstâncias agravantes e atenuantes e ainda os antecedentes funcionais). 6. Assim, incide em ilegalidade o ato demissório do Agente público que ostenta mais de 30 anos ininterruptos de serviço sem qualquer punição administrativa, dando-se à sua ausência ao trabalho por 42 dias (de 23/07/2007 a 03/09/2007) o valor de abandono de cargo, punível com a demissão (art. 132, II da Lei nº 8.112/90); as sanções disciplinares não se aplicam de forma discricionária ou automática, senão vinculadas às normas e sobretudo aos princípios que regem e norteiam a atividade punitiva no âmbito do Direito Administrativo Disciplinar ou Sancionador." (STJ – MS nº 13.791/DF – 2008/0192543-9. Relator: Ministro Napoleão Nunes Maia Filho, julgado em 25/04/2011). No mesmo sentido: STJ – ROMS nº 103116/SP; MS nº 7260/DF e ROMS nº 10269/BA.

591   CARVALHO, 2014, p. 804.

decidir *"que novos atos probatórios devam realizar-se para elucidar os fatos e permitir o respectivo julgamento, cumpre ser designado novo colegiado processante para ultimar os trabalhos processuais".*

O aludido publicista, em razão do dever de preservar a imparcialidade e independência dos membros da comissão processante[592], defende que o novo trio processante deverá ser integrado por novos membros, salvo se os anteriores (que instruíram o feito disciplinar) ainda não tenham subscrito juízo conclusivo, em indiciação ou relatório final, acerca da culpabilidade do acusado[593].

Bacellar Filho[594], na mesma linha, sustenta que no caso de refazimento dos atos instrutórios, inclusive por reconhecimento de nulidade insanável, a autoridade julgadora deve designar uma nova comissão, sob pena de ofensa ao princípio do juiz natural.

O STJ, contudo, tem decisão em sentido contrário, afirmando que não há se falar em impedimento da comissão de inquérito ou parcialidade dos membros do colegiado pelo fato de atuarem em processo anterior e realizarem juízo de valor a eiva de cerceamento de defesa, pois inexistiria justificativa legal para *"tamanho formalismo".* De acordo com o Tribunal da Cidadania, essa restrição não está expressamente consignada em lei e, ademais, as hipóteses de impedimento e suspeição de todos os envolvidos no processo administrativo disciplinar estão descritas nos arts. 18 a 21 da Lei nº 9.784/99 e não contemplam a hipótese em tela[595].

O voto do relator, nesse julgado, citando parecer do Ministério Público Federal, inclusive fez uma analogia ao processo penal, afirmando que, em caso semelhante, quando um tribunal anula uma sentença, o mesmo juiz que a proferiu não é considerado suspeito para refazer a instrução posteriormente:

---

592   Art. 150, caput, da Lei nº 8.112/90.

593   *Ibid.* p. 805.

594   BACELLAR FILHO, 2011, p. 432.

595   STJ – MS nº 13.986-DF (processo nº 2008/0260019-8).

> [...] *não há nenhuma irregularidade no fato de que* agentes públicos *que anteriormente tenham integrado comissão processante, cujo relatório conclusivo foi depois anulado (por cerceamento de defesa), venham a integrar uma segunda comissão processante. Ao contrário, é mesmo salutar, de vez que aqueles já conhecem, em boa medida, os fatos objetos de investigação. Aliás, não é incomum que, em processos judiciais, uma vez anulada a sentença em grau de recurso, seja a ação rejulgada no seu mérito, em primeira instância, pelo mesmo Juiz que proferiu a primeira decisão, sem que se cogite da alegação de parcialidade do Magistrado. Se nem no processo judicial se reconhece essa parcialidade – seara em que o Juiz decide, efetivamente, o mérito da ação –, muito menos em mero procedimento administrativo – onde os membros da comissão processante apenas sugerem a pena a ser aplicada.*[596]

Durante o julgamento em questão, o STJ assentou, ainda, que cumpriria ao impetrante (agente público acusado e demitido) *"demonstrar que os trabalhos foram conduzidos sem a obrigatória neutralidade"*, o que não teria ocorrido. Ou seja, invocou-se o princípio *pas de nullité sans grief* (não há nulidade sem prejuízo, que deve ser comprovado pela defesa) para decretar-se a validade do processo administrativo disciplinar.

Nessa linha, há que se seguir o devido processo legal. Caso qualquer ente da Federação disponha de legislação prevendo o *reexame do processo administrativo disciplinar* pela mesma comissão disciplinar processante do feito originário, tal regra, em tese, não se afigura inconstitucional, até porque, além da questão do relatório final ser sempre opinativo, há de se ponderar quanto à incidência, *in casu*, dos princípios constitucionais da eficiência, economia processual, economicidade e duração razoável do processo[597].

---

596 STJ – MS nº 13.986-DF (processo nº 2008/0260019-8).

597 No estado do Rio de Janeiro, por exemplo, o Decreto Estadual nº 2.479/1979, que aprova o Regulamento do Estatuto dos Agentes públicos Civis do Poder Executivo (Decreto-lei nº 220/75), prevê a hipótese: "Art. 338 – Quando a autoridade julgadora entender que os fatos não foram apurados devidamente, determinará o reexame do processo.

Com efeito, Alves[598] destaca que a autoridade julgadora, ao receber o relatório final, não está enlaçado à instrução processual coligida pela comissão disciplinar e pela defesa, tendo *"o poder de coletar a prova que desejar, independentemente de provocação dos interessados"*, podendo inclusive designar o mesmo colegiado para essa instrução complementar.

Por essas razões, a doutrina defende a possibilidade do acusado requerer a *conversão do julgamento em diligências*[599], para busca de provas imprescindíveis ao adequado esclarecimento dos fatos, visando a melhor decisão possível do processo administrativo disciplinar, o que, integralmente concordamos, pois em consonância com o princípio da segurança jurídica e à ideia de processo justo.

Evidente que a autoridade julgadora não deve admitir requerimentos protelatórios, impertinentes ou desnecessários, pois é seu dever concluir o processo em tempo razoável, conforme preconiza a própria Constituição Federal.

Seja como for, determinado o reexame do processo administrativo disciplinar e reaberta a instrução processual para complementação de provas e demais atividades pertinentes, é dever do novo colegiado processante, ao término dos trabalhos, oportunizar ao acusado novo interrogatório, formular novo indiciamento (se necessário) e, sobretudo, citar a defesa para a apresentação de nova peça escrita.

É igualmente essencial a observância do contraditório e da ampla defesa, nesse momento, cabendo à comissão, após a completa regularização do feito, apresentar novo relatório conclusivo, que pode ser apenas complementar, desde que sejam considerados e enfrentados todos os pontos abordados nas peças defensivas, mormente na última.

---

§ 1º - Na hipótese do artigo, os autos retornarão à Comissão para cumprimento das diligências expressamente determinadas e consideradas indispensáveis à decisão da autoridade julgadora.".

598 ALVES, Léo da Silva. *A prova no processo disciplinar*. Rio de Janeiro: Lumen Juris, 2003, p. 18.

599 LESSA, 2005, p. 110; COSTA, 2009, p. 336.

8 NULIDADES E MEIOS IMPUGNATIVOS

Em que pese não haver na legislação administrativa uma regulamentação dos vícios e respectivas consequências de um ato administrativo inválido, é possível extrair, da Teoria Geral do Direito e do Direito Administrativo – para aplicar ao processo disciplinar –, o raciocínio de que, assim como ocorre em relação a qualquer ato ou processo administrativo, todo ato ou conjunto de atos que forma um procedimento disciplinar pode ser objeto de um controle e, posteriormente, considerado inválido.

A nulidade, em âmbito disciplinar, é o fenômeno causado por um vício que provoca um prejuízo na apuração da verdade substancial dos fatos imputados ao agente público, que contamina a validade jurídica do ato e do respectivo processo disciplinar[600].

Importa dizer que se costuma distinguir a nulidade em dois graus (nulidade absoluta e nulidade relativa[601])[602]. Essa gradação no repúdio aos tipos de nulidades segue um sistema dicotômico presente no Direito comum de que, dependendo do tipo de interesse violado – o interesse público ou o interesse privado –, é possível invalidar um ato com a pecha da nulidade ou da anulabilidade, conforme dispõe o Código Civil, art. 166 e 171, respectivamente (art. 145 e 147 do Código de 1916). Porém nem todos os vícios que in-

---

600 COSTA, José Armando. *Teoria e Prática do Processo Administrativo Disciplinar*, 5. Ed. Brasília: Brasília Jurídica, 2005, p. 432.

601 Cf. nesse sentido da distinção realizada pelo legislador nos arts. 2º e 3º da Lei nº 4.717/65 e nos arts. 26, § 5º, 53 e 55 da Lei nº 9.784/99, por exemplo.

602 Essa importação da teoria dualista da invalidade estudada de forma mais profunda no Direito Civil para o Direito Administrativo (defendida por Celso A. Bandeira de Mello, José Cretella Júnior, Lucia Valle Figueiredo e Maria Silvia Di Pietro) acabou por fazer surgir, doutrinariamente, a teoria monista (Hely L. Meirelles, Diógenes Gasparini, Diogo de Figueiredo Moreira Neto, Sérgio Ferraz etc.), na qual um ato administrativo somente pode ser válido ou inválido (nulo).

quinam os atos processuais disciplinares podem ser caracterizados como causadores de nulidade. Por vezes, o ato poderá ser considerado inexistente ou como uma mera irregularidade.

A nulidade absoluta ocorre quando o ato disciplinar apresenta um vício insanável, que causa prejuízos notórios ao agente público acusado, sendo desnecessária sua avaliação ou demonstração, podendo ser alegado por qualquer interessado (até por quem não tenha legítimo interesse ou por parte de quem lhes tenha dado causa) ou pelo Ministério Público. Além disso, pode ser decretada de ofício pelo juiz, não sendo suscetível de confirmação, nem passível de convalescer pelo decurso do tempo (podendo ser oponíveis em qualquer fase do processo e mesmo após a sua conclusão). São vícios que agridem frontalmente a veracidade dos fatos e afrontam o direito de defesa do acusado, contaminando o processo com uma invalidade irrecuperável, devendo esse ser refeito desde o início.

Já a nulidade relativa ocorre quando o ato pode ter seus vícios sanados expressa ou tacitamente (pela não arguição no momento oportuno) e somente podem ser alvo de anulabilidade mediante provocação da(s) parte(s) interessada(s), com arguição do vício e demonstração do efetivo prejuízo causado, no momento processual oportuno.

A doutrina extrai do art. 2º da Lei nº 4.717/65 (Lei da Ação Popular) os elementos que poderiam ensejar a nulidade absoluta dos atos administrativos: a) incompetência; b) vício de forma[603]; c) ilegalidade do objeto[604]; d) inexistência dos motivos[605]; e) desvio de

---

603   O vício de forma fica caracterizado quando há omissão ou observância incompleta ou irregular de formalidades indispensáveis à existência ou seriedade do ato.

604   A ilegalidade do objeto ocorre quando o resultado do ato importa em violação de lei, regulamento ou outro ato normativo, ou quando não se mostra possível (possibilidade jurídica e material), moralmente aceito ou quando não é determinado.

605   A inexistência dos motivos se verifica quando a maté ria de fato ou direito, em que se fundamentou o ato, é materialmente inexistente ou juridicamente inadequada ao resultado obtido.

finalidade[606]. Já o art. 3º da Lei nº 4.717/65 dispõe que os atos lesivos cujos vícios não sejam os 5 anteriores (competência, forma, objeto, motivo e finalidade) serão anuláveis.

A Lei Federal nº 9.784/99, mantendo a vigência dessa teoria dualista, reconheceu a existência dos atos administrativos anuláveis, prevendo expressamente a possibilidade de convalidação dos atos administrativos que apresentarem defeitos sanáveis.

Contudo, atualmente, não é recomendável utilizar esses conceitos de modo tão estrito, uma vez que, tanto na doutrina quanto na jurisprudência, vêm se firmando entendimentos no sentido de manter-se o reconhecimento de nulidade, independentemente do tipo, somente quando, efetivamente, houver (comprovadamente) prejuízo à defesa. Com efeito, é pacífica a jurisprudência do Superior Tribunal de Justiça no sentido de que, em processo disciplinar, apenas se declara a nulidade de um ato processual ou de todo o procedimento administrativo disciplinar quando houver efetiva demonstração de prejuízo à defesa, à luz do princípio *pas de nullité sans grief*[607].

Vale frisar que a tese de que houve prejuízo à defesa não pode se limitar ao argumento genérico de que o processo administrativo disciplinar ensejou punição ao administrado, cabendo ao interessa-

---

606 O desvio de finalidade se verifica quando o agente pratica o ato visando a fim diverso daquele previsto, explícita ou implicitamente, na regra de competência, ou seja, quando não atenda ao interesse público (finalidade em sentido amplo), como ocorre quando, por meio de procedimento aparentemente legal e legítimo, se busca privilegiar ou prejudicar interesses de grupo ou de pessoa determinada (por exemplo, quando se remove agente público com fito punitivo).

607 Cf. STJ, AgInt no MS nº 22.629/DF, relatora Ministra REGINA HELENA COSTA, Primeira Seção, julgado em 16/11/2021, DJe de 19/11/2021. No mesmo sentido: STJ, AgInt nos EDcl no MS 25.242/DF, Rel. Ministra REGINA HELENA COSTA, Primeira Seção, DJe de 27/10/2022; MS 22.608/DF, Rel. Ministro SÉRGIO KUKINA, Primeira Seção, DJe de 07/10/2022; AgInt no RMS 57.838/RS, Rel. Ministro FRANCISCO FALCÃO, Segunda Turma, DJe de 15/06/2022; RMS 46.292/RJ, Rel. Ministro HUMBERTO MARTINS, Segunda Turma, DJe de 08/06/2016; MS nº 23.684/MT, relator Ministro SÉRGIO KUKINA, Primeira Seção, julgado em 10/05/2023, DJe de 15/05/2023.

do demonstrar em que medida o (suposto) vício formal contribuiu para que se chegasse a esse resultado desfavorável[608].

Então, compete à parte interessada arguir a nulidade do processo disciplinar na primeira oportunidade em que lhe couber manifestação nos autos, bem como deve demonstrar o prejuízo eventualmente suportado. Com efeito, o Superior Tribunal de Justiça, em diversas oportunidades, tem exarado a compreensão de que a suscitação tardia da nulidade, somente após a ciência de resultado de mérito desfavorável e quando óbvio o conhecimento do referido vício muito anteriormente à arguição, configura a *"chamada nulidade de algibeira, manobra processual que não se coaduna com a boa-fé processual e que é rechaçada pelo Superior Tribunal de Justiça, inclusive nas hipóteses de nulidade absoluta"*[609].

A nulidade não se confunde com a mera irregularidade. Basicamente, consideram-se meras irregularidades aqueles vícios formais sem qualquer relevância e que não geram invalidade porque não têm o condão de causar prejuízo em abstrato nem trazem qualquer consequência para o processo e, portanto, não constituem motivos para anulação do processo. O Código de Processo Penal, no art. 564, IV, dispõe que o ato irregular não é invalidado porque a formalidade desatendida não era essencial a ele. É o caso, por exemplo, de um despacho de juntada de um tipo de documento quando foi juntado outro; ou tomada de providências que tenham sido deliberadas pela comissão processante, mas que não constem da respectiva ata; ou, ainda, desrespeito às exigências de numeração e rubrica das folhas dos autos (art. 207 do CPC); ou a troca da denominação de uma peça processual; ou, ainda, o excesso de prazo para a conclusão do processo[610]; ou a ausência de encaminhamento ao Ministério Público e ao Tribunal de Contas; ou atas iniciais de procedimentos

---

608 Cf. STJ, AgInt no MS nº 23.865/RJ, relator Ministro GURGEL DE FARIA, Primeira Seção, julgado em 15/02/2022, DJe de 21/02/2022.

609 Cf. STJ, REsp 1.714.163/SP, rel. Min. NANCY ANDRIGHI, TERCEIRA TURMA, DJe 26/09/2019.

610 Nesse sentido, o art. 169, § 1º, da Lei nº 8.112/90 dispõe: *"O julgamento fora do prazo legal não implica nulidade do processo"*.

disciplinares em razão da utilização de instrumentos tecnológicos e da assinatura, pelos membros da comissão, após o horário de expediente[611]. Evidentemente, é possível que uma repetição abusiva de irregularidades pode acabar provocando uma nulidade do processo, caso seja possível comprovar um prejuízo.

A inexistência é o não ser[612]. Consideram-se atos inexistentes aqueles que não têm sujeitos, objeto ou forma. Se houver os três, o ato é existente, embora possa vir a ser inválido. Na esfera do Direito Administrativo Disciplinar, os elementos mínimos para a existência da relação jurídico-processual de natureza disciplinar é formada, de um lado, no polo ativo, pela Administração e de outro lado, no polo passivo, pelo interessado (no singular ou no plural), conduzido em um processo de cunho disciplinar por uma comissão processante para apuração de fatos infracionais[613]. Para evitar o inconveniente perigoso de um ato inexistente permanecer ostentando aparência de válido, é preciso seguir a mesma técnica operativa da declaração de invalidade.

Importa salientar que é possível ocorrer a invalidação de um ato administrativo específico ou de todo um conjunto de atos que compõe um procedimento administrativo ou, ainda, de todo o processo administrativo disciplinar, incluindo a decisão final que aplica

---

611   Cf. STJ, MS nº 25.889/DF, relator Ministro SÉRGIO KUKINA, Primeira Seção, julgado em 09/08/2023, DJe de 15/08/2023.

612   Nestes termos, Cf. MOREIRA NETO, Diogo de Figueiredo. *Curso de Direito Administrativo*, 16. Ed., Rio de Janeiro, Forense, 2014, p. 221.

613   Esses elementos podem ser extraídos dos arts. 143, *caput*, 148 e 149, *caput*, da Lei nº 8.112/90, que estabelecem: *Art. 143. A autoridade que tiver ciência de irregularidade no serviço público é obrigada a promover a sua apuração imediata, mediante sindicância ou processo administrativo disciplinar, assegurada ao acusado ampla defesa. Art. 148. O processo disciplinar é o instrumento destinado a apurar responsabilidade de* agente público *por infração praticada no exercício de suas atribuições, ou que tenha relação com as atribuições do cargo em que se encontre investido. Art. 149. O processo disciplinar será conduzido por comissão composta de três* agentes públicos *estáveis designados pela autoridade competente, observado o disposto no § 3º do art. 143, que indicará, dentre eles, o seu presidente, que deverá ser ocupante de cargo efetivo superior ou de mesmo nível, ou ter nível de escolaridade igual ou superior ao do indiciado.*

a sanção. Normalmente, quando um ato é anulado, isso acarreta automaticamente a anulação dos atos subsequentes que dele dependam. Mas é possível também ocorrer apenas a invalidação de um ato, sem que isso induza a invalidação do processo administrativo disciplinar. Nesse caso, importante registrar que a anulação parcial de um processo disciplinar não implica a renovação de todos os atos posteriores, mas apenas daqueles alcançados pelo vício[614]. Por exemplo, quando o ato de instauração do processo disciplinar é firmado por autoridade incompetente, todos os atos que decorreram dele são suscetíveis de igual nulidade.

Nesse ponto, é digno de nota que, instaurado o competente processo administrativo disciplinar, fica superado o exame de eventuais irregularidades ocorridas durante a sindicância[615].

Tal como o controle pode ser administrativo ou judicial, a nulidade pode ser reconhecida em âmbito administrativo ou em âmbito judicial. Por essa razão, várias medidas impugnativas administrativos e/ou judiciais podem ser adotadas para invalidar os atos praticados no bojo de um processo disciplinar.

A Administração Pública pode invalidar (anular) diretamente um ou mais atos administrativos com base no seu poder de autotutela, de acordo com entendimento já consagrado pelo Supremo Tribunal Federal[616].

---

614 Cf. STJ, AgInt no MS n° 22.629/DF, relatora Ministra Regina Helena Costa, Primeira Seção, julgado em 16/11/2021, DJe de 19/11/2021.

615 Cf. STJ, RMS n° 37.871/SC, relator Ministro HERMAN BENJAMIN, Segunda Turma, julgado em 07/03/2013, DJe de 20/03/2013; MS 9.668/DF, Rel. Ministra LAURITA VAZ, Terceira Seção, DJe 01/02/2010; AgRg no REsp 982.984/DF, Rel. Ministro MARCO AURÉLIO BELLIZZE, Quinta Turma, DJe 21/09/2012 e RMS 12.827/MG, Rel. Ministro HAMILTON CARVALHIDO, Sexta Turma, DJ 02/02/2004.

616 Cf. Súmula 346: *"A Administração Pública pode anular seus próprios atos"*; Súmula 473: *"A Administração pode anular seus próprios atos, quando eivados de vícios que os tornem ilegais, porque deles não se originam direitos, ou revogá-los, por motivo de conveniência ou oportunidade, respeitados os direitos adquiridos e ressalvada, em todos os casos, a apreciação judicial".*

Então, configurado, na condução de um processo disciplinar, um vício insanável que caracterize nulidade, a autoridade instauradora (ou outra de hierarquia superior) deve declarar a nulidade total ou parcial do feito e constituir outro trio (com os mesmos integrantes ou não) para refazer o processo a partir dos atos declarados nulos[617]. A declaração de nulidade não obsta o dever de apurar, por meio da designação de nova comissão[618]. E, vale frisar, é possível, no bojo do novo processo administrativo disciplinar, o aproveitamento das provas produzidas em processo administrativo disciplinar anterior e que foi declarado nulo, desde que assegurado o contraditório e a ampla defesa e que o vício que ensejou a nulidade do processo administrativo disciplinar primitivo não recaia sobre a prova que ora se pretende aproveitar[619].

A invalidação também pode ser feita pelo Poder Judiciário, mas depende da provocação de um interessado, que pode utilizar tanto as ações ordinárias quanto os remédios constitucionais de controle da administração (mandado de segurança, ação popular etc.).

Consoante jurisprudência do Superior Tribunal de Justiça (STJ), no âmbito do controle jurisdicional do processo disciplinar, cabe ao Poder Judiciário apreciar apenas a regularidade do procedimento, mediante o exame da conformidade dos atos administrativos processuais ao ordenamento de regência, no âmbito do qual se situa, e se limita, o ato apontado como coator, em especial à luz dos princípios da legalidade, do contraditório, da ampla defesa e do devido processo legal[620]. O controle de legalidade exercido pelo

---

617 Cf., STJ, AgInt no RMS 60.890/MG, Rel. Ministro FRANCISCO FALCÃO, SEGUNDA TURMA, DJe de 19/04/2021.

618 Nesse sentido, em âmbito federal, o art. 169 da Lei nº 8.112/90.

619 Cf. AgRg no MS 13.242/DF, Rel. Ministro NAPOLEÃO NUNES MAIA FILHO, Terceira Seção do STJ, julgado em 27/02/2008, DJe 26/08/2008.

620 Cf. STJ, MS 20.908/DF, Rel. Ministro HERMAN BENJAMIN, PRIMEIRA SEÇÃO, DJe de 06/10/2017; AgInt no MS 22.629/DF, Rel. Ministra REGINA HELENA COSTA, Primeira Seção, DJe 19/11/2021; MS 16.611/DF, Rel. Ministro MAURO CAMPBELL MARQUES, Primeira Seção, DJe 05/02/2020; MS nº 21.721/DF, Rel. Ministro SÉRGIO KUKINA, Primeira Seção, DJe de 18/11/2022.

Poder Judiciário sobre os atos administrativos diz respeito ao seu amplo aspecto de obediência aos postulados formais e materiais presentes na Carta Magna. Deve o Poder Judiciário examinar a razoabilidade e a proporcionalidade do ato, bem como a observância dos princípios da dignidade da pessoa humana, culpabilidade e da individualização da sanção.

Há, por um lado, o argumento de que não é possível ao Poder Judiciário adentrar no mérito administrativo[621], ou seja, não se permitiria discutir a justiça da decisão, ou aferir o grau de conveniência e oportunidade, a fim de reexaminar todo o processo administrativo disciplinar, para sindicar condutas do agente público implicado ou aferir se este exerceu atividade incompatível com a sua condição de agente público e, então, adotar conclusão diversa daquela a que chegou a autoridade competente[622]. Assim, inclusive impede-se a análise e valoração das provas constantes no processo disciplinar[623], bem como um juízo sobre a razoabilidade e proporcionalidade quando se tratar de aplicação da pena de demissão[624]. Entende-se que, se a avaliação da gravidade da infração efetuada em sede de processo ad-

---

621 Cf., STJ, MS n° 21.985/DF, Rel. Ministro BENEDITO GONÇALVES, Primeira Seção, julgado em 10/05/2017, DJe 19/05/2017 e MS n° 20.922/DF, Rel. Ministro BENEDITO GONÇALVES, Primeira Seção, julgado em 08/02/2017, DJe 14/02/2017.

622 Cf. AgInt no REsp n° 1.721.801/CE, relator Ministro Francisco Falcão, Segunda Turma, julgado em 24/04/2023, DJe de 26/04/2023.

623 Cf. STJ, AgInt no REsp n° 2.048.922/DF, relatora Ministra REGINA HELENA COSTA, Primeira Turma, julgado em 04/09/2023, DJe de 08/09/2023; MS 16.121/DF, 1ª S., Rel. Min. MAURO CAMPBELL MARQUES, DJe 06/04/2016; AgInt no MS n° 22.629/DF, relatora Ministra REGINA HELENA COSTA, Primeira Seção, julgado em 16/11/2021, DJe de 19/11/2021.

624 Cf. STJ, AgInt no RMS 67.473/BA, Rel. Ministro BENEDITO GONÇALVES, PRIMEIRA TURMA, DJe de 15/06/2022). Na mesma direção: STJ, RMS 38.901/MA, Rel. Ministro OG FERNANDES, SEGUNDA TURMA, DJe de 05/02/2016; AgRg no RMS 47.711/BA, Rel. Ministro MAURO CAMPBELL MARQUES, SEGUNDA TURMA, DJe 18/08/2015; AgInt no MS 26.447/DF, Rel. Ministro FRANCISCO FALCÃO, PRIMEIRA SEÇÃO, DJe de 22/09/2022.

ministrativo disciplinar não ultrapassar a esfera do proporcional e do razoável, a punição não se sujeita à revisão judicial[625].

Porém, ao entender que o Poder Judiciário pode fazer o controle de todos os princípios e regras previstos na CRFB/88 e que, por força dessas normas constitucionais, aplicáveis ao regime jurídico disciplinar, não haveria um juízo de discricionariedade no ato administrativo de impor uma sanção ao agente público em razão de infração disciplinar. Nessa linha, há também o entendimento de que o Poder Judiciário pode e deve sindicar amplamente o ato administrativo que aplica a sanção de demissão a agente público, para (i) verificar a efetiva ocorrência dos ilícitos imputados ao agente; (ii) apurar as suas consequências lesivas à Administração, caso se comprove a sua prática; e (iii) mensurar a adequação da reprimenda à gravidade da infração disciplinar, de modo que a sanção não fique aquém do recomendável pela gravidade do ato nem vá além do necessário ou razoável para reprimir o comportamento do agente[626].

Prevalece, na hipótese em epígrafe, a presunção de legitimidade do ato administrativo, inclusive com relação à conclusão sobre a não consumação do prazo prescricional e no que diz respeito à demissão efetuada com fulcro em lastro conjunto probatório. Com efeito, *in casu* foram respeitadas as formalidades legais e atendido o princípio da ampla defesa, motivo pelo qual se revela privativa da autoridade administrativa a avaliação relativa à caracterização da infração disciplinar e à conformidade da pena aplicada com as circunstâncias da conduta praticada pelo agente público.

Por fim, não se deve descurar que o controle jurisdicional do processo administrativo disciplinar diz respeito tão somente ao exame da regularidade do procedimento, levando-se em conta os princípios do contraditório, da ampla defesa e do devido

---

625 Cf. MS nº 21.773/DF, relator Ministro BENEDITO GONÇALVES, Primeira Seção, julgado em 23/10/2019, DJe de 28/10/2019.

626 Cf, nesse sentido, STJ, MS nº 21.138/DF, relator Ministro NAPOLEÃO NUNES MAIA FILHO, Primeira Seção, julgado em 27/05/2015, DJe de 13/10/2015. Nesse julgado, o STF anulou a decisão proferida no sentido de demissão por considerá-la desproporcional e desarrazoada.

processo legal, o que não autoriza, portanto, nenhuma imersão no mérito administrativo[627].

8.1 CAUSAS DE NULIDADE

É possível arrolar alguns exemplos de vícios que acarretam nulidade. Não há, ainda, no cenário nacional, uma profunda teoria sobre as nulidades administrativo-processuais no Direito Administrativo Disciplinar contemporâneo. Cria-se, com isso, um cenário de incerteza jurídica e de falta de estabilidade sistêmica, permitindo-se amiúde uma enorme judicialização do processo administrativo disciplinar, sob o amparo de alegações de ilegalidades processuais que teriam sido produzidas pela Administração Pública.

Ora, o Direito Administrativo Disciplinar tem como elementos tradicionais de existência e validade dos atos praticados no âmbito do processo disciplinar (competência, finalidade, forma, motivo e objeto), mas também motivação e publicidade.

Em que pese advogar-se a distinção entre nulidades absolutas e nulidades relativas, exige-se, sempre, a comprovação de prejuízo para que o ato disciplinar viciado seja invalidado, que não tenham sido relevantes para apuração da verdade substancial e que não tenham contribuído definitivamente para o julgamento. Ademais, as nulidades não podem ser declaradas a favor de quem lhe deu causa. Afirma-se, ainda, que, caso não tenham sido arguidas em momento oportuno, os vícios poderão ser considerados sanados.

8.1.1 Vício relacionado à competência

Os vícios relacionados à competência podem se referir à autoridade instauradora, à comissão processante ou à autoridade jul-

---

627 Em reforço a essa diretriz, citam-se os seguintes julgados, representativos do entendimento consolidado no STJ: MS 16.121/DF, Primeira Seção, Rel. Min. Mauro Campbell Marques, DJe 06/04/2016; MS 17.479/DF, Primeira Seção, Rel. Min. Herman Benjamin, DJe 05/06/2013; MS 22.828/DF, Primeira Seção, Rel. Min. Gurgel de Faria, DJe 21/09/2017.

gadora. A incompetência fica caracterizada quando o ato não se incluir nas atribuições legais e regulamentares do agente que o praticou, seja por ausência, invasão, usurpação, prorrogação ou antecipação de atribuições, bem como excesso de poder e exercício de função de fato.

Vale apenas destacar que não há vício de competência quando a autoridade julgadora aprova um parecer jurídico o adotando como razões de decidir naquele processo administrativo disciplinar. Nesse caso, a motivação do seu ato decisório se encontra no relatório final e/ou na peça opinativa[628].

8.1.2 Vício relacionado à forma

O vício de forma consiste na omissão ou na má observância do requisito essencial de exteriorização do ato previsto em lei. Há que se distinguir a forma essencial, que pode gerar nulidade, da forma complementar, que pode resultar em mera irregularidade[629]. De forma geral, o processo administrativo não exige uma formalidade excessiva, senão quando a lei assim exigir[630].

A legislação disciplinar, em geral, não costuma dispor sobre a forma necessária para a validade de um ato disciplinar. Porém existem situações específicas em que a forma é expressamente previs-

---

628   Cf. art. 50, § 1º, da Lei nº 9.784/99.

629   Cf. Diogo de Figueiredo. MOREIRA NETO, *Curso de Direito Administrativo*, 16. Ed., Rio de Janeiro, Forense, 2014, p. 225.

630   A Lei nº 9.784, de 29 de janeiro de 1999, regula o processo administrativo no âmbito da Administração Pública Federal. Em seu artigo 22, encontramos a previsão do informalismo moderado, *in verbis: Art. 22. Os atos do processo administrativo não dependem de forma determinada senão quando a lei expressamente a exigir*. De igual modo, a Lei nº 5.427, de 01 de abril de 2009, que estabelece normas sobre atos e processos administrativos no âmbito do estado do Rio de Janeiro, prevê o informalismo nestes termos: *Art. 19 - atos do processo administrativo não dependem de forma determinada senão quando a lei expressamente a exigir.*

ta[631], além de vícios de forma que são passíveis de serem extraídos da legislação: ausência de documento escrito, falta de publicidade do ato punitivo etc.

Importa dizer, nesse ponto, que, assim como no processo penal, inquestionável que *forma é garantia*[632] no âmbito do Direito Administrativo Disciplinar, que não pode ser excepcionada por conveniência para a Administração. Formas processuais são garantias do agente público investigado ou processado e, ao mesmo tempo, limite de poder ao Estado[633]. Preceitos constitucionais básicos, tais como o do devido processo legal, a ampla defesa e o contraditório não podem mais ser vistos como mera formalidade. A aplicação direta e imediata dessas garantias nos procedimentos administrativos decorre do próprio Texto Magno (art. 5°, LIV e LV, e § 1° da CRFB/88) e da consagração do Estado Democrático de Direito[634].

Então, o *princípio do informalismo moderado* ou *princípio do formalismo moderado* implica a dispensa de formas rígidas no processo administrativo, observando apenas os atos indispensáveis à certeza e a segurança dos atos praticados, bem como as formas expressas e exigidas nas leis próprias, relativamente aos direitos dos administrados.

Nessa linha, os atos do processo administrativo disciplinar devem ser ordenados, seguindo uma sequência lógica do rito do procedimento prevista em lei. No entanto, deve-se evitar uma formalidade

---

631 Por exemplo, o art. 140 da Lei n° 8.112/90 dispõe que *"o ato de imposição da penalidade mencionará sempre o fundamento legal e a causa da sanção disciplinar".*

632 LOPES JR., 2016, p. 953-959.

633 BINDER, Alberto B. *El incumplimento de las formas procesales.* Buenos Aires, Ad-hoc, 2000, p. 56.

634 Cf., sobre o tema, OTERO, Paulo. *Manual de Direito Administrativo.* Coimbra, Almedina, 2013, v. 1, p. 285-286: *"O Estado de direito democrático (...) permite observar que as entidades públicas se encontram vinculadas a conferir aplicabilidade direta às normas referentes a certos direitos fundamentais, estando a Administração Pública sujeita a controlo político parlamentar e ao controlo jurídico dos tribunais".*

excessiva, de modo que tais atos devem ser adaptados à observância do princípio da ampla defesa e do contraditório. Então, não pode a comissão processante ou a autoridade sindicante atuar de forma aleatória.

Hodiernamente, a Administração vem se valendo cada vez mais do princípio do informalismo moderado no que se refere à instrução dos processos administrativo, haja vista a utilização em ampla escala das ferramentas tecnológicas que permitiram a informatização e a virtualização dos processos, visando maior celeridade, eficiência e economia.

Além disso, a Administração não pode desprezar os direitos dos administrados, principalmente aqueles assegurados constitucionalmente como o direito à ampla defesa e ao contraditório, mediante o devido processo legal. Portanto não há mais espaço para aplicação de qualquer sanção por meio de procedimento inquisitorial, independentemente da forma com que os atos são praticados.

8.1.3 Vício relacionado à finalidade

A atividade administrativa está condicionada à prossecução de resultados de interesse público. Quando o agente busca prosseguir outro interesse que não o público, visando uma finalidade diferente daquela, pratica desvio de poder ou desvio de finalidade[635].

O objetivo do regime disciplinar é não só promover a disciplina entre os agentes públicos, mas também a regularidade e eficiência das atividades administrativas. Por exemplo, ocorre um vício relacionado à finalidade quando, de forma flagrante, as punições buscam acobertar sentimentos pessoais de vingança e perseguição, sendo possível identificar tal vício quando ocorrer: falta de proporcionalidade entre o fato e a sanção imposta; discrepância da punição imposta com outras punições, pelas mesmas razões, aplicadas anteriormente; inobservância de norma interna; e injustiça manifesta.

---

635 MOREIRA NETO, Diogo de Figueiredo. *Curso de Direito Administrativo*, 16. Ed., Rio de Janeiro, Forense, 2014, p. 224.

8.1.4 Vício relacionado ao objeto

Cada ato disciplinar tem um objeto, que precisa ser possível e lícito. Todavia é necessário distinguir o objeto vinculado (cujos efeitos são fixados pela lei) e o objeto discricionário (cujos efeitos poderão ser eleitos pela Administração entre os vários possíveis – embora dentro dos limites estipulados pelo legislador[636]). Por exemplo, o objeto da decisão que aplica a sanção deve ser uma pena entre as várias previstas na Lei[637].

8.1.5 Vício relacionado ao motivo

O motivo é a causa que move a Administração. Quando a Administração está estritamente vinculada aos fundamentos necessários para agir e em face de que circunstâncias deverá ou poderá agir, trata-se de motivação vinculada. Porém, quando a lei abre à Administração a avaliação da oportunidade e da conveniência de agir, tem-se o motivo discricionário[638]. São vícios relacionados ao motivo presentes no componente fático: motivo falso, insuficiente ou inadequado; inexistência de fato; existência de fato, mas de autoria absolutamente incomprovada; e existência de fato, mas cometido por outrem. Já os vícios localizados no componente hipotético: ausência de hipótese legal; e hipótese legal distanciada do fato.

Não se confunde vício relacionado ao motivo com vício relacionado à motivação, que pode gerar nulidade quando excessiva relevadora de insegurança da autoridade que pune; motivação ini-

---

636 MOREIRA NETO, 2014, p. 226.

637 A jurisprudência do STJ tem-se orientado no sentido de afastar a eventual ofensa aos princípios da razoabilidade e da proporcionalidade, quando a pena de demissão do serviço público for a única punição prevista em lei pela prática das infrações disciplinares praticadas pelo agente público (STJ, MS 15.832/DF, Rel. Ministro ARNALDO ESTEVES LIMA, PRIMEIRA SEÇÃO, DJe de 01/08/2012; MS 17.868/DF, Rel. Ministro SÉRGIO KUKINA, PRIMEIRA SEÇÃO, DJe de 23/03/2017; MS 20.052/DF, Rel. Ministro GURGEL DE FARIA, PRIMEIRA SEÇÃO, DJe de 10/10/2016).

638 MOREIRA NETO, 2014, p. 225.

dônea ou insuficiente; motivação contraditória ou com manifesta falta de lógica.

8.1.6 Vício relacionado à motivação

O *princípio da motivação* consiste na garantia de que a vontade da Administração, materializada por meio dos seus atos, atenderá ao interesse público, mormente quando implique restrições a direitos dos cidadãos, cujos motivos devem ser explicitados.

Considera-se motivado o ato administrativo quando nele se encontra exposto o motivo e mais ainda quando a Administração demonstra o supedâneo legal que embasou o ato[639].

Ademais, a obrigatoriedade da motivação do ato administrativo reforça a legalidade da atividade administrativa e serve como obstá-

---

639 Na Lei n° 9.784/99, o princípio da motivação encontra-se expresso no artigo 50, *litteris*: Art. 50. Os atos administrativos deverão ser motivados, com indicação dos fatos e dos fundamentos jurídicos, quando: I - neguem, limitem ou afetem direitos ou interesses; II - imponham ou agravem deveres, encargos ou sanções; III - decidam processos administrativos de concurso ou seleção pública; IV - dispensem ou declarem a inexigibilidade de processo licitatório; V - decidam recursos administrativos; VI - decorram de reexame de ofício; VII - deixem de aplicar jurisprudência firmada sobre a questão ou discrepem de pareceres, laudos, propostas e relatórios oficiais; VIII - importem anulação, revogação, suspensão ou convalidação de ato administrativo. Na Lei de Introdução às Normas do Direito Brasileiro, a exigência de motivação do ato administrativo encontra-se estampada no 20, parágrafo único, nestes termos: Art. 20. Nas esferas administrativa, controladora e judicial, não se decidirá com base em valores jurídicos abstratos sem que sejam consideradas as consequências práticas da decisão. (Incluído pela Lei n° 13.655, de 2018) Parágrafo único. A motivação demonstrará a necessidade e a adequação da medida imposta ou da invalidação de ato, contrato, ajuste, processo ou norma administrativa, inclusive em face das possíveis alternativas. Na Lei Estadual/RJ n° 5.427/09, que regula o processo administrativo no âmbito do estado do Rio de Janeiro incluiu a observância do princípio da motivação no seu artigo 2°, nestes exatos termos (sem grifo no original): Art. 2° O processo administrativo obedecerá, dentre outros, aos princípios da transparência, legalidade, finalidade, motivação, razoabilidade, proporcionalidade, moralidade, ampla defesa, contraditório, segurança jurídica, impessoalidade, eficiência, celeridade, oficialidade, publicidade, participação, proteção da confiança legítima e interesse público.

culo para a violação dos princípios da isonomia e da impessoalidade, uma vez que impõe à autoridade administrativa a demonstração de que os interesses públicos e privados envolvidos na expedição deste ato jurídico foram devidamente observados. Daí a importância de estender o estudo à *congruência* dos atos decisórios[640].

Na esfera judicial, o *princípio da congruência ou adstrição* refere-se à necessidade do magistrado decidir a lide dentro dos limites objetivados pelas partes, não podendo proferir sentença de forma extra, *ultra ou infra petita*.

De modo análogo, na esfera administrativa disciplinar, a Administração deve se ater ao fato que motivou a deflagração do processo administrativo, não podendo extrapolar o raio predeterminado da apuração, vinculando o ato decisório ao que se encontra descrito na peça inicial (portaria inicial).

Em se tratando de processo administrativo disciplinar, é cabível rememorar que o relatório elaborado pela comissão processante ou pela autoridade sindicante tem o caráter opinativo, a fim de subsidiar a decisão da autoridade competente, seja no sentido de arquivar o processo ou de aplicar sanção administrativa.

Então, um vício constantemente verificado é a grave deficiência ao motivar-se os atos praticados no processo disciplinar de forma explícita, clara e congruente, sobretudo para não incorrer em cerceamento do direito de defesa[641]. A falta de motivação pode consistir na omissão das razões da prática dos atos ou até do convencimento necessário para prolação de relatório final e decisão; em presunções ilógicas ou irrazoáveis (sem relação "entre o fato provado e o presumido") em desfavor do agente público processado; em erro lógico-jurídico, de modo que as premissas de que se extraiu a decisão

---

640 Dispõe o parágrafo 1° do artigo 50 da Lei n° 9.784/99: § 1º A motivação deve ser explícita, clara e congruente, podendo consistir em declaração de concordância com fundamentos de anteriores pareceres, informações, decisões ou propostas, que, neste caso, serão parte integrante do ato.

641 Trata-se de uma exigência prevista nos arts. 2°, 38, § 1°, e 50, II, e § 1°, da Lei n° 9.784/99, e indireta aos arts. 1° (Estado Democrático de Direito) e 5°, LIV e LV, ambos da CRFB/88.

possam ser consideradas carentes de motivação intrínseca; ou, ainda, na omissão de fato decisivo para a autoridade julgadora, acarretando carência de motivação extrínseca.

Em suma, o pressuposto essencial da motivação do julgamento é o cotejo minucioso das alegações de defesa, impedindo que a autoridade processante ou julgadora ignore as razões do acusado, suas justificativas para as irregularidades efetivamente comprovadas.

Dito isso, é importante trazer à colação o teor da tese publicada pelo Superior Tribunal de Justiça, na edição 5 (Processo Administrativo Disciplinar II), nos termos seguintes:

> *Jurisprudência em Teses STJ- edição 5 - Tese 1 - É possível haver discrepância entre a penalidade sugerida pela comissão disciplinar e a aplicada pela autoridade julgadora desde que a conclusão lançada no relatório final não guarde sintonia com as provas dos autos e a sanção imposta esteja devidamente motivada.*

Do enunciado acima, extrai-se que, diante da incongruência apresentada no relatório elaborado pela comissão processante, a autoridade competente para aplicação da sanção, deverá embasar a sua decisão com base nas provas colhidas nos autos, mesmo que contrário à sugestão do trio processante.

Em relação ao processo disciplinar, alguns atos instrutórios revestem-se de menor complexidade no que se refere à motivação (por exemplo: realização de depoimentos, interrogatórios, bem como atos de ofício do trio processante). Outros, porém, exigem maior formalidade, relativamente à motivação e à congruência, como é o caso do termo de ultimação, indiciamento e citação, por meio do qual a comissão imputa ao agente público uma ou mais transgressões disciplinares, passando-o para a condição de indiciado.

De todo o exposto, conclui-se que a ausência de motivação do ato administrativo poderá ensejar a sua nulidade, por tratar-se de requisito essencial para o próprio exercício do direito de defesa e do contraditório, direitos líquidos e certos violados pela Administração.

8.1.7 Vício relacionado à publicidade

Importante ressaltar que a publicidade (art. 37, *caput*, CRFB/88) é essencial para a formação válida do ato punitivo da Administração Pública. Desse modo, a decisão administrativa que veicula uma punição disciplinar só gera efeitos jurídicos a partir da data de sua publicação em diário oficial. Não basta a publicação apenas em boletim interno do órgão público ou de certa instituição oficial da Administração Direta ou Indireta. A publicação em diário oficial é condição de eficácia do ato punitivo do processo administrativo disciplinar, porque somente a partir dela é possível o exercício pleno da ampla defesa (art. 5º, LV, CRFB/88), com a possibilidade de ingresso do recurso pertinente.

Nem a ciência pessoal pelo agente público punido ou pelo seu defensor, por cota ou certidão nos autos, do teor do ato punitivo tem o condão de suprir a exigência de publicação, no que respeita à eficácia da penalidade, de maneira que, antes da devida divulgação no *diário oficial*, nenhum efeito jurídico poderá advir do ato administrativo punitivo.

8.1.8 Vício relacionado aos princípios da proporcionalidade e da razoabilidade

Entende-se possível na análise da juridicidade do processo disciplinar o exame de observância de princípios, como o da proporcionalidade e o da razoabilidade, principalmente em relação à penalidade imposta ao agente público processado, porquanto tal análise se encontra relacionada com a própria legalidade do ato administrativo[642]. Então, pode haver um vício por violação do princípio

---

642   Cf., STJ, RMS 36.325/ES, Rel. Ministro HERMAN BENJAMIN, Segunda Turma do STJ, julgado em 22/10/2013, DJe 05/12/2013; MS 14.253/DF, Rel. Ministro JORGE MUSSI, Terceira Seção do STJ, julgado em 25/05/2011, DJe 23/09/2011; MS 14.253/DF, Rel. Ministro JORGE MUSSI, Terceira Seção do STJ, julgado em 25/05/2011, DJe 23/09/2011.

NULIDADES E MEIOS IMPUGNATIVOS

da proporcionalidade e do princípio da razoabilidade na aplicação da sanção considerando a conduta praticada[643].

8.1.9 Vício relacionado aos princípios do devido processo legal, do contraditório e da ampla defesa

Pode ocorrer a violação do devido processo legal, do contraditório e da ampla defesa em razão de, por exemplo: (i) o acusado não ter tido a oportunidade de apresentar defesa em relação a todos os fatos que levaram à decisão sancionatória; (ii) indeferimento não fundamentado ou indevidamente fundamentado sobre a produção de prova; ou (iii) não participação do acusado na produção das provas. Todos constituem vícios que podem acarretar a anulação processual.

Segundo entendimento do STJ[644], contudo, inexiste nulidade do processo administrativo disciplinar pela suposta inobservância do direito à não autoincriminação, quando a testemunha, até então

---

643   Cf. STJ, MS nº 19.451/DF, relator Ministro NAPOLEÃO NUNES MAIA FILHO, Primeira Seção, julgado em 14/12/2016, DJe de 02/02/2017.

644   "[...] 2. *A questão em mesa está em saber se o fato de o impetrante ter prestado, inicialmente, depoimento na qualidade de testemunha (dando conta de seu ilícito funcional), mas vindo, depois, a ser sancionado pela autoridade impetrada, erige-se em ocorrência capaz de gerar a nulidade do respectivo processo administrativo disciplinar, por alegada violação à cláusula vedatória da autoincriminação* (nemo tenetur se detegere). 3. "Aquele que depõe na qualidade de testemunha, sem esgrimir previamente qualquer elemento de irresignação, e nessa qualidade narra sua participação no acontecimento, não pode, depois de apuradas as lindes de seu atuar, querer dessa inércia se valer para afastar a sua responsabilidade" (MS 20.693/DF, Rel. Ministro HERMAN BENJAMIN, PRIMEIRA SEÇÃO, DJe 02/02/2017). 4. Do vasto acervo documental juntado aos autos, não se extrai evidência de que o impetrante, em algum momento, tenha oposto qualquer observação ou resistência à sua intimação; antes, compareceu espontaneamente para depor, o que dá a concluir que, também voluntariamente, dispensou o uso da faculdade de não incriminar a si próprio, *razão pela qual não lhe é lícito invocar, tardiamente, o direito ao silêncio, vez que, por sua própria vontade, apontou, durante sua oitiva, fatos que atraíram para si a responsabilidade solidária pelos ilícitos em apuração.* 5. Denegada a segurança." (STJ – MS 21.205/DF, Rel. Ministro SÉRGIO KUKINA, PRIMEIRA SEÇÃO, julgado em 14/10/2020, DJe 21/10/2020).

não envolvida, noticia elementos que trazem para si responsabilidade pelos episódios em investigação. Vale dizer, se a testemunha posteriormente é erguida à condição de investigado, não há qualquer ilegalidade a ser declarada.

8.2 PRINCÍPIO DO PREJUÍZO

No âmbito da análise das nulidades, é imperioso analisar o *princípio do prejuízo*, que pode ser extraído dos artigos 563 e 566 do Código de Processo Penal e dos arts. 188, 277, 282, § 1º, e 283 do Código de Processo Civil, e aplicado ao processo administrativo disciplinar, informando que *"não há nulidade sem prejuízo"* (*pas de nullité sans grief*).

Nesse espeque, para a invalidação de qualquer ato processual não basta a alegação de mera imperfeição, mas a indicação da ocorrência de efeitos prejudiciais ao processo ou às partes, como pressuposto inafastável.

É cediço que parte da doutrina afirma que o *princípio do prejuízo* não é aplicável às nulidades absolutas. Entretanto a jurisprudência do Supremo Tribunal Federal é que *"a demonstração do prejuízo, nos termos do artigo 563 do CPP, é essencial à alegação de nulidade, **seja ela relativa ou absoluta** e ainda que o âmbito normativo do dogma fundamental da disciplina das nulidades – pas de nullité sans grief – compreende as nulidades absolutas".* Esse o precedente extraído do ARE nº 868.516 AgR/DF – 1ª Turma - Rel. Min. Roberto Barroso – julgado em 26.05.2105 – DJe – 121. 23/06/2015.

Nessa linha, o Superior Tribunal de Justiça assentou o entendimento de que *"a decretação de nulidade no processo administrativo depende da demonstração do efetivo prejuízo para as partes, à luz do princípio pas de nullité sans grief".*

Na sua essência, o *princípio do prejuízo* visa assegurar a *eficiência administrativa*, por meio da economicidade, da redução de desperdícios, da qualidade, da rapidez e produtividade, com matriz constitucional.

Não é demais ressaltar que, *a contrario senso*, demonstrado o prejuízo da alegada nulidade do ato, a Administração tem o dever de reconhecer de ofício ou por provocação do interessado.

Importa destacar que *o prejuízo não se presume*. É preciso apreciar a influência do ato inválido no resultado do processo. Se a invalidação dos atos viciados for medida inócua, em razão de o desfecho permanecer igual, não há que se falar em prejuízo. Assim sendo, para que um ou mais atos no âmbito de um procedimento disciplinar, caso eivados de vícios, torne inválido (nulo ou anulável) todo o procedimento disciplinar, não só se exige a *demonstração* detalhada do prejuízo efetivo para a defesa –, de modo a permitir a exata repercussão que o ato impugnado teria na apuração dos ilícitos funcionais[645] – mas também é imprescindível a respectiva *comprovação* do *prejuízo concreto ao direito do interessado*, uma *influência concreta na decisão desfavorável* ou, ainda, uma *obstrução na apuração da verdade real* dos fatos[646].

Por exemplo, um caso em que as declarações de testemunhas foram tomadas sem a prévia notificação do acusado envolvido na prática da infração objeto do presente processo disciplinar. Em tese, tais atos seriam inválidos em razão da violação do princípio do contraditório. Contudo, se essa exigência foi observada em relação a numerosos outros depoimentos e se o conjunto dos elementos probatórios prova, à saciedade, a autoria, a falta de notificação não implica nulidade processual, bastando desprezar aqueles depoimentos em que não esteve presente o interessado[647].

---

645 Cf. Superior Tribunal de Justiça. MS nº 14.050/DF – 2008/0282962-0. Relator: Ministro Arnaldo Esteves Lima, julgado em 21/05/2010.

646 Cf. Superior Tribunal de Justiça. MS nº 9657/DF – 2004/0052299-4. Relatora: Ministra Laurita Vaz, julgado em 01/02/2010. Cf., também, Súmula nº 523 do STF: *"No processo penal, a falta de defesa constitui nulidade absoluta, mas a sua deficiência só a anulará se houver prova de prejuízo para o réu"*.

647 Cf. Parecer nº GQ-17 e Parecer nº GQ-37 da Advocacia-Geral da União.

8.3 PRINCÍPIO DO APROVEITAMENTO DOS ATOS PROCESSUAIS

Nos atos administrativos praticados no curso da marcha processual, eventualmente podem ocorrer *vícios* por inobservância de determinações legais. A consequência dependerá diretamente da gravidade da invalidade do ato, que poderá fulminar o processo, parcial ou integralmente.

O *princípio do aproveitamento dos atos processuais* permite que a declaração de nulidade de um determinado ato não afete integralmente o processo, o qual poderá seguir a sua marcha, com o aproveitamento de alguns atos já praticados, desde que não tenham causado nenhum tipo de prejuízo às partes.

Por exemplo, a Lei n° 8.112/90 trata da ocorrência de vício insanável no âmbito do processo administrativo, *ex vi* artigo 169, *in verbis*:

> *Art. 169. Verificada a ocorrência de vício insanável, a autoridade que determinou a instauração do processo ou outra de hierarquia superior declarará a sua nulidade,* total ou parcial, *e ordenará, no mesmo ato, a constituição de outra comissão para instauração de novo processo.*

Nesse espeque, a Lei Federal n° 9.784/99, nos artigos 53 e 54, dispõe sobre a anulação e revogação dos atos administrativos, nestes termos:

> *Art. 53. A Administração deve anular seus próprios atos, quando eivados de vício de legalidade, e pode revogá-los por motivo de conveniência ou oportunidade, respeitados os direitos adquiridos.*
>
> *Art. 54. O direito da Administração de anular os atos administrativos de que decorram efeitos favoráveis para os destinatários decai em cinco anos, contados da data em que foram praticados, salvo comprovada má-fé.*

Noutro giro, no artigo 55, a aludida lei dispõe que *"em decisão na qual se evidencie não acarretarem lesão ao interesse público nem prejuízo a terceiros, os atos que apresentarem **defeitos sanáveis** poderão ser convalidados pela própria Administração".*

Por sua vez, a Lei de Introdução às Normas do Direito Brasileiro, alterada pela Lei n° 13.655, de 2018, dispõe, no artigo 21, que *"a decisão que, nas esferas administrativa, controladora ou judicial, decretar a invalidação de ato, contrato, ajuste, processo ou norma administrativa deverá indicar de modo expresso suas consequências jurídicas e administrativas".*

Destarte, a depender da análise do caso concreto, a Administração pode se valer do *princípio do aproveitamento dos atos processuais,* para utilizar os atos que não tenham sido atingidos por vício insanável e que não tenham causado prejuízo às partes, com o objetivo de evitar a repetição de atos processuais já consumados e para que não ocorra atraso injustificado na marcha do processo,

Como exemplo da aplicação do princípio em estudo, podemos imaginar a seguinte situação hipotética: iniciada a marcha processual, a comissão processante observou todos os ditames legais para a escorreita instrução do processo administrativo disciplinar até a colheita do interrogatório do agente público processado. Já no ato de ultimação, indiciamento e citação, o colegiado deixou de observar os mandamentos legais e não indicou os fatos e as transgressões disciplinares imputadas ao agente público, tendo sido o ato declarado nulo. Nesse caso, a Administração poderá aproveitar os atos praticados antes do ato defeituoso, uma vez que os demais já praticados não causaram prejuízo ao processado.

O Superior Tribunal de Justiça, com base no MS 15828/DF (Rel. Ministro Mauro Campbell Marques, Primeira Seção, julgado em 09/03/2016) e no MS 13242/DF (Rel. Ministro Ministro Napoleão Nunes Maia Filho, Terceira Seção, julgado em 05/12/2008), publicou a seguinte tese:

> *Tese 9: É possível o aproveitamento de prova produzida em processo administrativo disciplinar declarado nulo para a instrução de novo processo administrativo disciplinar, desde que seja assegurado o contraditório e a ampla defesa, e que o vício que ensejou referida nulidade não recaia sobre a prova que se pretende aproveitar.*

Extraímos, ainda, de julgado do STJ, que *"instaurado o competente processo administrativo disciplinar, fica superado o exame de eventuais irregularidades ocorridas durante a sindicância"*[648].

É oportuno mencionar a jurisprudência acima, uma vez que, não raro, o processo administrativo disciplinar é deflagrado como sucedâneo de uma sindicância administrativa, conforme a gravidade das transgressões apuradas.

Sem embargo, os atos eivados de vício insanável prejudicial às partes devem ser extraídos dos autos, bem como aqueles que praticados como sucedâneo deste ato defeituoso, devendo a Administração agir de ofício ou por provocação do interessado.

8.4 VÍCIOS NAS FASES PROCESSUAIS

Os vícios podem ocorrer em todos os momentos da fase processual. Já na *fase inicial*, é possível vislumbrar possibilidades de vícios em relação à composição da comissão. Por exemplo, comissão composta por menos de três membros; comissão composta por membros ocupantes de cargos em comissão, função de confiança ou estágio probatório. O objetivo é garantir que a comissão processe as apurações de modo imparcial, sem ameaças de demissões ou qualquer outro tipo de retaliação.

Por outro lado, a ausência de termo de compromisso de membro de comissão processante não implica nulidade do processo administrativo disciplinar, uma vez que tal designação decorre de lei e

---

648 Cf. RMS 37.871/SC, Rel. Ministro HERMAN BENJAMIN, SEGUNDA TURMA, julgado em 07/03/2013, DJe 20/03/2013.

recai, necessariamente, sobre agente público, cujos atos funcionais gozam de presunção de legitimidade e de veracidade.

Ademais, mesmo diante de fatos conexos e que poderiam ser apurados em um único processo disciplinar, não há nulidade em instaurar mais de um processo disciplinar, cada um com um grupo de fatos, por questão de eficiência[649].

É possível ocorrer, por exemplo, a suspeição, impedimento ou parcialidade da autoridade instauradora do processo, dos membros da comissão processante e/ou da autoridade julgadora. Porém tais alegações devem estar fundadas em provas, não bastando meras conjecturas ou suposições desprovidas de qualquer comprovação. A constatação de impedimento ou suspeição reclama a comprovação da prolação, no processo administrativo disciplinar, de prévio juízo valorativo quanto às irregularidades imputadas[650].

Então, por exemplo, também não há nulidade, sob alegação de parcialidade de membro da comissão processante, quando este apenas compõe outra comissão processante, que apura outros fatos pelos quais é investigado o mesmo agente público[651].

Cabe ressaltar que a inabilitação do julgador por suspeição não está atrelada à expressão do juízo de valor que ele emitiu em outro processo do qual participou contra o mesmo investigado, mas sim a situações pessoais que venham a revelar sua potencial parcialidade para o exame da demanda que está por vir. Por outro lado, os agentes públicos que, em sindicância investigativa prévia, concluíram pelo cometimento de infração disciplinar pelo agente público investigado não podem ser novamente designados para atuar no processo administrativo disciplinar, porquanto já formaram convencimento

---

649 Cf. STJ, MS nº 21.773/DF, relator Ministro BENEDITO GONÇALVES, Primeira Seção, julgado em 23/10/2019, DJe de 28/10/2019.

650 Cf. STJ, MS nº 17.815/DF, relatora Ministra REGINA HELENA COSTA, Primeira Seção, julgado em 28/11/2018, DJe de 06/02/2019.

651 Cf. STJ, MS 21859. (MS nº 21.773/DF, relator Ministro BENEDITO GONÇALVES, Primeira Seção, julgado em 23/10/2019, DJe de 28/10/2019

pela culpabilidade do acusado, de forma que não mais atendem os pressupostos de isenção e imparcialidade.

Ademais, como dito, é preciso sempre provar o prejuízo. Então, por exemplo, uma decisão proferida por um trio processante, deliberada à unanimidade, no qual participe alguém que seja acusado de parcialidade ou suspeição, não causa prejuízo ao agente público investigado porque a decisão seria igual, com ou sem o voto daquele integrante objeto da impugnação[652]. Da mesma forma, não há que se falar em impedimento de agente público membro da comissão processante ou da autoridade instauradora do procedimento, por terem atuado na operação policial que investigou os fatos na esfera penal, dada a ausência de correspondente vedação legal[653].

Nessa mesma linha, o reconhecimento da quebra do princípio da imparcialidade, com o consequente impedimento ou suspeição de agente público para atuar no bojo do processo administrativo disciplinar, em razão de ter integrado comissão disciplinar de outro procedimento administrativo, pressupõe a comprovação da emissão de juízo prévio de valor acerca das irregularidades atribuídas ao agente público processado ou o prejulgamento acerca das irregularidades[654]. A imparcialidade de membro de comissão não fica prejudicada tão somente por este compor mais de uma comissão processante instituída para apuração de fatos distintos que envolvam o mesmo agente público[655].

---

652 Cf., nesse sentido, STJ, AgInt no RMS nº 70.628/RJ, relator Ministro SÉRGIO KUKINA, Primeira Turma, julgado em 23/10/2023, DJe de 26/10/2023.

653 Cf., STJ, MS nº 25.889/DF, relator Ministro SÉRGIO KUKINA, Primeira Seção, julgado em 09/08/2023, DJe de 15/08/2023.

654 Cf., STJ, MS nº 24.766/DF, relator Ministro HERMAN BENJAMIN, Primeira Seção, julgado em 09/06/2021, DJe de 03/08/2021.

655 Cf., STJ, MS 19.590/DF, Rel. Ministro HERMAN BENJAMIN, Primeira Seção, DJe de 02/02/2017; MS 18.887/DF, Rel. Ministro ARI PARGENDLER, Primeira Seção, DJe de 07/03/2013; MS 21.859/DF, Rel. Ministra REGINA HELENA COSTA, Primeira Seção, DJe de 19/12/2018; AgInt no MS nº 22.629/DF, relatora Ministra REGINA HELENA COSTA, Primeira Seção, julgado em 16/11/2021, DJe de 19/11/2021; MS nº 22.019/DF, relator Ministro Napoleão Nunes Maia Filho, relator para acórdão Ministro OG FER-

Também não há nulidade, sob alegação de imparcialidade de membros da comissão processante por haverem funcionado como testemunha ou informante em ação penal a que respondeu o agente público processado ou até mesmo de outro processo administrativo, quando as testemunhas não se pronunciaram sobre os fatos criminosos, mas sobre o transcurso do processo administrativo disciplinar[656]. A simples oitiva de membro da comissão processante, da autoridade julgadora ou da autoridade instauradora como testemunha ou informante no bojo de outro processo administrativo ou até mesmo penal que envolva o investigado não enseja, por si só, o reconhecimento da quebra da imparcialidade. O reconhecimento do impedimento, em razão de ter sido ouvido como testemunhas no âmbito da ação penal ou em outro processo administrativo disciplinar, relacionados ao mesmo fato, demanda a efetiva comprovação de que o depoimento prestado, na condição de testemunha, carregue opinião pessoal ou prejulgamento sobre a conduta do agente público processado.

Da mesma forma, declarações prestadas à mídia por autoridade pública, acerca de irregularidades cometidas por agentes públicos, não ensejam, por si só, a nulidade do processo administrativo disciplinar.

Um vício que pode ocorrer logo no início de um processo disciplinar é relacionado aos *atos de comunicação*, que buscam dar a ciência ao agente público processado de que ele está sendo objeto de uma investigação, na fase de instrução, chamando-o ao feito desde o seu início; ou, ainda, que ele já está indiciado, de modo a proporcionar o direito à ampla defesa e ao contraditório. São exemplos de vícios: a falta de comunicação ao agente público processado para acompanhar os atos apuratórios do processo; uma comunicação enviada para um endereço errado; comunicação por edital quando inexiste nos autos do processo qualquer indicação que traduza o em-

---

NANDES, Primeira Seção, julgado em 27/05/2020, DJe de 14/08/2020; MS nº 21.773/DF, relator Ministro BENEDITO GONÇALVES, Primeira Seção, julgado em 23/10/2019, DJe de 28/10/2019.

656   Cf. STJ, AgInt no MS nº 21.962/DF, relator Ministro BENEDITO GONÇAL-VES, Primeira Seção, julgado em 13/09/2017, DJe de 22/09/2017.

penho de localização do agente público, de modo a demonstrar que este se encontra em lugar incerto e não sabido.

A falta de notificação ao agente público processado sobre a recomendação do relatório da comissão processante e dos pareceres jurídicos subsequentes não ofende as garantias do contraditório e da ampla defesa, mormente porque essas manifestações não têm cunho decisório, prestando-se tão-somente a subsídio para a decisão final da autoridade competente[657], devendo o processo ser imediatamente remetido à autoridade competente para julgamento. Faz-se necessária apenas a notificação do julgamento do processo administrativo disciplinar.

A garantia constitucional da ampla defesa (art. 5º, LV, CRFB/88) não apenas confere a todo acusado o direito de produzir todos os meios de prova em direito admitidos, solicitar depoimentos de testemunhas e requerer perícias (Lei nº 8.112/90), mas também inclui o poder de apresentar defesa escrita, interpor todos os recursos processuais previstos em lei e de obter uma decisão, interlocutória ou definitiva, fundamentada por parte da Administração Pública.

Nessa toada, considera-se cerceamento do direito de defesa qualquer limitação ou restrição indevida relevante ou ilegal ao exercício da ampla defesa e do contraditório do acusado, no curso do processo administrativo disciplinar ou durante a fase recursal.

As principais causas que podem ensejar o cerceamento do direito de defesa do agente público processado são: a) coleta unilateral da prova testemunhal, sem a participação do acusado (*v.g.*, colhida apenas durante a sindicância); b) limitações em geral à atividade processual defensiva (*v.g.*, vedação de acesso ao processo, interrogatório sob coação ou com perguntas preconceituosas ou capciosas); c) não realização do exame de insanidade mental em agente públi-

---

657 Cf. STJ, MS 21.898/DF, Rel. Ministra REGINA HELENA COSTA, PRIMEIRA SEÇÃO, DJe de 01/06/2018). Nesse mesmo sentido: STJ, RMS 22.223/RR, Rel. Ministro SEBASTIÃO REIS JÚNIOR, SEXTA TURMA, DJe de 29/05/2013; MS 20.549/DF, Rel. Ministro BENEDITO GONÇALVES, PRIMEIRA SEÇÃO, DJe de 29/11/2016; AgInt no RMS 45.478/MT, Rel. Ministro BENEDITO GONÇALVES, PRIMEIRA TURMA, DJe de 16/11/2017.

NULIDADES E MEIOS IMPUGNATIVOS 389

co, em virtude de problemas psíquicos; d) a ausência de apreciação pelo colegiado processante da arguição do incidente de suspeição ou impedimento de seus membros; e) citação por edital descabida do acusado que ostenta endereço conhecido e certo; f) inquirição unilateral do denunciante, sem a participação do acusado no ato processual; g) falta de intimação do acusado quanto à realização de perícia médica; h) ausência de citação formal do acusado, o qual compareceu aos autos apenas por "convite para prestar esclarecimentos"; i) negativa injustificada à defesa para reinquirir o denunciante e a testemunha; j) realização do interrogatório antes do final do instrução; l) indeferimento injustificado de oitiva de "testemunha-chave" apontada pelo acusado.

Cabe, então, observar os diversos requisitos de validade dos atos administrativos no processo disciplinar e a validade da própria instrução decorrente do processo como relação jurídica (atos de instauração, atos de conhecimento e ciência, atos de inquirição, atos de defesa, atos opinativos, conclusivos e decisórios e ato sancionador). Vale dizer, para a imposição de uma sanção válida, não apenas a portaria do feito, mas todas as demais fases do processo e dos atos que a integram devem obediência à legalidade e às normativas que regem o tema.

Nada obstante, importante frisar a jurisprudência do Superior Tribunal de Justiça, bastante rigorosa nessa temática, que exige a demonstração do prejuízo pela defesa, *oportuno tempore*, a fim de reconhecer a nulidade, parcial ou integral, de processo administrativo disciplinar[658].

Nessa toada, o Tribunal da Cidadania já julgou que a dispensa de prova testemunhal agendada apenas por parte da comissão disciplinar (e não pelo acusado), que a considerou dispensável, diante do con-

---

658 Cf. STJ – Informativo nº 521 (26 de junho de 2013): "O excesso de prazo para a conclusão do processo administrativo disciplinar não gera, por si só, qualquer nulidade no feito, desde que não haja prejuízo para o acusado. Isso porque não se configura nulidade sem prejuízo (pas de nulité sans grief). Precedentes citados: MS 16.815-DF, Primeira Seção, DJe 18/04/2012; MS 15.810-DF, Primeira Seção, DJe 30/03/2012. RMS 33.628-PE, Rel. Min. Humberto Martins, julgado em 02/04/2013" .

junto probatório já existente nos autos, não implica cerceamento de defesa, capaz de tornar o processo administrativo disciplinar nulo[659].

E há diversas decisões não reconhecendo cerceamento do direito de defesa, notadamente pela ausência da concretização de prejuízo real à defesa do acusado, tais como: i) indeferimento motivado de prova testemunhal protelatória e de prova pericial não requerida e, a princípio, desnecessária; ii) ausência de nulidade por vícios da fase investigativa (sindicância), porque já fora instaurado o processo administrativo disciplinar, o qual, em tese, não será contaminado; iii) válida a prova testemunhal colhida na presença do defensor, mesmo ausente o agente público processado na audiência; iv) posterior reenquadramento jurídico da conduta do acusado, porque os fatos apurados no feito disciplinar já se encontravam perfeitamente delimitados quando da instauração do processo administrativo disciplinar.

A fim de se evitar a eternização do processo e/ou coibir abusos da defesa (por exemplo: ocultação de provas, álibis forjados, ameaças a testemunhas, indução a erro, fraudes documentais, engodos etc.), portanto, incumbe ao colegiado e à autoridade administrativa competente recusar a produção probatória nesses casos, sempre motivando suas decisões.

Existem outros atos que podem prejudicar o *direito de defesa*. Por exemplo: negação de vista dos autos do processo ao agente público processado; indeferimento de perícias técnicas; a não audição de testemunhas que foram arroladas pelo agente público acusado; a negativa de outras diligências, tais como acareações, reconhecimento de pessoas ou coisas; juntada de elementos comprobatórios aos autos do processo, depois de haver o indiciado apresentado a sua defesa escrita final, a menos que tais peças em nada influam sobre a verdade dos fatos que agravem a situação do indiciado.

É evidente que a comissão processante poderá denegar pedidos considerados impertinentes, meramente protelatórios, ou de nenhum interesse para o esclarecimento dos fatos. Até porque é comum que alguns acusados, com o intuito de se protelar o fim do proces-

---

659   Cf. STJ – MS nº 10047/DF, 3ª Seção, Dj, 1º fev. 2010.

so e atrapalhar os trabalhos, buscam solicitar a produção de provas e diligências de má-fé ou com fins exclusivamente protelatórios. Muitas vezes, as negativas da comissão acabam por gerar impugnações administrativas e judiciais sob o argumento de terem tornado o processo inválido. É preciso, então, que a comissão tanto fuja de armadilhas quanto não impeça o devido exercício do contraditório. Cabe, então, à comissão fundamentar adequadamente a rejeição de pedidos realizados pela defesa do agente público processado, com maiores explicações sobre o motivo pelo qual os atos de produção de provas propostos seriam desnecessários. A ausência ou a insuficiente fundamentação da recusa ao pleito do agente público processado configura cerceamento de defesa, o que importa na declaração de nulidade do processo administrativo disciplinar desde tal ato. É preciso também que o Judiciário tenha a capacidade de discernir as alegações de nulidade real daquelas alegações meramente protelatórias.

Os elementos colhidos em atividade eminentemente inquisitorial, por si só, não fundamentam sanções, pois não estão submetidos ao crivo da ampla defesa e do contraditório. Porém, uma vez indiciado, o agente público processado deve ter garantido o direito de apresentar provas de sua inocência no processo administrativo disciplinar, de tal modo que os elementos colhidos na investigação preliminar lhe devem ser disponibilizados para que também possam servir na demonstração de sua inocência. Ademais, a Administração Pública não tem a prerrogativa de escolher as peças que irão ser juntadas aos autos dentre todas que estão atinentes ao caso analisado, tendo em vista os princípios constitucionais da legalidade, da impessoalidade e da moralidade, todos dispostos no art. 37, *caput*, da CF/1988[660].

Não há nulidade quando há compartilhamento de prova produzida em processo civil ou penal (prova emprestada) no processo

---

660 Cf. STJ, MS nº 22.928/DF, relator Ministro MAURO CAMPBELL MARQUES, Primeira Seção, julgado em 13/06/2018, DJe de 19/06/2018.

disciplinar, desde que devidamente autorizada pelo juízo competente e respeitados o contraditório e a ampla defesa[661].

A falta de interrogatório para a qual deu causa o agente público processado, ao deixar de comparecer em distintas convocações feitas pela comissão processante, não pode caracterizar cerceamento de defesa, ante à impossibilidade de favorecimento a quem deu causa à nulidade[662]. Por exemplo, a não realização do interrogatório, quando esse ato é inviabilizado por culpa exclusiva do próprio agente público processado, que durante todo o curso do processo administrativo disciplinar apresentou diversos atestados médicos (não homologados) e faltou a diversas audiências, por motivos os mais variados injustificados, demonstra sua intenção em não colaborar com o andamento da instrução processual e, portanto, não pode ensejar a nulidade do processo administrativo disciplinar.

Embora seja assegurado ao agente público o direito de acompanhar o processo pessoalmente ou por intermédio de procurador, arrolar e reinquirir testemunhas, produzir provas e contraprovas e formular quesitos, quando se tratar de prova pericial[663], o exercício de tal direito é facultativo, podendo o agente público processado fazer-se presente pelo advogado que constituiu, ou ver-se assistir por defensor dativo, não só quando revel, mas também por imperativa determinação constitucional, que assegura aos acusados em geral o direito à ampla defesa com todos os recursos a ela inerentes, além do contraditório (artigo 5º, inciso LV da Constituição Federal)[664].

---

661 Cf. STJ, Súmula nº 591; MS nº 17.815/DF, relatora Ministra REGINA HELENA COSTA, Primeira Seção, julgado em 28/11/2018, DJe de 06/02/2019; MS 17.900/DF, Rel. Ministro SÉRGIO KUKINA, DJe 29/08/2017; MS nº 25.889/DF, relator Ministro SÉRGIO KUKINA, Primeira Seção, julgado em 09/08/2023, DJe de 15/08/2023; MS nº 19.000/DF, relatora Ministra REGINA HELENA COSTA, Primeira Seção, julgado em 24/03/2021, DJe de 06/04/2021.

662 Cf, STJ, MS 16.133/DF, Rel. Min. ELIANA CALMON, DJe 02/10/2013.

663 Cf. artigo 156 da Lei 8.112/90.

664 Cf. STJ, MS nº 8.102/DF, relator Ministro HAMILTON CARVALHIDO, Terceira Seção, julgado em 25/09/2002, DJ de 24/02/2003.

A falta de defesa técnica por advogado no processo administrativo disciplinar não ofende a Constituição[665].

Também podem ocorrer vícios na fase de julgamento do processo disciplinar pela autoridade julgadora, como, por exemplo: julgamento com fundamentação insuficiente ou baseado em fatos e provas inexistentes no processo; julgamento realizado por autoridade administrativa que se tenha revelado impedida ou suspeita; falta de indicação do ilícito disciplinar ou da capitulação da transgressão atribuída ao agente público processado.

No processo administrativo disciplinar, a alteração da capitulação legal dada aos fatos com a modificação da sanção imputada ao acusado não enseja nulidade, uma vez que o indiciado se defende dos fatos nele descritos e que lhe são imputados, não dos enquadramentos legais[666].

Assim, se durante todo o processo administrativo, desde a portaria inaugural, passando pelo termo de indiciamento elaborado pela comissão processante e notificação para defesa, quando os fatos já estão delimitados, com descrição suficientemente detalhada dos ilícitos administrativos imputados ao indiciado, possibilitando-lhe a compreensão racional do que é chamado a responder, mesmo que o parecer final do órgão jurídico ou a decisão da autoridade julgadora tenha qualificado a conduta do agente público acusado em previsões

---

665   Cf. STF, Súmula Vinculante nº 5; e STJ, MS nº 22.523/DF, relator Ministro SÉRGIO KUKINA, Primeira Seção, julgado em 22/06/2022, DJe de 29/06/2022.

666   Cf. STJ, MS nº 21.544/DF, relator Ministro MAURO CAMPBELL MARQUES, Primeira Seção, DJe de 07/03/2017; MS 28.214/DF, Rel. Ministro HERMAN BENJAMIN, PRIMEIRA SEÇÃO, DJe de 30/06/2022; MS nº 25.735/DF, relator Ministro SÉRGIO KUKINA, Primeira Seção, julgado em 14/06/2023, DJe de 19/06/2023; MS nº 26.625/DF, relator Ministro SÉRGIO KUKINA, Primeira Seção, julgado em 23/08/2023, DJe de 30/08/2023; AgInt no MS nº 28.128/DF, relatora Ministra ASSUSETE MAGALHÃES, Primeira Seção, julgado em 29/08/2023, DJe de 31/08/2023.

normativas que não coincidiram com o indiciamento, não há prejuízo às garantias do contraditório e da ampla defesa[667].

Considerando que o agente público processado se defende dos fatos que lhe são imputados, e não de sua classificação legal, uma posterior alteração da capitulação legal da conduta não tem o condão de inquinar de nulidade o processo administrativo disciplinar. A descrição dos fatos ocorridos, desde que feita de modo a viabilizar a defesa do acusado, afasta a alegação de ofensa ao princípio da ampla defesa[668].

Os vícios podem ocorrer, inclusive, após casos de invalidação do processo ou de algum ato processual. Por exemplo, caso o vício tenha ocorrido na fase de indiciação, a manutenção dos mesmos integrantes da comissão processante anterior para proferir nova indiciação pode gerar nova nulidade, por não se resguardar a imparcialidade no juízo de valores e até mesmo na colheita de provas e na tomada de depoimentos. O impedimento é o convencimento viciado por parte da comissão.

Importante salientar que o fato de o agente público processado estar em licença para tratamento de saúde não impede a instauração de processo administrativo disciplinar, nem mesmo a aplicação de penalidade[669].

---

667 Cf. STJ AgInt no MS 23.865/RJ, relator Ministro GURGEL DE FARIA, Primeira Seção, DJe de 21/02/2022; MS nº 25.258/DF, relator Ministro SÉRGIO KUKINA, Primeira Seção, julgado em 14/06/2023, DJe de 19/06/2023.

668 Cf. STJ, MS nº 21.773/DF, relator Ministro BENEDITO GONÇALVES, Primeira Seção, julgado em 23/10/2019, DJe de 28/10/2019; MS 14.045/DF, Terceira Seção, Rel. Ministro NAPOLEÃO NUNES MAIA FILHO, DJe 29/04/2010.

669 Cf. RMS 28.695/DF, Rel. Min. FELIX FISCHER, DJe 04/12/2015; AgRg no RMS 13.855/MG, Rel. Min. ALDERITA RAMOS DE OLIVEIRA, DJe 14/03/2013; MS 12.480/DF, Rel. Min. SEBASTIÃO REIS JÚNIOR, DJe 05/03/2013; MS nº 19.451/DF, relator Ministro NAPOLEÃO NUNES MAIA FILHO, Primeira Seção, julgado em 14/12/2016, DJe de 02/02/2017; MS nº 18.163/DF, relator Ministro NAPOLEÃO NUNES MAIA FILHO, Primeira Seção, julgado em 23/11/2016, DJe de 01/12/2016; MS nº 12.683/DF, relator Ministro ARNALDO ESTEVES LIMA, Terceira Seção, julgado

Ademais, é possível haver discrepância entre a penalidade sugerida pela comissão disciplinar e a aplicada pela autoridade julgadora desde que a conclusão lançada no relatório final não guarde sintonia com as provas dos autos e a sanção imposta esteja devidamente motivada. Então, diante da gravidade dos ilícitos imputados ao agente público acusado, pode a autoridade julgadora, mediante decisão adequadamente motivada, majorar a penalidade proposta, sem que tal medida represente maltrato aos princípios do contraditório e da ampla defesa, consoante autoriza, por exemplo, o disposto no art. 168, parágrafo único da Lei nº 8.112/1990[670].

O excesso de prazo para a conclusão do processo administrativo disciplinar não gera, por si só, a nulidade do feito, desde que não haja prejuízo ao acusado, em observância ao princípio do *pas de nulité sans grief*[671].

Importa salientar que tanto o STF quanto o STJ admitem, para fins de satisfação da obrigatoriedade da motivação dos atos administrativos, a chamada remissão não contextual, em que a autoridade se remete aos fundamentos de manifestação constante no processo administrativo, de modo que não se pode alegar nulidade por falta de motivação[672].

---

em 28/03/2008, DJe de 26/05/2008; MS nº 8.102/DF, relator Ministro HAMILTON CARVALHIDO, Terceira Seção, julgado em 25/09/2002, DJ de 24/02/2003.

670 Cf. STJ, MS nº 25.258/DF, relator Ministro SÉRGIO KUKINA, Primeira Seção, julgado em 14/06/2023, DJe de 19/06/2023; MS nº 21.220/DF, relator Ministro SÉRGIO KUKINA, Primeira Seção, julgado em 23/03/2022, DJe de 01/04/2022.

671 Cf. STJ, AgInt nos EDcl no RMS nº 36.312/PE, relatora Ministra REGINA HELENA COSTA, Primeira Turma, julgado em 19/10/2021, DJe 21/10/2021.

672 Cf. STF, RMS 25.736, Rel. Min. Marco Aurélio, Rel p/ acórdão RICARDO LEWANDOWSKI, Primeira Turma, julgado em 11/03/2008, DJe de 18/04/08; MS 25.518, Rel. Min. SEPÚLVEDA PERTENCE, Tribunal Pleno, DJU de 10/08/2006; e STJ, MS 16.688/DF, Rel. Ministro CASTRO MEIRA, Primeira Seção, DJe 09/11/2011. RMS 27.788/SC, Rel. Min. TEORI ALBINO ZAVASCKI, DJe de 16.10.09; MS 13.876/DF, Rel. Min. OG FERNANDES, DJe de 14/12/09.

Cabe registrar, também, que, no processo administrativo disciplinar, ainda que instaurado para apurar condutas de vários investigados, cada um responde por seus próprios atos. Por essa razão, nada impede que, ao final das apurações, apenas um agente público seja efetivamente responsabilizado e punido por sua individual conduta, como ocorreu nesse caso, em que a Administração atribuiu à impetrante a responsabilidade exclusiva pela concessão de benefícios de anistia política mediante fraude. Não há nisso ilegalidade ou abuso de poder[673].

Importante salientar que, em determinadas situações, o ato de aplicação de uma penalidade é um ato vinculado. Então, a Administração Pública, quando se depara com situações em que a conduta do investigado se amolda nas hipóteses de aplicação de uma sanção cujo ato é vinculado, não dispõe de discricionariedade para aplicar pena menos gravosa[674]. Porém, em outras situações, a própria lei dá margem discricionária com a previsão de critérios de dosimetria[675].

8.5 MEIOS IMPUGNATIVOS ADMINISTRATIVOS INTERNOS

O ideal de justiça não constitui anseio exclusivo da atividade jurisdicional. Deve ser perseguido também pela Administração, principalmente quando procede a julgamento de seus agentes públicos, no exercício do poder disciplinar.

---

673 Cf., MS nº 24.584/DF, relator Ministro SÉRGIO KUKINA, Primeira Seção, julgado em 10/05/2023, DJe de 15/05/2023.

674 Cf. STJ, MS 15.437/DF, Rel. Ministro CASTRO MEIRA, Primeira Seção, DJe 26/11/2010; STJ, MS 15.517/DF, Rel. Ministro BENEDITO GONÇALVES, Primeira Seção, DJe de 18/02/2011.

675 Cf. art. 128 da Lei nº 8.112/1990 ("Na aplicação das penalidades serão consideradas a natureza e a gravidade da infração cometida, os danos que dela provierem para o serviço público, as circunstâncias agravantes ou atenuantes e os antecedentes funcionais").

Cada estatuto disciplinar prevê regras sobre a existência de meios impugnativos em relação a decisões proferidas em processos disciplinares, como o direito de petição, o pedido de reconsideração e o recurso hierárquico, com o objetivo de promover a revisão da decisão.

O direito de recorrer das decisões administrativas é constitucionalmente assegurado aos administrados em geral (CF, art. 5º, inciso LV) e seu exercício não se acha condicionado à prévia notificação por parte de autoridade, sendo exercitável segundo a pessoal conveniência do administrado. Logo, não é dever da autoridade administrativa "oportunizar" ao administrado um direito que de antemão lhe é assegurado pelo ordenamento, sobretudo quando conta ele com o regular auxílio de defesa técnica.

8.5.1 Direito de petição

O direito de petição está previsto no art. 5º, XXXIV da CRFB/88, permitindo que qualquer interessado possa se reportar e requerer diretamente uma petição ao Poder Público em defesa de direitos ou interesse legítimo ou contra ilegalidades. A Administração não só tem o dever de responder à petição, como deve assim proceder de forma motivada[676].

8.5.2 Pedido de reconsideração e recurso hierárquico

O recurso administrativo é o meio pelo qual um cidadão requer à Administração Pública o reexame do ato, seja sob o ângulo da juridicidade, seja sob o ângulo do mérito. Trata-se de um direito que independe de expressa previsão legal, passível de ser extraído do direito constitucional de petição (art. 5º, XXXIV da CRFB/88) e do princípio constitucional do contraditório e ampla defesa (art. 5º, LV da CRFB/88). Existem três tipos de recursos administrativos.

O pedido de reconsideração é um meio impugnativo recursal que é direcionado à mesma autoridade que emitiu a decisão que se

---

676 Cf. Lei nº 8.112/1990, em seus artigos 104 a 115.

quer reformar. Está previsto, por exemplo, nos termos do artigo 106 da Lei nº 8.112/1990. A decisão que indefere o pedido de reconsideração é impugnável por recurso hierárquico[677].

O recurso hierárquico é aquele em que se pede a reforma da decisão proferida por uma autoridade administrativa, dirigido ao seu superior hierárquico, com espeque no poder hierárquico da Administração Pública[678].

No tema, o Superior Tribunal de Justiça firmou entendimento no sentido de que:

> [...] *não há impedimento para que seja interposto recurso hierárquico. Isso porque o art. 14, § 3º, da Lei nº 9.784/99 estabelece expressamente que as decisões proferidas por meio de ato de delegação considerar-se-ão editadas pelo delegado. Além disso, ao tratar da delegação, a Lei nº 9.784/99 não estabeleceu nenhuma ressalva quanto à impossibilidade de recurso hierárquico, razão pela qual é aplicável o que dispõe o art. 56 desse diploma legal. Ou seja, não há óbice para a interposição de recurso hierárquico à autoridade delegante porque, embora mediante delegação, a decisão foi tomada pelo delegado no exercício das suas competências administrativas. Além disso, o Decreto nº 3.035, de 27 de abril de 1999, não estabeleceu nenhuma vedação à possibilidade de interposição de recurso hierárquico, razão pela (...) devem prevalecer as disposições legais que possibilitam a interposição do*

---

677 Cf. art. 107, *caput* e § 1º, da Lei nº 8.112/90.

678 Cf. art. 107 da Lei nº 8.112/1990. Cf. STJ, AgInt no MS 23.391/DF, Rel. Ministra REGINA HELENA COSTA, Primeira Seção, DJe de 12/11/2021. No mesmo sentido: STJ, AgInt no MS 25.209/DF, Rel. Ministro GURGEL DE FARIA, PRIMEIRA SEÇÃO, DJe de 14/09/2020; e AgInt no MS 28.618/DF, Rel. Ministro HERMAN BENJAMIN, PRIMEIRA SEÇÃO, DJe de 13/12/2022; e AgInt no MS nº 27.286/DF, relator Ministro SÉRGIO KUKINA, Primeira Seção, julgado em 31/10/2023, DJe de 07/11/2023: *"Nos termos da jurisprudência desta Corte, "é cabível o recurso hierárquico contra decisão de ministro de estado em processo disciplinar, mesmo quando proferida no exercício da competência delegada pelo Sr. Presidente da República, ao qual competirá a sua apreciação".*

recurso administrativo. (STJ, MS 17.449/DF, Rel. Ministro MAURO CAMPBELL MARQUES, PRIMEIRA SEÇÃO, DJe de 01/10/2019).

Algumas leis preveem, como requisito necessário para processamento do recurso hierárquico, a formulação prévia de pedido de reconsideração. Em tal caso, não há como exigir o processamento do recurso hierárquico[679].

As decisões proferidas por meio de ato de delegação considerar-se-ão editadas pelo delegado[680]. Nesse caso, não há óbice para a interposição de recurso hierárquico à autoridade delegante porque, embora mediante delegação, a decisão foi tomada pelo delegado no exercício das suas competências administrativas[681].

Importante registrar que o recurso hierárquico com pedido de reconsideração deve ser apreciado pela autoridade decisora e, após o exame, ser remetido à autoridade superior, sob pena de configuração do cerceamento de defesa do acusado[682].

O recurso hierárquico impróprio é aquele que busca impugnar um ato proferido por uma autoridade direcionado a outra autoridade, sem haver hierarquia entre elas. É o caso de um recurso direcionado a um Ministro de Estado para controlar um ato de um presidente de autarquia. Nesse caso, existe apenas supervisão ministerial, mas não hierarquia.

---

679 Cf. STJ, AgInt no RMS nº 58.391/SP, relator Ministro FRANCISCO FAL-CÃO, Segunda Turma, julgado em 24/08/2020, DJe de 28/08/2020.

680 Cf. art. 14, § 3º, da Lei Federal nº 9.784/99.

681 Cf., STJ, MS nº 17.449/DF, relator Ministro MAURO CAMPBELL MAR-QUES, Primeira Seção, julgado em 14/08/2019, DJe de 01/10/2019.

682 Cf. STJ, MS nº 10.222/DF, relatora Ministra LAURITA VAZ, Terceira Seção, julgado em 14/12/2009, DJe de 01/02/2010.

8.5.3 Pedido de revisão administrativa

Para o pedido de revisão, é necessário que haja fato novo ou circunstância nova capaz de comprovar a inocência do requerente ou inadequação da pena aplicada. Embora a revisão do processo administrativo disciplinar possa ser feita a qualquer tempo, a pedido ou de ofício, não estando, pois, sujeita a prazo prescricional, tal medida revela-se cabível apenas quando demonstrada a existência de fatos efetivamente novos, ou desconhecidos por ocasião da imposição da pena, e que tenham relevância bastante para justificar a anulação ou o abrandamento da pena imposta. Se as questões indicadas como fatos novos poderiam ter sido suscitadas como matéria de defesa no processo disciplinar, não se tratando de circunstâncias desconhecidas, tampouco impossíveis de serem alegadas, não se vislumbra fundamento capaz de autorizar a reabertura do processo disciplinar[683].

Meras alegações de que existe fato novo não têm o condão de abrir a via da revisão do processo administrativo disciplinar, sendo indispensável a comprovação da existência de fatos novos, desconhecidos ao tempo do processo administrativo disciplinar, ou de circunstâncias suscetíveis de justificar a inocência do punido ou a inadequação da penalidade aplicada[684]. Por isso, nessa mesma linha, as alegações de prescrição, de violação ao princípio do juízo natural e de inobservância ao contraditório e a ampla defesa não são suficientes para abrir a via da revisão do processo administrativo disciplinar[685], quando não passíveis de demonstrar que tais alegações caracterizam-se como fatos novos, desconhecidos ao tempo do processo disciplinar ou que não puderam ser alegados à época[686].

---

683 Cf. STJ, AgInt no MS nº 22.913/DF, relatora Ministra REGINA HELENA COSTA, Primeira Seção, julgado em 16/11/2021, DJe de 19/11/2021.

684 Cf. STJ, MS 17.666/DF, Rel. Min. ASSUSETE MAGALHÃES, DJe 16/12/2014.

685 Cf. MS nº 21.065/DF, relator Ministro NAPOLEÃO NUNES MAIA FILHO, Primeira Seção, julgado em 10/10/2018, DJe de 22/10/2018.

686 Cf. STJ, MS nº 20.824/DF, relator Ministro MAURO CAMPBELL MARQUES, Primeira Seção, julgado em 14/08/2014, DJe de 18/08/2014.

Dispõe o art. 174 da Lei nº 8.112/90 que o *"processo disciplinar poderá ser revisto, a qualquer tempo, a pedido ou de ofício, quando se aduzirem fatos novos ou circunstâncias suscetíveis de justificar a inocência do punido ou a inadequação da penalidade aplicada".*

Em relação a tal artigo, tem entendido no STJ, que, no pedido de revisão de processo disciplinar, devem restar demonstrados *fatos novos ou circunstâncias suscetíveis de justificar a inocência do punido ou a inadequação da sanção aplicada*, competindo o ônus da prova ao requerente e não constituindo fundamento para a revisão a simples alegação de injustiça da penalidade aplicada, a qual pressupõe a existência de elementos novos, ainda não apreciados no processo originário[687].

Vale destacar que o processo disciplinar se encerra mediante o julgamento do feito pela autoridade competente. A essa decisão administrativa, à semelhança do que ocorre no âmbito jurisdicional, deve ser atribuída a nota fundamental de definitividade. O agente público punido não pode remanescer sujeito a rejulgamento do feito, quando sequer se apontam vícios no processo administrativo disciplinar.

Ademais, cabe destacar que, da revisão do processo administrativo disciplinar, não poderá resultar agravamento da sanção aplicada, após o encerramento do respectivo processo disciplinar, com o julgamento definitivo pela autoridade competente, ainda mais quando a penalidade já tenha sido cumprida quando veio nova reprimenda, em virtude da proibição do *bis in idem* e da *reformatio*

---

687 Cf. STJ, MS 20.824/DF, Rel. Min. MAURO CAMPBELL MARQUES, Primeira Seção, DJe 18/08/2014). No mesmo sentido: MS 17.666/DF, Rel. Min. ASSUSETE MAGALHÃES, Primeira Seção, DJe 16/12/2014; MS 21.065/DF, Rel. Min. NAPOLEÃO NUNES MAIA FILHO, Primeira Seção, DJe 22/10/2018; MS 21.160/DF, OG FERNANDES, Primeira Seção, DJe 01/07/2015; MS 17.666/DF, Rel. Min. ASSUSETE MAGALHÃES, Primeira Seção, DJe 16/12/2014; MS 20.824/DF, Rel. Min. MAURO CAMPBELL MARQUES, Primeira Seção, DJe 18/08/2014; MS 16.657/DF, Rel. Min. HUMBERTO MARTINS, Primeira Seção, DJe 20/05/2014; AgRg no AREsp 268.307/SP, Rel. Min. NAPOLEÃO NUNES MAIA FILHO, Primeira Turma, DJe 18/10/2016; MS 23.855/DF, Rel. Min. HERMAN BENJAMIN, Primeira Seção, 08/22/2018; MS nº 27.042/DF, relator Ministro HERMAN BENJAMIN, Primeira Seção, julgado em 10/11/2021, DJe de 13/12/2021.

in pejus. Por outro lado, sendo reconhecida a nulidade do processo administrativo disciplinar pela existência de nulidades insanáveis, antes do encerramento do respectivo processo disciplinar – o que se dá com o seu julgamento definitivo pela autoridade competente –, não há que se falar em *reformatio in pejus* ou em *bis in idem*, mesmo quando a segunda comissão opina por penalidade mais gravosa[688]. Reconhecida a nulidade de processo administrativo disciplinar pela existência de vício insanável, antes do seu julgamento, não há que se falar em *reformatio in pejus* quando a segunda comissão processante opina por penalidade mais gravosa[689].

O reconhecimento da ocorrência de *reformatio in pejus*[690] e *bis in idem*[691] dá-se quando o agente público vindo a insurgir-se contra a decisão administrativa tem a sua situação agravada e quando o agente público mesmo já tendo sido punido pela prática de determinada infração disciplinar, vem posteriormente a sofrer nova penalidade.

A princípio, os meios impugnativos administrativos têm efeitos devolutivo e não suspensivo. Então, é possível o imediato cumprimento da penalidade aplicada na conclusão de processo administrativo disciplinar e antes do decurso do prazo para o recurso administrativo, tendo em vista o atributo de autoexecutoriedade que rege os atos administrativos e uma vez que os recursos

---

688 Cf. STJ, MS 8.192/DF, Rel. Ministro ARNALDO ESTEVES LIMA, Terceira Seção, julgado em 22/02/2006, DJ 26/06/2006.

689 Cf. STJ, MS 8.192/DF, Rel. Ministro ARNALDO ESTEVES LIMA, Terceira Seção, julgado em 22/02/2006, DJ 26/06/2006; MS nº 20.978/DF, relator Ministro MAURO CAMPBELL MARQUES, Primeira Seção, julgado em 26/10/2016, DJe de 01/12/2016.

690 Prevê, por exemplo, o art. 182 da Lei nº 8.112/90 que *"julgada procedente a revisão, será declarada sem efeito a penalidade aplicada, restabelecendo-se todos os direitos do agente público, exceto em relação à destituição do cargo em comissão, que será convertida em exoneração"*.

691 Prevê a Súmula 19 do STF: *"é inadmissível segunda punição de agente público, baseada no mesmo processo em que se fundou a primeira"*.

administrativos e os pedidos de reconsideração, em regra, não têm efeito suspensivo automático[692].

8.6 MEIOS IMPUGNATIVOS JUDICIAIS

Entre os meios impugnativos judiciais, podem ser citados os mandados de segurança e as ações ordinárias.

8.6.1 Mandado de segurança

O mandado de segurança é a ação constitucional destinada *"a proteger direito líquido e certo, não amparado por habeas corpus ou habeas data, sempre que, ilegalmente ou com abuso de poder, qualquer pessoa física ou jurídica sofrer violação ou houver justo receio de sofrê-la por parte de autoridade, seja de que categoria for e sejam quais forem as funções que exerça"* (art. 1º da Lei nº 12.016/2009).

O direito líquido e certo é aquele cuja existência e delimitação são passíveis de demonstração documental pré-constituída inequívoca, independentemente da complexidade ou densidade da ilegalidade ou da abusividade, que permita comprovar, de plano, os fatos ali suscitados, sendo inviável realizar qualquer dilação probatória no procedimento da ação mandamental[693]. As provas devem ser anexa-

---

692 Cf. STJ, MS nº 19.488/DF, relator Ministro MAURO CAMPBELL MARQUES, Primeira Seção, julgado em 25/03/2015, DJe de 31/03/2015; AgInt no MS nº 27.363/DF, relator Ministro Sérgio Kukina, Primeira Seção, julgado em 31/10/2023, DJe de 07/11/2023; RMS 17.839/SP, Rel. Min. ARNALDO ESTEVES LIMA, DJ 13/03/2006; MS nº 21.120/DF, relator Ministro BENEDITO GONÇALVES, Primeira Seção, julgado em 22/02/2018, DJe de 01/03/2018; MS 14.450/DF, Rel. Ministro GURGEL DE FARIA, Terceira Seção, julgado em 26/11/2014, DJe 19/12/2014; MS 14.425/DF, Rel. Ministro NEFI CORDEIRO, Terceira Seção, julgado em 24/09/2014, DJe 01/10/2014; MS 10.759/DF, Rel. Ministro ARNALDO ESTEVES LIMA, Terceira Seção, julgado em 10/05/2006, DJ 22/05/2006.

693 Cf. STJ, AgInt no RMS nº 34.203/PB, relatora Ministra REGINA HELENA COSTA, Primeira Turma, julgado em 06/02/2018, DJe 16/02/2018; AgInt no RMS nº 60.249/MG, relatora Ministra REGINA HELENA COSTA, Primeira Turma, julgado em 29/11/2021, DJe 01/12/2021; AgInt no RMS nº 48.586/

das já na petição inicial, quando da impetração, não se admitindo a juntada posterior de documentos a fim de comprovar o direito alegado, diante da natureza célere do Mandado de Segurança[694]. Portanto, se o direito líquido e certo não pode ser comprovado de plano e se há a necessidade de dilação probatória para a sua confirmação, a via ordinária é a que deve ser utilizada[695].

Ademais, na via do mandado de segurança, o controle jurisdicional restringe-se à observância da legalidade estrita dos atos praticados e ao exame da regularidade do procedimento, examinando a conformidade dos atos administrativos processuais com o ordenamento de regência[696], sendo-lhe defeso qualquer incursão no mérito administrativo, de forma que descabe a revisão e valoração das provas constantes do processo disciplinar. Portanto não cabe ao Poder Judiciário sindicar, de modo verticalizado, a autoria e as circunstân-

---

TO, relator Ministro MAURO CAMPBELL MARQUES, Segunda Turma, julgado em 10/10/2017, DJe 17/10/2017; AgInt no RMS nº 61.462/GO, relator Ministro MAURO CAMPBELL MARQUES, Segunda Turma, julgado em 21/11/2019, DJe 27/11/2019.AgInt no RMS nº 66.700/MG, relator Ministro HERMAN BENJAMIN, Segunda Turma, julgado em 07/12/2021, DJe 17/12/2021; AgInt no RMS nº 59.770/GO, relator Ministro OG FERNANDES, Segunda Turma, julgado em 20/09/2021, DJe 28/09/2021; AgInt no RMS nº 68.526/BA, relator Ministro FRANCISCO FALCÃO, Segunda Turma, julgado em 15/08/2022, DJe de 19/08/2022; AgInt no RMS nº 62.779/PE, relator Ministro FRANCISCO FALCÃO, Segunda Turma, julgado em 27/06/2022, DJe de 29/06/2022.

694 Cf. STJ, AgInt no RMS 35.231/PA, Rel. Ministra ASSUSETE MAGALHÃES, Segunda Turma, DJe de 01/09/2022; MS 18.106/DF, Rel. Ministro MAURO CAMPBELL MARQUES, Primeira Seção, DJe de 04/05/2012; MS 21.666/DF, Rel. Ministro HERMAN BENJAMIN, Primeira Seção, DJe de 19/12/2016.

695 Cf. STJ, MS 15.831/DF, Rel. Ministro CESAR ASFOR ROCHA, Primeira Seção, julgado em 08/08/2012, DJe 14/08/2012; MS 14.665/DF, Rel. Ministro ADILSON VIEIRA MACABU (Desembargador Convocado do TJ/RJ), Terceira Seção, julgado em 23/05/2012, DJe 25/06/2012. MS nº 16.399/DF, relator Ministro HUMBERTO MARTINS, Primeira Seção, julgado em 26/06/2013, DJe de 02/08/2013.

696 Cf. STJ, AgInt no MS 22.629/DF, Rel. Ministra REGINA HELENA COSTA, PRIMEIRA SEÇÃO, DJe 19/11/2021 e MS 16.611/DF, Rel. Ministro MAURO CAMPBELL MARQUES, PRIMEIRA SEÇÃO, DJe 05/02/2020.

cias dos fatos imputados ao acusado e que serviram de base para a imposição de penalidade administrativa[697].

Nessa linha, o mandado de segurança não é meio adequado para a análise da proporcionalidade e razoabilidade da penalidade administrativa imposta a agentes públicos[698]. Possível, todavia, valorar a congruência entre a conduta apurada no procedimento disciplinar e a capitulação legal da pena de demissão exarada pela autoridade impetrada[699], buscando, dessa forma, preservar a correta aplicação do princípio da legalidade[700].

É cabível, então, a impetração de mandado de segurança contra ato administrativo praticado no bojo de um processo disciplinar, inclusive contra a decisão que impôs sanção disciplinar ao agente

---

697 Cf. STJ, AgInt no RMS 66.700/MG, relator Ministro HERMAN BENJA-MIN, Segunda Turma, julgado em 07/12/2021, DJe 17/12/2021; AgInt no RMS 59.770/GO, relator Ministro OG FERNANDES, Segunda Turma, julgado em 20/09/2021, DJe 28/09/2021; MS nº 19.000/DF, relatora Ministra REGINA HELENA COSTA, Primeira Seção, julgado em 24/03/2021, DJe de 06/04/2021; AgInt no RMS 61.462/GO, relator Ministro MAURO CAM-PBELL MARQUES, Segunda Turma, julgado em 21/11/2019, DJe 27/11/2019. AgInt no RMS 60.249/MG, relatora Ministra REGINA HELENA COSTA, Primeira Turma, julgado em 29/11/2021, DJe 01/12/2021. Em sentido contrário, Cf. STJ, RMS nº 28.169/PE, relator Ministro NAPOLEÃO NUNES MAIA FILHO, Quinta Turma, julgado em 26/10/2010, DJe de 29/11/2010 (*"O Poder Judiciário pode e deve sindicar amplamente, em mandado de segurança, o ato administrativo que aplica a sanção de demissão a Agente público, para verificar (a) a ocorrência dos ilícitos imputados ao Agente público e, (b) mensurar a adequação da reprimenda à gravidade da infração disciplinar, não ficando a análise jurisdicional limitada aos seus aspectos formais"*).

698 Cf. STJ, AgInt no RMS nº 49.464/BA, relatora Ministra REGINA HELENA COSTA, Primeira Turma, julgado em 08/08/2022, DJe de 12/08/2022.

699 Cf. STJ, EDcl no MS 15.917/DF, Rel. Ministro CASTRO MEIRA, Primeira Seção, DJe 07/03/2013; MS 17.515/DF, Rel. Ministro TEORI ALBINO ZAVASCKI, Primeira Seção, DJe 03/04/2012; MS 15.690/DF, Rel. Ministro BENEDITO GONÇALVES, Primeira Seção, DJe 06/12/2011; MS 15.313/DF, Min. MAURO CAMPBELL MARQUES, Primeira Seção, DJe de 18/11/2011.

700 Cf. STJ, MS nº 17.151/DF, relatora Ministra REGINA HELENA COSTA, Primeira Seção, julgado em 13/02/2019, DJe de 11/03/2019.

público[701], bem como para destrancar um recurso interposto, de modo a permitir a sua remessa à autoridade competente[702]. É possível que o mandado de segurança seja direcionado contra um ou mais atos administrativos distintos[703].

Entretanto, o mandado de segurança não configura a via adequada para o reexame da suficiência do conjunto fático-probatório constante do processo administrativo disciplinar[704], a fim de verificar a autoria e as circunstâncias dos fatos imputados ao acusado, o que demandaria dilação probatória em tal ação constitucional, que não seria possível. Muito menos serve para reconhecer a fragilidade das provas constituídas no processo disciplinar. Ademais, é preciso apresentar a efetiva demonstração de prejuízo à defesa para pedir a declaração de nulidade de um ato processual, pois concluir em sentido diverso demandaria dilação probatória, o que não é possível em sede de mandado de segurança, no qual se exige provas inequívocas pré-constituídas do direito líquido e certo invocado[705].

---

701   Cf. STJ, MS nº 21.138/DF, relator Ministro NAPOLEÃO NUNES MAIA FILHO, Primeira Seção, julgado em 27/05/2015, DJe de 13/10/2015.

702   Cf. STJ, MS nº 24.203/DF, relator Ministro HERMAN BENJAMIN, Primeira Seção, julgado em 23/11/2022, DJe de 14/12/2022.

703   Cf. STJ, AgInt no MS nº 28.285/DF, relatora Ministra ASSUSETE MAGALHÃES, Primeira Seção, julgado em 18/04/2023, DJe de 24/04/2023.

704   Cf. STJ, AgInt no RMS 60.249/MG, Rel. Ministra REGINA HELENA COSTA, PRIMEIRA TURMA, DJe de 01/12/2021). No mesmo sentido: AgInt no MS 27.061/DF, Rel. Ministro FRANCISCO FALCÃO, Primeira Seção, DJe de 22/09/2022; RMS 54.717/SP, Rel. Ministro SÉRGIO KUKINA, Primeira Turma, DJe de 19/08/2022; RMS 51.655/SP, Rel. Ministro NAPOLEÃO NUNES MAIA FILHO, Primeira Turma, DJe de 26/05/2020; AgInt no RMS nº 61.027/MG, relator Ministro GURGEL DE FARIA, Primeira Turma, julgado em 12/06/2023, DJe de 16/06/2023; AgInt no RMS 61.462/GO, Rel. Min. MAURO CAMPBELL MARQUES, Segunda Turma, DJe 27/11/2019; MS 21.754/DF, Rel. Min. GURGEL DE FARIA, Primeira Seção, DJe 30/06/2021; AgInt no MS 22.629/DF, Rel. Min. REGINA HELENA COSTA, Primeira Seção, DJe 19/11/2021; e AgInt no RMS 51.976/BA, Rel. Min. OG FERNANDES, Segunda Turma, DJe 28/04/2021.

705   Cf. STJ, AgInt no RMS nº 61.027/MG, relator Ministro GURGEL DE FARIA, Primeira Turma, julgado em 12/06/2023, DJe de 16/06/2023.

É o caso, por exemplo, da demonstração de que não foi oportunizado o exercício de contraditório e da ampla defesa à parte impetrante ou a demonstração irrefutável do prejuízo alegado[706], que requer dilação probatória. Da mesma forma, a demonstração da falta de imparcialidade e do impedimento dos membros da comissão processante requer dilação probatória, o que não cabe na via estreita do mandado de segurança[707]. Também, a alegativa de que uma das autoridades processantes firmou prévio juízo de valor sobre a conduta apurada no processo administrativo disciplinar demandaria aprofundamento probatório, o que é incompatível com o rito da ação mandamental[708]. Da mesma forma, é inacolhível, em sede de mandado de segurança, a tese de negativa de dolo ou da prática da própria conduta infratora dos deveres funcionais[709]. Também denota a impropriedade da via eleita o reconhecimento da fragilidade das provas constituídas no processo disciplinar. Ainda, o debate sobre eventual injustiça na sanção administrativa é tema que escapa ao exame estreito do mandado de segurança[710]. É o caso também de sindicar o âmago dos desvios funcionais imputados ao agente público implicado, ou auditar a suficiência das provas coletadas no curso

---

706 Cf. STJ, AgInt no MS nº 27.232/DF, relator Ministro HERMAN BENJAMIN, Primeira Seção, julgado em 31/08/2021, DJe de 13/10/2021.

707 Cf. STJ, MS 20.891/DF, Rel. Ministro BENEDITO GONÇALVES, Primeira Seção, DJe 08/11/2016.

708 Cf. MS nº 22.019/DF, relator Ministro Napoleão Nunes Maia Filho, relator para acórdão Ministro Og Fernandes, Primeira Seção, julgado em 27/05/2020, DJe de 14/08/2020.

709 Cf. STJ, MS nº 27.876/DF, relator Ministro HUMBERTO MARTINS, Primeira Seção, julgado em 24/05/2023, DJe de 29/05/2023; AgInt no MS nº 28.472/DF, relator Ministro BENEDITO GONÇALVES, Primeira Seção, julgado em 28/03/2023, DJe de 31/03/2023; MS nº 25.889/DF, relator Ministro SÉRGIO KUKINA, Primeira Seção, julgado em 09/08/2023, DJe de 15/08/2023.

710 Cf. STJ, MS 8.249/DF, Rel. Ministro VICENTE LEAL, TERCEIRA SEÇÃO, DJ 03/02/2003.

do processo disciplinar, imiscuindo-se, indevidamente, no mérito da atividade administrativa material[711].

Importante destacar que não é possível ingressar com os dois tipos de ações com as mesmas partes, causa de pedir e pedido. Se, por exemplo, foi proposta uma ação ordinária e posteriormente um mandado de segurança com o mesmo objetivo de impugnar uma decisão disciplinar, é preciso reconhecer a existência de litispendência (nos termos do art. art. 337, §§ 1º e 3º, do CPC/2015), impondo-se, nesse caso, a extinção do mandado de segurança sem resolução de mérito (art. 485, V, do CPC/2015).

Ademais, o mandado de segurança deve ser impetrado dentro do prazo de 120 (cento e vinte) dias a contar da ciência, pelo interessado, do ato impugnado, previsto no art. 23 da Lei nº 12.016/2009[712].

8.6.2 Ação ordinária

Na ação ordinária, há quem entenda que os atos administrativos comportam controle jurisdicional amplo, conferindo garantia a todos os agentes públicos contra eventual arbítrio, não se limitando, portanto, somente aos aspectos legais e formais. Fala-se, inclusive, que, por força dos princípios constitucionais, aplicáveis ao regime jurídico disciplinar, não há juízo de discricionariedade no ato administrativo que impõe sanção a agente público em razão de infração disciplinar. Assim, pode o Poder Judiciário examinar, por exemplo, a razoabilidade e a proporcionalidade do ato, bem como a observância dos princípios da dignidade da pessoa humana, culpabilidade e da individualização da sanção.

---

711 Cf. STJ, MS nº 22.608/DF, relator Ministro SÉRGIO KUKINA, Primeira Seção, julgado em 14/09/2022, DJe de 07/10/2022; AgInt no MS 22.629/DF, Rel. Ministra REGINA HELENA COSTA, PRIMEIRA SEÇÃO, DJe 19/11/2021; MS 16.611/DF, Rel. Ministro MAURO CAMPBELL MARQUES, PRIMEIRA SEÇÃO, DJe 05/02/2020; MS nº 21.561/DF, relator Ministro SÉRGIO Kukina, Primeira Seção, julgado em 22/06/2022, DJe de 29/06/2022.

712 Cf. STJ, AgInt no RMS 46.763/MT, relator Ministro FRANCISCO FALCÃO, Segunda Turma, julgado em 06/03/2018, DJe 12/03/2018 e AgInt no MS 19.073/DF, relator Ministro NAPOLEÃO NUNES MAIA FILHO, Primeira Seção, julgado em 24/08/2016, DJe 31/08/2016.

Em suma, entende-se que o Poder Judiciário pode e deve sindicar amplamente, em mandado de segurança, o ato administrativo que aplica sanção a um agente público, para: (i) verificar a efetiva ocorrência dos ilícitos imputados ao acusado; (ii) apurar as suas consequências lesivas à Administração, caso se comprove a sua prática; e (iii) mensurar a adequação da reprimenda à gravidade da infração disciplinar, de modo que a sanção não fique aquém do recomendável pela gravidade do ato e nem vá além do necessário ou razoável para reprimir o comportamento do agente[713].

Esse entendimento está de acordo com a recente Súmula 665[714], aprovada em 13 de dezembro de 2023 pela Primeira Seção do Superior Tribunal de Justiça (STJ), a qual restringe a três hipóteses o controle jurisdicional do processo administrativo disciplinar sobre o mérito do ato punitivo: *"flagrante ilegalidade, teratologia ou manifesta desproporcionalidade da sanção aplicada".*

8.6.3 Ação rescisória

A ação rescisória visa a desconstituição de decisão judicial proferida em mandado de segurança ou ação ordinária que julgou a regularidade de processo administrativo disciplinar.

8.6.4 Possíveis efeitos de decisão proferida em meio impugnativo judicial

Os efeitos são a declaração de nulidade da decisão proferida no curso do processo administrativo disciplinar e retroação dos efeitos funcionais à data do ato de demissão do serviço público,

---

713 Cf. STJ, MS nº 21.138/DF, relator Ministro NAPOLEÃO NUNES MAIA FILHO, Primeira Seção, julgado em 27/05/2015, DJe de 13/10/2015.

714 Súmula 665 do STJ – "O controle jurisdicional do processo administrativo disciplinar restringe-se ao exame da regularidade do procedimento e da legalidade do ato, à luz dos princípios do contraditório, da ampla defesa e do devido processo legal, não sendo possível incursão no mérito administrativo, *ressalvadas as hipóteses de flagrante ilegalidade, teratologia ou manifesta desproporcionalidade da sanção aplica."* (sem destaque no original)

com efeitos financeiros/patrimoniais contados a partir da impe-tração[715] (Súmulas n° 269 e 271 do STF) ou da data da publicação do ato impugnado[716].

8.7 MEIOS IMPUGNATIVOS ANÔMALOS

Nem sempre os meios impugnativos estão previstos expressa-mente como meios que tenham o condão de suspender ou mesmo anular o curso de um processo disciplinar. É preciso analisar alguns.

8.7.1 Representação por abuso de autoridade

A Lei n° 13.869/2019 dispõe sobre os crimes de abuso de au-toridade, cometidos por agente público – agente público ou não –, que, no exercício de suas funções ou a pretexto de exercê-las, abuse do poder que lhe tenha sido atribuído, com a finalidade específica de prejudicar outrem ou beneficiar a si mesmo ou a terceiro, ou, ainda, por mero capricho ou satisfação pessoal.

8.7.2 Avocatória pela controladoria-geral

Uma forma anômala de impugnar um processo disciplinar em curso, em caso de suspeita de imparcialidade ou abusos, é pedir a sua avocação pela controladoria-geral do ente federativo[717] (caso tal órgão exista e haja previsão legal nesse sentido), normalmente mais técnico e mais impessoal para tratar as questões disciplinares.

---

715 Cf. STJ, MS n° 12.955/DF, relator Ministro ROGERIO SCHIETTI CRUZ, Terceira Seção, julgado em 13/05/2015, DJe de 19/05/2015.

716 Cf. STJ, MS n° 15.917/DF, relator Ministro CASTRO MEIRA, Primeira Se-ção, julgado em 23/05/2012, DJe de 19/06/2012.

717 Em âmbito federal, Cf. art. 18 da Lei n° 10.683/03 c/c o art. 4.° do Decreto n° 5.480/05, que estabelecem a competência da Controladoria-Geral da União para instaurar ou avocar processos administrativos disciplinares e aplicar sanções disciplinares a agentes públicos, inclusive a demissão de cargo públi-co e a destituição de cargo em comissão. Nesse sentido: AgRg no MS 14.123/ DF, relator Ministro Mauro Campbell Marques, Primeira Seção, julgado em 13/05/2009, DJe 25/05/2009.

9   PRESCRIÇÃO

A prescrição é um instituto jurídico que tem por finalidade delimitar o tempo (prazo) pelo qual a Administração Pública tem o poder de punir disciplinarmente seu agente faltoso. Ou seja, a prescrição estabelece o tempo pelo qual a Administração tem o poder--dever de exercer o *jus puniendi* (= direito de punir).

O objetivo da prescrição no Direito Administrativo Disciplinar, assim como no Direito Penal, no Direito Civil ou no Direito Tributário, é garantir a *segurança jurídica*, impedindo que a Administração venha a punir um agente público por suposto ilícito disciplinar, após anos de inércia em promover o esclarecimento do fato. Evita-se que um agente público, que supostamente tenha praticado um ato irregular, fique, por prazo indeterminado, sujeito a uma eventual aplicação de uma sanção.

Decorre também dos *princípios da eficiência* e do *devido processo legal*, que a Administração Pública conclua os procedimentos sancionatórios dentro do prazo razoável. A demora excessiva, além de representar aumento de custo para os cofres públicos, submete o processado ao cumprimento de uma espécie de "pena antecipada", nomeadamente quando ao final o processado é inocentado.

Ninguém pode ficar *ad aeternum* sob a ameaça de sanções estatais. Assim, o direito de punir agentes públicos sujeita-se a prazos fatais que, uma vez ultrapassados, fazem prescrever a prerrogativa decorrente do poder disciplinar da Administração Pública. Por isso, os prazos processuais devem ser observados com extremo rigor. O decurso do tempo é capaz de afetar a relação jurídica entre o titular da ação punitiva – o Estado – e o agente público processado. Não há o menor sentido que paire, indefinidamente, uma sanção sobre a cabeça do agente público, como a espada de Dâmocles. Pior, para que uma sanção seja aplicada muito mais tarde, quando os fatos e as provas tivessem que ser valorados dentro de um contexto bem diverso daquele que cercava o autor, na época da consumação do fato.

Afere-se a prescrição da punibilidade disciplinar em *dois distintos momentos processuais*. A primeira incidência atinge o poder-dever de a Administração *dar início ao processo disciplinar*. O instituto atinge eventual demora entre o conhecimento do fato e a instauração do processo disciplinar. Na segunda incidência, a prescrição atinge eventual demora no curso do processo disciplinar, impedindo a *aplicação da pena correspondente*.

Assim, a verificação da fluência do prazo prescricional pela autoridade instauradora pode ocorrer antes mesmo da instauração de qualquer procedimento acusatório, a exemplo do que ocorre quando decorridos mais de cinco anos desde a ciência do fato pela Administração e verificada a impossibilidade de utilização do prazo prescricional penal no caso concreto, em face da inexistência de inquérito ou ação penal em andamento relacionado àqueles fatos apurados na seara administrativa. O transcurso do prazo prescricional pode ser verificado também durante a instrução do processo disciplinar, quando se verifica que a possível penalidade a ser aplicada já se encontra prescrita, considerando-se o lapso temporal desde a instauração do processo[718].

Por ser de ordem pública[719], a prescrição, uma vez configurada, deve ser declarada pela autoridade instauradora ou julgadora mesmo que o investigado ou o acusado não a alegue. Porém, como a prescrição gera apenas a extinção da punibilidade, não faz falecer também o poder-dever da Administração de investigar e/ou de apurar o fato e de externar sua decisão. Embora seja possível extinguir o processo disciplinar pela perda da sua finalidade[720], considerando

---

718   Cf. Nota Técnica nº 1.439/2020/CGUNE/CRG da CGU.

719   Cf., em âmbito federal, Lei nº 8.112, de 1990 – Art. 112. A prescrição é de ordem pública, não podendo ser relevada pela Administração.

720   Cf., em âmbito federal, Lei nº 9.784, de 29/01/99 - Art. 52. O órgão competente poderá declarar extinto o processo quando exaurida sua finalidade ou o objeto da decisão se tornar impossível, inútil ou prejudicado por fato superveniente.

não haver mais viabilidade de aplicação de pena, é possível também que o processo disciplinar prossiga para outros efeitos[721].

Vale destacar neste ponto que, caso a autoridade competente não tome as medidas necessárias para a apuração dos fatos, poderá responder civil, penal e disciplinarmente por sua omissão[722]. Evidente que, levando em consideração a possibilidade de excesso de atribuições e de escassez de pessoal e de estrutura e da consabida necessidade de se priorizarem demandas mais prementes e relevantes, a responsabilização das autoridades instauradoras, processantes e julgadoras também demandaria além de comprovação de dolo, ou seja, uma vontade deliberada e consciente de favorecer o infrator, ou ao menos culpa, como, por exemplo, uma negligência relevante que seja a causa da prescrição.

9.1 PRAZOS

A prescrição, como já demonstrado, tem por objetivo estabelecer o período de tempo para que o Estado adote as providências necessárias para apuração do ilícito funcional e eventual aplicação da respectiva punição cabível, restaurando-se a legalidade no serviço público. A questão a saber nesse tópico é por quanto tempo se responde.

---

721 Vale registrar que, em âmbito federal, uma vez extinta a punibilidade pela prescrição, a autoridade julgadora não poderá fazer o *registro do fato nos assentamentos individuais do agente público*, em razão da declaração de inconstitucionalidade do art. 170 da Lei nº 8.112, de 1990.

722 Cf, em âmbito federal, Lei nº 8.112, de 1990 – art. 169, § 2º - A autoridade julgadora que der causa à prescrição de que trata o art. 142, § 2º, será responsabilizada na forma do Capítulo IV do Título IV. Embora esse dispositivo somente faça menção às infrações disciplinares capituladas também como crime, sem que haja idêntica previsão expressa para o eventual causador da prescrição da punibilidade estatutária propriamente dita, é evidente que também poderia haver responsabilização pela omissão quando a infração não é capitulada também como crime.

Em observância aos princípios da legalidade, da taxatividade e da segurança jurídica, todos os *prazos* de prescrição na seara disciplinar devem estar previstos na *lei*, ou seja, previamente estabelecidos nos respectivos regimes jurídicos disciplinares, assim como deve ser estabelecido o marco inicial, *dies a quo*, a forma da contagem dos prazos, as causas de interrupção ou suspensão, entre outras regras.

Cada lei tem seus prazos, respeitando-se a autonomia dos entes federativos, sob o manto dos princípios da legalidade, da taxatividade e da segurança jurídica. Em âmbito federal, por exemplo, todos estão previstos na Lei nº 8.112/90 e variam conforme a gravidade da infração praticada e a consequente penalidade aplicada. Vejamos os dispositivos da referida lei: a) 5 (cinco) anos para aplicação da pena de demissão, cassação de aposentadoria ou disponibilidade e destituição de cargo em comissão; b) 2 anos para aplicação da pena de suspensão; e c) 180 (cento e oitenta) dias para aplicação da pena de advertência.

Então, a apuração deve ser deflagrada e julgada tempestivamente, a fim de que a pena seja aplicada dentro desses *lapsos de tempo predeterminados*. Caso ultrapassados esses prazos para atuação sancionadora, a prescrição extingue o poder de a Administração punir seu agente faltoso.

Relevante definir se o prazo prescricional é contado em *dias úteis* ou *dias corridos*. Em âmbito federal, de acordo com o art. 66, § 2º, da Lei nº 9.784/99, que regula o processo administrativo no âmbito da Administração Pública Federal, direta e indireta, "*os prazos expressos em dias contam-se de modo contínuo*". No mesmo sentido, os prazos serão contados em *dias corridos*, conforme estabelece o art. 238 da Lei nº 8.112/90. De acordo com o § 3º do art. 66 da Lei nº 9.784, de 29 de janeiro de 1999, os prazos fixados em meses ou anos contam-se de data a data. Se no mês de vencimento não houver o dia equivalente àquele do início do prazo, tem-se como termo o último dia do mês. Assim, o prazo de prescrição de dois anos iniciado em 1º de janeiro de 2020 findou dois anos depois na mesma data, ou seja, em 1º de janeiro de 2022. O mesmo ocorre para os prazos em meses. Um prazo de seis meses iniciado em 5 de janeiro findar-se-á em 5 de junho. No caso de não haver no mês de vencimento o dia equivalente àquele do início do prazo, que é o que ocorre em fevereiro, o procedimento será diferente.

Assim, o prazo de 1 mês iniciado em 30 de janeiro terá seu término no dia 28 de fevereiro – ou 29, se se tratar de ano bissexto.

Sem embargo, o regime próprio em cada ente estatal pode definir a contagem de prazos em dias úteis.

É imperioso destacar que os prazos prescricionais alusivos aos regimes jurídicos dos agentes públicos não se confundem com os prazos previstos nas normas gerais de processo administrativo. Assinala-se ainda que as normas contidas nos regimes jurídicos dos agentes públicos prevalecem em relação à norma geral de processo administrativo. É o caso da Lei n° 9.873, de 23 de novembro de 1999, que estabelece prazo de prescrição para o exercício de ação punitiva pela Administração Pública Federal, direta e indireta. A própria Lei 9.873/99 prevê no artigo 5° que *"o disposto nesta lei não se aplica às infrações de natureza funcional e aos processos e procedimentos de natureza tributária"*.

Assim como a União, com as Leis n° 9.873 e n° 9.784/99, o estado do Rio de Janeiro também tem uma lei geral de atos e processos administrativos: Lei n° 5.427/09, a qual deve ser aplicada apenas subsidiariamente. O artigo 75 dessa lei também prescreve o seu caráter subsidiário em relação às normas específicas, nestes termos: *"os procedimentos administrativos específicos continuarão a reger-se por legislação própria, aplicando-se-lhes os princípios e, subsidiariamente, os preceitos desta Lei"*.

9.2 PRESCRIÇÃO DA TRANSGRESSÃO ADMINISTRA-TIVA DISCIPLINAR PREVISTA EM LEI COMO CRIME

Uma situação muito comum presente nos estatutos funcionais é estabelecer que os prazos de prescrição das *infrações disciplinares capituladas também como crimes* devem ser aqueles previstos na lei penal[723], ou seja, os que se encontram previstos nos arts. 109 e 110

---

723 Cf., em âmbito federal, o disposto no § 2° do art. 142 da Lei n° 8.112/90. No mesmo sentido, art. 57, § 1°, do Decreto-Lei n° 220/75.

do Código Penal, calculados de acordo com a pena máxima prevista para o crime, ou seja: a) antes do trânsito em julgado da sentença final, utiliza-se a quantidade de anos da pena abstrata máxima para o respectivo crime e, a depender de em qual inciso do art. 109 se encaixe tal pena abstrata[724], ter-se-á o correspondente prazo prescricional; e b) após o trânsito em julgado da sentença final, utiliza-se a quantidade de anos da pena efetivamente aplicada para o respectivo crime e, a depender de em qual inciso do art. 109 se encaixe tal pena concreta, ter-se-á o correspondente prazo prescricional.

Um primeiro ponto de atenção é que as leis normalmente falam que os _prazos_ de prescrição da lei penal aplicam-se às infrações disciplinares capituladas como crime. Não significa que, havendo a prescrição da pretensão punitiva na esfera penal, também haverá, de forma automática, a prescrição no âmbito administrativo disciplinar[725].

---

724 Cf., os incisos do art. 109: I - em vinte anos, se o máximo da pena é superior a doze; II - em dezesseis anos, se o máximo da pena é superior a oito anos e não excede a doze; III - em doze anos, se o máximo da pena é superior a quatro anos e não excede a oito; IV - em oito anos, se o máximo da pena é superior a dois anos e não excede a quatro; V - em quatro anos, se o máximo da pena é igual a um ano ou, sendo superior, não excede a dois; VI - em 3 (três) anos, se o máximo da pena é inferior a 1 (um) ano.

725 Encontramos esse entendimento no voto da Relatora, no Agravo Interno nos Embargos de Declaração no Recurso em Mandado de Segurança AgInt nos EDcl no RMS 36312/PE, _in verbis_: (...) II - O reconhecimento da prescrição no âmbito da Ação Penal instaurada contra o ora Agravante não induz, automaticamente, ao reconhecimento da prescrição da pretensão punitiva da infração disciplinar. III - Tratando-se de apuração de falta disciplinar que se enquadra também como ilícito penal, observa-se o prazo prescricional estabelecido na legislação penal, nos termos do estabelecido no art. 209, §§ 1º e 2º do Estatuto dos Agentes públicos Civis do Estado de Pernambuco, interrompendo-se a contagem com a instauração de sindicância ou inquérito administrativo. Esse mesmo entendimento foi demonstrado por ocasião do julgamento no Agravo Interno no Recurso em Mandado de Segurança nº RMS 58488/BA: (...) 8. A Primeira Seção firmou o entendimento de que, "para que seja aplicável o art. 142, § 2º da Lei nº 8.112/1990, não é necessário demonstrar a existência da apuração criminal da conduta do agente público" (MS 20.857/DF, Rel. Min. Napoleão Nunes Maia Filho, Rel. p/ Acórdão Min. Og Fernandes, DJe 12/06/2019). 9. O que desse precedente se extrai é que a lei penal regula os prazos de prescrição independentemente de apuração criminal, mas não, como pretendem os

PRESCRIÇÃO 417

Essa interpretação tem relevância para os aplicadores do Direito Administrativo Disciplinar, podendo influir no cômputo dos prazos prescricionais, uma vez que no âmbito criminal, o curso do prazo prescricional começa a fluir *da ocorrência do fato*, ao passo que no administrativo, isso ocorre *no momento em que a transgressão se torna conhecida pela autoridade competente*. Além disso, no caso da sindicância disciplinar acusatória e do processo administrativo disciplinar, a Administração ainda se *valerá das causas de interrupção e suspensão do curso do prazo prescricional previsto no Estatuto Funcional*[726].

A única especificidade que se tem na hipótese em tela é que o prazo prescricional, seja para instaurar após o conhecimento do fato, seja para aplicar a pena após cessada a interrupção, é aquele que a lei penal prevê para a prescrição do crime. Tanto é verdade essa conclusão que, em alguns casos, pode ocorrer a extinção da punibilidade pela prescrição no criminal e a apuração administrativa disciplinar não ter sido atingida pela prescrição.

Esse raciocínio jurídico é pacífico quando se tem por base a Lei Federal n° 8.112/90. Entretanto, em se tratando de outros estatutos funcionais, como os decretos estaduais do Rio de Janeiro n° 218/75 e n° 220/75, as redações deixam margem a questionamentos,

---

agravantes, o termo inicial de contagem para a instauração do processo administrativo disciplinar. 10. Não se pode acolher a alegação feita no Agravo do particular de que, "Aplicando-se a Lei penal ao caso, como informa a legislação de regência, a partir da consumação do suposto crime, ocorrida em 13/12/2009, ter-se-ia a prescrição penal em 13/12/2013" (fl. 1.031,e-S-TJ). 11. Da mesma forma que se entende em relação à Lei n° 8.112/1990, o § 2° do art. 203 da Lei Estadual 6.677/1994, ao estabelecer que "Os prazos de prescrição previstos na lei penal aplicam-se às infrações disciplinares capituladas também como crime", está apenas definindo o lapso do tempo prescricional, mas não o seu início, que permanece sendo a data em que a autoridade competente tomou ciência do fato.

726 Cf. Superior Tribunal de Justiça. MS n° 9772/DF, Relatora: Ministra Laurita Vaz, julgado em 14/09/2005, publicado em 26/10/2005; Superior Tribunal de Justiça. MS n° 10.078/DF, Relator: Ministro Arnaldo Esteves Lima, julgado em 24/08/2005, publicado em 26/09/2005. No mesmo sentido, Parecer n° 4/2019/CNPAD/CGU/AGU e Parecer PGFN/Cojed n° 1.172/2013.

ao disporem que "*a falta também prevista como crime na lei penal prescreverá juntamente com este*", o que induz que, em qualquer hipótese, havendo a prescrição do crime, também ocorrerá a prescrição da transgressão disciplinar.

De qualquer maneira, é inconteste que, nos casos em que a transgressão disciplinar também configura um crime, o prazo prescricional será aquele previsto na legislação penal, como já mencionado. Entretanto, não raro, paira a seguinte dúvida: *deve-se levar em consideração a pena em abstrato do artigo 109 do CP ou a pena em concreto do artigo 110 do Código Penal?*

A regra da *utilização da pena máxima* dos crimes só se aplica enquanto não houver trânsito em julgado da sentença para a acusação (prescrição da pena em abstrato). A prescrição depois de transitar em julgado a sentença condenatória, como se sabe, regula-se pela *pena aplicada*, consoante os prazos fixados no artigo 110 do CP.

O entendimento que permite a aplicação desses dois prazos prescricionais penais – em abstrato ou em concreto –, dependendo da existência de decisão definitiva em processo criminal, tem amparo na jurisprudência do Superior Tribunal de Justiça:

> [...] *deve-se aplicar os prazos prescricionais ao processo administrativo disciplinar nos mesmos moldes que aplicados no processo criminal, vale dizer, prescreve o poder disciplinar contra o* agente público *com base na pena cominada em abstrato, nos prazos do artigo 109 do Código Penal enquanto não houver sentença penal condenatória com trânsito em julgado para acusação.*

Por ocasião do AgInt no Recurso Especial n° 1872789-SP (2019/0310473-5), AgInt no Recurso Especial n° 1872789 – SP (2019/0310473-5), data do julgamento 15/12/2020, o Superior Tribunal de Justiça reforçou que o prazo prescricional a ser utilizado é o da *pena em abstrato, e não o da pena em concreto.*

Não obstante, em sentido diverso, o mesmo STJ já havia publicado a seguinte tese: Jurisprudência em Teses, edição 1 - Processo

Administrativo Disciplinar I (os entendimentos foram extraídos de julgados publicados até 20/09/2013): *Tese 10 - O prazo da prescrição no âmbito administrativo disciplinar, **havendo sentença penal condenatória**, deve ser computado pela **pena em concreto** aplicada na esfera penal.*

Na 5ª edição do Jurisprudência em Teses – Processo Administrativo Disciplinar II (os entendimentos foram extraídos de julgados publicados até 14/11/2013), a Corte Superior assentou o seguinte entendimento: *Tese 2) Quando o fato objeto da ação punitiva da administração também constituir crime e enquanto não houver sentença penal condenatória transitada em julgado, a prescrição do poder disciplinar reger-se-á pelo prazo previsto na lei penal para pena cominada em abstrato.*

Portanto, em alguns julgados, o Superior Tribunal de Justiça decidiu que se ainda não houver sentença penal condenatória transitada em julgado, deve observar o prazo prescricional atinente à pena em abstrato. Ao passo que, se existir condenação transitada em julgado, a Administração deve se guiar pela pena em concreto à luz do artigo 110 do Código Penal.

Por ocasião do julgamento do Agravo Interno no Recurso em Mandado de Segurança n° 52268, a Primeira Turma do STJ se debruçou com essa matéria decidindo pela aplicação da pena em concreto, reconhecendo a ocorrência de prescrição no âmbito disciplinar[727].

---

727 *1. Nos casos em que o* agente público *pratica ilícito disciplinar também capitulado como crime, havendo sentença penal condenatória, o cômputo do prazo prescricional a ser observado na seara administrativa punitiva deve considerar o prazo da pena aplicada em concreto. Precedentes.*
2. A jurisprudência desta Corte reconhece a independência das esferas penal, civil e administrativa, de modo que o reconhecimento da transgressão disciplinar e a aplicação da punição respectiva não dependem do julgamento no âmbito criminal, nem obriga a Administração a aguardar o desfecho dos demais processos. Precedentes.
3. In casu, o agente público *teve definido o seu apenamento em 3 (três) anos de reclusão pelo crime de estelionato e 3 (três) anos de reclusão pelo crime de formação de quadrilha, perfazendo, assim, o total de 6 (seis) anos de reclusão. O cômputo do prazo prescricional, contudo, deve considerar a pena em concreto fixada para cada crime (3 anos), de modo que a prescrição da pretensão*

DIREITO ADMINISTRATIVO DISCIPLINAR CONTEMPORÂNEO

Outro ponto de atenção é se é considerado necessário o início da persecução penal pelos órgãos criminais competentes, como pressuposto para que a autoridade administrativa possa se utilizar dos prazos prescricionais penais[728], ou se basta o entendimento da Administração de que a infração disciplinar se amolda a um dos tipos previstos na lei penal[729]. Evidente que, em razão da divergência

---

punitiva disciplinar, na espécie, é de 8 (oito) anos, nos termos dos artigos 109, inciso IV, c/c 110, do Código Penal.

4. Inafastável o reconhecimento da prescrição administrativa, uma vez que entre a data da instauração do processo administrativo disciplinar, ocorrida em 16/10/2003, e a publicação do ato demissório do autor (02/10/2015 - fl. 1.136), transcorreu lapso temporal muito superior ao prazo prescricional de 8 (oito) anos estabelecido pela legislação penal.

728 A Advocacia-Geral da União – AGU, por meio do Parecer Vinculante nº AM – 02, publicado na seção 1 do Diário Oficial da União de 9 de abril de 2019, afirmou que incide a regra do art. 142, § 2º, da Lei nº 8.112, de 1990, somente nas hipóteses em que as infrações administrativas cometidas pelo agente público também sejam ou tenham sido objeto de inquérito policial ou ação penal, sendo insuficiente a mera presença de indícios de crime sem a devida apuração na esfera penal. Cf., também, RMS 19.087/SP, Rel. Ministra Laurita Vaz, Quinta Turma, julgado em 19/06/2008, DJe 04/08/2008; MS 12.884/DF, Rel. Min. Maria Thereza de Assis Moura, Terceira Seção, julgado em 09/04/2008, DJe 22/04/2008; RMS 18.688/RJ, Rel. Min. Gilson Dipp, Quinta Turma, DJ 09/02/2005; MS 15.462/DF, Rel. Ministro HUMBERTO MARTINS, PRIMEIRA SEÇÃO, julgado em 14/03/2011, DJe 22/03/2011; MS 17.535/DF, Rel. Ministro Benedito Gonçalves, Primeira Seção, julgado em 10/09/2014, DJe 15/09/2014; MS 13.926/DF, Rel. Ministro Og Fernandes, Terceira Seção, julgado em 27/02/2013, DJe 24/04/2013; MS 14.159/DF, Rel. Ministro Napoleão Nunes Maia Filho, Terceira Seção, julgado em 24/08/2011, DJe 10/02/2012; MS 15.437/DF, Rel. Ministro Castro Meira, Primeira Seção, julgado em 27/10/2010, DJe 26/11/2010; MS 14.320/ DF, Rel. Ministro Napoleão Nunes Maia Filho, Terceira Seção, julgado em 28/04/2010, DJe 14/05/2010; AgRg no AREsp 681.345/RJ, Rel. Ministro MAURO CAMPBELL MARQUES, SEGUNDA TURMA, julgado em 21/05/2015, DJe 27/05/2015; AgRg no REsp 1180500/SC, Rel. Ministro MARCO AURÉLIO BELLIZZE, QUINTA TURMA, julgado em 16/05/2013, DJe 23/05/2013.

729 Vale destacar que, nos poucos julgados em que enfrentou esta questão, o STF, refletindo o princípio da independência das instâncias penal e administrativa, entendeu ser desnecessário existir alguma apuração na instância penal para que seja aplicado o prazo de prescrição penal. Cf. Agravo Regimental no Recurso em Mandado de Segurança nº 31.506; MS 24.013, Rel.

ainda existente, é mais seguro para a defesa e para a Administração adotar a *linha mais cautelosa*, adotando, em regra, o menor prazo prescricional possível.

Exsurge uma questão controvertida em relação à aplicação do prazo penal na esfera administrativa disciplinar, quanto à prescindibilidade ou imprescindibilidade da deflagração da ação penal, como veremos no tópico seguinte.

Inicialmente, paira na doutrina e na jurisprudência a seguinte discussão: havendo apenas inquérito policial ou investigação preliminar, em denúncia, a Administração Pública pode se valer dos prazos prescricionais na lei penal para em relação à transgressão disciplinar correlata?

Em alguns julgados, o Superior Tribunal de Justiça decidiu que é imprescindível a existência de denúncia e instauração de processo criminal contra o agente público, a fim de que se admita a contagem dos prazos pelas normas do respectivo Estatuto dos Agentes públicos[730]. Em sentido contrário, a mesma Corte julgou ser prescindível a concomitante apuração criminal do ilícito administrativo para que incida o disposto no art. 142, § 2º, da Lei nº 8.112/90 (prazo prescricional penal). Vejamos: Mandado de Segurança MS 24826/DF – Ministro Herman Benjamin[731].

---

para o acórdão Min. Sepúlveda Pertence; Mandado de Segurança nº 35.631; e MS 33736; RMS 33.937 e RMS-AgR 31.506; Agravo Regimental em Recurso Ordinário no Mandado de Segurança nº 35.383/DF, relatado pelo Ministro Gilmar Mendes, julgado pela 2ª Turma do STF na sessão virtual de 21 a 27/06/2019, publicado no DJe de 06/08/2019. No mesmo sentido, Enunciado CGU/CCC nº 5, da comissão de Coordenação de Correição (CGU/CCC), de 19 de outubro de 2011: *"Prescrição disciplinar. Crime. Persecução penal. Para aplicação de prazo prescricional, nos moldes do § 2º do art. 142 da Lei nº 8.112/90, não é necessário o início da persecução penal".*

730 (RMS 10.699, RMS 20.337, RMS 19.087 e RMS 19.887)

731 [...] 11. É entendimento uniforme do STJ que, em virtude da independência das esferas administrativa e penal, é prescindível a concomitante apuração criminal do ilícito administrativo para que incida o disposto no art. 142, § 2º, da Lei 8.112/1990. Nesse sentido: MS 20.857/DF, Rel. Min. Napoleão Nunes Maia Filho, Rel. p/ Acórdão Min. Og Fernandes, Primeira Seção, DJe

Nessa mesma linha, o egrégio Supremo Tribunal Federal entendeu ser lícita à Administração a utilização dos prazos prescricionais penais, ainda que não tenha sido iniciada a persecução criminal em juízo, ou seja, oferecida denúncia[732].

12/06/2019; MS 20.869/DF, Rel. Min. Napoleão Nunes Maia Filho, Rel. p/ Acórdão Min. Og Fernandes, Primeira Seção, DJe 02/08/2019; MS 25.401/ DF, Rel. Min. Herman Benjamin, Primeira Seção, DJe 28/08/2020; EDv nos EREsp 1.656.383/SC, Rel. Min. Gurgel de Faria, Primeira Seção, DJe 05/09/2018; MS 21.544/DF, Rel. Min. Mauro Campbell Marques, Primeira Seção, DJe 07/03/2017; MS 20.685/DF, Rel. Min. Mauro Campbell Marques, Primeira Seção, DJe 24/02/2015; MS 12.312/DF, Rel. Min. Haroldo Rodrigues, Desembargador convocado do TJ/CE, Terceira Seção, DJe 14/10/2010.

732 [...] II. Infração disciplinar: irrelevância, para o cálculo da prescrição, da capitulação da infração disciplinar imputada no art. 132, XIII - conforme a portaria de instauração do processo administrativo anulado –, ou no art. 132, I - conforme a do que, em consequência se veio a renovar –, se, em ambos, o fato imputado ao agente público - recebimento, em razão da função de vultosa importância em moeda estrangeira –, caracteriza o crime de corrupção passiva, em razão de cuja cominação penal se há de calcular a prescrição da sanção disciplinar administrativa, independentemente da instauração, ou não, de processo penal a respeito. Voto: A nova comissão de Inquérito, nas conclusões de seu relatório preliminar, registrou que o impetrante recebeu, 'em razão da função de titular da Assessoria de Orçamento, vantagens indevidas, consubstanciadas em alta soma de dólares americanos', fato que, no seu entender, 'tipifica a infração do art. 117, incisos IX e XII...' (fl. 203). Esse primeiro entendimento resultou confirmado pelo relatório final, cujas conclusões se acham transcritas nas informações, à fl. 429. Desse modo, a atual controvérsia, como visto, resume-se à caracterização, ou não, da prescrição para a punição administrativa disciplinar do impetrante, o que se relaciona com a questão de ser, ou não, a infração a ele imputada igualmente capitulada como ilícito penal. A segunda questão condiciona a análise da primeira, posto ser decisiva para a aplicação ou do inciso I do art. 142 da Lei nº 8.112/90 ou do § 2º do mesmo dispositivo legal. O Supremo Tribunal Federal, no julgamento do MS 23.242, Rel. Min. Carlos Velloso, entendeu que os atos descritos no mencionado inciso XII (...) são tipificados no art. 317 do Código Penal (...), o que importa a aplicação, no processo disciplinar, dos prazos prescricionais previstos na lei penal, como estabelecido pelo § 2º do art. 142 da Lei nº 8.112/90. Tal circunstância em nada se modifica pelo fato de o inquérito policial que investiga, na esfera criminal, o impetrante não haver sido concluído, uma vez que as instâncias penal e administrativa são independentes" – (STF – MS 24.013, Relator: Ministro Ilmar Galvão, Órgão Julgador: Tribunal Pleno, Data do Julgamento: 31/03/2004, Data da Publicação/Fonte: DJ 01/07/05).

A Suprema Corte, aplicando o princípio da independência relativa entre as instâncias penal e administrativa, reconhece autonomia ao Estado-Administração para essa tipificação para fins disciplinares. Assim, incumbe à Autoridade competente deliberar se determinada conduta tida como transgressão funcional também constitui infração penal. Esse entendimento encontra-se em harmonia com o princípio constitucional da independência dos Poderes, sendo razoável conferir ao Poder Executivo, *a priori*, certa margem de liberdade para decidir se o ilícito disciplinar também se apresenta como um fato criminoso, aplicando, consequentemente, prazo prescricional diferenciado para o exercício da sua pretensão punitiva[733].

Do julgamento do Agravo Regimental na Ação Rescisória 2.603 - Distrito Federal, extraímos que nem mesmo o arquivamento do inquérito policial instaurado para apurar o crime correlato à trans-

---

733 Posteriormente, o STF reforçou tal entendimento, por ocasião do julgamento do agravo regimental na ação rescisória 2.603 - Distrito Federal - Ministro Dias Toffoli:
[...] AGRAVO REGIMENTAL EM RECURSO ORDINÁRIO EM MANDADO DE SEGURANÇA. PROCESSO ADMINISTRATIVO DISCIPLINAR. CONDUTA TAMBÉM TIPIFICADA COMO CRIME. PRAZO PRESCRICIONAL.
1. Capitulada a infração administrativa como crime, o prazo prescricional da respectiva ação disciplinar tem por parâmetro o estabelecido na lei penal (art. 109 do CP), conforme determina o art. 142 § 2º, da Lei nº 8.112/1990, independente da instauração de ação penal. Precedente: MS 24.013, Rel. para o acórdão Min. Sepúlveda Pertence.
(...) RELATÓRIO
(...) Com efeito, não há erro de fato no acórdão rescindindo, uma vez que a Primeira Turma desta Corte partiu do contexto fático já delineado pelo Tribunal de origem na ação matriz (MS nº 16.075/DF impetrado no Superior Tribunal de Justiça) para afirmar, em sede de agravo regimental nos autos RMS nº 31.506/DFm que o acórdão recorrido está em harmonia com o entendimento do Supremo Tribunal Federal, no sentido de que, estando as infrações disciplinares imputadas ao então impetrante também tipificadas como crime, aplica-se o prazo de prescrição da lei penal, conforme previsto no artigo 142 § 2], da Lei nº 8.112/1990, independentemente da instauração de ação penal.
(...) Com efeito, segundo o entendimento desta Corte, basta a capitulação da infração administrativa também como crime para que a prescrição da ação disciplinar seja regida pelo prazo prescricional previsto na lei penal .

gressão disciplinar torna inaplicável a utilização do *prazo penal na esfera disciplinar*[734].

A jurisprudência prestigia sobremaneira a já consagrada independência entre as instâncias administrativa e penal. Por óbvio, não se pode olvidar as hipóteses em que a absolvição do réu na ação penal extingue a sua responsabilidade administrativa, a teor, por exemplo, do artigo 126 da Lei n° 8.112/90: "*a responsabilidade administrativa do* agente público *será afastada no caso de absolvição criminal que negue a existência do fato ou a sua autoria*".

Cumpre assinalar que não é necessária manifestação prévia do Poder Judiciário ou do Ministério Público sobre a questão prescricional no âmbito penal. Repisa-se, por oportuno, que avaliar a ocorrência da prescrição sobre suposta falta funcional é poder-dever da Administração Pública, mormente porque se trata de matéria de ordem pública e tem que ser reconhecida de ofício pela autoridade competente.

Varoto[735] assevera que a Administração Pública pode reconhecer a prescrição da punibilidade administrativa de faltas disciplinares

---

734 *[...] Foi sob essa compreensão, dominante, à época da prolação do acórdão rescindendo – a qual, inclusive, prevalece até a presente data –, que se negou provimento ao agravo regimental contra decisão que negara seguimento ao recurso ordinário em mandado de segurança, RMS n° 31.506/DF, afastando-se as teses defendidas pelo então recorrente, ora autor, dentre elas, a de que o arquivamento do inquérito policial contra ele instaurado por insuficiência de provas ensejaria a aplicação da prescrição quinquenal às infrações a ele imputadas no processo administrativo (art. 142, § 1°, da Lei n° 8.112/90), porquanto a tese não encontra amparo legal, tampouco jurisprudencial.*
De fato, o arquivamento do inquérito policial instaurado contra o ora autor (IP n° 013/2000) não torna inaplicável o artigo 142, § 2°, da Lei 8.122/1990, *o qual estabelece in verbis: artigo 142. A ação disciplinar prescreverá: (...) § 2° Os prazos de prescrição previstos na lei penal aplicam-se às infrações disciplinares capituladas também como crime.*
Outrossim, a incidência da supracitada norma legal independe de ação penal tendente a apurar os mesmos fatos na esfera criminal, conforme jurisprudência desta Suprema Corte, sintetizada nos precedentes anteriormente transcritos.

735 VAROTO, Renato Luiz Mello. *Prescrição no processo administrativo disciplinar.* São Paulo: RT, 2007, p. 168/173.

também tipificadas como crimes na lei penal, independentemente de prévio pronunciamento do Poder Judiciário acerca da matéria.

E, na trilha dos mencionados julgados do STF, evidente que o Estado-Administração também pode não reconhecer a incidência da prescrição – mesmo não havendo sequer denúncia –, incumbindo-lhe, por conseguinte, determinar a imediata instauração de processo administrativo disciplinar.

Vale ressaltar que é possível que *o prazo prescricional penal a ser utilizado acabe sendo inferior ao prazo prescricional disciplinar*[736]. Como visto, a depender da fase em que se aplica o prazo prescricional penal na instância disciplinar, se antes ou depois do trânsito em julgado da ação penal condenatória, o prazo a se aplicar é da pena em abstrato (art. 109 do Código Penal) ou da pena em concreto (art. 110 do Código Penal), ainda que estes se revelem menores que o prazo prescricional estatutário. Contudo é válido destacar que havendo a aplicação da pena disciplinar com base na pena em abstrato, já que aplicada antes de ocorrer trânsito em julgado de condenação penal pelo mesmo fato, mesmo que, ao final do processo penal decorrente daquele fato, a pena em concreto tenha gerado um prazo prescricional menor, não se opera a retroação deste efeito na instância disciplinar[737].

---

736 Cf. Superior Tribunal de Justiça. MS nº 18.319/SC – 2004/0063557-5. Relatora: Ministra Laurita Vaz, julgado em 05/09/2006, publicado em 30/10/2006. Nestes mesmos termos, Parecer AGU nº JL-6, vinculante: *"78. Além disso, a visualização da desnecessidade de investigação policial para o emprego do art. 142, § 2º, da Lei nº 8.112/90 não traduz injustiça para o agente público faltoso. Isso porque a extensão dos prazos prescricionais penais é uma escolha legítima do legislador pautada na percepção de que as infrações administrativas também capituladas 2186 como crime são mais graves que as outras faltas disciplinares, o que recomenda a adoção de prazos prescricionais mais longos para aquelas. 79. Todavia, em algumas situações pode acontecer de a aplicação do § 2º do art. 142, do Estatuto dos Agentes públicos Federais resultar em prazo prescricional mais curto do que aquele previsto para o ilícito funcional no apropriado inciso do art. 142".*

737 Cf., STJ, RMS 13.395/RS, Rel. Min. Hamilton Carvalhido, Sexta Turma, DJ de 02/08/2004. Nestes mesmos termos, Parecer nº 4/2019/CNPAD/CGU/AGU: "Ementa: IV. Não cabe aplicação retroativa da extinção da punibilidade na esfera penal após o julgamento na esfera disciplinar".

Importante registrar, em complemento, que a regra da prescrição da transgressão administrativa disciplinar juntamente com o crime se aplica a todas as espécies de faltas funcionais (leves, médias ou graves) e respectivas penas (advertência, repreensão, suspensão, demissão e cassação de aposentadoria). Dessa forma, é possível, em tese, que a prescrição da infração penal seja menor que a da transgressão disciplinar.

Não raro, a Administração depara-se com casos em que a prescrição da infração penal ocorre em prazo menor que o previsto para a transgressão disciplinar. Por exemplo: a conduta ilícita do agente público, sob o enfoque administrativo, é passível de demissão, prescrevendo no prazo de 5 (cinco) anos. Caso a pena aplicada à infração penal correlata seja de até 2 (dois) anos, a prescrição criminal ocorrerá em 4 (quatro) ou 3 (três) anos, nos termos do art. 109, V e VI, do Código Penal. Em tal hipótese, deverá ser aplicada o prazo menor operado na esfera penal.

Em caso de crime contra a Administração Pública, o STJ assentou que o prazo prescricional para punição administrativa seria o da lei penal (pena em concreto), o que veio acarretar o reconhecimento da prescrição do direito de punir administrativo na espécie.

É possível que exista a possibilidade de, embora de forma excepcional e atípica, em um mesmo processo disciplinar conviverem (seja por conexão, seja continência) individualizados fatos distintos também capitulados como crimes, com diferentes prazos prescricionais. Nada impede que a *autoridade instauradora ou julgadora constante a extinção da punibilidade disciplinar de um ou dos dois fatos levando em consideração os prazos prescricionais penais.*

9.2.1 Prescrição da transgressão disciplinar correlata a de improbidade administrativa

Os atos de improbidade administrativa estão previstos nos artigos 9, 10 e 11 da Lei n° 8.429/91, também conhecida como Lei de Improbidade Administrativa (LIA). No seu artigo 12, estão elencadas as sanções aplicáveis ao sujeito responsável pelo ato de improbidade administrativa, ressaltando-se que elas serão infligidas independentemente do ressarcimento integral do dano patrimonial, se efetivo, e das sanções penais comuns e de responsabilidade, civis e administrativas previstas na legislação específica.

O que importa ser destacado aqui é exatamente a *independência* da chamada instância da improbidade administrativa com a instância administrativa disciplinar, uma vez que a prática de um ato de improbidade por parte de um agente público ensejará também uma transgressão disciplinar de natureza grave, a exemplo do disposto no artigo 132, da Lei n° 8.112/90, que dispõe das causas de demissão. [738]

Ressalta-se que a LIA sofreu recentes alterações por meio da Lei n° 14.230/2021, que modificou as regras de prescrição dos atos de improbidade administrativa. Assim sendo, é importante que seja analisado em que medida os novos prazos prescricionais previstos impostos pela novel lei irão refletir na esfera administrativa disciplinar.

Merece relevo, portanto, a reforma do capítulo VII, que trata de prescrição, notadamente o *caput* do artigo 23, da Lei n° 8.429/1992 que assim dispõe: *"A ação para a aplicação das sanções previstas* **nesta Lei** *prescreve em* **8 (oito) anos**, *contados a partir da ocorrência do fato ou, no caso de infrações permanentes, do dia em que cessou a permanência"*.

Ressalte-se que o legislador fez questão de dispor que o prazo prescricional de 8 (oito) anos refere-se às sanções previstas na Lei n° 8.429/1992, ou seja, aquelas previstas no seu artigo 12, I, II e III:

> I - *na hipótese do art. 9º desta Lei, perda dos bens ou valores acrescidos ilicitamente ao patrimônio, perda da função pública, suspensão dos direitos políticos até 14 (catorze) anos, pagamento de multa civil equivalente ao valor do acréscimo*

---

738 Nestes termos:
Art. 132. A demissão será aplicada nos seguintes casos:
I – crime contra a administração pública;
II – abandono de cargo;
III – inassiduidade habitual;
IV – improbidade administrativa [...]

patrimonial e proibição de contratar com o poder público ou de receber benefícios ou incentivos fiscais ou creditícios, direta ou indiretamente, ainda que por intermédio de pessoa jurídica da qual seja sócio majoritário, pelo prazo não superior a 14 (catorze) anos; (Redação dada pela Lei nº 14.230, de 2021)

II - na hipótese do art. 10 desta Lei, perda dos bens ou valores acrescidos ilicitamente ao patrimônio, se concorrer esta circunstância, perda da função pública, suspensão dos direitos políticos até 12 (doze) anos, pagamento de multa civil equivalente ao valor do dano e proibição de contratar com o poder público ou de receber benefícios ou incentivos fiscais ou creditícios, direta ou indiretamente, ainda que por intermédio de pessoa jurídica da qual seja sócio majoritário, pelo prazo não superior a 12 (doze) anos; (Redação dada pela Lei nº 14.230, de 2021)

III - na hipótese do art. 11 desta Lei, pagamento de multa civil de até 24 (vinte e quatro) vezes o valor da remuneração percebida pelo agente e proibição de contratar com o poder público ou de receber benefícios ou incentivos fiscais ou creditícios, direta ou indiretamente, ainda que por intermédio de pessoa jurídica da qual seja sócio majoritário, pelo prazo não superior a 4 (quatro) anos.

A nova redação da LIA ao tratar no artigo 23, § 1º, de causas de suspensão do curso do prazo prescricional, menciona a *"instauração de inquérito civil ou de processo administrativo"*. No entanto, não se pode deduzir que o legislador tenha se referido ao processo administrativo disciplinar, até porque no mesmo parágrafo encontramos a seguinte expressão: *"para apuração dos ilícitos referidos nesta Lei"*.

É cediço que o objeto do processo administrativo disciplinar é sempre uma transgressão disciplinar, que, por sua vez, pode também configurar um crime, um ilícito civil ou um ato de improbidade. Entretanto, diferentemente do que ocorre quando a falta disciplinar é capitulada também como crime, inexiste norma determinando a utilização dos prazos previstos na Lei de Improbidade Administrativa em processo administrativo disciplinar, que apura transgressão correlata. Assim, a Administração deve continuar adotando o *prazo quinquenal*, em obediência aos princípios da legalidade, taxatividade e da especialidade.

9.3 DO INÍCIO DO CURSO DO PRAZO PRESCRICIONAL À INSTAURAÇÃO DO PROCESSO DISCIPLINAR

A maior parte das leis estipula que o início do curso do prazo prescricional, diferentemente da instância penal[739], não é a data do cometimento do fato supostamente irregular, mas sim a data em que ocorre com a *configuração do conhecimento do fato*[740]. E, para não haver prescrição, a sindicância punitiva ou o processo disciplinar deve ser instaurado dentro desse prazo.

Porém pode existir em alguns textos legais a previsão de que o início do prazo ocorre na data da prática do ato. Diante dessa situação, é válido recorrer ao entendimento majoritário do Superior Tribunal de Justiça acerca da matéria. O STJ já decidiu em diversos julgados que o termo inicial do prazo prescricional começa a somente a partir da data em que o fato se tornou conhecido pela Administração, esposando tal entendimento na seguinte tese:

> 9. O termo inicial do prazo prescricional em processo administrativo disciplinar começa a correr da data em que o fato se tornou conhecido pela Administração, conforme prevê o art. 142, § 1º, da Lei nº 8.112/90 (Jurisprudência em Teses – Processo Administrativo Disciplinar 1).

---

739 Cf, Código Penal, art. 111. A prescrição, antes de transitar em julgado a sentença final, começa a correr: I – do dia em que o crime se consumou.

740 Cf. STF, Recurso Extraordinário nº 78.949: *"Ementa: Funcionário público. Falta disciplinar. Prescrição. 'Dies a quo'. Nas faltas que se subtraem, pelas circunstâncias do fato, ao conhecimento normal da administração, o prazo prescricional se inicia com a ciência da infração. Recurso extraordinário não conhecido".*

Nessa mesma linha de entendimento, o Superior Tribunal de Justiça publicou a Súmula 635, acrescentando que para o início do prazo prescricional em processo administrativo disciplinar, o fato tem que se tornar conhecimento pela autoridade competente para a abertura do procedimento administrativo, *litteris*:

> *Súmula 635 STJ: "Os prazos prescricionais previstos no art. 142 da Lei nº 8.112/1990 iniciam-se na data em que a autoridade competente para a abertura do procedimento administrativo toma conhecimento do fato, interrompem-se com o primeiro ato de instauração válido – sindicância de caráter punitivo ou processo disciplinar – e voltam a fluir por inteiro, após decorridos 140 dias desde a interrupção. (Julgado em 12/06/2019, DJe 17/06/2019)".*

A Súmula 635, publicada no DJe em 17/06/2019, veio a resolver uma controvérsia acerca do marco inicial da contagem do prazo prescricional, esclarecendo que o fato deve se tornar conhecido pela "*autoridade competente para a abertura do procedimento administrativo*".

Em relação ao conhecimento do fato, há uma grande dificuldade em estabelecer o momento em que esse conhecimento do fato fica realmente configurado e de quem se requer este conhecimento do fato.

Evidente que o conhecimento pela "*Administração Pública*" não engloba qualquer órgão e, evidentemente, *a ciência não é de qualquer* agente público, nem mesmo de quem exerce função de chefia, inserida ou não na via hierárquica, mas que não tenha poderes para deflagrar a apuração disciplinar. O conhecimento de supostas violações disciplinares por parte destes não é hábil para dar início à contagem do prazo prescricional. Incumbe-lhes apenas o dever de representar para a autoridade do órgão da Administração legal ou regimentalmente competente detentora do poder-dever de instaurar o processo, apurar o fato e, se for o caso, de punir o infrator. Portanto não basta qualquer autoridade tomar ciência da irregularidade, mas ela tem que ser competente para, pelo menos, deflagrar procedimento administrativo disciplinar e aplicar algum tipo de punição.

No passado, entendeu-se que a *"autoridade administrativa competente para instaurar o processo"* seria a autoridade hierarquicamente superior ao agente público, porque as instituições não dispunham de órgãos com estrutura de controle disciplinar especializada e o poder disciplinar era exercido em linha de hierarquia pela chefia imediata. Porém, após a criação de órgãos de controle disciplinar, passou-se a entender que o conhecimento do fato deveria se dar pela *autoridade com competência disciplinar*[741].

Frisa-se que o conhecimento da irregularidade pela autoridade competente não precisa ser, obrigatoriamente, pessoal. É possível que o conhecimento seja por intermédio de documento, devidamente autuado em órgão da Administração Pública, que chegue às mãos da autoridade competente.

Nessa senda, ainda paira uma controvérsia sobre uma eventual prescrição entre a ocorrência do fato e a ciência deste. Caso a Administração Pública tome conhecimento de um ilícito funcional após muito tempo (mais de 10 anos, por exemplo), haveria limite temporal para determinar sua apuração? Seria razoável admitir-se o início do curso do prazo prescricional apenas quando a Administração Pública tome conhecimento da falta disciplinar? E o princípio da estabilidade das relações jurídicas?

O Superior Tribunal de Justiça já decidiu[742] que o *termo inicial para contagem do prazo prescricional é o conhecimento do fato pela Administração*, mesmo que a autoridade administrativa só tenha determinado a apuração do ilícito administrativo após 14 (quatorze) anos da ocorrência do fato.

---

741 Cf., STJ, Segunda Turma, Ministro Relator Assusete Magalhães, Agravo Interno no Agravo em Recurso Especial nº 981.333/PI, DJ 08/03/2018; AgInt no AREsp 374.344/MG, Rel. Ministro Napoleão Nunes Maia Filho, Primeira Turma, DJe 05/03/2018; STJ, Agravo Interno no Recurso Especial nº 1.439.251/PR, Rel. Min Benedito Gonçalves, Primeira Turma, julg. 23/08/2018, pub. DJe 30/08/2018; Embargos de Declaração no Mandado de Segurança nº 11.493/DF, Rel. Ministro Nefi Cordeiro, Terceira Seção, julg. 09/05/2018, pub. DJe 15/05/2018.

742 Cf. STJ, Ag. Regimental no Recurso em MS nº29.547.

Não raro, as hipóteses de enriquecimento ilícito por parte de agentes públicos se tornam conhecidas pela Administração muito tempo depois de terem se efetivado, por meio de investigação patrimonial apta a realizar a perscrutação da evolução patrimonial em períodos pretéritos, às vezes mais de uma década. Como tese habitual, as defesas alegam prescrição da pretensão punitiva. Todavia, tem prevalecido que o marco inicial da prescrição ocorre quando a Administração detecta o enriquecimento ilícito por parte do agente público[743].

---

743 Por ocasião do julgamento do Agravo Regimental no Mandado de Segurança nº 19.524 do Distrito Federal, pelo Superior Tribunal de Justiça, a Ministra Relatora reforçou o entendimento daquela Corte no sentido de que o termo inicial do prazo prescricional do Processo Administrativo Disciplinar é a data do conhecimento inequívoco da infração pela autoridade competente para a instauração do processo administrativo disciplinar, inobstante o tempo decorrido, como adiante transcrito (sem destaque no original): "(...) *2. É firme o entendimento desta Corte de que o termo inicial do prazo prescricional do Processo Administrativo Disciplinar é a data do conhecimento inequívoco da infração pela autoridade competente para a instauração do processo administrativo disciplinar.* 3. O prazo prescricional, previsto no art. 142 da Lei nº 8.213/1991 não se inicia no momento em que qualquer agente público tenha conhecimento dos fatos, mas, sim, no momento em que a autoridade competente para a abertura do processo administrativo disciplinar toma ciência, logo, o fato de a agente públicoa ter apresentado declaração de IRPF retificadora em dezembro de 2003 e esclarecimentos ao Setor de Malha da DRF – Volta Redonda/RJ em março de 2004 não tem o condão de deflagrar o termo inicial da prescrição. 4. O conhecimento dos fatos pela autoridade coatora somente se perfectibilizou após a abertura da Auditoria Patrimonial (Portaria ESCOR07 nº 68/2006, de 17/03/2006 ? fls 64/68e). Ato contínuo, foi constituída a comissão de Sindicância Patrimonial, em 29/02/2008, sugerindo a instauração de processo administrativo disciplinar (fls.69 e 82/97), em 18/09/2009, que concluiu pela demissão da Acusada por suposta transgressão, em tese, ao disposto no inciso IV do art. 132 da Lei nº 8.112/1990 ? improbidade administrativa ? com a definição dada pelo art. 9º, VII, da Lei nº 8.429/1992 (fls. 98 e 132/289), impondo à agente públicoa a pena disciplinar de demissão, nos termos da Portaria nº 293, de 20/08/2012 (fl. 748). 5. Nesse contexto, observo não assistir razão à Impetrante, no que toca à suscitada prescrição da pretensão punitiva, quando ainda não ultrapassado o prazo prescricional de 5 anos, entre a ciência dos fatos e a instauração do processo administrativo disciplinar. 6. *Consoante o enunciado da Súmula nº 635 desta Corte, "os prazos prescricionais previstos no art. 142 da Lei nº 8.112/1990 iniciam-se na data em que a autoridade competente*

PRESCRIÇÃO

Não obstante todo esse entendimento sedimentado em relação ao *dies a quo* da marcha do prazo prescricional em relação às transgressões disciplinares, é chegada a hora de os regimentos jurídicos instituírem prazos razoáveis, em perspectiva, entre a data do fato e o momento da ciência pela autoridade competente. Não se pode admitir que o agente público fique *ad aeternum* sob a ameaça de vir a ser punido, tendo o direito sancionador como uma espécie de *espada de Dâmocles* sobre a sua cabeça.

Na maioria dos casos, o conhecimento do fato supostamente irregular imputado a um agente público ocorre por uma *provocação interna ou externa*. Por exemplo, alguma denúncia de um cidadão ou por uma representação de um outro agente público. Porém pode ocorrer do fato em razão de uma *apuração em trabalhos internos investigativos* ou por meio de *pesquisa em sistema interno*. Em tais casos – seja em razão de uma provocação interna ou externa à instituição, seja em razão de um trabalho interno sigiloso realizado *ex officio* pelo órgão de controle disciplinar –, o prazo prescricional somente começa a ser computado quando *autoridade competente inserida no sistema disciplinar tem ciência inequívoca do fato* tido como irregular.

Caso se trate de *notícia de irregularidades funcionais veiculada em mídia de expressão, circulação ou divulgação nacional ou regional*, presume-se o seu conhecimento por todos (em que se inclui a autoridade disciplinar) na data de sua publicação/divulgação. Contudo, caso a divulgação de notícia de suposta irregularidade ocorra em meios de comunicação de pequeno alcance ou de circulação geograficamente limitada ou ainda por meio de *sites* e páginas na *internet* ou por grupos de mensagem, para públicos restritos, não haverá

---

para a abertura do procedimento administrativo toma conhecimento do fato, interrompem-se com o primeiro ato de instauração válido – sindicância de caráter punitivo *ou* processo disciplinar – e voltam a fluir por inteiro, após decorridos 140 dias desde a interrupção. 7. Nos casos de variação patrimonial a descoberto, resta caracterizado o dolo genérico na conduta do agente público que não demonstre a licitude da evolução patrimonial constatada pela Administração, caracterizado pela falta de transparência do agente público. (omissis) *13. Agravo interno não provido".*

a presunção de ostensivo conhecimento, de modo que isso poderá não ser considerado o marco inicial da prescrição.

É digno de nota que, atualmente, pode existir um órgão de controle disciplinar central com *competência concorrente* com a denominada autoridade competente. É o caso da Corregedoria-Geral da União, que tem competência para apurar responsabilidade de agentes públicos por ilícitos praticados no âmbito da Administração Pública Federal, conforme dispõem a Lei nº 13.502/17 e os Decretos nº 5.480/05 e nº 8.910/16. Em casos como esse, e levando em consideração que é necessário existir um único prazo de prescrição para cada fato irregular, o marco inicial do prazo prescricional será a data em que tal fato se tornou conhecido pela primeira das duas entidades competentes.

No caso de *ilícito habitual*[744], o marco inicial do prazo de prescrição deste tipo de ilícito se renova a cada novo ato constituinte cometido de que a autoridade disciplinar venha a ter conhecimento.

Em relação aos *fatos novos*, inaugura-se, para cada um destes, um novo marco inicial do prazo prescricional, tendo seu termo inicial vinculado a seu específico conhecimento por parte da autoridade instauradora. Há apenas que se destacar que, se o fato novo for revelado no decorrer dos trabalhos da comissão processante de um processo disciplinar e tiver relação (conexão) com o fato em apuração, o prazo prescricional desse fato novo tem início a partir da data da ciência pela comissão. Por outro lado, caso o fato novo revelado no decorrer dos trabalhos da comissão não guarde conexão com os fatos em apuração, então o prazo da prescrição somente se considerará iniciado após ser levado ao conhecimento da autoridade instauradora. Então, é possível que em um processo disciplinar que se apure várias infrações conexas, o termo inicial da contagem do

---

744 Por exemplo, a violação do dever de ser assíduo e pontual ao serviço, estabelecido no inciso X do art. 116 da Lei nº 8.112, de 1990, ou as infringências às proibições de exercer atividade incompatível com o exercício do cargo e, mais relevantemente, de participar da gerência ou da administração de sociedades ou de exercer o comércio e de proceder de forma desidiosa (mas que também pode se amoldar ao conceito de ilícito continuado), estabelecidas nos incisos XVIII, X e XV do art. 117 da mesma Lei.

prazo prescricional se dê com o conhecimento parcelado de cada fato, autonomamente considerado. Assim, a prescrição de uma infração repercute necessariamente nas outras infrações em apuração.

Da mesma forma, se durante a apuração das irregularidades surgirem evidências de *envolvimento de outros agentes públicos*, o cálculo da prescrição deve ser analisado em razão do conhecimento de cada fato ligado por liame de conexão, isoladamente considerado.

No caso do *abandono de cargo*, entende-se que tal infração tem caráter permanente, e o prazo prescricional apenas se inicia a partir da cessação da permanência – ou seja, quando o agente público retorna ao serviço, levando em consideração que a intenção faltosa do agente público permeia não apenas o período mínimo configurador da infração (qual seja, de exatos e suficientes 31 dias consecutivos), mas também toda a extensão temporal em que o autor persevera ausente[745]. É possível, portanto, que se dê início ao processo disciplinar sem que se tenha configurado o início da contagem da prescrição. Ademais, o prazo prescricional para essa infração disciplinar, inexistindo apuração dos fatos na esfera criminal, seria o mesmo do da demissão[746]. Por outro lado, pode se configurar um dos três tipos do crime de abandono de função, permanecendo a prescrição penal de três, quatro ou oito anos, a depender da hipótese do art. 323 do CP.

Outro ponto importante sobre a configuração do conhecimento do fato envolve a possibilidade de o *conhecimento ser ainda muito incipiente*. Basta imaginar o recebimento de uma denúncia acusando de corrupção um agente público chamado João, que trabalha em determinada unidade da instituição. Em tal caso, faz-se necessário realizar uma *investigação preliminar* para permitir um *juízo de admissibilidade* mínimo, para verificação da existência de indícios da infração disciplinar noticiada e de sua autoria. Então, somente em momento posterior, quando a ilicitude já se encontra mais robus-

---

745 Cf. Parecer Vinculante nº GMF-6, aprovado em 18/09/17, da Advocacia-Geral da União (AGU).

746 Cf. Parecer nº 02/2017, aprovado em 09/04/19, da comissão Permanente de Procedimentos Disciplinares – CPPAD, órgão integrante da Consultoria--Geral da União.

tamente identificada, é que se pode afirmar estar diante de efetivo conhecimento da infração.

Caso se verifique o *transcurso do prazo prescricional antes da instauração do processo*, com a extinção da punibilidade, ainda assim pode a Administração instaurar o processo disciplinar para apuração dos fatos[747], considerando a possibilidade de descobrimento de outros ilícitos mais graves, ou, por exemplo, a necessidade de ressarcimento ao erário. Por outro lado, pode deixar de instaurar o processo disciplinar cuja punibilidade já se sabe extinta pela prescrição[748].

É possível que, após a ciência de um ilícito, a autoridade julgadora, entendendo que a pena aplicável seria de demissão, instaure um processo disciplinar, *a priori* de forma tempestiva. Porém, após a instrução processual, a autoridade julgadora pode entender que é caso de suspensão (que tem um prazo menor do que o prazo para demissão). Nesse caso, a punibilidade da pena de suspensão já se encontrar-se-ia extinta desde antes da instauração. Então, nesse caso, cabe à autoridade julgadora reconhecer a extinção da punibilidade e arquivar o processo disciplinar, se não houver interesse em prosseguir para apurar outros fatos.

É importante dizer que, havendo a declaração administrativa ou judicial da nulidade da instauração da sindicância disciplinar ou

---

747 Cf. Nota Decor/CGU/AGU nº 163/2008-PCN: "*31. Face ao exposto, conclui-se que a prescrição da pretensão punitiva da Administração Pública Federal não constitui causa prejudicial à instauração de Processo Administrativo Disciplinar para fins de apurar infração funcional imputada a agente público. 33. Caso a infração seja capitulada como crime, deverão os autos ser remetidos para o Ministério Público, a fim de que adote as providências cabíveis (art. 172, da Lei nº 8.112/90). Constatado dano ao erário ou a terceiros, os autos deverão ser encaminhados ao órgão responsável para o ajuizamento da competente ação ordinária, face à imprescritibilidade da ação de responsabilização do agente público (art. 37, § 5º, da Constituição Federal e art. 122, da Lei nº 8.112/90)*".

748 Cf. Enunciado CGU/CCC nº 4, de 2011, publicado no DOU de 05/05/2011, seção 1, página 22: "*Prescrição. Instauração. A Administração Pública pode, motivadamente, deixar de deflagrar procedimento disciplinar, caso verifique a ocorrência de prescrição antes da sua instauração, devendo ponderar a utilidade e a importância de se decidir pela instauração em cada caso*".

do processo administrativo disciplinar, é como se ela nunca tivesse existido e, portanto, nunca interrompeu o prazo prescricional[749]. Se já transcorrido o prazo prescricional, tendo em vista a data do conhecimento do fato, está extinta a punibilidade.

9.4 INTERRUPÇÃO DO PRAZO PRESCRICIONAL E A RETOMADA DA CONTAGEM

A *instauração do processo disciplinar interrompe a contagem*[750] e o prazo prescricional retorna à estaca zero, desprezando-se todo o tempo transcorrido entre o conhecimento do fato e a instauração do processo disciplinar.

---

749 Cf. STF, Recurso Ordinário em Mandado de Segurança n° 24.129/DF, Rel. Ministro Joaquim Barbosa, Segunda Turma, DJ 30/04/2012: *"A anulação do processo administrativo original fixa como termo inicial do prazo a data em que o fato se tornou conhecido e, como termo final, a data de instauração do processo válido. Precedentes."* No mesmo sentido, STJ, Enunciado da Sumula n° 635 *'na data em que a autoridade competente para a abertura do procedimento administrativo toma conhecimento do fato, interrompem-se com o primeiro ato de instauração válido – sindicância de caráter punitivo ou processo disciplinar – e voltam a fluir por inteiro, após decorridos 140 dias desde a interrupção"*; STJ, Mandado de Segurança n° 13.242/DF, Rel. Ministro Napoleão Nunes Maia Filho, Terceira Seção, DJe 19/12/2008: *"3. (...) a anulação do Processo Administrativo implica na perda da eficácia de todos os seus atos, e no desaparecimento de seus efeitos do mundo jurídico, o que resulta na inexistência do marco interruptivo do prazo prescricional (...), que terá como termo inicial, portanto, a data em que a Administração tomou conhecimento dos fatos. 4. Transcorridos mais de cinco anos entre o conhecimento da existência de falta pela autoridade competente e a instauração do segundo Processo Administrativo Disciplinar (que declarou a nulidade do primeiro), deve ser reconhecida a prescrição da pretensão punitiva do Estado"*; STJ, Agravo Regimental no Mandado de Segurança n° 13.242/DF, Rel. Ministro Napoleão Nunes Maia Filho, Terceira Seção, DJe 26/08/2008: *"Anulado o Processo Administrativo Disciplinar, desaparecem seus efeitos do mundo jurídico, não obstante sejam aproveitadas as provas produzidas em seu bojo. Nesse sentido, a pretensa interrupção do prazo de prescrição inexistiu".*

750 Cf., em âmbito federal, Lei n° 8.112, de 1990 - Art. 142. § 3° *"A abertura de sindicância ou a instauração de processo disciplinar interrompe a prescrição, até a decisão final proferida por autoridade competente".*

No entanto, não é qualquer processo disciplinar que enseja a interrupção. Em âmbito federal, por exemplo, a abertura de uma investigação preliminar ou de qualquer outro procedimento investigativo, como uma sindicância inquisitorial, ou para realizar um juízo de admissibilidade não tem o condão de interromper a prescrição. Em tal caso, *o prazo somente se interrompe quando é instaurado uma sindicância disciplinar ou o processo administrativo disciplinar*[751]. Trata-se também do entendimento do Superior Tribunal de Justiça[752]. Esse entendimento decorre do fato de que somente os processos que atendem aos princípios constitucionais do contraditório e da ampla defesa podem ensejar a interrupção do prazo.

Outro ponto a destacar é que *a interrupção ocorre uma única vez*, sendo considerado para esse fim apenas o primeiro procedimento disciplinar com contraditório validamente instaurado. Portanto, a conversão de uma sindicância disciplinar em processo administrativo disciplinar não tem o condão de interromper novamente o prazo pres-

---

751   Cf. Enunciado CGU/CCC nº 1, de 2011, publicado no DOU de 5/5/11, seção 1, página 22: *"Prescrição. Interrupção. O processo administrativo disciplinar e a sindicância acusatória, ambos previstos pela Lei nº 8.112/90, são os únicos procedimentos aptos a interromper o prazo prescricional".* No mesmo sentido, Cf. STJ, Recurso Ordinário em Mandado de Segurança nº 10.316: *"A sindicância que interrompe o fluxo prescricional é aquela realizada como meio sumário de apuração de faltas e aplicação de penalidades outras que não a demissão, e não o procedimento meramente apuratório e esclarecedor de fatos, desprovido do contraditório e da ampla defesa e que não dispensa a posterior instauração do processo administrativo"*; STJ, Agravo Regimental em Mandado de Segurança nº 13.072: *"A sindicância só interromperá a prescrição quando for meio sumário de apuração de infrações disciplinares que dispensam o processo administrativo disciplinar. Quando, porém, é utilizada com a finalidade de colher elementos preliminares de informação para futura instauração de processo administrativo disciplinar, esta não tem o condão de interromper o prazo prescricional para a administração punir determinado agente público, até porque ainda nesta fase preparatória não há qualquer acusação contra o agente público".*

752   Cf. Súmula 635-STJ: Os prazos prescricionais previstos no art. 142 da Lei nº 8.112/1990 iniciam-se na data em que a autoridade competente para a abertura do procedimento administrativo toma conhecimento do fato, interrompem-se com o primeiro ato de instauração válido - sindicância de caráter punitivo ou processo disciplinar - e voltam a fluir por inteiro, após decorridos 140 dias desde a interrupção.

cricional. Da mesma forma, a redesignação da comissão processante ou a designação de outra, para prosseguir na apuração dos mesmos fatos, também não interrompe, de novo, o curso da prescrição.

Para a interrupção da prescrição, a instauração do procedimento não pode conter nenhum vício que possa vir a acarretar sua nulidade.

Importante dizer que o prazo prescricional não volta a contar do zero de imediato nem permanece interrompido indefinidamente. A instauração do processo mantém a contagem *interrompida por um determinado período*. Normalmente, a lei estabelece um prazo para ser encerrado o procedimento, mas não impede que, em caso de extrapolação, o processo disciplinar tenha continuidade. De todo modo, entende-se que esse seria um prazo razoável para finalização do procedimento. Se esse prazo exauriu e, por diversos motivos, o procedimento disciplinar protrai-se no tempo, entende-se que a partir de então começa a correr novamente o prazo prescricional do zero.

Então, em âmbito federal, faz-se uma análise dos prazos previstos na Lei nº 8.112/90, para alcançar o prazo razoável do processo administrativo disciplinar[753], de 140 dias (60+60+20)[754]. Nesse ponto, é possível mencionar o teor da tese 4, da edição 5 - Jurisprudência em Teses do STJ (Processo Administrativo Disciplinar II): *"[...] 4) O prazo prescricional interrompido com a abertura do Processo Administrativo*

---

753 Cf. STF, Agravo Regimental no Recurso Ordinário em Mandado de Segurança nº 33.989/DF, Rel. Ministro Luiz Fux, Primeira Turma, DJe 08/06/2020; STF, Recurso Ordinário em Mandado de Segurança nº 23.436-2/DF, cujo Relator foi o Ministro Marco Aurélio; STF, Mandado de Segurança nº 22.728-1/PR, publicado no Diário da Justiça de 13/11/1998, Rel. Ministro Marco Aurélio; STJ, Mandado de Segurança nº 144.446/DF, cujo Relator foi o Ministro Napoleão Nunes Maia Filho; STJ, Recurso em Mandado de Segurança nº 19.609/SP, tendo como Relatora a Ministra Laurita Vaz e cuja decisão foi publicada no Diário de Justiça de 12/12/2009; STJ, Mandado de Segurança nº 23.464/DF, Rel. Ministro Mauro Campbell Marques, Primeira Seção, DJe 13/12/2019.

754 No caso, o artigo 152 da Lei nº 8.112/90 dispõe que o *"prazo para a conclusão do processo disciplinar não excederá 60 (sessenta) dias, contados da data de publicação do ato que constituir a comissão, admitida a sua prorrogação por igual prazo, quando as circunstâncias o exigirem"*. Ademais, de acordo com o art. 167, *"no prazo de 20 (vinte) dias, contados do recebimento do processo, a autoridade julgadora proferirá a sua decisão"*.

Disciplinar – processo administrativo disciplinar voltará a correr por inteiro após 140 dias, uma vez que esse é o prazo legal para o encerramento do procedimento". No caso da sindicância acusatória, aponta-se, neste mesmo sentido, o prazo de 80 dias (30+30+20). No caso de processo administrativo disciplinar submetido ao rito sumário, chega-se ao prazo de 50 dias (30+15+5).

Assim, durante esses prazos, o prazo prescricional ficará estagnado. Porém, a partir do término do prazo legal para a conclusão do respectivo processo disciplinar, sem que o procedimento tenha alcançado seu fim, então a contagem do prazo de prescrição volta a transcorrer, de seu início.

Então, levando em conta o prazo da lei federal, verifica-se que, no caso da sindicância punitiva, o prazo volta a transcorrer, de seu início, a partir do 81º dia após a referida instauração. No processo administrativo disciplinar de rito ordinário, o prazo volta a transcorrer, de seu início, a partir do 141º dia após a referida instauração. No processo administrativo disciplinar de rito sumário, o prazo volta a transcorrer, de seu início, a partir do 51º dia após a referida instauração. A partir de então, inicia-se o prazo prescricional associado à pena, que, no âmbito federal, pode ser de 180 dias, 2 anos ou 5 anos[755].

---

755 Assim sendo, em caso de advertência, a portaria de punição deve ser publicada: em 260 (80 + 180) dias da instauração da sindicância disciplinar; ou em 320 (140 + 180) dias da instauração do processo administrativo disciplinar em rito ordinário; ou em 230 (50 + 180) dias da instauração do processo administrativo disciplinar em rito sumário. Em caso de suspensão de até trinta dias, a portaria de punição deve ser publicada: em dois anos e oitenta dias da instauração da sindicância disciplinar; ou em dois anos e 140 dias da instauração do processo administrativo disciplinar em rito ordinário; ou em dois anos e cinquenta dias da instauração do processo administrativo disciplinar em rito sumário. Em caso de suspensão superior a trinta dias, a portaria de punição deve ser publicada: em dois anos e oitenta dias da instauração da sindicância disciplinar posteriormente convertida em processo administrativo disciplinar (caso em que não há nova interrupção e não se conta com a suspensão da contagem de 140 dias do PAD); ou em dois anos e 140 dias da instauração do processo administrativo disciplinar em rito ordinário; ou em dois anos e cinquenta dias da instauração do processo administrativo disciplinar em rito sumário. Em caso de demissão, a portaria de punição deve ser publicada: em cinco anos e oitenta dias da instauração da sindicância

Vale destacar que os prazos devem ser contados da maneira como se encontram na lei, em dias ou anos. Portanto não é possível "converter" tudo para dias ou tudo para anos[756].

Diante desses conceitos, resta uma indagação: se o curso do prazo prescricional já tiver sido interrompido pela instauração da sindicância administrativa disciplinar (de cunho acusatório) e, porventura, essa SAD ensejar a instauração de um processo administrativo disciplinar, haverá uma nova interrupção?

Entendemos que, pela interpretação literal dos dispositivos mencionados, não resta dúvida de que somente a instauração da SAD *ou* do processo administrativo disciplinar tem o condão de interromper o curso do prazo prescricional. No entanto, esse cur-

---

disciplinar posteriormente convertida em processo administrativo disciplinar (como dito, não há nova interrupção e não se conta com a suspensão da contagem de 140 dias do PAD); ou em cinco anos e 140 dias da instauração do processo administrativo disciplinar em rito ordinário; ou em cinco anos e cinquenta dias da instauração do processo administrativo disciplinar em rito sumário. Acrescente-se que a Lei n° 8.112/90 estabelece outros prazos para o processo administrativo disciplinar no rito sumário: (acumulação ilegal de cargo, prevista no artigo 133 e abandono de cargo, previsto no artigo 140). Art. 133 (...) § 7° - O prazo para conclusão do processo administrativo disciplinar submetido ao rito sumário não excederá trinta dias, contados da data de publicação do ato que constituir a comissão, admitida a sua prorrogação por até quinze dias, quando as circunstâncias o exigirem. Art. 133. (...) § 4° - No prazo de cinco dias, contados do recebimento do processo, a autoridade julgadora proferirá sua decisão, aplicando-se, quando for o caso, o disposto no § 3° do art. 167. Com base nessas informações, temos o seguinte: 30 (prazo inicial) + 15 (prazo de prorrogação) + 5 (prazo de julgamento) = 50 dias. No caso dos agentes públicos vinculados ao Poder Executivo do Estado do Rio de Janeiro, deve-se observar que em se tratando de abandono de cargo, o prazo para conclusão do inquérito administrativo seguirá também o rito sumário, como se depreende do artigo 68 § 3° do Decreto-Lei n° 220/75, litteris: § 3° - Em se tratando de abandono de cargo o inquérito deverá estar concluído no prazo de 60 dias, contados a partir da chegada dos autos à Comissão, prorrogáveis por 2 (dois) períodos de 30 (trinta) dias cada um, a juízo do Secretário de Estado de Administração, ou seja: 60 + 30 + 30 + 10 = 130 dias.

756 Cf. o disposto no artigo 66, § 3° da Lei n° 9.784/99, segundo o qual "*os prazos fixados em meses ou anos contam-se de data a data. Se no mês de vencimento não houver o dia equivalente àquele do início do prazo, tem-se como termo o último dia do mês*".

so só pode ser interrompido uma única vez, como revela a própria conjunção alternativa utilizada no texto legal: *"(...) abertura de sindicância __ou__ a instauração de processo disciplinar".* Até porque seria extremamente prejudicial ao agente público sindicado ou processado se fosse adotado entendimento diverso.

A Lei nº 5.427/2009, do Estado do Rio de Janeiro, dispõe ainda sobre a hipótese de prescrição intercorrente, a qual, em regra, não encontra arrimo nos Decretos 220/75 e 218/75, *litteris*[757].

Nesse ponto, a lei mencionada se mostra mais benéfica para o administrado. Entretanto o previsto no § 4º do mesmo artigo, ao dispor sobre as causas de interrupção do prazo prescricional, mostra-se menos favorável para o processado, *in verbis: "§ 2º Interrompe-se a prescrição: I- pela notificação do indiciado ou acusado, inclusive por meio de edital; II - por qualquer ato inequívoco, que importe apuração do fato; III - pela decisão condenatória recorrível".*

No tocante às normas atinentes ao regime jurídico de agentes públicos, ressalta-se que na ausência de regulamento próprio, os entes federativos podem se valer das disposições do regime jurídico dos agentes públicos civis da União, das autarquias e das fundações públicas federais, com supedâneo no entendimento do Superior Tribunal de Justiça que pacificou o seguinte entendimento: *"A Lei Federal nº 8.112/90, em alguns casos, poderá ser utilizada, subsidiariamente, nos processos administrativos disciplinares estaduais".*

Ademais, embora a aplicação da sanção administrativa seja matéria reservada à autoridade julgadora, recomenda-se à comissão processante ou à autoridade sindicante abordar a prescrição no relatório, reservando a decisão à autoridade competente. Ainda convém ao trio processante, bem como à autoridade sindicante, alertar a autoridade acerca da possibilidade de ocorrência de prescrição em data futura próxima.

---

757 Art. 74, § 1º. Incide a prescrição no procedimento administrativo paralisado por mais de três anos, pendente de julgamento ou despacho, cujos autos serão arquivados de ofício ou mediante requerimento da parte interessada, sem prejuízo da apuração da responsabilidade funcional decorrente da paralisação, se for o caso.

9.5 SUSPENSÃO DO PRAZO PRESCRICIONAL

A suspensão do prazo prescricional é a paralisação do prazo em determinado momento. É um "congelamento" do prazo no estado em que se encontra. E, diferentemente da interrupção, o prazo não é contado novamente do zero. Diversamente da *interrupção* – que implica a recontagem integral do tempo –, a *suspensão* do curso da prescrição enseja apenas, como sugere o vocábulo, a paralisação do tempo necessário à ocorrência do fenômeno prescricional em certo estágio. Em síntese, a *interrupção* faz com que o prazo seja contado a partir do zero novamente, enquanto a *suspensão* "congela" o prazo prescricional do ponto em que se encontra.

Trata-se, porém, de uma hipótese que depende de uma decisão judicial expressa nesse sentido. Normalmente, decorre da obtenção, por parte de um agente público acusado em processo disciplinar, entendendo que seus direitos não estão sendo garantidos, de uma decisão liminar para suspender a tramitação do processo. Apenas após a reforma da decisão é que cessará a suspensão do processo disciplinar, e, consequentemente, o curso do prazo prescricional voltará a prosseguir do ponto em que havia sido paralisado[758].

Vale destacar que, não havendo decisão judicial expressa no sentido de suspender o curso do processo disciplinar, não pode a autoridade julgadora nem a comissão processante suspender. Por

---

758 Cf, STF, Recurso Ordinário em Mandado de Segurança nº 37.117/DF, Rel. Ministro Ricardo Lewandowski, DJe 29/9//2020; STJ, MS nº 13385/DF. Relator: Ministro Felix Fisher, publicado em 24/06/2009; Parecer nº 3/2018/CPPAD/CGU/AGU: *"A ordem judicial de suspensão da investigação ou do processo administrativo disciplinar suspende o fluxo do prazo prescricional, antes ou depois da sua instauração, durante o período em que a referida decisão produziu efeitos, retomando-se a contagem, pelo prazo restante, quando cessada a suspensão. A autoridade administrativa deverá intimar o agente público investigado/acusado do início da suspensão, bem como da retomada do fluxo do prazo prescricional. Assim, a despeito de não haver regra expressa na Lei nº 8.112, de 1990, é curial entendermos que a ordem judicial de suspensão do processo administrativo disciplinar deve repercutir diretamente no prazo prescricional daquele, suspendendo-se, pois, também o seu transcurso, enquanto mantida a suspensão por ordem judicial do processo administrativo disciplinar".*

exemplo, se o agente público acusado obtém uma decisão judicial que somente impõe o refazimento de um determinado ato, sem impor a paralisação dos trabalhos, não há que se falar em suspensão do processo disciplinar.

Importante registrar que não há qualquer outra possibilidade de suspensão do prazo prescricional, mesmo que ocorra, por decisão administrativa, a suspensão do processo disciplinar. Por exemplo, pode ocorrer de a comissão processante suspender o processo disciplinar em razão da licença médica do acusado, em razão de estratégias procrastinatórias, evasivas e omissivas da defesa que impedem o comparecimento do acusado ao processo, em razão de uma incapacidade logística, técnica ou operacional para realização de qualquer ato de instrução probatória. Porém nada disso pode suspender o prazo prescricional.

9.6 PRESCRIÇÃO DA PRETENSÃO EXECUTÓRIA DA SANÇÃO DISCIPLINAR

Malgrado já termos estudado profundamente a prescrição da pretensão punitiva no âmbito do processo administrativo disciplinar, o que se pretende aqui é tratar da existência ou não da *pretensão executória* da sanção disciplinar.

Traçando um paralelo com o Direito Penal, temos que a prescrição da pretensão executória é uma espécie de prescrição que é calculada sobre a pena definitiva imposta ao réu, com previsão no artigo 110 do CP. Assim sendo, podemos afirmar que a prescrição da pretensão executória consiste na perda do direito de punir do Estado, levando-se em conta a pena aplicada na sentença condenatória, mas ainda não executada, em virtude de determinado lapso temporal, tendo como base a pena concreta, como dispõe o artigo 110, § 1º, do Código Penal.

O artigo 112 do CP dispõe que o marco inicial da prescrição da pretensão executória é o trânsito em julgado para a acusação. Com a sentença penal condenatória transitada em julgado, surge para o Estado o direito de impor concretamente a sanção estabelecida pelo Poder Judiciário. Porém o exercício desse direito não pode ser eterno, uma vez que a lei previu um lapso temporal durante o qual a execução poderá ser implementada, sob pena de extinção da punibilidade pela prescrição da pretensão executória. O prazo prescricional executório é determinado em função da quantidade e espécie da pena concretamente imposta na sentença condenatória transitada em julgado, não sendo levadas em consideração eventuais causas de agravantes ou atenuantes.

Questão de relevância que vem suscitando constantes questionamentos na esfera do processo administrativo disciplinar, diz respeito à existência, ou não, da *prescrição da pretensão executória* na sanção administrativa. Não raro, apesar de a sanção administrativa ter sido publicada nos órgãos oficiais, sua efetivação não se concretiza, em face da inércia da administração.

Por óbvio, após a conclusão do processo administrativo disciplinar, em que a autoridade competente venha a aplicar determina sanção administrativa, de qualquer espécie, são necessárias outras providências materiais no sentido de executar a punição, notadamente do desconto em folha de pagamento no caso de suspensão ou o próprio desligamento do agente público no caso de demissão ou a cassação de aposentadoria.

Indaga-se: estaria a Administração sujeita a prazos prescricionais para a execução de tais medidas?

O ordenamento jurídico pátrio não traz a previsão de prazo a ser observado para a execução da penalidade aplicada. No Direito Disciplinar brasileiro, somente há prescrição da falta disciplinar, não havendo nenhum regime disciplinar, entre nós, que regulamente a prescrição da pena imposta. A prescrição executória, expressamente prevista no ordenamento português, não é prevista no ordenamento brasileiro.

Desse modo, por ausência de previsão legal, é comum o entendimento de que a pretensão executória da pena disciplinar não prescreve. Por outro lado, não se pode olvidar que o direito de punir agentes públicos sujeita-se a prazos fatais que, uma vez extrapolados, fazem prescrever a prerrogativa decorrente do poder disciplinar. A Administração Pública deve observar, no mínimo, o prazo prescricional da pretensão punitiva, de acordo com a natureza e gravidade da sanção –

2 (dois) anos para a punição de suspensão e 5 (cinco) para a demissão, cassação de aposentadoria ou disponibilidade. Caso contrário, estaríamos diante de séria violação do princípio da proteção da confiança legítima e, consequentemente, da segurança jurídica.

10 TÓPICOS ESPECIAIS DO DIREITO ADMINISTRATIVO DISCIPLINAR CONTEMPORÂNEO

10.1 CONSENSUALIDADE E PROCESSO DISCIPLINAR

A autocomposição, no âmbito da justiça consensual[759], é uma espécie de resolução de conflito em que não há imposição da vontade ou subjugação de uma das partes/interessados, mas o estabelecimento de condições estabelecidas e acordadas entre as partes. As soluções consensuais ocorrem à medida que uma das partes consente espontaneamente em sacrificar interesse próprio em favor do interesse adverso, com vistas a dar fim à contenda. A doutrina aponta três modalidades de autocomposição (*transação, renúncia e submissão*).

A utilização de instrumentos consensuais de solução de conflitos no Direito Administrativo Sancionador tem sido um dos relevantes desafios jurídicos da atualidade, seja na esfera penal, cível ou administrativa, daí a importância de analisarmos as recentes modificações legislativas acerca do tema, com vista à sua aplicação no âmbito do processo administrativo disciplinar.

No âmbito do Direito Público, a Lei nº 8.078/90 (Código de Defesa do Consumidor) inseriu o parágrafo 6º no artigo 5º da Lei nº 7.347/85, possibilitando a celebração de compromisso de ajustamen-

---

759   Na justiça consensual, uma das partes aceita, expressa ou tacitamente, a proposta de um acordo, ou seja, a solução dá-se pela adesão, por ação ou por silêncio, às propostas de acordos. Na justiça negociada, os acordos são bilateralmente construídos. Cf. SALGADO, Daniel Resende, Luis Felipe Schneider Kircher e Ronaldo Pinheiro de Queiroz. *Justiça consensual: acordos penais, cíveis e administrativos*. São Paulo: Ed. Juspodivm, 2022.

to de conduta às exigências legais, com a natureza jurídica de título executivo extrajudicial, na busca da eficiência, celeridade e resolução de conflitos na seara dos direitos difusos e coletivos, *in verbis*:

> *Art. 5° [...] § 6° Os órgãos públicos legitimados poderão tomar dos interessados compromisso de ajustamento de sua conduta às exigências legais, mediante cominações, que terá eficácia de título executivo extrajudicial. (sem destaque no original).*

O aludido termo de ajustamento de conduta é um instrumento jurídico, que pode ser conceituado também como acordo, ato negocial e/ou contrato entre as partes, por meio do qual o Ministério Público e demais órgãos públicos legitimados à propositura de ação civil pública propõem ao violador de determinados direitos ou interesses coletivos ou difusos o compromisso de adequarem à legislação vigente, a fim de evitar a propositura da ação judicial.

Em regra, o termo de ajustamento de conduta de que trata o artigo 5°, § 6° da Lei n° 7.347/85 é proposto durante uma investigação, no curso de um inquérito civil ou de qualquer outro procedimento preparatório, justificado pela existência de lesão ou ameaça de lesão a um direito ou interesse tutelado pelo Ministério Público, como, por exemplo, defesa do consumidor, do meio ambiente, da saúde, da educação, da infância e juventude, entre outros.

À guisa de exemplo, o Estatuto da Criança e do Adolescente (Lei n° 8.069/90) também prevê no artigo 211 que os órgãos públicos legitimados poderão tomar dos interessados compromisso de ajustamento de conduta às exigências legais, o qual terá eficácia de título executivo extrajudicial.

Na tutela coletiva do meio ambiente, o TAC possibilita a solução de conflitos no âmbito administrativo, eliminando a demanda por ações judiciais ou, em casos de demandas judiciais em curso. Tal instituto também pode ser utilizado como forma de acelerar o processo decisório e garantir tanto a recuperação mais rápida dos

TÓPICOS ESPECIAIS DO DIREITO ADMINISTRATIVO DISCIPLINAR CONTEMPORÂNEO

danos ambientais quanto a retomada das atividades de produção do empreendimento com as adequações ambientais necessárias[760].

Pontua-se que, no termo de ajustamento de conduta firmado pelo investigado ou acusado junto ao Ministério Público, exige-se o cumprimento de determinadas condições negociadas entre as partes como contrapartida ao não oferecimento da denúncia criminal.

Passando para o campo do direito penal, reiteramos que a Lei n° 9.099/95 inaugurou um modelo de justiça negocial, trazendo como novidades os institutos da transação penal e da suspensão condicional do processo, no contexto dos delitos de menor potencial ofensivo[761].

A transação penal é um instituto negocial que impõe condições restritivas de direito ou multa, quando os fatos forem tipificados como infrações penais de menor potencial ofensivo. Em tais casos, é dispensado o desenvolvimento do processo em razão de manifesta vontade do órgão de acusação e do autor do fato. Tem-se que a aceitação da transação penal não exige a confissão ou o reconhecimento da culpa e tampouco implica reincidência.

A suspensão condicional do processo, a seu turno, implica a possibilidade de que, nas infrações penais de menor potencial ofensivo – cuja pena mínima cominada seja igual ou inferior a um ano, o Ministério Público proponha a suspensão do processo por dois ou quatro anos, desde que estejam presente os requisitos na Lei n° 9.099/95.

Outro instituto que nos interessa destacar é o acordo não persecução penal (ANPP) trazido pela Lei n° 13.964/2019, chamada de Pacote Anticrime, que alterou o Código de Processo Penal inserindo o artigo 28-A, ampliando a consensualidade por meio de acordo

---

760 GARCIA; ALVES, 2011, p. 246.

761 GRINOVER, Ada Pelegrini *et al. Juizados Especiais Criminais: comentários à Lei n° 9.099, de 26.09.1995* - 4. ed. rev. e ampl. -São Paulo: Editora Revista dos Tribunais, 2002, p. 179.

para os delitos de médio potencial ofensivo, cuja pena mínima em abstrato não ultrapasse quatro anos.

O acordo de não persecução penal consiste em negócio jurídico celebrado no âmbito de uma investigação criminal ou de uma ação penal em que ainda não houve recebimento de denúncia, sendo a proposta do Ministério Público aceita pelo investigado/acusado, será a mesma levada ao juiz competente alvitrando a homologação.

Quando o investigado/acusado adere ao acordo de não persecução penal, ele não está transacionado com o Ministério Público, mas sim se submetendo às medidas reparatórias indicadas pelo Órgão Acusador, como a recomposição de danos à vítima, a renúncia a bens ou direitos auferidos como produto de crime, a prestação de serviços à comunidade ou outras condições proporcionais e compatíveis com o ato praticado[762].

Tanto o acordo de não persecução penal quanto a transação penal são alternativas ao início da ação penal pela via negocial, enquanto a suspensão condicional do processo se dá após o recebimento da denúncia, ou seja, com a relação processual já instaurada.

Dessarte, o chamado *direito negocial ou consensual,* que já era uma realidade no direito civil, também se consolidou no direito penal. Os institutos previstos na Lei nº 9.099/95 e o ANPP contribuem para desafogar o judiciário, evitando desnecessárias deflagrações de processos de longa duração e de alto custo para os cofres públicos.

Apesar de toda essa evolução verificada no âmbito do Direito Civil e também no Direito Penal, demorou para se efetivar a consensualidade no âmbito do Direito Administrativo Sancionador, inclusive na seara da improbidade administrativa. Até bem pouco tempo, o artigo 17 da Lei nº 8.429/92, por exemplo, vedava expressamente a transação, o acordo ou conciliação nas ações de improbidade administrativa, justificado na preservação do interesse público e da sua indisponibilidade, pilares do Direito Administrativo.

---

762 GUIMARÃES, Deocleciano Torrieri; atualização de Ana Claudia Schwenck dos Santos. *Dicionário jurídico.* 27. ed. São Paulo: Rideel, 2023.

Ocorre que, como já mencionado anteriormente, a Lei n° 13.964/2019 (Pacote Anticrime) revogou o supramencionado dispositivo, anunciando a possibilidade do *acordo de não persecução cível*, que mais adiante foi detalhado pela Lei n° 14.230/2021. Esse acordo de não persecução cível, uma vez homologado e cumprido, encerra a ação de improbidade administrativa e extingue a punibilidade do agente pelos atos de improbidade ali debatidos. A depender do momento em que é entabulado, o acordo pode evitar medidas constritivas de patrimônio e, em geral, implica resolução bem mais célere do litígio, quando comparado com o curso de uma ação de improbidade completa.

Conceitualmente, o acordo de não persecução cível consiste em negócio jurídico celebrado no âmbito de uma ação civil de improbidade administrativa, pela qual as partes podem resolver o litígio pela *autocomposição*.

Vale destacar que a Lei n° 14.230/2021 incluiu o § 4° ao artigo 1° da Lei n° 8.429/92, estabelecendo que *"Aplicam-se ao sistema da improbidade disciplinado nesta Lei os princípios constitucionais do direito administrativo sancionador".*

Deocleciano Torrieri Guimarães[763] aduz que tanto o acordo de não persecução penal como o acordo de não persecução cível foram inspirados no instituto do Direito americano conhecido como *plea bargaining*, que tem por essência a própria concepção de justiça penal consensual.

O referido mecanismo processual é definido por um conjunto de duas palavras – a primeira delas é *"plea"*, que, em uma tradução interpretativa, *ad intentio*, significa "declaração"; e a segunda é *"bargain"* ou *"bargaining"*, significando "barganha; negócio". Portanto, de plano, já podemos identificar que há uma ideia, no *plea bargaining*, de uma declaração que resulta em uma barganha, uma negociação ou acordo.

---

763   GUIMARÃES, 2023, p. 27

Aury Lopes Jr.[764] é contrário à aplicação do *plea bargaining* no sistema jurídico brasileiro. Para o citado processualista, a ampliação dos espaços de consenso é uma tendência inexorável e necessária, diante do entulhamento da justiça criminal em todas as suas dimensões. Contudo o autor defende que é preciso compreender que nosso sistema jurídico (*civil law*) impõe limites que não permitem a importação de uma negociação tão ampla e ilimitada no que se refere à quantidade de pena.

Malgrado as posições contrárias, a *justiça consensual* tornou-se realidade no direito penal, no direito civil e na seara da improbidade administrativa, abrindo caminho para a sua utilização no âmbito do processo administrativo sancionador, inclusive disciplinar.

É importante acrescentar, por último, que a celebração do acordo de não persecução cível na esfera da improbidade administrativa não implicará afastamento de eventual responsabilidade civil, criminal ou administrativa disciplinar, relativamente aos fatos versados na ação extinta, ratificando a independência entre as instâncias, podendo o agente ser submetido a um processo administrativo disciplinar.

Pois bem. Na esfera administrativa disciplinar, entende-se possível a aplicação da *consensualidade administrativa* por meio de acordos ou ajustamentos que não colidem com o princípio da indisponibilidade do interesse público, uma vez que, em razão da pluralidade de interesses públicos e da necessidade de maior eficiência no processo administrativo, a legitimidade dos atos estatais não se restringe ao cumprimento da letra fria da lei, mas ao ordenamento jurídico como um todo. Por tais razões, a ponderação entre os interesses conflitantes justifica a celebração de Termo de Ajustamento de Conduta (TAC) e o Termo Circunstanciado Administrativo (TCA) na esfera administrativa disciplinar.

---

764 Adoção do *plea bargaining* no projeto "anticrime": remédio ou veneno?. Disponível em: https://www.conjur.com.br/2019-fev-22/limite-penal-a-docao-plea-bargaining-projeto-anticrimeremedio-ou-veneno/. Acesso em: 25/01/2024.

10.1.1 Termo de ajustamento de conduta (TAC)[765]

Historicamente, o Direito Sancionador foi pensado como Direito indisponível, acreditando-se ser imperiosa a necessidade do Estado em aplicar sanção, em atendimento ao princípio da supremacia do interesse público. Ocorre que a democratização da atuação administrativa abriu espaço para utilização de mecanismos consensuais de satisfação desse interesse sem que seja imprescindível a aplicação de pena, superando-se, assim, o modelo liberal mais agressivo por parte da Administração Pública, dando lugar à justiça consensual.

A consensualidade permite à Administração Pública atuar de forma harmônica com os interesses da sociedade ao mesmo tempo em que evita o uso da coerção e prestigia o uso do acordo administrativo. Nesse contexto, o princípio da supremacia do interesse público dá lugar à necessidade de ponderação dos interesses envolvidos na atuação administrativa, notadamente a eficiência e a economia processual.

A sanção administrativa resulta na imposição de um "castigo" a quem cometeu a infração contra a Administração Pública e, portanto, consubstancia a retirada, definitiva ou provisória, de um direito que tem conotação financeira moral ou política, a depender da espécie sancionatória.

Atualmente, tem-se compreendido que o reduzido potencial ofensivo da conduta permite um ato negocial entre a Administração e o agente público, a fim de se buscar um meio que atenda aos fins do processo administrativo sancionador, seja reparador ou preventivo, evitando a aplicação de penalidade administrativa.

Acima de tudo, a Administração deve almejar uma mudança de comportamento por parte do administrado de forma que ele se

---

765 Impende consignar, inicialmente, que o Termo de Ajustamento de Conduta tratado neste subitem não se confunde com aquele previsto na Lei n° 7.347/85, tampouco com o TAC inserido pelo Estatuto da Criança e do Adolescente, o objetivo precípuo deste tópico é detalhar tão somente o acordo celebrado na esfera administrativa disciplinar.

adeque às exigências legais e auxilie a eficiência na gestão, visando a satisfação do interesse público.

Com essa linha de entendimento, o Ministério da Transparência, Fiscalização e Controladoria-Geral da União, por meio da *Instrução Normativa CGU n° 2, de 30 de maio de 2017*, instituiu o *termo de ajustamento de conduta (TAC)*, posteriormente regulamentado pela Instrução Normativa CGU n° 004, de 21/02/2020, voltado para o Direito Administrativo Disciplinar, possibilitando que em determinados casos a tutela do interesse público também se faça de forma consensual, com a negociação de um acordo com o agente público em vez de submetê-lo a um desnecessário processo.

Assim, o termo de ajustamento de conduta (TAC), voltado à resolução consensual de conflitos na esfera administrativa disciplinar, passou a ser celebrado pelos órgãos e entidades do Poder Executivo Federal, nos casos de *infração disciplinar de menor potencial ofensivo*, por meio do qual o agente público assume a responsabilidade pela irregularidade que causou e se compromete a corrigir seu comportamento e a observar os deveres e proibições previstos na legislação.

Assim, o termo de ajustamento de conduta tornou-se uma realidade na União e aos poucos foi sendo espraiado por diversos estados da Federação, operando na seara da justiça negociada, em que os acordos são bilateralmente construídos, ou seja, pela Administração e pelo agente público interessado. Por exemplo, no estado do Rio de Janeiro, o TAC foi regulamentado por meio do Decreto Estadual n° 46.339/2018, relativamente aos órgãos e às entidades da Administração Pública direta e indireta do ERJ, nos casos de infrações disciplinares de menor potencial ofensivo.

Diferentemente da Instrução Normativa n° 04/2020, editada pela União (que permite a aplicação do TAC em casos de advertência ou suspensão de até 30 dias), o Decreto Estadual/RJ n° 46.339/2018 não autoriza a celebração do TAC para as hipóteses de sanções passíveis da pena de suspensão, o que denota que, nestes moldes, o instituto teria pouca aplicação prática[766].

Então, um requisito essencial a ser observado para a celebração do TAC é quanto ao tipo de irregularidade cometida pelo infrator, uma vez que o termo de ajustamento de conduta só poderá ser celebrado em casos de infração disciplinar de menor potencial ofensivo, assim definido no ordenamento a que se subordina o agente público.

A proposta para celebração de TAC poderá ser feita de ofício pela autoridade competente para a instauração do processo disciplinar ou ser sugerida pela comissão responsável pela sua condução ou a pedido do agente público interessado[767]. Entretanto o agente público não está obrigado a aceitar a proposta do TAC, haja vista a sua natureza consensual e negocial.

Caso o agente público não aceite a proposta do TAC ou não se manifeste no prazo estipulado, a autoridade competente instaurará de imediato a sindicância ou o processo administrativo disciplinar, desde que tenham sido verificados os indícios suficientes de autoria e materialidade em relação à transgressão disciplinar.

Noutro giro, recebida a resposta afirmativa do investigado, celebrar-se-á o termo de ajustamento de conduta a ser assinado,

---

766 Segundo o disposto no art. 1° § 2° da IN n° 004/2020, "considera-se infração disciplinar de menor potencial ofensivo a conduta punível com advertência ou suspensão de até 30 dias, nos termos do artigo 129 da Lei n° 8.112, de 11 de dezembro de 1990, ou com penalidade similar, prevista em lei ou regulamento interno". No caso de agente público não ocupante de cargo efetivo e de empregado público o TAC somente poderá ser celebrado nas infrações puníveis com a penalidade de advertência. Sobre o conceito de infração de menor potencial ofensivo o Decreto Estadual 46.339/2018 prescreve que são aquelas sujeitas às sanções de advertência e repreensão, nestes termos: Parágrafo Único - Para os fins deste Decreto, considera-se infração disciplinar de menor potencial ofensivo a conduta punível, em tese, mediante a aplicação das penas de advertência e repreensão, na forma dos incisos I e II do artigo 46 do Decreto-Lei Estadual n° 220/1975, ou mediante a aplicação de pena similar prevista em legislação específica de regência das carreiras do funcionalismo público estadual.

767 Cf. artigo 5° da IN n° 4/2020.

devendo conter a qualificação do agente público envolvido, os fundamentos de fato e de direito para sua celebração, a descrição das obrigações assumidas, o prazo e o modo para o seu cumprimento e a forma de fiscalização das obrigações assumidas.

Para que seja celebrado o termo de ajustamento de conduta entre a Administração e o agente público, foram estabelecidas algumas condições, entre elas: a) o dever de reparação integral do dano, caso existente; b) a exclusividade para infrações de menor potencial; c) a exigência de o agente público não ter sido apenado anteriormente; d) necessidade de fixação clara das condições do compromisso de ajustamento de conduta, com obrigações, prazo e formas de fiscalização, visando preservar o interesse público[768].

Entre as obrigações que podem ser estabelecidas por ocasião da celebração do TAC, destacam-se: I - reparação do dano causado; II - retratação do interessado; III - participação em cursos visando à correta compreensão dos seus deveres e proibições ou à melhoria da qualidade do serviço desempenhado; IV - acordo relativo ao cumprimento de horário de trabalho e compensação de horas não trabalhadas; V - cumprimento de metas de desempenho; VI - sujeição a controles específicos relativos à conduta irregular praticada[769].

A Instrução Normativa CGU n° 4, de 21 de fevereiro de 2020, não prevê a participação de advogado ou defensor dativo na celebração do TAC. Já o Decreto Estadual/RJ n° 46.339, de 15 de junho de 2018, exige a presença de duas testemunhas para que o acordo seja firmado, possibilitando a assinatura também de advogado ou defensor designado.

Quanto ao momento oportuno, o TAC pode ser celebrado antes da instauração de um procedimento disciplinar ou quando o procedimento já estiver em curso, observados os prazos previstos nas respectivas normativas. No último caso, pode ocorrer durante a instrução do processo administrativo disciplinar surjam informa-

---

768   Cf. artigo 2°, da IN n° 04/2020.

769   Cf. artigo 6°, § 2°, da IN n° 04/2020.

ções ou provas que descaracterizem a infração disciplinar para de menor potencial ofensivo.

O ideal é que o acordo seja celebrado o quanto antes, preferencialmente, antes da deflagração da sindicância ou do processo administrativo disciplinar. Sabe que esses procedimentos punitivos trazem consigo onerosos custos, a serem suportados pela Administração.

A inobservância das obrigações estabelecidas no termo de ajustamento de conduta caracteriza o descumprimento do dever funcional[770], sujeitando o agente público à aplicação de sanção disciplinar autônoma aquela anteriormente apurada.

Quanto aos objetivos do TAC, é possível dizer que ele busca: I) recompor a ordem jurídico-administrativa; II) reeducar o agente público para desempenho de suas atribuições; III) possibilitar o aperfeiçoamento do agente público e do serviço público; IV) prevenir a ocorrência de novas infrações administrativas; e V) promover a cultura da conduta ética e da licitude[771].

Considera-se que o termo de ajustamento de conduta representou um importante passo no aprimoramento da gestão no aspecto disciplinar/sancionador da Administração Pública, pois além de acarretar um ganho significativo de eficiência, permitiu a racionalização de esforços na apuração de faltas cuja baixa ofensividade aponte para a desnecessidade de deflagração de procedimentos burocráticos, cujos custos de implementação são manifestamente desproporcionais em relação ao benefício esperado.

Defendemos que seja a utilização do termo de ajustamento de conduta seja ampliada no âmbito do Direito Administrativo Disciplinar, com o escopo de mitigar o atual modelo de apuração de infração disciplinar. Este modelo se assemelha ao que a doutrina chama de *"justiça revelada ou disputada"*, mais utilizado na esfera penal, em que a persecução é orientada pela lógica da reconstrução histórica

---

770   Previsto no artigo 116, inciso II (ser leal às instituições a que servir) da Lei Federal nº 8.112/90.

771   Cf. artigo 3º do Decreto 46.339/2018, do estado do Rio de Janeiro.

dos fatos que, ao fim revelados, são submetidos ao julgamento como pronunciamento da verdade.

10.1.2 Termo circunstanciado administrativo (TCA)

O termo circunstanciado administrativo (TCA) foi instituído, originalmente, pelo Ministério de Estado de Controle e da Transparência, por meio da Instrução Normativa CGU n° 4/2009, objetivando a eficiência e racionalização do emprego dos recursos públicos. Trata-se de uma apuração simplificada que tem por escopo, exclusivamente, a apuração dos *casos de extravio ou dano ao bem público*[772], sem caráter punitivo.

O TCA não se encontra no rol do artigo 143 da Lei n° 8.112/90. Não obstante, a sua criação teve como supedâneo, além do princípio da eficiência, o artigo 2°, *caput*, e parágrafo único, incisos VI, VIII e IX, da Lei n° 9.784/99, que disciplina o processo administrativo no âmbito da Administração Pública Federal.

Dessa forma, o TCA vem sendo adotado pela Administração Pública, na esfera federal, nos casos de extravio ou dano a bem público, que implique *prejuízo de pequeno valor*[773], como alternativa à deflagração de sindicância ou processo administrativo disciplinar, mediante o estabelecimento de determinadas condições previamente estabelecidas. Portanto, no tocante à confecção do termo circunstanciado administrativo, o valor da aquisição do bem ou de sua reparação não pode ultrapassar o patamar estabelecido na legislação, no momento da avaliação para eventual ressarcimento. Esse critério é objetivo e não pode ser flexibilizado pela administração.

---

772 Cf. art. 1° e parágrafo único da Instrução Normativa CGU n° 4/2009.

773 Para efeitos de formalização do TCA, o parágrafo único do artigo 1° da IN 4/2009 prescreve que "*considera-se prejuízo de pequeno valor aquele cujo preço de mercado para aquisição ou reparação do bem extraviado ou danificado seja igual ou inferior ao limite estabelecido como de licitação dispensável, nos termos do art. 24, inciso II, da Lei n° 8.666, de 21 de junho de 1993*". Pela análise do dispositivo mencionado ínsito na Lei de Licitações, conclui-se que, atualmente, esse parâmetro é de R$ 8.000,00.

Entre as condições estabelecidas para a confecção do termo circunstanciado administrativo em detrimento de sindicância ou de processo administrativo disciplinar, ressalta-se a *ausência de dolo* por parte do agente público, em relação à conduta que causou o dano ou extravio do bem[774]. Uma conduta será considerada dolosa quando o agente público envolvido tiver danificado ou extraviado o bem de maneira intencional, ou seja, quando houver dirigido sua conduta para aquele resultado, ou, ainda, quando previu, tinha consciência de que o dano ou o extravio poderia acontecer e, mesmo assim, prosseguiu na realização da conduta.

Dessa forma, poderão ser solucionadas por meio da apuração simplificada do TCA as seguintes situações: (i) quando o fato que ocasionou o extravio ou o dano ao bem público decorreu do uso regular deste ou de fatores que independeram da ação do agente público; ou (ii) quando o bem tiver sido extraviado ou danificado em razão de conduta culposa do agente público, e este tiver realizado o adequado ressarcimento ao erário correspondente ao prejuízo causado.

Uma vez concluído o termo circunstanciado administrativo, o responsável pela sua lavratura o encaminhará à autoridade máxima da unidade administrativa em que estava lotado o agente público, na época da ocorrência do fato que ocasionou o extravio ou o dano, a qual decidirá quanto ao acolhimento da proposta constante no parecer elaborado ao final daquele termo.

De qualquer modo, tendo sido verificado que o dano ou o extravio do bem público resultaram de conduta culposa do agente, o encerramento da apuração para fins disciplinares estará condicionado ao ressarcimento ao erário do valor correspondente ao prejuízo causado, que deverá ser feito pelo agente público causador daquele fato dentro dos prazos previstos na legislação[775].

---

774 Cf. art. 5º da IN 4/09: *"É vedada a utilização do modo de apuração de que trata esta Instrução Normativa quando o extravio ou o dano do bem público apresentarem indícios de conduta dolosa de agente público".*

775 Cf. art. 4º da IN 4/09.

O ressarcimento poderá ocorrer por meio de pagamento, pela entrega de um bem de características iguais ou superiores ao danificado ou extraviado, ou pela prestação de serviço que restitua o bem danificado às condições anteriores. Caso não ocorra o ressarcimento ao erário, deverá ser promovida a apuração da responsabilidade funcional do agente público, na forma definida no regime disciplinar.

Sublinha-se que a reparação do dano ou o ressarcimento ao erário, no âmbito do TCA não se caracterizam como sanções administrativas, até porque não se encontram previstas no rol taxativo de sanções[776].

Cabe registrar que, mesmo sendo considerado de pequeno valor, caso a conduta que gerou o dano ou prejuízo tenha sido praticada concomitantemente com alguma infração disciplinar, os fatos deverão ser apurados conjuntamente por meio de sindicância disciplinar ou processo administrativo disciplinar.

Em que pese o TCA aqui estudado encontrar arrimo em norma administrativa no âmbito federal, os demais entes federativos também podem regulamentar esse tipo de procedimento[777].

Em regra, os procedimentos que têm por escopo a apuração de extravio ou dano a bens patrimoniais seguem rito sumário, alcançando uma conclusão mais célere em comparação aos procedimentos disciplinares. O procedimento do TCA, portanto, assemelha-se com a sindicância sumária (SS), que não tem por escopo a apura-

---

776 Por exemplo, prevista no artigo 127 da Lei Federal n° 8.112/90.

777 À guisa de exemplo, no âmbito da Polícia do Estado do Rio de Janeiro, encontra-se vigente a Resolução SEPC n° 671, de 26 de setembro de 1994, que disciplina o regime de apuração do extravio de bem patrimonial no âmbito da referida instituição. Segundo a referida resolução, a apuração deve ser levada a efeito por meio de *sindicância sumária (SS)*, de caráter não punitivo, que deverá ser concluída no prazo de 30 (trinta) dias. Ao final da instrução e apuração das circunstâncias do extravio do bem patrimonial, a autoridade sindicante deverá concluir se o prejuízo verificado na apuração será atribuído ao erário ou se será ressarcido pelo agente público sindicado. Além disso, caso as circunstâncias do fato indique ter havido negligência na guarda do bem patrimonial extraviado, será proposto a instauração de sindicância disciplinar.

ção de infração disciplinar em si, mas a verificação de fato relevante ocorrido no âmbito da Administração Pública.

10.2 TECNOLOGIA DA INFORMAÇÃO, ACESSO À JUSTIÇA E APLICAÇÃO NO PROCESSO ADMINISTRATIVO DISCIPLINAR

É cediço que a cada dia surgem melhores ferramentas de tecnologia para otimizar os trabalhos administrativos, gerir melhor os dados e democratizar o acesso à informação, almejando também a diminuição de esforços humanos, que represente uma melhoria na qualidade de vida, com a utilização em massa da rede mundial de computadores e da chamada tecnologia da informação. Daí surge a necessidade das estruturas estatais se adequarem a essa "era digital", mediante a utilização de *inteligência artificial.*

Rodrigues e Tamer[778], ao abordarem a utilização da *inteligência artificial* na resolução de conflitos, esclarecem que todo e qualquer mecanismo que hoje seja capaz de receber informações a partir de alimentação humana ou de extração automatizada, que trate tais informações de forma racional e automática e entregue resultados a partir dessas etapas anteriores, pode ser entendido como um mecanismo de inteligência artificial. Os autores destacam que era esperado e natural que os mecanismos de resolução dos conflitos, sobretudo judiciais, aproveitam esses instrumentos para conduzir os procedimentos e auxiliar as decisões decorrentes[779].

Sem embargo, em linhas gerais, trataremos neste tópico da tecnologia da informação[780] aplicada ao Direito, nas diversas estruturas

---

778 RODRIGUES, Marco Antonio; TAMER, Maurício. *Justiça Digital. O acesso digital à Justiça e as tecnologias da informação na resolução de conflitos.* São Paulo: ed. JusPodivm, 2021, p. 378.

779 *Ibid.*, 2021, p. 378.

780 A tecnologia da informação também conhecida como TI, pode ser conceituada como sendo uma série de atividades e soluções realizadas por meio de recursos computacionais, tendo como finalidade a obtenção, o armazena-

jurídicas e administrativas do Estado, com foco na instrumentalização dos processos administrativos disciplinares e na realização de audiências por meio de videoconferências[781], com suporte no princípio do *informalismo moderado* e do *acesso à justiça.*

A tecnologia da informação está presente em todas as comunidades, notadamente na esfera privada, possibilitando às empresas *v.g.* maior segurança, melhores lucros e estabilidade satisfatória. O setor público segue essa modernização mais lentamente, mas aos poucos a tecnologia da informação vem assumindo um protagonismo nos planos de ação dos órgãos públicos, que almejam mais transparência, eficiência e celeridade. Não raro, cada órgão público desenvolve seu plano estratégico e diretor de tecnologia e comunicação, para nortear a tomada de decisões nessa seara da implementação e utilização de novas tecnologias.

Na era da evolução acelerada da tecnologia, o Poder Público se depara com a missão de desenvolver mecanismos de proteção das informações e dados pessoais sensíveis, para que possa resguardar os direitos fundamentais de liberdade e de privacidade e o livre desenvolvimento da personalidade da pessoa natural, impulsionando a elaboração de regramentos.

Assim, a tecnologia da informação influencia, sobremaneira, o *Direito*, no âmbito público ou privado, e provoca a elaboração de novas leis para melhor atender às soluções de conflitos na sociedade. Como exemplo dessas inovações legislativas provocadas pela evolução da tecnologia da informação e comunicação, podemos mencionar o Marco Civil da Internet (Lei n° 12.965/2014), a Lei Geral de Proteção de Dados (Lei n° 13.709/2018) e à Lei de Acesso à Informação (Lei n° 12.527/2011), que são normas volta-

---

mento, a proteção, o processamento, o acesso e o gerenciamento de informações e dados, seja de pessoa física ou jurídica.

781 Videoconferência pode ser conceituada como sendo uma tecnologia que permite a realização de conferência por meio de áudio e vídeo entre pessoas que se encontram em locais diferentes no momento da reunião ou da audiência. Essa solução tecnológica possibilita a comunicação instantânea e simultânea entre várias pessoas ao mesmo tempo, independentemente da distância.

das à regulamentação das novas práticas e dos balizamentos desses espaços digitais globalizados.

Diversas outras normas são trazidas ao ordenamento jurídico com o objetivo de legitimar e regulamentar a utilização das ferramentas tecnológicas pelo Estado como um todo, seja o Poder Legislativo, Executivo ou Judiciário. Não se trata de uma codificação, pois não há uma norma geral que vise à universalização do uso de ferramentas tecnológicas. O que se deve observar são as balizas estabelecidas pela Constituição Federal e pelas leis federais anteriormente mencionadas.

Ressalta-se que a Constituição Federal garante em seu artigo 5°, XXXV, o acesso à função jurisdicional, ou acesso à Justiça: *"a lei não excluirá da apreciação do Poder Judiciário lesão ou ameaça a direito"*. A Lei Maior impõe ao Estado um dever de oferecer respostas efetivas e adequadas às demandas que lhe são dirigidas. A Carta Constitucional prescreve ainda que o Estado promoverá e incentivará o desenvolvimento científico, a pesquisa, a capacitação científica e tecnológica e a inovação (artigo 218 da CF/88, alterado pela EC 85/2015), abrindo margem para a tecnologia da informação perante a função jurisdicional[782] estatal.

Nessa toada, devemos analisar em que medida a tecnologia da informação (TI) impacta as estruturas sociais e os diversos ramos do direito. Sob esse viés, abordaremos a importante temática da tecnologia da informação e comunicação como forma de acesso à Justiça, trazendo uma visão contemporânea da aplicação desse princípio insculpido no artigo 5° XXXV, da CF/88.

Pode-se dizer, desde logo, que o direito e a garantia do acesso à justiça não se esgotam no mero acesso ao Poder Judiciário, tampouco se concretiza com a simples entrega da prestação jurisdicional sem a preocupação da realização da ordem jurídica justa.

---

782 Parte da doutrina defende que a jurisdição é, ao mesmo tempo, poder, função e atividade. Poder pela capacidade de decidir imperativamente. Função em razão do dever do Estado de promover a pacificação dos conflitos. E, atividade porque a jurisdição se manifesta por meio de diversos atos complexos e estruturados em um processo.

Nessa linha, Ruiz define o acesso à justiça como princípio, ou até mesmo como uma norma-princípio, e acrescenta:

> [...] *nesse sentido não se pode limitar, simplesmente, o acesso ao Poder Judiciário, pois, muitas vezes, a resposta do Poder Judiciário ao jurisdicionado, quando da entrega da prestação jurisdicional, não pacifica com Justiça. Aí tem-se o acesso ao Poder Judiciário, mas não se obteve o acesso à justiça, como valor fundamental último. Por isso, só poder falar-se em princípio do acesso à justiça quando do acesso à ordem jurídica justa [...].*

No que concerne ao acesso do jurisdicionado ao Poder Judiciário, impende destacar que a tecnologia da informação vem sendo utilizada em larga escala como forma disponibilizar novos meios de resolução de conflitos jurídicos. Como resultado disso, verifica-se que as ferramentas de tecnologia e de inteligência artificial[783] proporcionam maior eficiência na prestação jurisdicional, que, por sua vez, motivam transformações também na esfera administrativa, tema central da presente abordagem.

No aspecto prático, as ferramentas tecnológicas revolucionaram a instrumentalização dos processos judiciais e administrativos, inaugurando um modelo denominado pela doutrina de *Justiça Digital*, que pretende aprimorar e modernizar o *acesso à justiça*.

Na novel obra "Justiça Digital", Rodrigues e Tamer[784] apresentam uma abordagem contemporânea sobre a utilização da tecnologia da informação da resolução de conflitos e a nova perspectiva de *acesso à justiça*[785]:

---

783 A inteligência artificial tem um grande potencial para uma maior variabilidade de criação de documentos, de reprodução desses e para gerar uma maior capacidade de análise de seus conteúdos, incluindo os processos judiciais.

784 RODRIGUES; TAMER, 2021, p. 31 e 32.

785 RODRIGUES; TAMER, 2021, p. 31 e 32.

> *Uma primeira maneira que propõe um repensar sobre o que é Acesso à Justiça determina como algo a ser buscado de forma constante (no conceito de princípio como promoção ideal das coisas). Uma segunda, também decorrente da primeira, de entender como o Acesso à Justiça ou com quais mecanismos tal princípio cumprirá seus objetivos.*

Em um escorço histórico, verifica-se que o processo digital ou eletrônico foi instituído, inicialmente, no âmbito do Poder Judiciário, com amparo na Lei n° 11.419, de 19 de dezembro de 2006, que autorizou o uso de meio eletrônico na tramitação de processos judiciais, comunicação de atos e transmissão de peças processuais. A partir desse marco, outras normas foram editadas no sentido de regulamentar a utilização desses novos mecanismos voltados à instrução dos processos judiciais, consolidando a utilização da tecnologia sob o manto dos princípios da celeridade, eficiência, da economicidade e da publicidade processual.

Por relevante, transcrevemos o teor do artigo 1° da Lei n° 11.419/2006 (sem grifo no original):

> *Art. 1° O uso de meio eletrônico na tramitação de processos judiciais, comunicação de atos e transmissão de peças processuais será admitido nos termos desta Lei.*
>
> *§ 1° Aplica-se o disposto nesta Lei, indistintamente, aos processos civil, penal e trabalhista, bem como aos juizados especiais, em qualquer grau de jurisdição.*
>
> *§ 2° Para o disposto nesta Lei, considera-se:*
>
> *I - meio eletrônico qualquer forma de armazenamento ou tráfego de documentos e arquivos digitais;*
>
> *II - transmissão eletrônica toda forma de comunicação a distância com a utilização de redes de comunicação, preferencialmente a rede mundial de computadores;*
>
> *III - assinatura eletrônica as seguintes formas de identificação inequívoca do signatário:*

> *a) assinatura digital baseada em certificado digital emitido por Autoridade Certificadora credenciada, na forma de lei específica;*
>
> *b) mediante cadastro de usuário no Poder Judiciário, conforme disciplinado pelos órgãos respectivos.*

Passadas duas décadas, restando comprovado o sucesso da utilização do processo virtual pelo Poder Judiciário Brasileiro, o Conselho Nacional de Justiça editou a Resolução n° 420, de 29 de setembro de 2021, dispondo sobre *conversão e digitalização do acervo processual remanescente dos órgãos do Poder Judiciário*, consolidando assim a utilização dos processos eletrônicos. É relevante consignar que no preâmbulo da referida norma o CNJ consignou que "*a digitalização dos processos físicos é condição inexorável para a existência de uma prestação célere e eficiente*".

Segundo o Ministro Fux, a imprevisibilidade da pandemia levou à aceleração de expedientes tecnológicos relevantes, e a Corte Constitucional se preparou, com a celeridade necessária, para bem decidir os imbróglios surgidos nesse sensível período, ressaltando que "*com a pandemia do Covid-19, a partir do ano de dois e vinte, ocorreu um vertiginoso incremento tecnológico visando manter a celeridade necessária aos processos judiciais em todo o país, evitando a paralisação da justiça*"[786].

Na referida época, o Conselho Nacional de Justiça editou a Resolução n° 345, de outubro de 2020, dispondo sobre o *"Juízo 100% Digital"*, determinando que todos os atos processuais fossem exclusivamente praticados por meio eletrônico e remoto por intermédio da rede mundial de computadores.

O CNJ justificou as medidas implementadas com a concretização do princípio constitucional de acesso à justiça reconhecendo que a tramitação de processos em meio eletrônico resulta no aumento da celeridade e da eficiência da prestação jurisdicional.

---

786   RODRIGUES; TAMER, 2021, p. 7.

10.2.1 Utilização de videoconferência na instrução processual

O Poder Judiciário também foi pioneiro na utilização de *videoconferências* voltadas à realização de audiências e julgamentos virtuais. No processo penal, a realização de atos processuais a distância se tornou realidade, com base na Lei n° 11.690, de 9 de junho de 2008, que alterou a redação do art. 217 do Código de Processo Penal (CPP), estabeleceu:

> *[...] se o juiz verificar que a presença do réu poderá causar humilhação, temor, ou sério constrangimento à testemunha ou ao ofendido, de modo que prejudique a verdade do depoimento, fará a inquirição por videoconferência e, somente na impossibilidade dessa forma, determinará a retirada do réu, prosseguindo na inquirição, com a presença do seu defensor.*

Posteriormente, a Lei n° 11.900, de 8 de janeiro de 2009, deu nova redação ao art. 222, do CPP, estendendo a possibilidade de realização de audiência à distância para colheita de prova testemunhal, não apenas em casos específicos, mas sempre que a testemunha morar fora da jurisdição do juiz[787].

Quanto à possibilidade de realização de interrogatório do acusado por videoconferência, o legislador optou por limitá-la a casos excepcionais, como se depreende do artigo 185 do Código de Processo Penal Brasileiro, com a redação dada pela Lei n° 11.900/2009[788].

---

[787] Art. 222. A testemunha que morar fora da jurisdição do juiz será inquirida pelo juiz do lugar de sua residência, expedindo-se, para esse fim, carta precatória, com prazo razoável, intimadas as partes. (...) § 3° Na hipótese prevista no *caput* deste artigo, a oitiva de testemunha poderá ser realizada por meio de videoconferência ou outro recurso tecnológico de transmissão de sons e imagens em tempo real, permitida a presença do defensor e podendo ser realizada, inclusive, durante a realização da audiência de instrução e julgamento.

[788] Art. 185 [...] "§ 2° *Excepcionalmente, o juiz, por decisão fundamentada, de ofício ou a requerimento das partes, poderá realizar o interrogatório do réu preso por sistema de videoconferência ou outro recurso tecnológico de trans-*

O Conselho Nacional de Justiça editou a Resolução n° 337, de 29 de setembro de 2020, determinando a adoção de um *sistema de videoconferência* para audiência e atos oficiais, garantindo a segurança, a privacidade e a confiabilidade das informações compartilhadas por meio de videoconferência.

Mais adiante, foi publicada a Resolução n° 465, de 22 de junho de 2022 (alterada pela Resolução 481, de 22 de novembro de 2022), a qual instituiu diretrizes para a realização de videoconferência no âmbito do Poder Judiciário.

Algumas dessas diretrizes merecem destaque. Logo no artigo 2°, encontra-se previsto que nas hipóteses em que for realizada videoconferência no exercício da magistratura, em que 1 (um) ou mais participantes estiverem em local diverso, deve o magistrado estar presente na unidade jurisdicional e adotar as seguintes providências para: I - identificação adequada, na plataforma e sessão; II - utilização de vestimenta adequada, como terno ou toga; III - utilização de fundo adequado e estático, preconizando-se o uso de: a) modelo padronizado disponibilizado pelo tribunal a que pertença, se for o caso; b) imagem que guarde relação com a sala de audiências, fórum local ou tribunal a que pertença, ou c) fundos de natureza neutra, como uma simples parede ou uma estante de livro.

Com a imposição dessas medidas, o Conselho Nacional de Justiça almejou uma padronização na realização das audiências por meio de videoconferência, preocupando-se com a liturgia judicial.

---

missão de sons e imagens em tempo real, desde que a medida seja necessária para atender a uma das seguintes finalidades: I - prevenir risco à segurança pública, quando exista fundada suspeita de que o preso integre organização criminosa ou de que, por outra razão, possa fugir durante o deslocamento; II - viabilizar a participação do réu no referido ato processual, quando haja relevante dificuldade para seu comparecimento em juízo, por enfermidade ou outra circunstância pessoal; III - impedir a influência do réu no ânimo de testemunha ou da vítima, desde que não seja possível colher o depoimento destas por videoconferência, nos termos do art. 217 deste Código; IV - responder à gravíssima questão de ordem pública".

Registre-se que, atualmente, a Justiça faculta às partes a escolha pela realização de audiência de modo virtual ou presencial, sendo a última forma a regra e a primeira a exceção.

Outro ponto importante de uso das tecnologias da informação que merece destaque são os *julgamentos virtuais* e os *julgamentos por videoconferência*, realizados, predominantemente, pelos tribunais. No âmbito do Supremo Tribunal Federal, os julgamentos virtuais foram regulamentados pela Resolução n° 642, de 2019. Esse método se proliferou por todo o país, mormente a partir da pandemia de Covid-19, em face da necessidade do isolamento social. Quanto às videoconferências, registre que o STF as regulamentou por meio da Resolução n° 675, de 2020.

Redirecionando o foco do estudo para a instrumentalização de processos administrativos no âmbito do Poder Executivo e a realização de audiências por meio de videoconferência no âmbito dos processos administrativos disciplinares, sabe-se que a marcha da evolução da tecnologia da informação e comunicação ocorreu de forma mais lenta do que no Poder Judiciário.

Não obstante, aos poucos verificamos a utilização em massa de ferramentas digitais e soluções tecnológicas pela Administração Pública, em diversos entes federados, voltados à tramitação e instrução de processos administrativos. Atualmente, um dos sistemas mais conhecidos e utilizados pela Administração é o denominado SEI (Sistema Eletrônico de Informações).

O SEI é um sistema de produção e gestão de documentos e processos eletrônicos desenvolvido pelo Tribunal Regional Federal da 4ª Região (TRF4) e cedido gratuitamente à Administração Pública, tendo sido adotado como solução no âmbito do projeto Processo Eletrônico Nacional (PEN), por iniciativa conjunta de órgãos e entidades de diversas esferas da administração pública[789].

O Sistema Eletrônico de Informação (SEI) foi também adotado pelo estado do Rio de Janeiro, inclusive para a instrução de pro-

---

789   BRASIL. Disponível em: https://portalsei.df.gov.br/category/sobre-o-sei/o--que-e-o-sei/. Acesso em: 02 mar. 2023.

cessos administrativos, independentemente de sua natureza. Alguns órgãos já utilizam o SEI para a instrução inclusive de processo administrativo disciplinar, não obstante o processo físico (impresso) não ter sido desprezado completamente.

No tocante à realização de reuniões e/ou audiências por meio de videoconferência voltados à instrução de processo disciplinar, também identificamos uma certa lentidão na sua aplicação pelos órgãos do Poder Executivo. Não obstante, em posição de vanguarda, a Controladoria-Geral da União publicou orientações para a adoção de videoconferência em sede disciplinar, no âmbito do Poder Executivo Federal, como suporte na Instrução Normativa 12 de 1º de novembro de 2011[790].

O Poder Executivo Federal instituiu a videoconferência visando a realização de atos processuais à distância, tais como depoimentos, acareações, investigações e diligências por meio de videoconferência ou outro recurso tecnológico de transmissão de sons e imagens em tempo real, devendo-se assegurar o contraditório e a ampla defesa[791].

A partir do ano de 2020, com a crise mundial de saúde provocada pela pandemia de Covid-19, os órgãos administrativos tiveram que adotar esse tipo de recurso como forma de dar continuidade às apurações disciplinares, sob pena de se permitir sérios prejuízos à Administração[792].

---

790 CONTROLADORIA-GERAL DA UNIÃO Corregedoria-Geral da União ORIENTAÇÕES PARA A ADOÇÃO DE VIDEOCONFERÊNCIA EM SEDE DISCIPLINAR Brasília, 2012. [s.l: s.n.]. Disponível em: https://repositorio.cgu.gov.br/bitstream/1/44521/5/1_orientacoes_videoconferencia.pdf. Acesso em: 02 mar. 2023.

791 Art. 1º. O Sistema de Correição do Poder Executivo Federal – SisCor-PEF, visando instrumentalizar a realização de atos processuais a distância, poderá promover a tomada de depoimentos, acareações, investigações e diligências por meio de videoconferência ou outro recurso tecnológico de transmissão de sons e imagens em tempo real, assegurados os direitos ao contraditório e à ampla defesa, na forma disciplinada nesta Instrução Normativa.

792 À guisa de exemplo, consignamos a edição da Resolução nº 234, de 17 de junho de 2021, editada pela Secretaria de Estado de Polícia do Estado do Rio de Janei-

Após toda essa abordagem, fruto de um estudo aprofundado da utilização da tecnologia da informação e comunicação, mormente da concretização do uso do processo eletrônico e das videoconferências, concluímos que são incontestáveis as vantagens advindas dessas práticas, principalmente no tocante à eficiência e economicidade. Entretanto ainda há quem conteste essa evolução no campo do Direito.

---

ro, que regulamentou a adoção de videoconferência na instrução dos processos administrativos e sindicâncias disciplinares em curso na Corregedoria-Geral de Polícia Civil do mesmo estado.

Logo no artigo 1º, § 2º, a Resolução SEPOL nº 234/2021 estabelece que os atos realizados por videoconferência deverão observar a máxima equivalência com os atos realizados presencialmente ou em meio físico.

Quanto ao interrogatório do processado ou sindicado, o artigo 3º do citado ato normativo determina que o mesmo seja realizado presencialmente, admitindo duas exceções (§§ 1º e 2º):

§ 1º - Em caso de agente público sindicado ou processado preso, excepcionalmente, a Autoridade Sindicante ou a comissão processante decidirá pela necessidade da realização do interrogatório no local onde se encontrar, por sistema de videoconferência ou outro recurso tecnológico de transmissão de sons e imagens em tempo real, desde que a medida seja necessária para atender as seguintes finalidades:

I – prevenir risco à segurança pública, quando exista fundada suspeita de que o agente público sindicado ou processado integre organização criminosa ou de que, por outra razão, possa fugir durante o deslocamento;

II – viabilizar a participação do agente público sindicado ou processado no referido ato processual, quando haja relevante dificuldade para seu comparecimento na sede da comissão processante ou do órgão competente, por enfermidade ou outra circunstância pessoal;

§ 2º - Havendo o consentimento do agente público processado e da defesa técnica, o interrogatório poderá ser realizado por meio de videoconferência, quando o agente público sindicado ou processado estiver domiciliado em local diverso da sede da comissão processante ou do órgão sindicante.

No artigo 9º, a referida resolução disciplina que nas audiências por videoconferência deverá ser assegurado ao agente público sindicado ou processado o direito à assistência jurídica por seu advogado ou defensor, compreendendo, entre outras, as garantias de direito a entrevista prévia e reservada, com o advogado ou defensor, inclusive por meios telemáticos, pelo tempo adequado à preparação de sua defesa, garantido assim a ampla defesa e o contraditório. Além disso, os atos realizados remotamente, contendo vídeo e áudio, deverão ser gravados em mídia e juntados aos autos, assegurando-se o sigilo necessário.

Nesse sentido, merece ser consignado um contraponto trazido por Rodrigues e Tamer[793] na obra "Justiça Digital":

> [...] malgrado a incontestável contribuição que as tecnologias da informação emprestam aos métodos de solução de conflito, o tema ainda encontra certa resistência na comunidade jurídica, em que consignam as ponderações de RICHARD SUSSKIND, que apresenta três argumentos por aqueles que são contrários à ideia da justiça digital.
>
> [...]
>
> O primeiro que não é próprio ou exclusivo da classe jurídica mas nela também encontra solo fértil é uma resistência clara à mudança. Considerando que o ser humano tende naturalmente à estabilidade (ideia que aliás também ecoa na própria teoria geral do processo, é natural que os profissionais e partes envolvidos nos conflitos sigam replicando modelos, que embora claramente pouco eficientes, ainda assim são emocionalmente e tecnicamente confortáveis, justificando nesse aspecto a resistência.
>
> O segundo, de certa forma ligado ao primeiro, é o que Richard Susskind chama por "rejeição tradicional". Segundo o autor, uma negativa dogmática de um sistema em relação ao qual quem nega ou critica sequer participou ou parou para compreendê-lo. Como exemplo dado pelo autor, advogados e outros operadores do Direito rejeitam a utilização de tecnologia, em especial das online courts, sem nunca terem visto tais sistemas funcionando ou mesmo terem parado para pensar ou aprender sobre quais premissas eles atuam.
>
> Por fim, como terceiro ponto, o que o autor chama por "miopia tecnológica". Nas suas palavras, uma inaptidão ou incapacidade dos profissionais e instituições compreenderem que os sistemas futuros serão muito mais capazes que os utilizados hoje e de reconhecer que os avanços propostos pela tecnologia são inevitáveis. (p. 67 e 68).

---

793 RODRIGUES; TAMER, 2021, p. 67 e 68.

Certamente, a *resistência clara à mudança*, a *rejeição tradicional* e a *miopia tecnológica* apontada por Susskind[794] são peculiares aos seres humanos e compreensível como sendo uma barreira que será aos poucos vencida.

Malgrado as posições contrárias, a denominada justiça digital se tornou uma realidade no Poder Judiciário brasileiro, estendendo-se ao Poder Executivo, especialmente no tocante ao processo administrativo disciplinar.

Incumbe ao gestor público elevar sempre a qualidade dos serviços prestados à sociedade, com o aumento da produtividade e menor dispêndio de recursos públicos, sem, contudo, se descurar de preservar as garantias constitucionais processuais, a fim de entregar uma prestação administrativa justa, célere e efetiva. O interrogatório por meio de videoconferência, seguidas as normas legais e respeitado o direito à ampla defesa e contraditório, é um instrumento que promove tais medidas, e precisa ser integrado à seara administrativa disciplinar, inclusive porque está em consonância com os princípios da duração razoável do processo, economicidade, eficiência e do interesse público.

O art. 385, § 3º, do Novo Código de Processo Civil veio reiterar essa nova ordem de *justiça digital*, a qual deve ser aplicada ao processo administrativo disciplinar (art. 15 do NCPC), com respeito às garantias processuais do agente público acusado.

Nessa toada, o Enunciado nº 7 da Controladoria-Geral da União regulamentou o tema, permitindo, quando de outro modo não se puder alcançar a adequada produção da prova, a comissão disciplinar realizar o interrogatório à distância, observados os direitos do acusado: *"No âmbito do Processo Administrativo Disciplinar e da Sindicância é possível a utilização de videoconferência para fins de interrogatório do acusado"* (Enunciado CGU nº 7, publicado no DOU de 16/12/2013, seção 1, página 11).

---

794 RODRIGUES; TAMER, 2021, p. 67 e 68.

Esperamos que o Poder Público promova uma uniformização em âmbito nacional da utilização dos processos administrativos disciplinares de forma eletrônica, bem como estabeleça diretrizes, por meio de lei federal, para a realização de reuniões ou audiências por videoconferência, pois representam importante opção voltada a encurtar distâncias, aumentar a eficiência das comissões processantes e dar maior celeridade às apurações disciplinares.

10.3 RESPONSABILIDADE ADMINISTRATIVA DISCIPLINAR E O USO DE REDES SOCIAIS

A liberdade de manifestação do pensamento e de expressão, em suas diversas vertentes, são próprias da essência dos regimes democráticos. Pode ser definida como o direito de manifestar opiniões e ideias praticamente sem obstáculos, atentando-se para não violar o direito dos outros. John Stuart Mill, no seu livro clássico "Sobre a Liberdade" (*"On Liberty"*), de 1859, afirma que silenciar a expressão de uma opinião constitui um roubo à humanidade, à posteridade, à geração atual, aos que discordam da opinião e, sobretudo, às pessoas que sustentam a opinião (contestada), porque estas não terão a oportunidade de serem confrontadas em sua verdade e notarem seu erro[795].

Essa liberdade para o desenvolvimento do intelecto humano é um direito fundamental consagrado em diversos documentos internacionais. Em 1948, a Assembleia-Geral das Nações Unidas (ONU) reconheceu a liberdade de expressão como direito de todos na Declaração Universal dos Direitos Humanos[796], isto é, "uma norma comum a ser alcançada por todos os povos". Está igual-

---

795 MILL, John Stuart. *Sobre a liberdade*; tradução Pedro Madeira. – [Ed. especial] – Rio de Janeiro: Nova Fronteira, 2011, p. 43.

796 DUDH – "Art. 19 - todo ser humano tem direito à liberdade de opinião e expressão; esse direito inclui a liberdade de, sem interferência, ter opiniões e de procurar, receber e transmitir informações e ideias por quaisquer meios e independentemente de fronteiras".

mente insculpida no Pacto de São José da Costa Rica (1969)[797] – Convenção Americana de Direitos Humanos, da qual o Brasil é signatário (Decreto nº 678, de 06 de novembro de 1992).

Na Constituição da República de 1988, há expressa menção à livre manifestação do pensamento, vedado o anonimato; e à liberdade de expressão "da atividade intelectual, artística, científica e de comunicação, independentemente de censura ou licença" (art. 5º, IV e IX). Os próprios documentos internacionais já ressalvam, contudo, a necessidade de se assegurar o respeito aos direitos e à reputação das demais pessoas, bem como à proteção da segurança nacional, da ordem pública ou da saúde e moral públicas.

Para mediar esse conflito, o constitucionalismo contemporâneo também consagrou o princípio da relatividade ou da convivência das liberdades públicas, o qual estabelece que os direitos e garantias fundamentais não são ilimitados, uma vez que encontram seus limites nos demais direitos igualmente consagrados pela Magna Carta[798]. Portanto a *internet* e as redes sociais não são territórios livres de responsabilidade, nos quais o cidadão, mormente um agente público, pode publicar, compartilhar, apoiar, curtir ou escrever o que bem entender.

Os direitos fundamentais podem sofrer restrições conforme as circunstâncias, a pessoa do titular e o interesse da coletividade, sem que isso implique violação à Constituição Federal. A resolução

---

797 "Artigo 13 - Liberdade de pensamento e de expressão

1. Toda pessoa tem o direito à liberdade de pensamento e de expressão. Esse direito inclui a liberdade de procurar, receber e difundir informações e ideias de qualquer natureza, sem considerações de fronteiras, verbalmente ou por escrito, ou em forma impressa ou artística, ou por qualquer meio de sua escolha. 2. O exercício do direito previsto no inciso precedente não pode estar sujeito à censura prévia, mas a responsabilidades ulteriores, que devem ser expressamente previstas em lei e que se façam necessárias para assegurar:

a) o respeito dos direitos e da reputação das demais pessoas;

b) a proteção da segurança nacional, da ordem pública, ou da saúde ou da moral públicas."

798 MORAES, Alexandre de. *Direito Constitucional*. 7 ed., São Paulo: Atlas, 2000.

desses conflitos passa pela técnica[799] que a doutrina denomina de ponderação de interesses[800].

No tocante à responsabilidade administrativa disciplinar dos agentes públicos estatais, um elemento fundamental a ser considerado nessa equação é a denominada *especial posição de agente público*. Estes, em suas diversas atribuições, executam uma função em nome do Poder Público. Ao tomar posse em cargo público, voluntariamente, todo *presentante* do Estado tem conhecimento que deve cumprir diversos deveres funcionais. Inegavelmente, esse vínculo especial estabelecido com a Administração Pública coloca os agentes públicos em posição distinta dos particulares. Dessa maneira, é razoável permitir-se maior restrição a alguns direitos fundamentais, objetivando promover outros princípios constitucionais coletivos de considerável envergadura. Vale dizer, o agente público é regido por uma *relação especial de sujeição*. O constitucionalista alemão Hesse[801] assim esclarece sobre o tema:

> *Há limitações de direitos fundamentais que valem somente para um círculo, cada vez, limitado de pessoas, e, precisamente, tais que se encontram em uma 'relação de poder especial'(...) Esse conceito, ainda hoje quase sem exceção empregado, indica sintética (e niveladoramente) aquelas relações que fundamentam uma relação mais estreita do particular com o Estado e deixam nascer deveres especiais, que ultrapassam os direitos e deveres gerais do cidadão, em parte, também direitos especiais, portanto, por exemplo, as relações*

---

799 A ponderação, também chamada de sopesamento, nada mais é do que a técnica destinada a resolver conflitos entre normas válidas e incidentes sobre um caso, que busca promover, na medida do possível, uma realização otimizada dos bens jurídicos em confronto. Uma das características da ponderação ela deve sempre levar em consideração o cenário fático, as circunstâncias de cada caso e as alternativas de ação existentes. SOUZA NETO, Claudio Pereira de; SARMENTO, Daniel. *Direito Constitucional: teoria, história e métodos de trabalho*. 1ª reimpressão, Belo Horizonte: Fórum, 2013, p. 511-512.

800 SARMENTO, Daniel. *Ponderação de Interesses na Constituição Federal*. 1. ed., Rio de Janeiro: Lumen Juris, 2003, p. 97.

801 HESSE, 1998, p. 259.

do funcionário, do soldado, do aluno de uma escola pública – mas também aquela do preso. Relações desta índole podem ser fundamentadas, ou por adesão voluntária (por exemplo, relação de funcionário), ou por requerimento com base em uma lei (por exemplo, a relação do aluno de escola primária sobre a base de sua obrigação escolar).

A importância dessa formulação teórica está em permitir que o Estado possa desempenhar adequadamente suas funções de promoção e defesa dos direitos da coletividade sem a paralisia que traria uma aplicação *tout court* dos limites para restrição de direitos fundamentais, aplicável aos não ocupantes de cargos públicos. Conforme leciona o notável professor alemão[802]:

As relações de status especiais e as ordens, nas quais elas ganham configuração jurídica, muitas vezes, não poderiam cumprir suas tarefas na vida da coletividade, se o status geral, jurídico-constitucional, fundamentado pelos direitos fundamentais, do particular, também permanecesse conservado completamente no status especial. Assim, seria incompatível com a obrigação do funcionário à discrição profissional se ele, diante dela, pudesse apoiar-se no direito de manifestar livremente sua opinião, ou não iria corresponder a uma execução da pena apropriada, se o preso pudesse empregar direito fundamental, legalmente não restringível, da liberdade de reunião em lugares fechados (art. 8º, alínea 1, da Lei Fundamental). Hoje existe uma concórdia sobre isto, que a problemática não pode ser resolvida sem uma limitação dos direitos fundamentais, que as relações de status especiais, porém, também não são eximidas simplesmente da validez dos direitos fundamentais, como isso tinha aceito a Doutrina do Direito Estatal mais antiga. Na questão, entretanto, até que ponto podem ser traçados limites aos direitos fundamentais em relações de status especiais e como devem ser fundamentados esses limites, falta uma concepção uniforme.

---

802   HESSE, 1998, p. 261.

No Brasil, na mesma linha, a lição de Mendes e Gonet Branco[803]:

> *Em algumas situações, é possível cogitar de restrições de direitos fundamentais, tendo em vista acharem-se os seus titulares numa posição singular diante dos Poderes Públicos. Há pessoas que se vinculam aos poderes estatais de forma marcada pela sujeição, submetendo-se a uma mais intensa medida de interferência sobre seus direitos fundamentais. Nota-se nesses casos uma duradoura inserção do indivíduo na esfera organizativa da Administração(...) Notam-se exemplos de relações especiais de sujeição no regime jurídico peculiar que o Estado mantém com os militares, com os agentes públicos civis, com os internados em estabelecimentos públicos ou com os estudantes em escola pública. O conjunto de circunstâncias singulares em que se encontram essas pessoas induz um tratamento diferenciado com respeito ao gozo dos direitos fundamentais. A específica condição subjetiva [desses sujeitos] é fonte de limitações.[804]*

Nessa toada, pode-se dizer que o direito à livre manifestação do pensamento não é absoluto e pode sofrer restrições, especialmente quando titularizados por agentes públicos, os quais, devido à natureza do cargo público que ocupam, devem atuar sempre com razoabilidade, prudência e responsabilidade, com integral observância dos deveres funcionais, ainda que se trate de um ambiente virtual privado.

A Polícia Federal, visando melhor equacionar a questão de manifestações na *internet* por seus agentes públicos, editou a Instrução Normativa DG/PF nº 250, de 6 de abril de 2023, a qual disciplina a utilização dos símbolos, do nome e da imagem da instituição nas redes sociais e em quaisquer outras mídias digitais.

A referida normativa, no art. 5º, prevê que o agente público deve observar a responsabilidade imposta pelo cargo nas suas postagens e interações, deve cuidar da segurança de acesso e dos parâ-

---

803 MENDES, Gilmar Ferreira; BRANCO, Paulo Gustavo Gonet. *Curso de Direito Constitucional.* 8 ed., São Paulo; Brasília: Saraiva, 2013, p. 189-190.

804 MENDES; BRANCO. 2013, p. 189-190.

metros de privacidade de suas contas e não deve utilizar as conta institucionais do órgão ou entidade da Administração Pública em que trabalha para fins diversos daqueles para os quais foram criadas.

Já o art. 8º veda uma série de ações na rede mundial de computadores por parte do Policial Federal, ainda que em conta particular[805], inclusive o compartilhamento ou manifestações de apoio a conteúdos que caracterizem ou demonstrem tolerância a discurso discriminatório, de ódio ou que expressam preconceito de qualquer

---

805 Instrução Normativa DG/PF nº 250, de 06 de abril de 2023:
"Art. 8º É vedado aos integrantes da Polícia Federal, ainda que em conta particular:
I – utilizar em postagens ou interações, ressalvados os compartilhamentos de postagens das redes sociais oficiais:
a) símbolos, armamento, equipamentos, nome ou qualquer imagem da Polícia Federal para a obtenção de vantagem comercial, financeira, eleitoral ou outras vantagens indevidas;
b) elementos visuais ou textuais que possibilitem aos usuários das redes sociais acreditarem que o perfil seja institucional
II – emitir, compartilhar ou manifestar apoio a conteúdo ou informação que sabe ou deveria saber inverídica (fake news)
III – emitir, compartilhar ou manifestar apoio a conteúdo que caracterize ou demonstre tolerância a discurso discriminatório, de ódio ou que expresse preconceito de qualquer natureza;
IV – utilizar sua conta de e-mail institucional para cadastrar conta pessoal em mídias sociais;
V – expressar opinião pessoal como se fosse posição oficial da Polícia Federal;
VI – publicar ou compartilhar vídeos, áudios, fotografias ou similares que atentem contra a privacidade e a dignidade de pessoas envolvidas em contexto de atuação da Polícia Federal; e
VII – publicar ou compartilhar informações, documentos ou imagens dos quais teve conhecimento em razão do exercício do cargo, salvo publicação oficial da Polícia Federal e seus compartilhamentos, em especial que digam respeito a:
a) conteúdo de investigações policiais e disciplinares, inclusive interagências, em qualquer fase, e seus resultados, ainda que não tramitem em segredo de justiça;
b) informações sigilosas ou de uso interno, métodos, tecnologias e procedimentos investigativos ou administrativos da instituição;
c) conteúdo de cursos promovidos pela Polícia Federal de acesso restrito, inclusive na modalidade a distância; e
d) materiais apreendidos em diligências policiais".

natureza. Isso abrange inclusive a defesa de certos posicionamentos em âmbito político-partidário, seja em período eleitoral ou não.

A regulamentação em tela parece não revelar qualquer inconstitucionalidade. Evidente que a análise quanto à efetiva prática de ato ilícito administrativo disciplinar deve se dar em cada caso concreto, pois as opiniões e palavras podem ser consideradas isoladamente ou dentro de um contexto mais amplo. Assim, incumbe ao colegiado processante e à autoridade julgadora apreciar todos os aspectos que envolvam a mensagem ou o texto publicados na *web* e vistos como atos de discriminação, ódio ou inapropriado para o agente público.

O Supremo Tribunal Federal tem admitido punição em face de agentes públicos que extrapolam limites em redes sociais. O ministro Toffoli negou seguimento a um mandado de segurança (Ag.Reg. em MS nº 33410/DF, de 07/04/2015) que tentava anular punição administrativa imposta a um promotor de justiça paulista, o qual foi suspenso por 15 (quinze) dias pelo Conselho Nacional do Ministério Público devido a uma mensagem publicada no seu Facebook[806].

Indubitável que, no âmbito da *internet*, seja por meio de postagens, compartilhamento ou exposição de fotos, vídeos ou áudios em redes sociais privadas ou outras mídias digitais, todo agente público deve, além de buscar preservar a imagem ou os símbolos institucionais, atuar com moderação ao exercer seu direito à livre manifestação do pensamento, sem discursos discriminatórios ou de ódio, que expressem preconceitos de qualquer natureza (ou mero apoio a tal prática), sob pena de responsabilização administrativa disciplinar.

---

806 Em meio às manifestações de 2013, ele publicou o seguinte comentário: *"Estou há 2 horas tentando voltar para casa, mas tem um bando de bugios revoltados parando a Avenida Faria Lima e a Marginal Pinheiros. Por favor, alguém poderia avisar a Tropa de Choque que essa região faz parte do meu Tribunal do Júri e que se eles matarem esses filhos da puta eu arquivarei o inquérito policial? Petista de merda. Filhos da Puta. Vão fazer protesto na puta que os pariu... Que saudade da época em que esse tipo de coisa era resolvida com borrachada nas costas dos merdas..."* (STF – Ag.Reg. em MS nº 33410/DF, de 07/04/2015).

11   PEÇAS PROCESSUAIS

Com o objetivo de introduzir elementos práticos ao Direito Administrativo Disciplinar Contemporâneo, disponibilizamos, de forma acessível, por meio de QR *code*, alguns modelos de peças processuais utilizados pela Administração Pública, relativamente à instrução dos processos administrativos disciplinares. No mesmo compêndio, estão disponíveis modelos de peças processuais utilizadas pela defesa, em favor do agente público processado.

Sem a pretensão de estipular um padrão os aludidos modelos se destinam àqueles que ainda não lidam, efetivamente, com a instrução de processo administrativo disciplinar, mas que desejam conhecer o seu formato.

REFERÊNCIAS

ALEXY, Robert. *Teoria dos direitos fundamentais.* 2. ed. 5ª tiragem, São Paulo: Malheiros Editores, 2017.

ALVES, Léo da Silva. *Prática de processo disciplinar.* Ed. Brasília Jurídica, 2001.

ALVES, Léo da Silva. *A prova no processo disciplinar.* Rio de Janeiro: Lumen Juris, 2003.

AMORA, Joni Barbosa. *Corregedoria Geral unificada e sistema disciplinar da segurança pública do estado do Rio de Janeiro.* Rio de Janeiro: Lumen Juris, 2018.

ÁVILA, Humberto. *Teoria dos Princípios – da definição à aplicação dos princípios jurídicos.* 18. ed. rev. e atualizada, São Paulo: Malheiros Editores, 2018.

ÁVILA, Humberto. O que é "devido processo legal"? Revista de Processo, v. 33, nº 163.

BACELLAR FILHO, Romeu Felipe. *Processo administrativo disciplinar.* 3. ed. São Paulo: Saraiva, 2011.

BACELLAR FILHO, Romeu Felipe. *Profissionalização da função pública no Brasil. In* A&C Revista de Direito Administrativo & Constitucional, 2013.

BACELLAR FILHO, Romeu Felipe. *Princípios constitucionais do processo administrativo disciplinar.* São Paulo: Max Limonad, 1998.

BANDEIRA DE MELLO, Celso Antônio. *Curso de direito administrativo.* 32. ed. São Paulo: Malheiros Editores, 2014.

BARATA, Ana Maria Rodrigues. *Alegações finais no processo administrativo disciplinar. In*: BARATA, Ana Maria Rodrigues; GONTIJO, Danielly Cristina Araújo; PEREIRA, Flávio Henrique Unes (coord.). Coleção de Direito Administrativo Sancionador, v. 2. Rio de Janeiro: CEEJ, 2021.

BARROS JÚNIOR, Carlos Schmidt de. *Do poder disciplinar na administração pública*. São Paulo: Revista dos Tribunais, 1972.

BARROSO, Luís Roberto. *Curso de direito constitucional contemporâneo*: os conceitos fundamentais e a construção do novo modelo. 7. ed. 2ª tiragem, São Paulo: Saraiva, 2018,

BARROSO, Luís Roberto. *A judicialização da vida e o papel do Supremo Tribunal Federal*. 1ª reimpressão. Belo Horizonte: Editora Fórum, 2018.

BARROSO, Luís Roberto *et al. A nova interpretação constitucional:* ponderação, direitos fundamentais e relações privadas. Rio de Janeiro: Renovar, 2003.

BAUMAN, Zygmunt. *Modernidade líquida*. Tradução de Plínio Dentzien° Rio de Janeiro: Jorge Zahar Editora, 2001.

BECCARIA, Cesare Bonesana. *Dos delitos e das penas*. Tradução de J. Cretella Jr. e Agnes Cretella I. 2. ed. rev., 2ª tiragem: São Paulo: Editora Revista dos Tribunais, 1999.

BINDER, Alberto B. *El incumplimento de las formas procesales*. Buenos Aires, Ad-hoc, 2000.

BINDER, Alberto B. *El incumplimento de las formas procesales*. Buenos Aires, Ad-Hoc, 2009.

BINENBOJM, Gustavo. *Poder de polícia, ordenação, regulação*: transformações político-jurídicas, econômicas e institucionais do direito administrativo ordenador. Belo Horizonte: Editora Fórum, 2016.

REFERÊNCIAS

BINENBOJM, Gustavo. *Uma teoria do direito administrativo:* direitos fundamentais, democracia e constitucionalização. 3. ed. rev. e atual. Rio de Janeiro: Renovar, 2014.

BITENCOURT, Cezar Roberto. *Código Penal Comentado.* 9. ed., São Paulo: Saraiva, 2015.

BONAVIDES, Paulo. *Curso de direito constitucional.* 27. ed. São Paulo: Editora Malheiros, 2012.

BORGES, Arthur Diniz. *O estatuto dos policiais civis do Rio de Janeiro comentado.* Rio de Janeiro: Editora Lumen Juris, 2014.

BORGES DE SOUZA FILHO, A. Presunção de inocência e a doutrina da prova além da dúvida razoável na jurisdição constitucional. Revista Brasileira De Direito Processual Penal, v. 8, nº 1, 2022. Disponível em: https://doi.org/10.22197/rbdpp.v8i1.685. Acesso em: 21 set. 2023.

BRANCO, Paulo Gustavo Gonet; MENDES, Gilmar Ferreira. *Curso de direito constitucional.* 9. ed. 2ª tiragem. Editora Saraiva, 2014.

BRASIL. Ministério da Justiça. Secretaria Nacional de Segurança Pública. *Doutrina Nacional de Inteligência de Segurança Pública – DNISP.* 4. ed. rev. e atual. – Brasília: Secretaria Nacional de Segurança Pública, 2014.

BRASIL. *O que é o SEI? Archives – Portal SEI-GDF.* Governo Federal. Disponível em: https://portalsei.df.gov.br/category/sobre-o-sei/o-que-e-o-sei/. Acesso em: 2 dez. 2024

BUENO, Cassio Scarpinella. *Curso sistematizado de direito processual civil.* v. 1. 8. ed. São Paulo: Editora Saraiva, 2014.

CABRAL, Antonio do Passo. A duração razoável do processo e a gestão do tempo no projeto de novo Código de Processo Civil. *In:* FREIRE, Alexandre; DANTAS, Bruno; NUNES, Dierle; DIDIER JR. Fredie; MEDINA, José Miguel Garcia; FUX, Luiz; CAMARGO, Luiz Henrique Volpe; OLIVEIRA, Pedro Miranda de (org.). *Novas tendências do processo civil:* estudos sobre o projeto de novo CPC. 1. ed. Salvador: Editora Juspodivm, 2013. v. 1.

CANOTILHO, Joaquim José Gomes. *Direito constitucional e teoria da constituição.* 7. ed. 14 reimp., Coimbra: Editora Almedina, 2003.

CARVALHO, Antonio Carlos Alencar. *Manual de processo administrativo disciplinar e sindicância:* à luz da jurisprudência dos tribunais e da casuística da administração pública. 3. ed. Belo Horizonte: Editora Fórum, 2012.

CARVALHO, Antonio Carlos Alencar. *Manual de processo administrativo disciplinar e sindicância:* à luz da jurisprudência dos Tribunais e da casuística da Administração Pública. 4. ed. rev. atual. e aum. Belo Horizonte: Editora Fórum, 2014.

CARVALHO, Luiz G. Grandinetti Castanho de. *Processo penal e Constituição.* 4 ed., Editora Lumen Juris, 2006.

CARVALHO FILHO, José dos Santos. *Manual de direito administrativo.* 6. ed., Editora Lumen Juris, 2000.

CARVALHO FILHO, José dos Santos. *Manual de direito administrativo.* 31. ed. rev. atual. e ampl. São Paulo: Editora Atlas, 2017.

CARVALHO FILHO, José dos Santos. *Manual de direito administrativo.* 36. ed. rev. atual. e ampl. São Paulo: Editora Atlas, 2022.

CASTRO, Carlos Roberto Siqueira. *O devido processo legal e a razoabilidade das leis na nova Constituição do Brasil.* 2. ed. Rio de Janeiro: Editora Forense, 1989.

CINTRA, GRINOVER e DINAMARCO. *Teoria geral do processo,* 15. ed. São Paulo, Editora Malheiros, 1999.

CHAVES, Rodrigo Fernando Machado. Do loop no processo administrativo disciplinar: reflexões e propostas de aperfeiçoamento do controle interno da administração pública federal. *In:* BARATA, Ana Maria Rodrigues; GONTIJO, Danielly Cristina Araújo; PEREIRA, Flávio

Henrique Unes (coord.). *Coleção de direito administrativo sancionador.* Rio de Janeiro: CEEJ, 2021.

COLANTUONO, Pablo Á. Gutiérrez. *Administración pública, juridicidad y derechos humanos.* Buenos Aires: Editorial Abeledo Perrot, 2009.

CONTROLADORIA-GERAL DA UNIÃO Corregedoria-Geral da União. *Orientações para a Adoção de Videoconferência em Sede Disciplinar.* Brasília -2012. [s.l: s.n.]. Disponível em: https://repositorio. cgu.gov.br/bitstream/1/44521/5/1_orientacoes_videoconferencia.pdf. Acesso em: 2 dez. 2024.

CONTROLADORIA-GERAL DA UNIÃO/PRESIDÊNCIA DA REPÚBLICA FEDERATIVA DO BRASIL. *Manual de Processo Administrativo Disciplinar,* Brasília, 2022.

COSTA, José Armando da. *Contorno jurídico da improbidade administrativa.* Brasília: Editora Brasília Jurídica, 2002.

COSTA, José Armando da. *Controle Judicial do Ato Disciplinar.* Brasília: Editora Brasília Jurídica, 1. edição, 2002.

COSTA, José Armando da. *Direito Administrativo Disciplinar.* 2. Ed. - São Paulo, Ed. Método, 2009.

COSTA, José Armando da. *Incidência aparente de infrações disciplinares.* Belo Horizonte: Editora Fórum, 2004.

COSTA, José Armando da. *Teoria e prática do direito disciplinar.* Rio de Janeiro: Editora Forense, 1981.

COSTA, José Armando da. *Teoria e prática do processo administrativo disciplinar.* Brasília: Brasília Jurídica, 1999.

COSTA, José Armando da. *Teoria e Prática do Processo Administrativo Disciplinar.* 6 ed. Brasília: Brasília Jurídica, 2011.

COSTA, José Armando. *Teoria e Prática do Processo Administrativo Disciplinar.* 5. ed. Brasília: Brasília Jurídica, 2005.

CRETELLA JR., José. *Prática do processo administrativo.* 7. ed. rev. e atual. São Paulo: Editora Revista dos Tribunais, 2009.

CYRINO, André. *Legalidade administrativa de carne e osso: uma reflexão diante do processo político brasileiro.* Revista de Direito Administrativo, Rio de Janeiro – RDA, v. 274, jan./abr. 2017.

CYRINO, André. O princípio constitucional da eficiência: interdisciplinaridade, análise econômica e método no direito administrativo brasileiro". *In:* BARROSO, Luís Roberto; MELLO, Patrícia Perrone Campos (Coord.). *A República que ainda não foi:* trinta anos da Constituição de 1988 na visão da Escola de Direito Constitucional da UERJ. Belo Horizonte: Editora Fórum, 2018.

DAHL, Robert. *Sobre a democracia.* Tradução de Beatriz Sidou. Brasília: Editora Universidade de Brasília, 2016.

DEZAN, Sandro Lúcio. *Ilícito administrativo disciplinar em espécie.* 2 ed. Curitiba: Editora Juruá, 2020.

DEZAN, Sandro Lúcio. *Nulidades no processo administrativo disciplinar.* 2. ed. Curitiba: Juruá, 2021.

DI PIETRO, Maria Sylvia Zanella. *Direito Administrativo,* São Paulo: Editora Atlas, 19. edição, 2006.

DI PIETRO, Maria Sylvia Zanella. *Supremacia do interesse público e outros temas relevantes do direito administrativo.* Coordenadores: Maria Sylvia Zanella Di Pietro e Carlos Vinícius Alves Ribeiro. São Paulo: Editora Atlas, 2010.

DI PIETRO, Maria Sylvia Zanella. *Direito administrativo.* 8. ed. São Paulo: Editora Atlas, 1997.

DI PIETRO, Maria Sylvia Zanella. *Direito administrativo.* 23. Ed. São Paulo: Editora Atlas, 2010.

DI PIETRO, Maria Sylvia Zanella. *Direito administrativo.* 35. ed. Rio de Janeiro: Editora Forense, 2022.

REFERÊNCIAS

DI PIETRO, Maria Sylvia Zanella. *Discricionariedade Administrativa na Constituição de 1988.* São Paulo: Atlas, 1991.

DIDIER JÚNIOR, Fredie. *Curso de direito processual civil.* 17. ed. Salvador: Editora JusPodivm, 2015. vol. 1.

DINAMARCO, Cândido Rangel. *Nova era do processo civil.* 1. ed. São Paulo, Editora Malheiros, 2003,

FAZZIO JR., Waldo. *Improbidade administrativa e crimes de prefeitos.* 2. Ed. São Paulo: Editora Atlas. 2001.

FERREIRA, Daniel. *Sanções administrativas.* São Paulo: Editora Malheiros, 2001.

FUX, Luiz. *Curso de direito processual civil.* 3. ed. Rio de Janeiro: Editora Forense, 2005.

GAJARDONI, Fernando da Fonseca. *Flexibilização procedimental:* um novo enfoque para o estudo do procedimento em matéria processual, de acordo com as recentes reformas do CPC. São Paulo: Editora Atlas, 2008.

GARCIA DE ENTERRÍA, Eduardo; FERNANDEZ, Tomás-Ramón° *Curso de derecho administrativo.* 5. ed. v. II, Madrid: Editorial Civitas, 1998.

GARCIA, Emerson; ALVES, Rogério Pacheco. *Improbidade administrativa.* 6. ed. Rio de Janeiro: Editora Lumen Juris, 2011.

GASPARINI, Diógenes. *Direito administrativo.* 5. ed., São Paulo: Saraiva, 2000.

GOMES, Luiz Flávio. *Erro de tipo e erro de proibição.* 5. ed. São Paulo: Editora Revista dos Tribunais, 2001.

GRECO FILHO, Vicente. *Direito processual civil brasileiro.* 11. ed. São Paulo: Editora Saraiva, 1996. v. 2.

GRECO, Leonardo. O princípio do contraditório. *In: Estudos de Direito Processual*. Editora Faculdade de Direito de Campos, 2005.

GRECO, Rogério. *Lições de direito penal*. Rio de Janeiro: Editora Impetus, 2000.

GRINOVER, Ada Pellegrini *et al. Teoria geral do processo*. 12. ed. São Paulo, Editora Malheiros, 1996.

GRINOVER. Ada Pellegrini *et al. As nulidades no processo penal*. 6. Ed. São Paulo: Editora Revista dos Tribunais, 1999.

GRINOVER, Ada Pelegrini *et al. Juizados especiais criminais:* comentários à Lei n° 9.099, de 26/09/1995 - 4. ed. rev. e ampl. São Paulo: Editora Revista dos Tribunais, 2002.

GUIMARÃES, Deocleciano Torrieri. *Dicionário jurídico*. Atualização de Ana Claudia Schewenck dos Santos. 27. ed. São Paulo: Editora Rideel, 2023.

HÄBERLE, Peter. "A Dignidade Humana como fundamento da comunidade estatal". *In*: SARLET, Ingo Wolfgang (org.). *Dimensões da Dignidade*. Porto Alegre: Livraria do Advogado Editora, 2005,

HESSE, Konrad. *Elementos de direito constitucional da República Federal da Alemanha*. Porto Alegre: Sergio Antonio Fabris Editor, 1998.

JUSTEN FILHO, Marçal. *Curso de direito administrativo*. 8. ed. Belo Horizonte: Editora Fórum, 2012.

JUSTEN FILHO, Marçal. *Reforma da Lei de improbidade administrativa comentada e comparada:* Lei 14.230, de 25 de outubro de 2021. 1. ed., Rio de Janeiro: Editora Forense. 2022.

KANT, Immanuel. *Fundamentação da metafísica dos costumes*. Tradução de Paulo Quintela. Lisboa: Edições 70, 2007.

LESSA, Sebastião José. *Temas práticos de direito administrativo disciplinar*. Brasília: Editora Brasília Jurídica, 2005.

LESSA, Sebastião José. *Direito administrativo disciplinar interpretado pelos tribunais*. Belo Horizonte: Editora Fórum, 2008.

LESSA, Sebastião José. *Improbidade administrativa*. Brasília: Editora Fórum, 2011.

LIMA, Claudio Roberto Paz; FREITAS, José Ricardo Bento Garcia de; RICCIARDI JR., Marco A. S. *Manual de sindicância patrimonial*: apuração de enriquecimento ilícito-teoria e prática: inclui estudo de caso. Rio de Janeiro: Editora Freitas Bastos, 2022.

LIMA, Renato Brasileiro de. *Manual de processo penal*: volume único. 4. ed., re., ampl. e atual. Salvador: Editora Juspodivm, 2016.

LOPES JR. Aury. *Adoção do plea bargaining no projeto "anticrime": remédio ou veneno?* Consultor Jurídico. 2019. Disponível em: https://www.conjur.com.br/2019-fev-22/limite-penal-adocao-plea-bargaining-projeto-anticrimeremedio-ou-veneno/. Acesso em: 5 dez. 2024.

LOPES JR. Aury. *Direito processual penal*. 13. ed. São Paulo: Editora Saraiva, 2016.

LUZ, Egberto Maia. *Direito Administrativo Disciplinar*. 2. ed. São Paulo: RT, 1992.

LUZ, Egberto Maia. *Direito Administrativo Disciplinar*: teoria e prática. 4. Ed. Bauru: Edipro, 2002.

MAC-GREGOR, Eduardo Ferrer. El control difuso de convencionalidad en el Estado Constitucional. In: FIX-ZAMUDIO, H; VALADÉS, D (Org.). *Formación y perspectiva del Estado mexicano*. Ciudad de México: El Colegio Nacional-UNAM, 2010.

MACHADO, Antonio Rodrigo. *Sanções e penas*: a independência entre as instâncias administrativa e jurisdicional penal. Rio de Janeiro: Editora Lumen Juris, 2020.

MADEIRA, Vinícius de Carvalho. *Lições de Processo Disciplinar*. Brasília, Fortium Editora, 2008.

MARINONI, Luiz Guilherme. Prova Ilícita. *In*: MARTINS, Ives Gandra da Silva; REZEK, Francisco (org.). *Constituição Federal: avanços, contribuições e modificações no processo democrático brasileiro.* São Paulo: Revista dos Tribunais e Centro de Extensão Universitária, 2008.

MARTINS, Ricardo Marcondes. Pressupostos da Responsabilização Disciplinar. *In*: BARATA, Ana Maria Rodrigues. *Alegações finais no processo administrativo disciplinar. In*: BARATA, Ana Maria Rodrigues; GONTIJO, Danielly Cristina Araújo; PEREIRA, Flávio Henrique Unes (coord.). *Coleção de Direito Administrativo Sancionador, v. 2.* Rio de Janeiro: CEEJ, 2021.

MASCARENHAS, Rodrigo de Alencar Tostes. *A responsabilidade constitucional dos agentes políticos.* Belo Horizonte: Ed. Fórum, 2021

MATTOS, Mauro Roberto Gomes de. *Tratado de direito administrativo disciplinar.* 2. ed. Rio de Janeiro: Editora Forense, 2010.

MAXIMILIANO, Carlos. *Hermenêutica e aplicação do direito.* 19. ed. Rio de Janeiro: Editora Forense, 2001.

MEDAUAR, Odete. *Direito administrativo moderno.* 11. ed. São Paulo: Editora Revista dos Tribunais, 2007.

MEDAUAR, Odete. *A processualidade no direito administrativo.* 2. ed. São Paulo: Revista dos Tribunais, 2003.

MEDAUAR, Odete. Administração Pública: do ato ao processo. *In*: ARAGÃO, Alexandre Santos de; MARQUES NETO, Floriano de Azevedo (org.). *Direito administrativo e seus novos paradigmas.* 1ª reimpressão. Belo Horizonte: Editora Fórum.

MEDAUAR, Odete. *Direito administrativo moderno.* 21. ed. Belo Horizonte: Editora Fórum, 2018.

MEIRELLES, Hely Lopes. *Direito Administrativo Brasileiro.* 25. ed. atual. São Paulo: Malheiros, 2000.

MEIRELLES, Hely Lopes. *Direito administrativo brasileiro*. 39. ed. São Paulo: Editora Malheiros, 2013.

MEIRELLES, Hely Lopes. *Direito administrativo brasileiro*. 42. ed. São Paulo: Editora Malheiros, 2016.

MELLO, Rafael Munhoz de. Sanção Administrativa e o princípio da culpabilidade. *In*: *A&C Revista de Direito Administrativo e Constitucional*. ano 3, nº 11, jan./mar. 2003. Belo Horizonte: Editora Fórum, 2003.

MENDES, Gilmar Ferreira; BRANCO, Paulo Gustavo Gonet. *Curso de direito constitucional*. 8. ed. São Paulo; Brasília: Editora Saraiva, 2013.

MILL, John Stuart. *Sobre a liberdade*. Tradução Pedro Madeira. [Ed. especial]. Rio de Janeiro: Editora Nova Fronteira, 2011.

MORAES, Alexandre de. *Direito constitucional*. 7 ed. São Paulo: Editora Atlas, 2000.

MORAES, Alexandre de. *Direitos humanos fundamentais:* teoria geral – comentários aos arts. 1º ao 5º da Constituição da República Federativa do Brasil. 4. ed. São Paulo: Editora Atlas, 2002.

MOREIRA, Egon Bockmannº *Processo administrativo: princípios constitucionais e a Lei 9.784/1999*. 4. ed. São Paulo: Editora Malheiros, 2010.

MOREIRA NETO, Diogo de Figueiredo. *Mutações do direito administrativo*. 3. ed. Rio de Janeiro: Editora Renovar: 2007.

MORÓN, Miguel Sánchez. *Derecho de la función pública*. 8. ed. Madrid: Editorial Tecnos, 1996.

MOTTA, Fabrício. *Função normativa da Administração Pública*. Belo Horizonte: Fórum, 2007.

NERY JUNIOR, Nelsonº *Princípios do processo civil na Constituição Federal*. São Paulo: Editora Revista dos Tribunais, 1999.

NEVES, Daniel Amorim Assumpção. *Manual de direito processual civil.* Volume único, 10. ed. Salvador: Editora JusPodivm, 2018.

NUCCI, Guilherme de Souza. *Código penal comentado.* 20. ed. Rio de Janeiro: Editora Forense, 2020.

OLIVEIRA, José Roberto Pimenta. *Os princípios da razoabilidade e da proporcionalidade no direito administrativo brasileiro.* São Paulo: Editora Malheiros, 2006.

OLIVEIRA, José Roberto Pimenta; GROTTI, Dinorá Adelaide Musetti Grotti. *Direito administrativo sancionador brasileiro*: breve evolução, identidade, abrangência e funcionalidades. *Interesse Público – IP*, Belo Horizonte, ano 22, n° 120, p. 83-126, mar./abr. 2020.

OLIVEIRA, Rafael Carvalho Rezende. *Curso de direito administrativo.* 11. ed. Rio de Janeiro: Editora Método, 2023.

OLIVEIRA, Rafael Carvalho Rezende. *Princípios do direito administrativo.* 2. ed. rev. atual. e ampl. Rio de Janeiro: Editora Forense; São Paulo: Editora Método, 2013.

OLIVEIRA, Régis Fernandes de. *Infrações e sanções administrativas.* São Paulo: Editora Revista dos Tribunais, 1985.

OSÓRIO, Fábio Medina. *Teoria da improbidade administrativa.* São Paulo: Editora Revista dos Tribunais, 2007.

OSÓRIO, Fábio Medina. *Direito administrativo sancionador.* 3. ed. São Paulo: Editora Revista dos Tribunais, 2009.

OTERO, Paulo. *Manual de Direito Administrativo.* Coimbra: Editora Almedina, 2013. v. 1.

PASTOR, Daniel R. *El plazo razonable en el proceso del Estado del Derecho*, Buenos Aires: Editorial Ad-Hoc, 2002.

PAZZAGLINI Filho, Marino. *Lei de improbidade administrativa comentada:* aspectos constitucionais, administrativos, civis, criminais, processuais e de responsabilidade fiscal; legislação e jurisprudência atualizada. São Paulo: Editora Atlas. 2018.

PEREIRA JÚNIOR, Jessé Torres. *Controle judicial da administração pública:* da legalidade estrita à lógica do razoável. Belo Horizonte: Editora Fórum, 2005.

PIERANGELI, José Henrique. *O consentimento do ofendido:* na teoria do delito. 3. ed. São Paulo: Editora Revista dos Tribunais, 2001.

PIOVESAN, Flávia. *Temas de direitos humanos.* 4. ed. São Paulo: Editora Saraiva, 2010.

PORTANOVA, Rui. *Princípios do processo civil.* 4. ed. Porto Alegre: Editora Livraria do Advogado, 2001.

PRATES DA FONSECA, Tito. *Lições de direito administrativo.* Rio de Janeiro: Editora Freitas Bastos, 1943.

QUEIROZ, Carlos Alberto Marchi de. *O sobrestamento do processo administrativo disciplinar.* São Paulo: Editora Iglu, 1998.

RAWLS, John° *Uma teoria da justiça.* São Paulo: Editora Martins Fontes, 2002.

REIS, André Wagner Melgaço. *Uma necessária releitura do princípio "in dubio pro reo",* publicado no suplemento Direito & Justiça do jornal *Correio Braziliense,* em 28/05/2018.

REIS, Antônio Carlos Palhares Moreira. *Processo disciplinar.* Brasília: Editora Consulex, 1999.

REZENDE, Adriana Menezes de. *Do processo administrativo disciplinar e da sindicância.* Rio de Janeiro: Editora Lumen Juris, 2000.

ROCHA, Carmen Lúcia Antunes. Direito à privacidade e os sigilos fiscal e bancário. *In: Interesse Público – IP.* Belo Horizonte, ano 5, n° 20, p. 17, jul./ago. 2003.

RODRIGUES, Marco Antonio dos Santos. *A modificação do pedido e da causa de pedir no processo civil.* Rio de Janeiro: Editora GZ, 2014.

RODRIGUES, Marco Antonio; TEMER, Maurício. *Justiça Digital. O acesso digital à Justiça e as tecnologias da informação na resolução de conflitos.* São Paulo: Editora JusPodivm, 2021.

SALGADO, Daniel Resende; KIRCHER, Luis Felipe Schneider; QUEIROZ, Ronaldo Pinheiro de. *Justiça consensual:* acordos penais, cíveis e administrativos. São Paulo: Editora Juspodivm, 2022.

SARLET, Ingo Wolfgang; MARINONI, Luiz Guilherme; MITIDIERO, Daniel. *Curso de direito constitucional.* 9. ed. São Paulo: Editora Saraiva Educação, 2020.

SARMENTO, Daniel. *A Ponderação de Interesses na Constituição Federal.* Rio de Janeiro: Lumen Juris, 2003.

SARMENTO, Daniel. *Dignidade da pessoa humana:* conteúdo, trajetórias e metodologia. 2. ed. Belo Horizonte: Editora Fórum, 2016.

SARMENTO, Daniel. *O neoconstitucionalismo no Brasil: riscos e possibilidades.* Disponível em: http://www.editoraforum.com.br/sist/conteudo/lista_conteudo.asp?FIDT_CONTEUDO=56993. Acesso em: 8 jul. 2022.

SARMENTO, Daniel; SOUZA NETO, Cláudio Pereira de. *Direito constitucional:* teoria, história e métodos de trabalho. Belo Horizonte: Editora Fórum, 2017.

SCHREIBER, Anderson; MAINIER, Paulo Enrique. *Controle de legalidade da administração pública:* diálogos institucionais. Indaiatuba: Editora Foco, 2022.

SILVA, Edson Jacinto da. *Sindicância e processo administrativo disciplinar.* Leme: LED, 1999.

SILVA, Luís Virgílio Afonso da. *O proporcional e o razoável.* São Paulo: Editora RT, ano 91, nº 798, p. 23-50, abr. 2002.

SUNSTEIN, Cass R.; HOLMES, Stephen° *O custo dos direitos:* por que a liberdade depende dos impostos. Tradução de Marcelo Brandão Ciapolla. São Paulo: Editora WMF Martins Fontes, 2019.

SUSAN ROSE-ACKERMAN (org.), *International Handbook on the Economics of Corruption°* Edward Elgar Publishing limited: Cheltenham, UK • Northampton, MA, USA, 2006.

TARUFFO, Michele. *A prova.* Tradução de João Gabriel Couto. 1. ed. São Paulo: Editora Marcial Pons, 2014.

TOLEDO, Francisco de Assis. *Princípios básicos de direito penal.* 5. ed. São Paulo: Editora Saraiva, 1994.

TOURINHO FILHO, Fernanda da Costa. *Processo Penal.* v. 1., 20. ed. São Paulo: Saraiva, 1998.

VAROTO, Renato Luiz Mello. *Prescrição no processo administrativo disciplinar.* São Paulo: Editora RT, 2007.

WIMMER, Miriam. *As relações de sujeição especial na administração pública.* Revista Direito Público n° 18 – Out-Nov-Dez/2007 – Doutrina Brasileira. Disponível em: https://www.portaldeperiodicos.idp.edu.br/direitopublico/article/view/1291/757. Acesso em: 24 jan° 2024.

ZAFFARONI, Eugenio Raúl; PIERANGELI, José Henrique. *Manual de direito penal brasileiro:* parte geral. 2. ed. São Paulo: Editora Revista dos Tribunais, 1999.

ZANCANER, Weida. Razoabilidade e moralidade: princípios concretizadores do perfil constitucional do Estado Social e Democrático de Direito. *In:* MELLO, Celso Antônio Bandeira de (org.). *Estudos em homenagem a Geraldo Ataliba:* direito administrativo e constitucional. São Paulo: Editora Malheiros, 1997. v. 2.